비판적
사고

Critical Thinking

by Park, Eun Jin and Kim, Hee Jeong

비판적

CRITICAL THINKING

사고

박은진 · 김희정 지음

아카넷

어떻게 비판적 사고를 익힐 것인가?

이제야 『비판적 사고』를 내놓는다. 2004년 『비판적 사고를 위한 논리』를 마치면서 바로 낼 수 있으리라 생각했으나, 사정이 여의치 않았다. 그간 게으름을 피운 시간을 합치더라도 무려 4년이 걸린 셈이다. 그사이에 많은 변화가 있었다. 대학 입시를 위한 논술이나 대학의 소양 교육으로 학술적 글쓰기가 강조되면서, 비판적 사고가 중요해지기 시작했다. 처음 이 책을 쓸 때 글 쓰기 교육을 염두에 둔 것은 아니지만, 그렇다고 우리 사회의 변화와 요구를 무시할 수도 없었다. 하지만 무엇보다도 이 책은 비판적 사고를 기르는 데 길잡이가 되는 책이다.

'비판적 사고'는 어떤 문제를 이리저리 따져서 반성적으로 접근하는 것이다. '반성적'이란 단어가 아주 부담스러운지, '성찰적' 사고여야 한다고 주장하는 사람도 있다. '반성적' 사고이든 '성찰적' 사고이든, 그 무엇을 되새기는 사고 활동을 가리키는 것임은 틀림없다. 중요한 것은 어떻게 하면 비판적 사고를 기를 수 있는가이다. 이미 『비판적 사고를 위한 논리』에서 우리 저자들은 고비어(T. Govier)가 제시한 비판적 사고 학습법 여섯 가지를 소개한 바 있다. 그 여섯 가지는 다음과 같다.

① 형식 논리학으로 접근하는 방식: 일상 언어가 아니라 이상적인 언어로 기호화된 연역 논리학의 체계를 배운다. 형식 논리학은 주로 우리가 사용하고 있는 논증 가운데에서도 연역 논증의 구조에 대한 것이다. 형식 논리학에서의 논의가 아주 짜임새 있고 중요하기는 하지만, 비판적 사고 능력을 키우는 데는 결코 바람직하지가 않다. 아주 부분적으로만 비판적 사고를 키우는 데 그칠 뿐이다. 형식 논리를 잘 안다고 하더라도 일상적인 논의와 시사적 논의, 과학적 논의 등을 비판적으로 사고하는 데는 크게 도움이 되지 않을 것이기 때문이다.

② 비형식적 오류로 접근하는 방식: 오류란 잘못된 논증이다. 비형식적 오류는 내용상 문제 있는 논증을 말한다. 이것은 ①과 달리 더욱 실용적인 측면에서 비판적 사고를 향상시키려는 방식이다. 이것은 논증에 대해 다루지만, 주로 잘못된 논증을 논의한다. 잘못된 논증들의 유형을 분류하고 어떤 점에서 잘못을 저지르는가를 분석하고 평가하는 것이다. 그래서 잘못된 논증을 피할 수 있도록 훈련시키고자 한다. 이 방식은 학생들의 관심을 끌기 쉽다는 장점이 있지만, 좋은 논증에 대해 적극적으로 가르치지 않는 점이 문제이다.

③ 논증 유형으로 접근하는 방식: 논증을 분석하고 평가하는 것을 주로 학습한다. 여기서는 논증의 형식적 측면과 비형식적 측면 모두

를 다룬다. 글에서 논증을 찾아내고 그것을 재구성하는 연습을 한다. 그리고 이런 분석을 바탕으로 논증의 전제가 결론을 제대로 지지하는지 평가한다. 이 방법의 장점은 좋은 논증과 잘못된 논증을 균형 있게 다룬다는 점이다. 그렇다고 이 방식이 비판적 사고를 향상시키기에 충분한 것은 아니다. 『비판적 사고를 위한 논리』는 바로 이 접근 방식을 염두에 두고 썼기 때문에, 비판적 사고 능력을 향상시켜 주는 데는 아쉬운 면이 있었다.

그렇지만 다음의 세 가지 방식은 이런 점을 충분히 보완해 줄 수 있다.

④ 논증을 포함한 주장, 설명 등으로 접근하는 방식 : 우리가 비판적으로 분석하고 평가해야 하는 것은 논증만이 아니다. 주장, 가설, 설명, 제안 등도 논증과 마찬가지로 비판적 사고를 필요로 한다. 우리가 마주치는 글은 논증을 포함할 수도 있지만, 실제로는 그렇지 않은 글도 많다. 논증을 포함하거나 포함하지 않더라도 설득적인 글이 그것이다. 이런 성격의 글은 꼭 '논증(argument)' 중심이 아니라, '논의(또는 논변, argumentation)' 중심으로 이루어진다. 『비판적 사고』는 바로 이 ④의 접근 방식으로 비판적 사고를 기르고자 한다. 이 책에서는 논증을 포함하지만, 논증을 포함하지 않은 다양한 종류의 글을 비판적으로 따져본다.

⑤ 개별 교과 내에서 접근하는 방식 : 이 방식은 다양한 개별 학문의 맥락 내에서 비판적 사고를 훈련하는 것이다. 이것은 어떤 구체적

인 학문의 맥락에서 떼어내서 비판적 사고를 익히는 것이 아니라, 물리학, 역사, 생물학, 심리학, 의학, 철학 등 개별 학문 내에서 비판적으로 사고하도록 만드는 것이다. 각 교과를 배우는 과정에서 무비판적으로 그 정보를 받아들이는 것이 아니라, 그 내용에 대해 비판적으로 사고해야 하기 때문이다.

⑥ '강한' 비판적 사고의 접근 방식: 이 방식은 폴(R. Paul)이 주장하는 방식으로 맥락과 결부된 비판적 사고의 학습을 의미한다. ①~③의 접근 방식은 흔히 논증을 원자적으로, 즉 실제로 사용되는 배경이나 맥락을 무시하는 제한된 범위에서 다룬다. 그런 학습 방식은 학생들에게 자신의 세계관이나 자신이 기반으로 삼고 있는 사고 틀과 그 논증들을 비판적으로 반성할 수 있는 동기를 제공하지 않는다. 그래서 그는 맥락에서 분리하여 논증을 원자적으로 다루는 것은 '약한' 의미의 비판적 사고를 함양할 뿐이라고 비판한다. 대신에 그는 논증이 기반으로 하고 있는 개념 틀이나 세계관을 확인하고 반성하는 데까지 나아가는 '강한' 비판적 사고를 강조한다.

④ 중심의 『비판적 사고』와 ③ 중심의 『비판적 사고를 위한 논리』는 단편적이기 때문에 학생들의 비판적 사고를 완성시키는 데는 한계가 있다. 그렇지만 ⑤와 ⑥의 방식으로 비판적 사고를 키우는 데 필요한 기초를 제공할 수 있다. 우리가 삶의 맥락이나 학문 내에서, 또 자신의 전문적인 일에서 비판적 사고를 발휘하려면 우선 단편적인 측면에서의 비판적 사고 훈련이 필요하다. 섣불리 너무 광범위한 맥락에서 사고를 전개시키다 보면, 여러 가지 어려움에 부닥칠 수 있

기 때문이다. 예를 들어 문제를 파악하면서 혼란에 빠지거나, 사소한 논리적인 실수나 무지로 길을 잃는 일이 발생할 수 있다.

　비판적 사고는 훈련이 가능하다. 그렇다고 이것만을 위한 전문적인 훈련이 있는 것은 아니다. 그 훈련은 우리 주변에서 마주치는 다양한 종류와 다양한 성격의 글을 읽으면서 또 쓰면서 얼마든지 가능하다. 단 어떻게 해야 하는지, 무엇을 고려해야 할지에 대해서는 미리 알아야 할 것이다. 『비판적 사고』는 바로 이 점을 생각했다. 부디 어렵지 않게 읽혀서, 비판적 사고를 익히는 데에 도움이 될 수 있기를 바랄 뿐이다.

2008년 1월

저자

| 참고문헌 |

Bowell, Tracy & Kemp, Gary, *Critical Thinking: A Concise Guide*, Routledge, 2002.

Cederblom, Jerry & Paulsen, David W., *Critical Reasoning: Understanding and Criticizing Arguments and Theories*, 5th ed., Wadsworth, 2001.

Copi, Irving M. & Burgess-Jacson, Keith, *Informal Logic*, 2nd ed., MacMillan Publishing Company, 1992.

Copi, Irving M. & Cohen, Carl, *Introduction to Logic*, 10th ed., Prentice Hall, 1998.

DeHaven, Steven, *The Logic Course*, Broadview Press, 1996.

Ennis, Robert H., *Critical Thinking*, Prentice Hall, 1996.

Feldman, Richard, *Reason and Argument*, Prentice Hall, 1993.

Fisher, Alec, *Critical Thinking: An Introduction*, Cambridge University Press, 2001.

Fogelin, Robert J. & Sinnott-Armstrong, Walter, *Understanding Arguments: An Introduction to Informal Logic*, 5th ed., Harcourt Brace College Publishers, 1995.

Govier, Trudy, "Ways of Teaching Reasoning Directly," *The First British Conference on Informal Logic and Critical Thinking*, 1988.

Groarke, Leo A. & Tindale, Christopher W., *Good Reasoning Matters!: A*

Constructive Approach to Critical Thinking, 3rd ed., Oxford University Press, 2004.

Hurley, Patrick J., *A Concise Introduction to Logic*, 7th ed. Wadsworth Publishing Company, 2000.

McKay, Thomas, *Reasons Explanations and Decisions: Guidelines for Critical Thinking*, Wadsworth, 2000.

Moore, Brooke Noel & Parker, Richard, *Critical Thinking*, 4th ed., Mayfield Publishing Company, 1995.

Nosich, Gerald M., *Learning to Think Things Through: A Guide to Critical Thinking in the Curriculum*, Prentice Hall, 2001.

Paul, Richard & Elder, Linder, *Critical Thinking: Tools for Taking Charge of Your Learning and Your Life*, Prentice Hall, 2001.

Porter, Burton F., *The Voice of Reason: Fundamentals of Critical Thinking*, Oxford University Press, 2002.

Salmon, Merrilee H., *Introduction to Logic and Critical Thinking*, 4th ed., Wadsworth, 2002.

Thomson, Anne, *Critical Reasoning: A Practical Introduction*, Routledge, 1996.

——————, *Critical Reasoning in Ethics: A Practical Introduction*, Routledge, 1999.

Vaughn, Lewis, *The Power of Critical Thinking*, Oxford University Press, 2005.

【차례】

제2부 논의 분석과 내용 파악

제3부 논증

제5부 귀납 논증

제6부 오류

───────────── ● 확장편 ● ─────────────

제7부 주장과 정보의 판단

제8부　설명과 과학적 가설

제9부 도덕적 논증

제1부

비판적 사고

CRITICAL THINKING

비판적으로 사고한다는 것은 어떤 문제에 대해 돌이켜보며 이모저모 따져본다는 것이다. 그러나 '비판적'이라고 하면, 우리는 부정적인 태도를 생각하기 쉽다. 다른 사람의 주장을 비판한다고 하면, 다른 사람 주장에서 잘못된 점을 찾아내어 지적하는 것을 떠올리는 것이다. 여기서 말하는 비판적 사고는 어떤 주장의 잘못된 점을 지적하는 것을 포함하지만, 그것이 전부는 아니다. 그 주장의 단점뿐 아니라 장점을 지적하는 것도 비판적 사고의 일환이기 때문이다. 어떤 주장에 대한 비판적 사고는 수동적, 맹목적 사고와 반대되는 것으로서, 그 주장을 깊이 있게 이해하고 제대로 파악하기 위해서 이모저모 따지고 되새기는 능동적이고 반성적(또는 성찰적)인 사고이다.

고등 사고 능력으로서의 비판적 사고는 대체로 분석적 사고, 추론적 사고(또는 논증적 사고), 종합적 사고, 대안적 사고를 한꺼번에 가리킨다. 이런 네 가지 사고 능력은 비판적 사고에 유기적으로 관련을 맺는다.

우리가 어떤 주장을 비판적으로 살펴본다고 할 때, 그것은 크게 두 가지를 검토하는 일이다. 우선 한 가지는 그 주장을 제대로 이해하는 것이다. 그리고 다른 하나는 그 주장을 제대로 평가하는 것이다. 어떤 주장을 제대로 평가하기 위해서는 우선 그것을 제대로 이해해야 한다. 그리고 제대로 이해하기 위해서는 피상적으로 무작정 받아들이지 말고 이것저것을 잘 따져보아야 한다. 그렇다면 구체적으로 어떤 것을 따져보아야 하는가? 이제 그것에 대해 알아보자.

1장
비판적 사고의 구성 요소

비판적 사고를 기르려면 어떻게 해야 하는가? 여러 방법이 있겠지만, 글 읽기, 글 쓰기와 관련시켜서 이야기하는 것이 가장 일반적이면서 가장 오래된 방법이다. 우선 어떤 주장이나 글에 대해 이모저모 따져가면서 읽고 쓰는 연습을 반복하는 것이 바람직하다. 그러면 우선 글을 읽을 때 어떤 측면에서 따져보아야 하는가? 글의 내용을 더 깊이 이해하기 위해서 따져보아야 할 것들을 비판적 사고의 구성 요소라고 말한다. 비판적 사고의 구성 요소는 우리가 글을 읽을 때 어떤 것들을 따져보아야 하는지 알려주는 목록이라고 할 수 있다.

1. 여러 구성 요소

글을 읽으면서 필요하다면 줄을 치거나, 메모하거나 간단하게 요약하는 것이 좋다. 한 번 읽어서 그 내용이 무엇인지 분명하지 않다

면 여러 번 읽어야 한다. 이제 다음의 글을 읽으면서 생각해 보도록
하자.

(A) 지금 세계는 어느 때보다 치열한 게임을 하고 있다. 시급한 해결이 필요한 네
가지 문제를 둘러싼 게임이다. 그 문제는 바로 지구 온난화, 식량 가격의 상승,
식수 부족, 원자재 가격의 상승이다. 이 문제를 어떻게 해결하느냐에 따라 앞으
로 세계의 정치 경제 패권이 새롭게 정립될 것으로 보인다. 이들 문제가 심각하
고, 반드시 해결해야 한다는 점에는 누구나 동의하지만 어떻게 해결할지, 비용
은 누가 감당할지는 여전히 합의에 이르지 못하고 있다.

(B) 이 문제의 원죄는 부자 나라, 즉 선진국들에 있다. 그러나 지금 시점에서 가장
큰 원인 제공자는 개발도상국들이다. 바로 이 때문에 게임의 결과를 예측할 수
없다. 선진국들은 자신들에 가장 큰 책임이 있다는 사실을 마지못해 인정하지만
그들이 지겠다는 책임, 즉 비용 분담은 기대에 훨씬 못 미치는 수준이다. 따라
서 개도국들이 행여 그 비용을 떠맡다가 경제가 발목 잡히지는 않을까 우려하
는 건 당연한 일이다.

(C) 그래서 경제학자들이 생각해낸 것이 '배출권 거래제'다. 배출권 거래 시장에서
최고 가격을 제시한 측에 오염시킬 권리를 준다는 것은 이론상 훌륭하다. 시장
논리에 따르면 이 거래는 '보이지 않는 손', 수요-공급에 따라 이뤄질 것이다.
하지만 부자 국가의 부자 기업이 막대한 자본으로 거래에 뛰어들면 '가난한' 국
가는 경쟁할 방도가 없다. 개도국의 발전 가능성은 자연스레 봉쇄될 것이다. 이
론상 공정해 보이지만 실상은 선진국에 유리할 수밖에 없다.

(D) 삼림을 개간해 대체 연료 생산을 위한 옥수수 재배지를 만들자는 제안도 나온
다. 여기에도 명백한 오류가 있다. 삼림이 사라진다는 것은 '지구의 허파'가 없
어진다는 뜻이다. 궁극적으로 지구 환경에 더 큰 악영향을 끼치는 것이다. 또
대체 연료 생산을 위해 옥수수 재배지를 확대하는 것은 궁극적으로 식량 생산
지의 감소로 이어질 수가 있다.

(E) 이미 세계는 소수의 가진 자들에 의한 식량 가격 상승으로 위기를 맞고 있다.
한 조사에 따르면 8억의 인구가 비만을 걱정하는 사이, 20억의 인구는 하루하
루 연명할 끼니 걱정을 하고 있다. 유엔은 2016년에 이르면 선진국 국민이 전

비판적 사고

세계 쇠고기의 30%, 돼지고기의 50%, 가금류의 25%를 소비할 것이라고 내 다봤다.

(F) 지구 온난화는 식량 생산의 패턴에도 변화를 가져왔다. 세계의 곡창지대들이 기후 변화의 영향을 받았고, 이들 지역에서의 재배 작물 종류와 생산량에 큰 변화가 따랐다.

(G) 식수 부족 역시 앞날을 어둡게 만드는 요인이다. 이미 심각한 수준에 이른 중국은 도시 농촌 간 식수 분배로 인한 갈등에 직면했다. 호주도 극심한 가뭄으로 가장 비옥한 농지를 잃었다.

(H) 마지막으로 원자재 가격의 상승은 가장 예측이 까다로운 문제다. 제조업은 원자재 투입이 지속적으로 필요하지만, 과학기술의 발전 덕에 효율이 어느 정도 높아졌기 때문이다. 고효율과 대체 자원의 개발로 원자재의 가격 상승은 어느 정도 제어할 수 있다. 그러나 무한한 효율을 보장할 수 없는 한 제어 가능한 '정도'를 딱 잘라 말할 수 없다. 여기에서 불확실성이 발생한다.

(I) 이런 상황에 대한 책임을 나누는 것, 이것이 지금 전 세계가 가장 중요하게 생각하고 있는 어젠다다. 결국 이 모든 논쟁은 경제 정치적 역학 관계와 관련한 것이다. 모든 국가가 다른 국가에 이 '짐'을 떠넘기기 위해 전쟁을 하고 있다. 이 전쟁에 승자는 없다. 오로지 패자만 존재할 뿐이다. 바로 기근에 시달리는 전 세계의 가난한 이들과 기후 변화로 농토를 잃게 된 농업 국가들이다. 세계화를 통해 대체 무얼 얻었느냐는 이들의 비판과 절규는 더 거세질 것이다. 지금까지 우리는 개발에 따른 달콤한 성과를 분배해 왔다. 이제는 그로 인한 책임을 나눌 시점이다.

— 요르겐 외르스트룀 몰러(코펜하겐 비즈니스 스쿨 부교수),
「세계화의 고통 어떻게 분담할 것인가」, 《중앙일보》 2007년 10월 23일자 해외칼럼
(원출처: 《예일 글로벌 온라인(Yale Global Online)》 2007년 10월 19일자)

이 글을 읽고 난 뒤, 어떤 내용이 머릿속에 남는가? 이제 다음의 물음에 답해 보자.

1. 필자가 이 글을 쓴 목적은 무엇이라고 생각하는가?

2-1. 필자는 이 글 전체의 주요 문제를 무엇이라고 생각하는가?
그 문제는 (   )이다.

2-2. 필자는 자신이 제기한 문제에 대한 해결책을 글의 어떤 부분
에서 제시하고 있는가? 또 그 해결책은 무엇인가?

3. (C)에서 필자는 용어의 의미를 설명하고 있다. 어떤 용어이며,
그 뜻은 무엇인가?
(   ) : 용어의 의미 (   )

4. (I)에서 필자가 명시적으로 표현하지 않았지만 당연시하고 있는
가정(배경 지식)은 무엇인지 하나만 지적해 보시오.

5. 여러분은 (E)에서 어떤 사실에 대한 정보를 얻었는가?

6-1. (B)에서 "선진국들은 자신들에 가장 큰 책임이 있다는 사실을
마지못해 인정하지만 그들이 지겠다는 책임, 즉 비용 분담은
기대에 훨씬 못 미치는 수준이다."라는 주장에서 이끌어낸
결론이 있다면 그것은 어떤 주장인가?

6-2. (D)에서 필자는 '삼림을 개간해 대체 연료 생산을 위해 옥수
수 재배지를 만들자는 제안'은 잘못된 것이라고 한다. 그 근
거로서 그는 어떤 내용을 제시하고 있는가?

7. 필자는 위의 글에서 주로 어떤 관점에서 세계화의 문제점을 논의하고 있는지 하나만 선택하시오.

(정치적 / 경제적 / 문화적 / 예술적) 관점

8. (C) 단락의 내용으로 미루어보아 마지막 문장, 즉 "(배출권 거래제는) 이론상 공정해 보이지만 실상은 선진국에 유리할 수밖에 없다."에 어떤 주장이 함축되어 있다고 생각하는가?

9. 필자가 이 글의 독자로 생각하는 사람은 어떤 사람인가? (이 글의 맨 끝 부분에 있는 출처를 참고로 할 것)

10. 여러분은 필자의 어떤 주장에 대해 다르게 생각하는 부분이 있는가? 혹은 필자의 해결책 외에 다른 방식의 해결책을 제시하고 싶다면 그 해결책은 어떤 것인가?

이러한 물음에 대답했다면, 자신이 쓴 것과 아래의 답을 비교해 보자.

물론 아래의 것은 여러분이 생각하는 '정답'이 아니다. 이런 물음에 오직 하나의 답이 나올 수는 없다. 아래에 제시한 답 외에도, 더 적절한 답이 있을 수 있다. 여러분에게 필요한 것은 글을 읽고 더 적절한 답을 내기 위해 더 많이 고민하는 것이다.

1. 이 글의 목적은, 지구 온난화, 그것이 초래한 식량 가격의 상승,

식수 부족, 원자재 가격의 상승이라는 세계적인 문제를 어떻게 해결할 것인가에 대한 자신의 해결책을 제시하기 위한 것이다.

2. 이 글에서 필자가 주로 다루는 문제는, 지구 온난화, 식량 가격의 상승, 식수 부족, 원자재 가격의 상승이라는 세계적인 문제를 어떻게 해결할 것인가 하는 것이다.

3. 필자는 '배출권 거래제'라는 말이 '시장에서 최고 가격을 제시한 측에 오염시킬 권리를 주는 제도'라고 아주 간략하게 설명하고 있다.

4. 패자만 있는 전쟁은 하지 않는 편이 낫다.

5. 세계 8억의 인구가 비만을 걱정하고 있으며, 20억의 인구는 하루하루 연명할 끼니 걱정을 하고 있다. 유엔은 2016년에 이르면 선진국 국민이 전 세계 쇠고기의 30%, 돼지고기의 50%, 가금류의 25%를 소비할 것이라고 예측했다.

6-1. "개도국들이 행여 그 비용을 떠맡다가 경제가 발목 잡히지는 않을까 우려하는 건 당연한 일이다."라는 주장이다.

6-2. 삼림이 사라지면 '지구의 허파'가 사라지므로 궁극적으로 지구의 환경에 악영향을 미친다. 또 대체 연료 생산을 위해 옥수수

재배지를 확대하는 것도 식량 생산지 감소로 이어질 것이다.

7. 경제적 관점

8. 배출권 거래제는 선진국에게만 유리한 것이므로 지구 온난화의
   문제를 해결하는 실질적인 해결책이 될 수 없다.

9. 신문을 읽는 일반 시민들

10. 필자는 세계화의 문제점에 대해 모든 국가들이 책임을 나누어
    서 져야 한다는 해결책을 제시하고 있는데, 이것보다 더 구체
    적인 방안이 제기되어야 할 것 같다.

여러분이 위의 질문에 대답을 잘할 수 있었다면 위의 글을 이모저모
따져가며 비판적으로 읽었다고 할 수 있다. 그렇지 않다면 무엇을 어
떻게 따져야 하는지 알아보아야 한다.

비판적 사고를 구성하는 여러 가지 요소가 있다. 위의 글을 읽고
물음에 답하면서 우리는 이 구성 요소들이 무엇인지 모르고 있다고
할지라도, 이미 그것들 가운데 일부를 고려했다는 것을 알 수 있다.
그렇다면 우리는 글을 읽을 때 무엇을 어떻게 따져야 할지 전혀 모르
는 것이 아닌 셈이다. 그렇지만 비판적 사고의 구성 요소의 전체 목
록을 살펴보면, 앞으로 여러분이 생각을 하거나, 글을 읽고 쓸 때 더

체계적으로 따질 수 있는 방법을 알게 될 것이다.

(1) 목적(purpose)

일반적으로 사람들은 아무런 목적 없이 머릿속에 떠오르는 대로 생각하곤 한다. 그러나 비판적으로 사고하려면, 어떤 문제에 대해 왜 생각하는지를 제시할 수 있어야 한다. 생각하면서 아무 목적이 없다면, 그것은 결코 비판적인 사고가 될 수 없기 때문이다.

비판적으로 글을 읽거나 쓰고자 한다면 우선 그 글의 목적이 무엇인지 파악하는 것이 중요하다. 새로운 정보를 알리기 위해, 자신의 주장을 다른 사람이 받아들이도록 하기 위해, 어떤 제안을 하기 위해, 또는 주어진 문제의 해결책을 제시하기 위해 사람들은 글을 읽고 쓴다. 또한 이처럼 내용과 관련 있는 것 외에도 여러 가지를 생각해 볼 수 있다. 다른 사람을 위로하기 위하여, 이름을 얻기 위하여, 돈을 벌기 위하여 글을 쓰기도 한다. 이처럼 사람들은 아주 다양한 목적을 달성하기 위해서 글을 쓴다. 이제부터 글을 읽을 때 필자가 어떤 목적으로 그 글을 썼는지 한번 생각해 보도록 하자. 물론 하나의 글에 두 가지 이상의 목적이 있을 수도 있다.

(2) 현안 문제(question at issue)

우리가 비판적으로 사고할 때마다, 거기에는 적어도 하나의 현안 문제가 존재한다. 현안 문제란 바로 생각하는 핵심적인 내용(주제)과 밀접하게 관련된 문제를 말한다.

비판적으로 글을 읽는 데는, 그 글에서 어떤 문제에 대해 논의하고 있는지 파악하는 것이 가장 핵심적인 작업이다. 물론 여러 가지 문제를 논의하는 경우도 있겠지만, 그중에서 가장 중심이 되는 문제를 찾을 수 있을 것이다. 흔히 자신의 주장을 입증하고 상대를 설득하려는 목적으로 쓴 글에서는 현안 문제에 대한 해결책도 함께 제시하는 것을 볼 수 있다. 그 해결책이 어떤 문제에 대한 해결책인가, 어떤 문제에 대해 논의하고 있는가를 생각해 보면, 현안 문제가 어떤 것인지 알 수 있을 것이다.

(3) 개념(concept)

모든 비판적 사고에는 당연히 어떤 개념이 사용된다. 개념 없이는 우리는 일관되게 생각해 갈 수 없고, 우리가 사는 자연과 세계에 대한 다양한 경험을 조직적으로 다룰 수도 없다. 개념은 우리가 경험을 분류하고 조직화하고 해석할 수 있게 도와주는 관념의 범주에 해당한다. 쉽게 이야기하면 개념은 어떤 말이 가진 의미 내용이다. 개념들을 제대로 잘 연결하여 의사소통을 하려면, 자신이 사용하고 있는 개념에 대해 충분히 이해하고 있어야 한다. 개념에 대한 혼란, 불분명함 때문에 불명료하게 사고하거나 잘못된 주장을 이끌어낼 수 있다. 올바른 개념을 갖기 위해서는 그 분야에 대한 배경 지식이 충분히 있어야 한다. 그런 지식은 사전을 통해 얻을 수도 있고, 각 전문 분야의 이론과 자료를 통해서 얻을 수도 있다.

비판적으로 글을 읽고자 한다면 글에서 사용한 말의 의미에 대해서 생각해 보아야 한다. 글을 읽는 사람은 자신이 어떤 말의 의미를 제대로 파악하고 있는지, 혹은 글쓴이가 어떤 말의 의미를 잘못 사용하고 있는 경우가 없는지 잘 살펴야 한다. 때로는 어떤 말에 다른 의미를 부여해 서로 다른 주장을 하게 되는 경우도 있다. 또한 독자에게 익숙하지 않은 이론적인 말이거나 새로 생겨난 말이라면, 그 말을 분명하게 정의하고 있는지 꼼꼼히 따져보는 것이 좋다.

(4) 가정(assumption)

우리가 어떤 것을 생각하든지, 모든 생각은 어떤 가정을 가지고 시작된다. 모든 사고 내용은 낱낱이 떨어져 독립적으로 존재하지 않고 다른 사고 내용과 밀접하게 연관되어 있다. 어떤 사고 내용은 다른 사고 내용의 기반이나 배경이 되기도 한다. 이처럼 아무것도 가정하지 않고는 내용 있는 사고를 시작할 수 없다. 그러므로 다른 내용을 이미 가정하고 있다고 해서, 그런 사고에 결함이 있다고 할 수는 없다. 단지 우리가 다른 어떤 생각을 가정하고 있는지 알고 있으면 된다. 그리고 암암리에 가지고 있는 그런 가정이 잘못된 것이라면, 그것을 기꺼이 포기하거나 수정할 수 있는 열린 자세를 가지고 있으면 된다.

비판적으로 글을 읽고자 한다면, 그 글에서 필자가 암암리에 당연시하고 있는 내용이 어떤 것인지 찾아보아야 한다. 간혹 그런 내용은 너무나 당연하다고 여겨져서 굳이 명시적으로 말할 필요가 없는 것일 수도 있다. 그러나 당연시하는 내용이 잘못된 것일 수도 있다. 어떤 글의 내용을 깊이 이해하고 평가하기 위해서는 명시적으로 표현된 내용뿐 아니라, 그것들과 연관되어 있는 암시적인 내용도 파악해야 한다.

(5) 정보(information)

우리가 비판적으로 사고를 할 때는 주제나 문제와 관련된 정보가 있기 마련이다. 우리는 때로는 어떤 정보 자체에 대해 생각하기도 하고, 또 어떤 주장에 어떤 정보가 관련되어 있는가를 생각하기도 한다. 혹은 우리에게 어떤 정보가 부족한지를 생각하기도 한다. 여기서 정보란 자료, 증거, 관찰 등 경험과 관련하여 얻어지는 것을 말한다.

비판적으로 글을 읽는 사람이라면 단순한 정보를, 그것에 대한 해석이나 함축과 구별해야 한다. 그리고 어떤 주장을 위한 정보가 필요할 때, 어떤 정보가 필요한지, 또 부족한 정보를 어떻게 얻을지를 생각해 내는 것도 비판적 사고의 일부이다. 글에서 글쓴이가 사용한 정보가 어떤 것인지 알아야 한다. 그래야 그 정보가 사실인지 아닌지 제대로 평가할 수 있다.

(6) 추론(inference)을 통해 도달한 결론(conclusion)

비판적으로 사고한다는 것은 어떤 주장이나 글이 가진 추리와 그 추리에 의해 도출한 내용을 파악하는 것을 포함한다. 비판적 사고의 핵심적인 부분 중 하나는 추론이다. 추론은 어떤 생각을 근거로 하여 다른 생각을 도출하는 논리적 사고 과정을 말한다. 추론은 흔히 "이것이 이러하기 때문에, 저것은 저러하다. (혹은 아마도 저럴 것이다)." 또는 "이것은 이래서 저렇다."로 표현된다. 논증은 이런 사고 과정을 포함하는 것으로서 언어로 표현된 것이다. 다시 말해 논증은 어떤 근거에 의해 어떤 주장을 정당화하거나 증명하고자 하는 언어적 표현이다. 여기서 필자가 정당화하고자 하는 주장 부분을 결론이라고 하고, 그것을 지지하기 위해 제시하는 근거를 전제라고 한다.

어떤 글이 필자의 주장을 제시하고 그 주장을 독자가 받아들이도록 하기 위해서 근거를 제시하고 있다면, 그 글은 논증을 포함하고 있다. 물론 논증을 포함하지 않는 글도 있다. 글쓴이가 글에서 어떤 주장을 하고 있다면, 단지 그런 주장을 하는 것인지 아니면 어떤 근거에 의해 그것을 뒷받침하는지를 따져야 한다. 그러려면 그 주변 문장들을 꼼꼼히 읽어서 논증이 있는지 살펴보아야 한다.

(7) 관점(point of view)

어떤 주장에 대해 비판적으로 사고할 때마다, 우리는 어떤 관점이나 준거 틀 내에 있기 마련이다. 물론 일반적으로 사람들은 그것을 의식하지 못할 수 있다. 관점이나 준거 틀에 의존하지 않고는 비판적 사고를 할 수 없다. 그러므로 자신의 사고가 아무런 관점에도 편향되지 않은 공정하고 중립적인 것이라고 무조건 내세우지 않아야 한다. 다른 사람과 의견이 일치하지 않을 경우, 자신이 가진 관점을 정확하게 파악하고 혹시 관점의 차이가 없는지 확인해 보는 것도 비판적 사고의 일부이다. 여기서 우리의 사고가 어떤 관점에 의존하고 있다는 것을 인정하고, 같은 문제를 다른 관점에서 생각해 볼 수도 있다. 다른 사고의 가능성을 열어서 더 폭넓은 관점으로 발전해 나갈 수도 있는 것이다.

비판적으로 글을 읽는다면, 글쓴이가 어떤 관점에서 글을 썼는지 생각해 보아야 한다. 정치적, 경제적, 문화적, 여성주의적 관점 등 여러 가지 관점을 생각해 볼 수 있다. 또한 글쓴이의 관점이 편협한지,

아니면 다양한 관점을 두루 고려하고 있는지도 생각해 볼 수 있다.

(8) 주장이 함축(implication)하는 귀결(consequence)

귀결이란 어떤 주장이 담고 있는 내용을 말한다. 어떤 근거가 되는 주장을 바탕으로 다른 주장을 전개하고 있다면, 그것은 논증의 결론에 해당한다. 여기서 귀결이란 어떤 주장의 내용이 암암리에 의미하고 있는 내용을 말한다. 예를 들어 생활비가 모자라는 상황에서 가족들에게 "이제 외식을 줄여야 한다."라고 말한다면, 그 말이 그저 집에서 식사를 하는 것이 좋겠다는 의미이겠는가? 실제로 그 주장이 함축하는 바는 "외식을 줄여서 아낀 돈을 모자라는 생활비에 보태 써야 한다."는 것이다.

비판적으로 글을 읽을 때에는 표면적으로 드러난 내용만이 아니라 함축된 내용까지 생각해야 한다. 하나의 주장이 다른 어떤 내용을 함축하는가는 그 글의 일부 또는 전체의 내용과 상관이 있다. 명시적으로 표현된 내용뿐 아니라 암시적으로 들어 있는 내용까지 알아차릴 때에야 비로소 다른 사람의 글을 제대로 이해했다고 할 수 있다.

지금까지 구성 요소로 살펴본 8가지 항목은 비판적 사고 전문 연구자인 폴(Richard Paul)이 제시한 비판적 사고의 8가지 요소이다. 노시치(Jerald M. Nosich)는 여기에 다음의 두 가지를 더해서 비판적 사고의 요소가 10가지라고 주장한다.

(9) 맥락(context)

어떤 사람의 생각에 맥락이나 배경이 없을 때 우리는 "그 생각은 뜬금없다."라고 말한다. 비판적으로 사고할 때 우리는 이처럼 뜬금없이 생각하지 않는다. 우리의 비판적 사고는 항상 어떤 맥락이나 배경 아래에서 이루어진다. 다시 말해 어떤 문제에 대해 잘 따져본다는 것은 그것이 발생한 맥락이나 배경을 파악하고 이해하는 것이다.

비판적으로 글을 읽는 사람은 그 글이 어떤 맥락이나 배경에서 써 졌는지 생각해 보아야 한다. 지금 우리에게서 비판적 사고가 절실히 요구되는 데는 나름의 역사적, 사회 · 문화적 배경과 맥락이 있다고 볼 수 있다. 인터넷을 중심으로 한 대중매체의 발달로 정보가 홍수같이 쏟아지는 역사적, 문화적 맥락 속에서 우리에게는 비판적 사고를 함양하기 위한 방법이 요구된다. 이와 같이 주제에 따라서 우리는 역사적, 정치적, 경제적, 사회적, 문화적, 과학적, 언어적, 개인적 등등의 배경이나 맥락을 논의할 수 있다. 그리고 어떤 글이 누구를 대상으로, 어떤 목적을 위해 써졌는가 하는 것도 그 글이 놓인 맥락에 해당한다.

(10) 대안(alternative)

비판적으로 사고하게 되면, 위의 각 항목에 대해 다른 생각을 제시할 수 있다. 예를 들어 (자신을 포함한) 누군가의 주장의 목적에 대해 대안이 되는 목적을 생각해 볼 수 있다. 또한 어떤 목적의 실현을 위해 기존에 설정된 문제와는 다른 대안적인 문제를 설정하고 그에 대한 해결책을 생각해 볼 수 있다.

비판적 사고

이런 방식으로 나머지 요소, 즉 목적뿐 아니라, 현안 문제, 개념, 가정 등에 대해 대안을 제시해 볼 수 있다는 말이다.

2. 글을 읽을 때, 비판적 사고의 구성 요소를 활용하는 방법

글을 읽을 때 위의 10가지 요소들을 모두 찾아볼 필요는 없다. 또 글의 성격에 따라 10가지를 다 찾을 수 없는 경우도 있다. 예를 들어 신문 기사처럼 어떤 사실을 보고하는 글이라면, 새로운 '정보'는 많겠지만 '추론을 통해 도달한 결론'은 없을 수 있다. 그리고 아주 평이한 용어만이 나타나는 글이라면, '개념'에 대해 심각하게 생각하지 않아도 될 수 있다. 또한 위의 10가지 요소들을 사람들이 엄밀히 분리해서 생각하는 것도 아니다. 사람들이 비판적으로 생각할 때, 즉 비판적인 사고를 할 때 이 요소들은 서로 결합해서 복합적으로 나타난다. 예를 들어 정보에 대해 생각할 때 우리는 그 정보가 어떤 주장을 지지하는가를 따진다. 그리고 여기에 또 다른 정보가 필요하다고 생각할 수도 있다. 나아가 그 정보가 함축하는 바가 무엇인지 생각하면서 그 정보를 다른 주장을 위한 근거로 제시하기도 한다.

비판적으로 사고하는 것이 습관이 되지 않은 사람들이나, 비판적 사고를 훈련하려는 사람들에게는 편의상 이 10가지 항목에 의거해서 생각하는 것이 도움이 된다. 그렇게 하면 이전보다 훨씬 더 체계적, 조직적으로 사고를 할 수 있을 것이다. 그리고 자신의 사고를 무조건 고집하지 않고, 어떤 원리와 근거에 따라 사고를 진행하고 유지하게 될 것이다. 다시 강조하지만, 모든 주제를 항상 이 10가지 측면에서 생각해야 하는 것은 아니다.

비판적 사고를 연구하는 전문 학자들 사이에서도 이 요소들은 다양한 방식으로 주장되었다. 분명히 여러분에게 주어진 각각의 주제에 따라서 그리고 경우에 따라서, 이 10가지 요소들 가운데에서 더 중요하게 고려해야 할 요소들은 달라질 것이다. 따라서 이 모든 요소들을 기계적으로 찾기보다는 글의 성격에 따라 더욱더 중요한 요소들에 집중해서 글을 읽어야 할 것이다.

요 약

* 비판적 사고의 구성 요소
    (1) 목적(purpose)
    (2) 현안 문제(question at issue)
    (3) 개념(concept)
    (4) 가정(assumption)
    (5) 정보(information)
    (6) 추론(inference)을 통해 도달한 결론(conclusion)
    (7) 관점(point of view)
    (8) 주장이 함축(implication)하는 귀결(consequence)
    (9) 맥락(context)
    (10) 대안(alternative)

* 비판적으로 글의 내용을 파악하는 방법: 위의 10가지 구성 요소를 찾아본다.

I. 〈보기〉에서 적절한 말을 골라 넣어 다음의 진술이 참이 되게 하시오.

> ─── 〈보기〉 ───
>
> 목적, 현안 문제, 개념, 가정, 정보, 추론을 통해 도달한 결론, 관점,
> 주장이 함축하는 귀결, 맥락, 대안

1. 비판적 사고의 구성 요소들 중 (　　　)은(는) 어떤 말이 의미하는 바를
나타낸다.

2. 글쓴이가 그 글을 왜 썼는가를 파악하는 것은 그 글의 (　　　)을(를) 파
악하는 것이다.

3. (　　　)은(는) 비판적 사고의 요소들 중 명시적으로 드러나지 않은 전
제, 즉 필자가 당연시하는 내용, 혹은 배경 지식을 의미한다.

4. (　　　)은(는) 어떤 글에서 필자가 주로 논의하고 있으며 때로는 그것에
대한 해결책을 제시하고자 하는 것이다.

5. 비판적으로 글을 읽기 위해서는, (　　　)가(이) 있다면 그것을 정당화하
는 명시적인 전제가 무엇인지 살펴보아야 한다.

II. 다음 글을 읽고 물음에 답하시오.

(A) 지난 1월 1일, 최요삼 선수가 생전에 장기 기증을 하려 했다는 사실이 가족들을 통해
알려지면서 챔피언의 회생을 바라던 온 국민의 마음을 숙연하게 했던 그날, 미국 캘
리포니아 주 패서디나에서는 올해로 119회를 맞은 새해맞이 행사 로즈 퍼레이드가

열렸다. 행사 한가운데에는 장기 기증인을 추모하는 꽃차가 섰다. 이 꽃차의 한 곳에는 (재)사랑의장기기증운동본부가 헌화한 장미꽃 두 바구니도 있었다. 장기를 기증하고 떠난 아름다운 얼굴들이 담긴 사진과 아름다운 꽃으로 장식한 이 꽃차 위에 탄 사람은 뇌사 기증인의 유족들과 뇌사 기증인한테서 장기를 이식받은 이들. 그들은 기쁜 축제의 현장 한가운데서 웃는 얼굴로 얼싸안고 새해를 맞은 감격을 함께 나누었다. 그리고 귀한 선물을 선사하고 떠난 기증인을 추모하며, 장기 기증의 중요성을 널리 알렸다.

(B) 뇌사 판정 후, 기증할 수 있는 모든 장기를 기증하고 생을 마친 최요삼 선수. 이제 그는 떠나고 없지만 그를 향한 온 국민의 추모 열기는 아직도 식지 않고 있다. 그의 장기 기증 소식이 알려지면서 장기 기증 등록도 급증하고 있는 추세다. 그러나 과연 이런 열기가 얼마나 갈까? 아직도 기증되는 장기가 턱없이 부족하다. 지금 이 순간에도 장기만 이식받으면 건강을 되찾을 수 있는 환자들이 속절없이 생을 마감하고 있다.

(C) 선진국의 장기 기증 체계는 해가 다르게 발전을 거듭하고 있다. 장기 기증 거부 의사를 밝힌 사람을 제외한 전 국민을 '잠재적 기증자'로 간주하는 '옵트아웃' 제도를 도입하는 나라가 늘고 있다. 살아 있을 때 기증 의사 철회가 가능한 만큼 기증 의사가 있는 사람이라면 사후 또는 뇌사 때 가족의 동의 없이 기증 절차를 밟을 수 있도록 제도화한 나라도 많다. 장기 기증 등록률을 높이고자 의료보험증이나 운전면허증 발급 때 기증 의사를 물어 표시하는 나라도 있다. 이런 국가적 노력과 제도적 뒷받침에 힘입어 미국, 영국, 캐나다, 프랑스, 스페인 등은 국민의 70~80% 이상이 장기 기증 희망자이며, 뇌사 때 장기 기증률도 인구 100명당 30명에 육박한다. 현재 국민의 0.8%만이 장기 기증 등록자이며, 뇌사 때 장기 기증률도 인구 100만 명당 3명에 불과한 우리나라의 실정과 극명하게 비교되는 대목이다.

(D) 장기 기증은 사람이 사람에게 베풀 수 있는 가장 숭고하고 아름다운 행동이다. 또한 장기 부전 환자 치료에 투입되는 의료 경비를 절감시킬 뿐 아니라, 병상에 누운 환자에게 건강을 선사해 사회에 봉사하는 인재로 만드는 꼭 필요한 일이다. 따라서 장기 기증은 국가적인 관심과 지원이 특별히 더 필요한 분야다. 장기 기증 활성화는 유명인 몇 사람의 모범적인 실천만으로는 이루어질 수 없다. 국가적 지원과 제도적 뒷받침이 없는 한, 그 어떤 감동적인 사연도 일시적인 주의 환기에만 그치기 때문이다.

(E) 축제 현장 한가운데를 달리던 '장기 기증' 꽃차를 기억한다. 그리고 그 꽃차를 향해 환호를 지르며 손을 흔들어주던 거리의 사람들을 기억한다. 그다지 유명하지 않았던, 생전에는 그저 평범한 보통 사람이었을 뿐인 뇌사 기증인들이지만, 그들은 모든 이들

의 가슴속에 살아 있었다. 그래서 유족들도 슬픔을 이기고 웃는 얼굴로 먼저 떠난 가족을 추억할 수 있었다. 기증인과 이식인의 만남을 원천적으로 봉쇄하는 우리나라와 달리, 1년 정도 시간이 지나면 기증인과 이식인의 의사에 따라 만남을 주선하는 미국의 사례는 우리나라의 규제 일변도의 장기 기증 관련 법규를 다시금 돌아보게 만든다. 최요삼 선수를 보내며, 장기 기증인들의 아름다운 헌신을 더욱 빛나게 할 수 있는 좀 더 효율적인 장기 기증 체계가 조속히 정착되기를 기대해 본다.

— 박진탁((재)사랑의장기기증운동본부장)

「장기기증, 그 숭고한 아름다움」, 《인터넷 한겨레》 2008년 1월 11일자*

1. 필자가 이 글을 쓴 목적은 무엇인가?

2. 이 글에서 논의하고 있는 주요 문제(주제)는 무엇인가?

3. (C)에서 필자는 어떤 말의 의미를 설명하고 있다. 어떤 말인가? 그 의미는 무엇인가?

4. (B)에서 필자가 명시적으로 표현하지 않았지만 당연시하고 있는 가정은 무엇인가?

5. (C)에서 제시된 정보는 어떤 것인가?

6. (B)에서 필자는 "아직도 기증되는 장기가 턱없이 부족하다."고 주장하면서 어떤 근거를 제시하고 있는가?

---

* (재) 사랑의장기기증운동본부(www.donor.or.kr, 전화 1588-1589)와 필자인 박진탁 본부장은 위의 글을 이 책에서 사용할 수 있도록 배려했으며, 이에 깊이 감사드린다.

7. (D)에서 필자는 장기 기증은 국가적인 관심과 지원이 더 필요한 분야
   라고 주장하는데, 그 근거로 제시된 내용은 어떤 것인가?

8. (C)의 마지막 부분에서 필자는 다음과 같이 말하고 있다. "이런 국가적
   노력과 제도적 뒷받침에 힘입어 미국, 영국, 캐나다, 프랑스, 스페인
   등은 국민의 70~80% 이상이 장기 기증 희망자이며, 뇌사 때 장기 기
   증률도 인구 100명당 30명에 육박한다. 현재 국민의 0.8%만이 장기 기
   증 등록자이며, 뇌사 때 장기 기증률도 인구 100만 명당 3명에 불과한
   우리나라의 실정과 극명하게 비교되는 대목이다." 이런 주장이 함축하
   는 내용은 어떤 것인가?

2장
비판적 사고의 평가 기준

1. 여러 가지 평가 기준

비판적 사고를 구성하는 요소들을 이모저모 따져서 글을 읽다 보면, 글의 내용을 깊이 있고 폭넓게 파악하게 된다. 하지만 거기서 그친다면, 그 또한 비판적 사고의 이념에 충실하지 못한 일이라고 할 수 있다. 이제 비판적 사고의 구성 요소에 따라 꼼꼼하게 파악한 내용이 어떤지도 제대로 평가해 보아야 한다. 어떤 측면에서, 또 어떤 기준으로 그 내용이 합당한지 판단할 것인가? 아마도 비판적 사고가 일정한 원리에 입각해서 이루어지고 있다면, 분명히 비판적 사고를 판단하는 평가 기준이 있게 마련이다.

먼저 앞에서 읽은 글의 내용을 가지고 생각해 보자.

(A) 지금 세계는 어느 때보다 치열한 게임을 하고 있다. 시급한 해결이 필요한 네 가

지 문제를 둘러싼 게임이다. 그 문제는 바로 지구 온난화, 식량 가격의 상승, 식수 부족, 원자재 가격의 상승이다. 이 문제를 어떻게 해결하느냐에 따라 앞으로 세계의 정치 경제 패권이 새롭게 정립될 것으로 보인다. 이들 문제가 심각하고, 반드시 해결해야 한다는 점에는 누구나 동의하지만 어떻게 해결할지, 비용은 누가 감당할지는 여전히 합의에 이르지 못하고 있다.

(B) 이 문제의 원죄는 부자 나라, 즉 선진국들에 있다. 그러나 지금 시점에서 가장 큰 원인 제공자는 개발도상국들이다. 바로 이 때문에 게임의 결과를 예측할 수 없다. 선진국들은 자신들에 가장 큰 책임이 있다는 사실을 마지못해 인정하지만 그들이 지겠다는 책임, 즉 비용 분담은 기대에 훨씬 못 미치는 수준이다. 따라서 개도국들이 행여 그 비용을 떠맡다가 경제가 발목 잡히지는 않을까 우려하는 건 당연한 일이다.

(C) 그래서 경제학자들이 생각해낸 것이 '배출권 거래제'다. 배출권 거래 시장에서 최고 가격을 제시한 측에 오염시킬 권리를 준다는 것은 이론상 훌륭하다. 시장 논리에 따르면 이 거래는 '보이지 않는 손', 수요-공급에 따라 이뤄질 것이다. 하지만 부자 국가의 부자 기업이 막대한 자본으로 거래에 뛰어들면 '가난한' 국가는 경쟁할 방도가 없다. 개도국의 발전 가능성은 자연스레 봉쇄될 것이다. 이론상 공정해 보이지만 실상은 선진국에 유리할 수밖에 없다.

(D) 삼림을 개간해 대체 연료 생산을 위한 옥수수 재배지를 만들자는 제안도 나온다. 여기에도 명백한 오류가 있다. 삼림이 사라진다는 것은 '지구의 허파'가 없어진다는 뜻이다. 궁극적으로 지구 환경에 더 큰 악영향을 끼치는 것이다. 또 대체 연료 생산을 위해 옥수수 재배지를 확대하는 것은 궁극적으로 식량 생산지의 감소로 이어질 수가 있다.

(E) 이미 세계는 소수의 가진 자들에 의한 식량 가격 상승으로 위기를 맞고 있다. 한 조사에 따르면 8억의 인구가 비만을 걱정하는 사이, 20억의 인구는 하루하루 연명할 끼니 걱정을 하고 있다. 유엔은 2016년에 이르면 선진국 국민이 전 세계 쇠고기의 30%, 돼지고기의 50%, 가금류의 25%를 소비할 것이라고 내다봤다.

(F) 지구 온난화는 식량 생산의 패턴에도 변화를 가져왔다. 세계의 곡창지대들이 기후 변화의 영향을 받았고, 이들 지역에서의 재배 작물 종류와 생산량에 큰 변화가 따랐다.

비판적 사고

(G) 식수 부족 역시 앞날을 어둡게 만드는 요인이다. 이미 심각한 수준에 이른 중국은 도시 농촌 간 식수 분배로 인한 갈등에 직면했다. 호주도 극심한 가뭄으로 가장 비옥한 농지를 잃었다.

(H) 마지막으로 원자재 가격의 상승은 가장 예측이 까다로운 문제다. 제조업은 원자재 투입이 지속적으로 필요하지만, 과학기술의 발전 덕에 효율이 어느 정도 높아졌기 때문이다. 고효율과 대체 자원의 개발로 원자재의 가격 상승은 어느 정도 제어할 수 있다. 그러나 무한한 효율을 보장할 수 없는 한 제어 가능한 '정도'를 딱 잘라 말할 수 없다. 여기에서 불확실성이 발생한다.

(I) 이런 상황에 대한 책임을 나누는 것, 이것이 지금 전 세계가 가장 중요하게 생각하고 있는 어젠다다. 결국 이 모든 논쟁은 경제 정치적 역학 관계와 관련한 것이다. 모든 국가가 다른 국가에 이 '짐'을 떠넘기기 위해 전쟁을 하고 있다. 이 전쟁에 승자는 없다. 오로지 패자만 존재할 뿐이다. 바로 기근에 시달리는 전 세계의 가난한 이들과 기후 변화로 농토를 잃게 된 농업 국가들이다. 세계화를 통해 대체 무얼 얻었느냐는 이들의 비판과 절규는 더 거세질 것이다. 지금까지 우리는 개발에 따른 달콤한 성과를 분배해 왔다. 이제는 그로 인한 책임을 나눌 시점이다.

— 요르겐 외르스트룀 몰러(코펜하겐 비즈니스 스쿨 부교수),

「세계화의 고통 어떻게 분담할 것인가」, 《중앙일보》 2007년 10월 23일자 해외칼럼

(원출처: 《예일 글로벌 온라인(Yale Global Onlie)》 2007년 10월 19일자)

1. 이 글의 목적은, "지구 온난화, 그것이 초래한 식량 가격의 상승, 식수 부족, 원자재 가격의 상승이라는 세계적인 문제를 어떻게 해결할 것인가에 대한 자신의 해결책을 제시하기 위한 것"이다. 과연 이런 목적이 분명하게 제시되어 있는가? 여러분이 생각하는 이 글의 목적은 무엇이고, 그 이유는 무엇인가?

2. 이 글에서 필자가 주로 다루는 문제는, "지구 온난화, 식량 가격의 상승, 식수 부족, 원자재 가격의 상승이라는 세계적인 문제

를 어떻게 해결할 것인가?"이다. 여러분이 생각하는 이 글의 주제는 무엇이고 그 이유는 무엇인가?

3. (C)에서 필자는 '배출권 거래제'라는 말이 '시장에서 최고 가격을 제시한 측에 오염시킬 권리를 주는 제도'라고 아주 간략하게 설명하고 있다. 여러분은 (C)에서 필자가 어떤 말의 의미를 설명하고 있다고 생각하는가? 그리고 그 이유는 무엇인가?

4. (I)에서 필자는 "패자만 있는 전쟁은 하지 않는 편이 낫다."는 가정을 당연시하고 있다. (I)에서 필자가 명시적으로 표현하지 않았지만 당연시하는 가정(배경 지식)은 무엇인가? 그리고 그렇게 생각하는 이유는 무엇인가?

5. (E)에는 "세계 8억의 인구가 비만을 걱정하고 있으며, 20억의 인구는 하루하루 연명할 끼니 걱정을 하고 있다. 유엔은 2016년에 이르면 선진국 국민이 전 세계 쇠고기의 30%, 돼지고기의 50%, 가금류의 25%를 소비할 것이라고 예측했다."라는 정보가 있다. 그 밖에 여러분이 얻은 정보는 무엇인가? 그리고 그렇게 생각하는 이유는 무엇인가?

6-1. (B)에서 필자는 "선진국들은 자신들에 가장 큰 책임이 있다는 사실을 마지못해 인정하지만 그들이 지겠다는 책임, 즉 비용 분담은 기대에 훨씬 못 미치는 수준이다."라는 주장에서

"개도국들이 행여 그 비용을 떠맡다가 경제가 발목 잡히지는 않을까 우려하는 건 당연한 일이다."를 결론으로 이끌어낸다. 여러분이 그 주장에서 다른 결론이 나온다고 생각한다면, 그 이유는 무엇인가?

6-2. (D)에서 필자는 '삼림을 개간해 대체 연료 생산을 위해 옥수수 재배를 만들자는 제안'은 잘못되었다고 하는데, 그 근거는 "삼림이 사라지면 '지구의 허파'가 사라지므로 궁극적으로 지구의 환경에 악영향을 미친다. 또, 대체 연료 생산을 위해 옥수수 재배지를 확대하는 것도 식량 생산지 감소로 이어질 것이다."라는 것이다. 이 주장 외에 여러분이 근거라고 생각하는 것은 무엇이며, 그 이유는 무엇인가?

7. 필자는 '경제적 관점'에서 앞의 글을 전개한다. 여러분이 필자가 다른 관점에서 글을 전개한다고 본다면 그 이유는 무엇인가?

8. (C) 단락의 내용으로 미루어보아 마지막 문장에는 "배출권 거래제는 선진국에게만 유리한 것이므로 지구 온난화의 문제를 해결하는 실질적인 해결책이 될 수 없다."는 주장이 함축되어 있다. 여러분이 만약 거기에 다른 주장이 함축되어 있다고 보았다면, 그 이유는 무엇인가?

9. 필자는 이 글의 독자로 "신문을 읽는 일반 시민들"을 상정하고

있다. 여러분이 그 밖의 사람들이 독자일 것이라 생각했다면 그 이유는 무엇인가?

10. 이 글을 읽고 "필자는 세계화의 문제점에 대해 모든 국가들이 책임을 나누어야 한다는 해결책을 제시하고 있는데, 이것보다 더 구체적인 방안이 제기되어야 할 것 같다."는 생각을 할 수 있다. 그 밖에 여러분이 내놓을 수 있는 해결책은 무엇인가? 그리고 그 이유는 무엇인가?

우리가 비판적 사고를 구성하는 기본 요소들과 평가 기준들을 알고 있으면, 어떤 주제에 관련된 질문이 합당한지, 또 어떤 대답이 합당한지 판단하는 데 크게 도움이 된다. 물론 달리 배우지 않더라도, 비판적으로 질문하고 거기에 답하는 데 남보다 뛰어난 사람들이 우리 주변에는 많이 있다. 그렇지만 비판적 사고는 학습할 수 있고 연습에 의해 더 나아질 수 있는 고등 사고 능력이다. 비판적 사고를 구성하는 요소들과 평가 기준들을 숙지하고 그에 따라 어떤 주제에 대해 생각을 전개한다면, 미숙련된 사고가 아니라 조직적이고 체계화된 사고를 하기 시작하는 것이다.

이제 더욱 체계적, 비판적으로 사고하는 법을 향상시키기 위해, 비판적 사고를 구성하는 기본 요소들에 이어 10가지 평가 기준을 살펴보자.[1] 이것은 자신의 생각뿐 아니라 다른 사람의 생각이 얼마나 비

---

1) 학자에 따라 비판적 사고의 평가 기준 역시 7가지 혹은 9가지로 나뉜다. 예를 들

판적인지 가늠할 수 있는 기준이다.

(1) 분명함(clarity)

분명함은 평가 기준들 중에서 가장 기본적이고 기초적인 기준에 해당한다. 어떤 주장이 분명하지 않으면, 우리는 정확성, 명료함, 적절성 등 그 밖의 다른 평가 기준을 적용조차 할 수 없기 때문이다. 분명하지 않은 사고를 표현한 진술 중에는 무엇을 의미하는지 너무 막연해서 이해하기 힘든 것이 있다. 자신이 나타내고자 하는 내용의 핵심을 전달하지 못하고 횡설수설하는 글은 내용이 불분명한 것이다.

또한 이런 유형과는 다르게 불분명한 경우를 생각할 수 있다. 즉 만약 하나의 진술이 여러 가지 뜻으로 해석될 수 있다면, 그것 또한 분명하지 않은 것이다. 이런 경우 분명한 주장을 하기 위해서는 애매함(ambiguity)을 피해야 한다. 어떤 주장이 애매하다는 것은 그 주장이 두 가지 이상의 의미를 가지는 것을 말한다. 다음의 문장을 예로 들어보자.

말을 조심해야 한다.

어떤 맥락에서 사용되었는지 모르기 때문에 위의 문장은 적어도 두

면 폴(Richard Paul)은 9가지로, 노시치(Gerald M. Nosich)는 7가지로 나누고 있다. Richard Paul & Linda Elder, *Critical Thinking : Tools for Taking Charge of Your Learning and Your Life*(Prentice Hall, 2001) ; G. M. Nosich, *Learning to Think Things Through: A Guide to Critical Thinking in the Curriculum*(Prentice Hall, 2001). 이 책에서는 비판적 사고의 요소와 기준으로 제시된 것 모두를 소개한다.

가지로 해석할 수 있다. 우리가 사용하는 '언어'를 조심해서 써야 한다는 의미로 해석할 수도 있고, 아니면 '말'이라는 동물을 조심해야 한다는 의미로 해석할 수도 있다.

(2) 정확성(accuracy)

정확하다는 것은 어떤 사물이나 사건을 실제에 맞게 나타낸다는 것이다. 다음의 진술을 보자.

사람은 500년을 산다.

이 진술에 나타난 생각이 무엇인지를 분명히 이해할 수는 있다. 그렇지만 이 진술이 결코 참이라고 말할 수는 없다. 왜냐하면 사람의 수명은 길어야 100년 정도이기 때문이다. 이 진술에 표현된 생각은 결코 사실과 일치하지 않으므로 정확하지 않다. 위의 진술을 요즘의 상황에 비춰서 "사람은 80년 정도 살 수 있다."로 고쳐 쓴다면, 이 진술은 (어느 정도) 정확성을 가진 것이라고 할 수 있다. 정확성은 사실과 관련된, 혹은 참과 관련된 기준이다.

(3) 명료성(precision)

사고나 글이 명료하다는 것은 그 내용을 확실하게 이해하는 데 필요한 구체적인 사항을 제공하고 있다는 말이다. 분명하고 정확하기는 하지만 명료하지 않은 사고를 진술하고 있는 예는 이런 것이다.

성적 우수자에게 전액 장학금을 지급한다.

이 진술에 나타난 '성적 우수자'라는 말의 개념은 분명하기는 하지만 명료하지는 않다. 즉 성적이 우수하다는 것이 일반적으로 어떤 의미인지 일반적으로 이해할 수 있고, 때로는 의사소통에 아주 문제가 없다. 그러나 특정한 맥락에서 그 말이 적용되는 더 구체적인 조건이나 경계를 제시해 주어야 할 필요가 생긴다면 그 말은 불명료한 것이다. 예를 들어 '성적 우수자'를 '평균 평점이 3.7 이상인 학생'으로 더 구체적으로 정해 준다면 그 말은 이제 명료한 의미를 갖게 된다.

(4) 적절성(relevance)

어떤 사고가 적절하다는 것은 그 사고가 현재 논의되고 있는 문제나 주제와 관련되어 잘 맞아떨어진다는 말이다. 어떤 의미에서 모든 사고는 어떤 방식으로든지 다른 사고와 관련을 맺을 수 있다. 그런데 여기서 말하는 것은 어떤 식의 관련인지를 묻는 것이다. 즉 그 관련이 현재 우리가 목적으로 하고 있는 것과 적절히 연관을 맺고 있는가 하는 것이다. 적절한 연관 관계는 문맥과 목적에 따라 다양하게 나타날 수 있다.

(5) 중요성(importance, significance)

어떤 주제에 대해 비판적으로 사고할 때, 우리는 가장 중요한 사항에 집중한다. 즉 그 주제에 관련된 여러 목적들, 여러 개념들, 여러 정보들 가운데에서 더욱 중요한 목적, 개념 혹은 정보에 주의할 수 있다. 그리고 그 가운데에서 어느 것이 더 중요한지 결정하는 데에는 우리의 목적이나 처지 등이 고려된다.

(6) 깊이(depth)

깊이 있게 사고한다는 것은 주제를 피상적으로 다루지 않는다는 뜻이다. 깊숙이 들어가 주제에 포함된 본질적이고 복잡한 사안을 파악해서 주제를 다룬다는 말이다. 그런데 이를 위해서는 주제가 가지고 있는 어떤 문제에 대해 설명해야 할 필요가 있다. 깊이 있는 사고는 주제의 핵심을 다루는 것이기 때문이다. 이런 이유에서 깊이란 비판적 사고를 평가하는 데에 중요하다.

(7) 폭넓음(breadth)

이 기준은 비판적 사고의 요소 중 무엇보다도 관점과 관련이 깊다. 한 가지 관점에서만 파악한 사고는 폭넓지 못하다. 우리는 비판적 사고를 하면서 동시에 여러 관점을 취하려는 태도를 갖추어야 한다. 한 관점을 취하고서 충분히 깊이 사고한 다음, 폭넓게 다른 대안적인 관점을 취해 또다시 충분히 깊이 사고해야 하는 것이다. 우리 자신이 언제나 선입견에 젖어 있을 수도 있다는 것을 인정하면서 마음을 열어두려는 태도는 우리로 하여금 폭넓은 사고를 할 수 있게 해줄 것이다.

(8) 논리성(logicalness)

비판적으로 사고할 때, 우리는 다양한 사고들을 조리 있게 결합시킨

비판적 사고

다. 결합된 사고들이 서로 지지하고 있어서 각각이 유의미해질 수 있다면, 이런 사고는 논리적이라고 할 수 있다. 이와 달리 결합된 사고들이 서로 연관되지 않고 따로 논다면, 또 결합된 사고가 일관적이지 못하거나 서로 모순되면, 그런 사고는 비논리적이다. 논리성은 사고들이 서로 모순되지 않고 일관적인가 하는 것과 관련된다. 이와 동시에 여기에는 추론이 얼마나 논리적으로 정당화되는가 하는 것도 포함된다. 어떤 사고로부터 다른 사고가 도출되는가, 또한 어떤 사고에서 그것을 지지하는 증거는 무엇인가를 치밀하고 꼼꼼하게 따져보아야 한다.

(9) 공정성(fairness)

어떤 주제에 대해 사고를 할 때, 우리는 우리의 사고가 정당화될 수 있다는 것을 확신해야 한다. 그런데 그렇게 되려면, 우리의 사고 과정이 공정해야 한다. 인간은 생각하는 과정에서 자기 기만에 빠지기 쉽다. 그래서 자기 생각에 변화를 줄 수도 있는 중요 정보를 무의식적으로 또는 의도적으로 누락시킬 수도 있다. 자기 기만에 빠지고 자기 중심적으로 생각하는 것은 우리 인간이 가진 본성이므로, 이를 경계해야 한다.

앞에서도 언급했던 폴은 비판적 사고를 위한 평가 기준으로 위의 9가지를 제시한다. 그러나 노시치는 폴의 9가지 평가 기준 중 (1)~(7)의 항목에는 동의하지만, (8)과 (9)를 받아들이지 않는다. 노시치는 (8)과 (9) 대신 '충분성'을 첨가해서 8가지 평가 기준을 내세운다. 이 모든 항목을 나열하면 10가지 평가 기준이 된다.

(10) 충분성(sufficiency)

어떤 쟁점과 관련하여 사고할 때, 우리는 쟁점과 관련된 필요한 사항들이 과연 목적과 요구에 적절하도록 철저히 고려되었는지를 따져보아야 한다. 어떤 문제에 대해서 우리는 그 문제를 목적에 충실하도록 철저히 추리해야 하는데, 필요한 요소들을 적절히 모두 고려해야 충분히 사고했다고 할 수 있다.

위의 10가지 평가 기준들 가운데에서 적어도 폴이 제시한 '(8) 논리성'은 생략되어서는 안 될 중요한 평가 기준이다. 또한 '(9) 공정성'은 '(7) 폭넓음'과 부분적으로 겹치기도 한다. 그러나 '(10) 충분성'은 굳이 따로 고려할 기준이 아니라, 다른 여러 평가 기준을 적용할 때 고려할 사항이다.

2. 글을 읽을 때 비판적 평가 기준을 활용하는 방법

비판적으로 사고할 줄 안다는 것은 비판적 사고 요소들을 고려해서 생각하고 또 비판적 사고의 평가 기준들에 따라서 생각할 줄 안다는 것이다. 물론 우리는 이제까지 이런 요소와 평가 기준이 있는지 분명하게 의식하지 못한 채, 비판적 사고를 해왔을 수도 있다. 그러나 비판적으로 사고하는 방법은 학습이 가능하다. 또 연습에 의해서 향상될 수 있다. 즉 비판적 사고의 구성 요소와 평가 기준에 맞추어 생각하는 습관을 기른다면, 자신도 모르는 가운데 비판적으로 사고하게 될 것이다. 그런데 우리가 모든 주제에 대해 10가지 구성 요소와 10가지 평가 기준을 일률적으로 사용할 필요는 없다. 이런 항목들을 기계적으로 적용할 필요는 없다는 말이다. 직면하는 상황에 따라 그리고 다루는 주제에 따라 이것들 중 몇 가지에 중점을 두는 것이 우리가 비판적 사고에서 겪는 일반적인 상황이다.

아래에는 비판적 사고의 10가지 구성 요소와 10가지 평가 기준이 어떻게 서로 결합될 수 있는가가 제시되어 있다. 실제로 여러분이 특정 주제에 대해 비판적으로 사고할 때, 이들 조합들 중 일부를 생각해 볼 수 있다. 혹은 여기 제시되지 않은 다른 조합도 생각해 볼 수 있다.

다음에서 보는 바와 같이 비판적 사고는 원리에 입각한 체계적이고 조직적인 사고이다. 그러나 모든 사람이 비판적으로 사고한 결과,

평가 기준 \ 구성 요소	평가 기준의 적용									
	분명함	정확성	명료성	적절성	중요성	깊이	폭넓음	논리성	공정성	충분성
(1) 목적	O		O	O	O			O		
(2) 현안 문제	O		O	O	O					
(3) 개념	O	O	O	O	O	O	O		O	O
(4) 가정		O		O	O				O	
(5) 정보	O	O		O				O	O	O
(6) 추론을 통해 도달한 결론		O		O				O		
(7) 관점				O			O	O	O	
(8) 결론/주장이 함축하는 귀결			O	O	O					
(9) 맥락					O		O			
(10) 대안				O	O	O	O	O	O	O

어떤 주제에 대해 동일한 사고 내용을 갖게 되리라고 생각하는 것은 잘못이다. 비판적 사고는 원리에 입각해 일률적으로 어떤 것을 도출해 내는 기계적 사고가 아니기 때문이다. 어떤 주제에 대해 현실적으로 달성할 수 있는 목적이나 그 목적을 달성하기 위해 생각할 수 있는 현안 문제가 꼭 하나라고 말할 수는 없는 법이다.

사실 비판적으로 사고하는 사람들이 10가지 구성 요소와 10가지 평가 기준들 중 어느 항목을 더 중요하게 선택하느냐에 따라 사고 내용이 달라질 수 있다. 그리고 그들의 생각 중 단 하나가 아니라 다수가 합당한 것으로 간주될 수 있다.

3. 비판적 사고의 적용: 비판적 글 읽기

비판적 사고의 구성 요소와 평가 기준은 의미 있는 내용이 담긴 글을 읽거나 쓸 때 아주 유용하다. 이와 같은 구성 요소와 평가 기준이 비판적 사고를 이용하기 위한 세부 사항들에 해당한다. 이런 이유에서 비판적 사고에 따라 글을 읽는 것을 비판적 글 읽기라고 부를 수 있다.

비판적 글 읽기에서, 즉 주어진 글을 제대로 파악하기 위해서는 글의 구조와 내용을 따져보아야 한다. 이때 무엇보다도 먼저 주어진 글을 있는 그대로, 즉 분석적으로 따져야 한다. 이어서 글의 함축적 의미와 글쓴이의 의도를 추론적으로 이끌어내야 한다. 그리고 마지막으로 비판적으로 평가할 수 있어야 한다. 사실상 이와 같은 독해 과정은 이미 여러분들이 배운 '사실적 독해'와 '추론적 독해', '비판적 독해'라고 부르는 것에 해당한다. 이와 같은 독해가 바로 분석적 사고 능력과 추론적 사고 능력(또는 논증적 사고 능력)과 종합적 사고 능력과 대안적 사고 능력을 포괄하는 비판적 사고를 이용한 글 읽기이다.

우선 '사실적 독해'는 비판적 사고의 분석적 사고 능력을 이용한 글 읽기이고, '추론적 독해'는 추론적 사고 능력과 종합적 사고 능력을 이용한 것이고, '비판적 독해'는 종합적 사고 능력과 대안적 사고 능력을 이용한 글 읽기이다. 독해의 유형과 비판적 사고의 관계는 다음과 같이 요약할 수 있다.

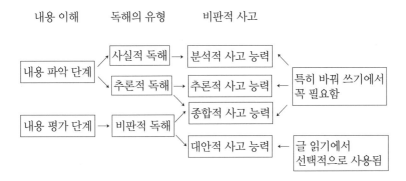

이런 연관 관계에서 네 가지의 비판적 사고 능력을 이용한 독해를 '비판적 글 읽기'라고 특징지을 수 있다. 따라서 비판적 글 읽기는 치밀하고 꼼꼼하게 이루어지는 조직적 글 읽기일 뿐 아니라, 적극적이고 능동적으로 이루어지는 글 읽기이다.

비판적으로 글을 읽는다는 것은 글쓴이의 생각을 역추적하는 과정이다. 단순히 글쓴이의 생각을 소극적, 수동적으로 따라가는 데서 그치는 것이 아니라, 적극적, 능동적으로 글쓴이가 놓쳤거나 미진한 부분까지 찾아나가는 과정이다. 이런 의미에서 비판적 글 읽기는 글의 내용을 되새기면서 능동적으로 읽는 것이다. 이를 확인하는 데 가장 효과적인 것이 바로 요약하기이다. 이는 주어진 글의 내용을 충실하게 재구성한다는 의미에서 능동적 작업이다. 그렇지만 여기에 글의 내용과 의미 그리고 글쓴이의 의도에 대한 어떤 평가가 끼어들지는 않는다. 이런 의미에서 요약하기와 바꿔 쓰기는 글 내용의 비판을 위한 첫걸음이자, 비판적 글 쓰기의 전 단계이다.

비판적 글 읽기와 비판적 글 쓰기는 동일한 사고를 이용한 지적 행위이다. 특히 비판적 글 읽기를 위해서 글을 읽는 사람은 글쓴이의 생각을 살펴야 한다. 이와 반대로 비판적 글 쓰기를 위해서 글쓴이는 글을 읽는 사람의 생각을 미리 고려해야 한다. 따라서 비판적 글 읽기와 비판적 글 쓰기는 단독으로 이루어지지만, 상대방을 전제로 하는 의사소통 작업이기도 하다.

비판적 글 읽기를 위해서는 무엇보다도 비판적 사고의 기준을 정확히 이해해야 한다. 그 기준들은 파악한 글의 내용을 평가하기 위한 것들이다. 또한 위의 기준들은 비판 또는 비판적 독해를 위한 '내적 준거'와 '외적 준거'로 제시된 사항이기도 하다.[2] 그러나 비판적 사고를 이용한 글 읽기는 주로 글의 내용과 관련된 논의이다. 비판적 사고의 기준으로 제시된 공정성도 글을 읽는 사람의 태도가 아니라, 주어진 글의 내용과 표현이 정확하고 적절한지에 대한 평가이다.

---

2) 간단히 소개하자면, '내적 준거'는 글의 내용을 분석하기 위한 준거로, 내용과 표현의 정확성과 적절성이다. '외적 준거'는 글의 가치를 평가하기 위한 준거이다. 외적 준거로는 글의 외적인 요소인 환경, 상황, 읽는 사람의 배경 지식 등과 관련된 내용의 보편성 및 전제의 타당성과 실용적, 심미적 효용성을 들 수 있다.
비판적 독해를 위한 내적, 외적 준거와 비판적 사고의 기준을 비교해 보면, 어디에 초점이 맞춰져 있는지 잘 볼 수 있다. 비판적 글 읽기는 글의 내용 전개에 대한 구조적인 측면만이 아니라, 내용 자체의 심층적 측면까지 고려한다.

요 약

* 비판적 평가 기준
    (1) 분명함(clarity)
    (2) 정확성(accuracy)
    (3) 명료성(precision)
    (4) 적절성(relevance)
    (5) 중요성(importance, significance)
    (6) 깊이(depth)
    (7) 폭넓음(breadth)
    (8) 논리성(logicalness)
    (9) 공정성(fairness)
    (10) 충분성(sufficiency)

* 비판적으로 글을 평가하는 방법: 비판적 사고는 원리에 따라 일률적으로 어떤 것을 도출해 내는 기계적 사고가 아니다. 따라서 앞의 10가지 구성 요소와 10가지 평가 기준을 적절히 결합시켜서 각 주제를 평가한다.

* 비판적 사고의 구성 요소와 평가 기준의 적용 관계

평가 기준 / 구성 요소	평가 기준의 적용									
	분명함	정확성	명료성	적절성	중요성	깊이	폭넓음	논리성	공정성	충분성
(1) 목적	O		O	O	O			O		
(2) 현안 문제	O		O	O	O					
(3) 개념	O	O	O	O	O	O	O		O	O
(4) 가정		O		O	O				O	
(5) 정보	O	O		O	O	O	O	O	O	O
(6) 추론을 통해 도달한 결론		O		O				O		
(7) 관점				O			O	O	O	
(8) 결론/주장이 함축하는 귀결				O	O	O				
(9) 맥락					O		O			
(10) 대안				O	O	O	O	O	O	O

연습문제

I. 다음의 물음에 참, 거짓으로 답하시오.

1. '눈'은 뜻이 명료하지 않은(모호한) 단어이다.

2. 뜻이 명료하지 않은 단어는 맥락에서 요구하는 만큼 구체적으로 재정의해야 한다.

3. 어떤 단어를 정확하지 않게 정의한다는 것은 그 단어를 불분명하게 정의한다는 것이다.

4. '부자'라는 단어는 뜻이 불분명한(애매한) 단어이다.

5. 애매한 단어는 의미가 두 개 이상 있는 단어이다.

II. 앞 장의 연습문제에서 분석한 다음의 글을 읽고 물음에 답하시오.

(A) 지난 1월 1일, 최요삼 선수가 생전에 장기 기증을 하려 했다는 사실이 가족들을 통해 알려지면서 챔피언의 회생을 바라던 온 국민의 마음을 숙연하게 했던 그날, 미국 캘리포니아 주 패서디나에서는 올해로 119회를 맞은 새해맞이 행사 로즈 퍼레이드가 열렸다. 행사 한가운데에는 장기 기증인을 추모하는 꽃차가 섰다. 이 꽃차의 한 곳에는 (재)사랑의장기기증운동본부가 헌화한 장미꽃 두 바구니도 있었다. 장기를 기증하고 떠난 아름다운 얼굴들이 담긴 사진과 아름다운 꽃으로 장식한 이 꽃차 위에 탄 사람은 뇌사 기증인의 유족들과 뇌사 기증인한테서 장기를 이식받은 이들. 그들은 기쁜 축제의 현장 한가운데서 웃는 얼굴로 얼싸안고 새해를 맞은 감격을 함께 나누었다. 그리고 귀한 선물을 선사하고 떠난 기증인을 추모하며, 장기 기증의 중요성을 널리 알렸다.

(B) 뇌사 판정 후, 기증할 수 있는 모든 장기를 기증하고 생을 마친 최요삼 선수. 이제 그

는 떠나고 없지만 그를 향한 온 국민의 추모 열기는 아직도 식지 않고 있다. 그의 장기 기증 소식이 알려지면서 장기 기증 등록도 급증하고 있는 추세다. 그러나 과연 이런 열기가 얼마나 갈까? 아직도 기증되는 장기가 턱없이 부족하다. 지금 이 순간에도 장기만 이식받으면 건강을 되찾을 수 있는 환자들이 속절없이 생을 마감하고 있다.

(C) 선진국의 장기 기증 체계는 해가 다르게 발전을 거듭하고 있다. 장기 기증 거부 의사를 밝힌 사람을 제외한 전 국민을 '잠재적 기증자'로 간주하는 '옵트아웃' 제도를 도입하는 나라가 늘고 있다. 살아 있을 때 기증 의사 철회가 가능한 만큼 기증 의사가 있는 사람이라면 사후 또는 뇌사 때 가족의 동의 없이 기증 절차를 밟을 수 있도록 제도화한 나라도 많다. 장기 기증 등록률을 높이고자 의료보험증이나 운전면허증 발급 때 기증 의사를 물어 표시하는 나라도 있다. 이런 국가적 노력과 제도적 뒷받침에 힘입어 미국, 영국, 캐나다, 프랑스, 스페인 등은 국민의 70~80% 이상이 장기 기증 희망자이며, 뇌사 때 장기 기증률도 인구 100명당 30명에 육박한다. 현재 국민의 0.8%만이 장기 기증 등록자이며, 뇌사 때 장기 기증률도 인구 100만 명당 3명에 불과한 우리나라의 실정과 극명하게 비교되는 대목이다.

(D) 장기 기증은 사람이 사람에게 베풀 수 있는 가장 숭고하고 아름다운 행동이다. 또한 장기 부전 환자 치료에 투입되는 의료 경비를 절감시킬 뿐 아니라, 병상에 누운 환자에게 건강을 선사해 사회에 봉사하는 인재로 만드는 꼭 필요한 일이다. 따라서 장기 기증은 국가적인 관심과 지원이 특별히 더 필요한 분야다. 장기 기증 활성화는 유명인 몇 사람의 모범적인 실천만으로는 이루어질 수 없다. 국가적 지원과 제도적 뒷받침이 없는 한, 그 어떤 감동적인 사연도 일시적인 주의 환기에만 그치기 때문이다.

(E) 축제 현장 한가운데를 달리던 '장기 기증' 꽃차를 기억한다. 그리고 그 꽃차를 향해 환호를 지르며 손을 흔들어주던 거리의 사람들을 기억한다. 그다지 유명하지 않았던, 생전에는 그저 평범한 보통 사람이었을 뿐인 뇌사 기증인들이지만, 그들은 모든 이들의 가슴속에 살아 있었다. 그래서 유족들도 슬픔을 이기고 웃는 얼굴로 먼저 떠난 가족을 추억할 수 있었다. 기증인과 이식인의 만남을 원천적으로 봉쇄하는 우리나라와 달리, 1년 정도 시간이 지나면 기증인과 이식인의 의사에 따라 만남을 주선하는 미국의 사례는 우리나라의 규제 일변도의 장기 기증 관련 법규를 다시금 돌아보게 만든다. 최요삼 선수를 보내며, 장기 기증인들의 아름다운 헌신을 더욱 빛나게 할 수 있는 좀 더 효율적인 장기 기증 체계가 조속히 정착되기를 기대해 본다.

— 박진탁((재)사랑의장기기증운동본부장)

「장기기증, 그 숭고한 아름다움」, 《인터넷 한겨레》 2008년 1월 11일자

1. 필자가 이 글을 쓴 목적이 비교적 분명하게 표현되어 있는가?

2. 이 글에서 논의하고 있는 현안 문제(주제)는 중요한 것이라고 생각하는가? 그 이유는 무엇인가?

3. (C)에서 필자는 어떤 단어의 의미를 설명하고 있다. 그 의미가 충분하게 설명되었다고 생각하는가? 그렇지 않다면 여러분의 대안은 무엇인가?

4. (B)에서 필자가 명시적으로 표현하지 않았지만 당연시하고 있는 가정은 그 내용이 정확한 것인가(참인가)?

5. (C)에서 제시된 정보는 정확한 것인가? 중요한가? 충분한가?

6. (B)에서 필자는 "아직도 기증되는 장기가 턱없이 부족하다."고 주장하는데, 그 주장과 그 근거 사이에 논리적인 연관 관계가 있는가?

7. (D)에서 필자는 장기 기증은 국가적인 관심과 지원이 더 필요한 분야라고 주장하는데 이 글에 제시된 근거는 적절한가?

8. (C)의 마지막 부분에서 필자는 다음과 같이 말하고 있다. "이런 국가적 노력과 제도적 뒷받침에 힘입어 미국, 영국, 캐나다, 프랑스, 스페인 등은 국민의 70~80% 이상이 장기 기증 희망자이며, 뇌사 때 장기 기증률도 인구 100명당 30명에 육박한다. 현재 국민의 0.8%만이 장기 기증 등록자이며, 뇌사 때 장기 기증률도 인구 100만 명당 3명에 불과한 우리나라의 실정과 극명하게 비교되는 대목이다." 이런 주장이 함축하는 내용은 중요한가?

9. 최요삼 선수의 안타까운 죽음과 그에 이은 장기 기증 소식이 전해진 것이 이 글을 쓰게 된 사회적 맥락이다. 이런 맥락에서 이 글을 쓴 것이 시기 적절하다고 생각하는가? 그렇게 생각하는 이유는 무엇인가?

10. 여러분이 이런 문제에 대한 글을 쓴다면 필자가 언급하지 않은 어떤 내용을 언급할 것인가?

제2부

논의 분석과 내용 파악

CRITICAL THINKING

1장
논의 구조와 논의 분석

　글을 읽고 쓴다는 것은 단순히 문자를 사용하는 것이 아니라, 그 속에 담긴 내용을 파악하고 나타내는 일이다. 이를 위해서 우리는 사고 능력을 이용한다. 사고 능력 가운데서도 비판적 사고 능력은 우리의 생각을 표현하는 데(즉 글 쓰기와 말하기), 또 표현된 것을 제대로 알아내는 데(즉 글 읽기와 듣기)에 아주 필요한 능력이다.

　말이나 글로 표현된 내용을 알아낸다는 것은 상대방의 생각을 읽어내는 일이기도 하다. 단순히 상대방의 음성을 듣거나 문자를 보는 것이 아니라, 그 속에 쓰인 단어와 문장 등의 얽히고설킨 관계를 따져서 논의가 이루어지는 과정을 능동적, 적극적으로 알아내는 일이다. 이를 위해서는 여러 가지 비판적 사고 가운데서도 분석적 사고 능력이 제일 먼저 요구된다.

1. 글의 구조 및 논의 과정 파악하기

글은 글쓴이의 생각과 그 생각의 과정을 보여준다. 글쓴이의 생각이 어떻게 전개되었는지를 보기 위해서는 글의 전개 과정을 꼼꼼히 따져보아야 한다. 우선 글을 읽으면서 문단을 구성하고 있는 문장들에서 '중심 문장'과 '뒷받침 문장'을 구별해야 하고, 또 글을 구성하고 있는 '중심 문단'과 '뒷받침 문단'을 구별해야 한다. 즉 글의 구조를 따지기 위해서는 우선 문장들 간의 관계를 가리키는 '미시 구조'와, 대체로 문단들 사이에서 논의의 큰 흐름을 보여주는 '거시 구조'를 살펴보아야 한다. 논의의 흐름을 따진다는 것은 그 글에 사용된 단어들의 의미와 각 문장들 사이의 관계만이 아니라, 각 문단들 사이의 연결 관계를 파악하는 것이기 때문이다.

문장들의 연결 중에서 어떤 문장이 앞 문장의 내용에 병렬적으로 다른 내용을 덧붙이는 경우가 있다. 이와 달리 어떤 문장을 위해 특정한 역할을 하는 뒷받침 문장도 여러 종류가 있다. 이것들은 한 문단 속에서 여러 방식으로 서로 밀접한 관련을 맺는다. 즉 '중심 문장 + 뒷받침 문장'으로 나타난다. 그렇기 때문에 글을 읽을 때는 각 문장들의 유기적 연결 관계를 따지면서 내용을 파악해야 한다.

우선 문장들 사이의 연결 방식에는 앞 문장을 위해서 예를 들어 보여주는 예시나 인용, 알기 쉽게 풀어 보여주는 설명이나 다른 방식으로 보여주는 부연 같은 상세화, 또는 주장에 대한 근거나 이유(또는 결론에 대한 전제)를 제시하는 추론의 형태가 있다. 한편 다른 성격의

비판적 사고

연결 방식으로 앞 문장의 내용에 어떤 종류의 반전을 꾀하기 위한 전환, 또는 특정한 범위를 주기 위한 제약을 들 수도 있다. 이 밖에도 앞 문장의 내용을 다른 뒷받침 문장을 이용해서 비교하거나 대조하는 경우를 생각할 수 있다.

이런 다양한 방식을 우리는 일상생활에서 나름대로 구분해서 사용한다. 이 방식들을 다음과 같은 상황으로 정리해 볼 수 있다.

관계	상황
부가	"새로 나온 디카는 디자인이 좋아. 그리고 가격도 싸."
예시	"새로 나온 디카는 디자인이 좋아. A회사의 모델 X를 봐."
부연	"새로 나온 디카는 디자인이 좋아. 특이한 모양이 눈에 띄면서 손에 잡히는 느낌이 너무 좋아."
비교	"새로 나온 디카는 디자인이 좋아. 이전 모델보다 날씬하고 세련됐어."
논증	"새로 나온 디카는 디자인이 좋아. 요즘 그 회사가 일류 디자이너를 영입해 특별히 신경 써서 만든 거래."
전환	"새로 나온 디카는 디자인이 좋아. 그렇지만 사용하기에 불편해."
제약	"새로 나온 디카는 디자인이 좋아. 다만 색이 다양하지 않아."

우리는 위와 같은 관계를 효율적으로 보여주기 위해서 흔히 접속어를 사용한다. 즉 글의 미시 구조에 해당하는 이 관계에는 대체로 다음과 같은 접속어를 사용한다.

관계	접속어	비고
부가	그리고, 또한, 게다가, 뿐만 아니라, 더욱이, 오히려	
예시	예를 들면, 예컨대, 다시 말해서, 가령	같은 접속어를 사용할 경우가 있음
부연	즉, 결국, 그래서, 자세히 말해서, 다시 말해서, 달리 표현해서	
비교	비교하자면, 비교해서 말하자면, 비교해서 보자면	
논증	그러므로, 그러니까, 따라서, 왜냐하면, 이유에서, 때문에	
전환	그러나, 그렇지만, 하지만, 한편, 반면에, 이와 달리	같은 접속어를 사용할 경우가 있음
제약	단, 단지, 그에 비해서, 한편	

　이와 같은 접속어를 올바로 이해하는 일은 논의의 전개 과정을 따져서 논의의 알맹이를 파악하는 데에 아주 유용하다. 또한 논의의 골격을 파악하기 위해서 논의의 곁가지를 간편하게 잘라내는 데도 유용하다.

　문단도 문장과 마찬가지이다. 즉 문단은 문단끼리 유기적으로 이어져 있다. 따라서 내용을 파악하기 위해서는 문단을 구성하고 있는 문장들 간의 관계와 문단들 사이의 관계를 따져보아야, 글 전체의 전개 과정과 구조가 정확히, 간결하게 드러난다.

　중심 문단은 글의 주제나 핵심적인 제재를 담고 있으며, 뒷받침 문단은 중심 문단에 대해 보조적이거나 부수적인 역할을 한다. 뒷받침 문단에는 우선 단순히 앞 문단의 내용에 병렬적으로 새로운 내용을 보태는 부가 문단이 있는데, 이는 중심 문단이나 뒷받침 문단 모두에 해당한다. 뒷받침 문장과 마찬가지로 뒷받침 문단은 그 특징에 따라 몇 가지로 나눌 수 있다. 부연 문단은 앞 문단의 내용을 보충하려는 의도로 다른 방식으로 또는 다른 관점에서 제시하는 문단이며, 근거 문단은 중심 문단에서 보여주는 주장에 대한 근거를 담고 있는 문단이다. 강조 문단은 앞 문단의 어떤 내용을 강조하기 위한 것인데, 이런 유형의 문단은 글의 핵심 내용을 지탱하기 위한 것으로서 중심 문단과 유기적으로 연결되어 있다.

문단들 간의 관계와 각 문단의 핵심 내용을 파악해서, 우리는 글 전체의 주제와 성격을 잘 알 수 있다. 또한 글 전체의 구조뿐 아니라 논의의 구조 또는 논의의 전개 과정까지 정확하게 알 수 있다.

2. '논의(argumentation)'란 무엇인가?

글을 쓸 때, 사람들은 스스로 선택했거나 주어진 주제에 대해서 완결된 형태의 글을 구성한다. 주제에 대한 완결된 형태는 어떤 구체적 맥락에서 자신의 생각 또는 주장을 정당화하기 위한 것이다. 그리고 이를 위해서 우리는 자신의 생각을 합당하게(reasonable) 선택하고 조직하기 위한 사고 활동을 한다.

자신의 생각이나 주장을 정당화하기 위해서는 좋은 근거를 제시할 수 있어야 한다. 이것은 주장을 설득력 있게 만드는 과정이다. 주장이 참이라는 것을 바로 밝힐 때도 있지만, 단지 그 어떤 것보다도 설득력 있는 주장이라는 것을 내세울 때도 있다. 이런 사고 과정을 '추리(reasoning)'라고 하며, 추리가 언어로 표현되어서 나타난 것이 '논의(argumentation, 또는 논변)'다.[1] 특히 법률적 행위와 사태의 정당성을 다루는 법학에서는 'legal inference'와 'legal argument'보다

'legal reasoning'과 'legal argumentation'이 많이 사용된다.[2] 법률적 정당성은 결론의 참을 전제의 참으로부터 이끌어낼 수 있는 성질의 것이 아니기 때문이다. 법률적 논의에서는 경우에 따라서 참이나 거짓을 가릴 수 있는 사실 진술이 포함되겠지만, 진위를 판정할 수 없는 진술이 틀림없이 포함된다.

좋은 논의를 위해서 사람들은 다양한 시도를 하고 여러 가지 효과적인 기법을 사용한다. 좋은 논의를 위해서라면, 설명, 예시, 해설 등 어떤 방식이라도 사용될 수 있다. 그러므로 글을 읽을 때나 글을 쓸 때는 논의 구조를 잘 따져보아야 한다. 특정한 목적으로 논의를 전개하는 데, 또 어떤 논의를 치밀하게 따져서 파악하는 데 비판적 사고는 아주 유용하다. 그 가운데에서도 추론적 사고(또는 논증적 사고)는 가장 중요한 부분이라고 할 수 있다. 추론적 사고 또는 논증적 사고에서 형성된 추론(inference)이나 논증(argument)을 강조하는 것은 (이

---

1) 영어의 'argumentation'은 'argument'와 다르다. 흔히 '논증'으로 번역하는 'argument'는 참인 전제에서 참인 결론을 이끌어내는 아주 구체적인 과정이다. (그래서 논증의 개수를 셀 수 있다.) 즉 결론의 참을 정당화하기 위해서 전제와 함께 결론에 이르는 사고 과정이 '추론(inference)'이며, 그것이 언어화한 형태가 'argument'이다. 그러나 'argumentation'은 자신의 생각이나 주장을 정당하게 만들기 위한 과정으로서 필요한 경우 '논증'이 사용되기도 하지만, 그렇다고 꼭 '논증'이 포함되지는 않는다.

　대체로 'argumentation'은 '논증 과정'이나 '논증 행위' 또는 '논변'으로 번역된다. 그러나 '논증 과정'과 '논증 행위'는 자칫 형식적인 성격의 '논증'을 만드는 일로 오해될 수 있다. 또한 '논변'은 'argumentation'의 적절한 번역어이긴 하나, 간혹 'argument'의 번역어로 사용되는 경우가 있다. 이런 이유에서 이 책에서는 잠정적으로나마 'argumentation'을 '논의'로 사용한다.

2) 대체로 'legal reasoning'은 '법적 추리'로, 'legal argumentation'은 '법적 논증'으로 사용한다. 그러나 후자의 경우 자칫 'legal argument'로 이해될 수 있기 때문에, '법적 논의'(또는 '법적 논변')로 사용하는 것이 바람직하다.

책의 제3부~제6부에서 보겠지만) 이들이 가장 치밀하고 조직적인 사고의 형태를 보여주기 때문이다. 물론 논의 속에 논증이 꼭 포함되는 것은 아니다. 그렇지만 논증을 포함하고 있을 경우, 논증을 찾고 구성하는 것은 아주 중요하다. 논증은 결론의 참을 정당화하려는 시도이기 때문이다.

3. 논의 분석과 논의 구조도 작성하기

주어진 글에서 논의 과정을 파악한다는 것은 글의 구조를 파악하는 것이다. 글의 구조란 문단 내에서는 문장들의 관계를, 글 전체에서는 문단들 간의 관계를 가리킨다. 문장들은 대개 접속어로 이어지며, 논의의 정확하고 적절한 전개를 위해서는 설명, 비교, 비유, 예시, 정의, 분류 등의 다양한 방식이 사용된다. 도식화를 위해 논의 구조는 다음과 같이 대체로 네 가지 유형으로 정리할 수 있다.

문장들 관계 (미시 구조)	논의구조관계 (거시 구조)	논의 관계 기호	접속어
부가	부가	+	그리고, 또한, 게다가, 뿐만 아니라, 더욱이, 오히려
예시 부연 비교	해설	= (또는 ‖)	- 예를 들면, 예컨대, 다시 말해서, 가령 - 즉, 결국, 자세히 말해서, 달리 표현해서 - 비교하자면, 비교해서 말하자면
논증	논증	→ (또는 ↓)	그러므로, 그러니까, 따라서, 왜냐하면, 이유에서
전환 제약	전환	↗ (또는 ↘)	- 그러나, 그렇지만, 하지만, 이와 달리, 반면에 - 단, 단지, 그에 비해서, 한편

위의 표에서 부가는 '+'로, 해설의 한 유형으로 간주하는 예시와 해설은 합쳐서 'ᄂ'로, 논증은 'ᅳ'로, 마지막으로 전환과 제약은 합쳐서 'ᄼ'(또는 'ᄾ')로 표시한다. 논의의 골격을 파악한다는 것은 논의 전개 과정에서 나타나는 세세한 구조를 생략하고 논의의 큰 흐름을 파악하려는 것이기 때문이다.

우선 두괄식, 미괄식 등은 글의 결론에 해당하는 가장 핵심적인 생각이나 주장이 놓인 위치에 따라 부르는 용어이다. 또는 서술 방식에 따라서 묘사, 서사, 설명, 논증을 말할 수 있다. 아니면 글을 쓰는 목적에 따라 표현, 정보 전달, 설득을 위한 글로 나눌 수 있다. 또한 용도에 따라 실용적인 글, 문학적인 글, 학술적인 글로 나눌 수도 있다. 설명문이나 해설문, 또는 논술문 등은 글 전체의 성격에 따른 구분이다. 물론 어떤 성격, 어떤 종류의 글을 쓰더라도 그 속에는 여러 가지 서술 방식이 동시에 사용될 수 있다. 즉 해설문에서 논증이나 전환, 예시 등이 사용될 수 있으며, 논술문이라고 하더라도 논의 전개를 위해서 해설이나 예시, 부가 등을 자유롭게 사용할 수 있다는 말이다. 단 논술문의 경우 글의 궁극적인 결론이나 주장을 이끌어내기 위해서는 논증이 반드시 포함되어야 한다. 물론 논증을 포함하지 않더라도 어떤 주장을 설득력 있게 쓸 수 있지만, 논술문은 단순히 어떤 주장을 내세우기보다는 근거를 충분히 제시해서 글을 읽는 사람으로 하여금 주장을 받아들이도록 하는 글이기 때문이다.

논증을 포함한 글이든 아니든, 주어진 글에서 논의 과정을 파악한다는 것은 단순히 글의 구조와 내용을 있는 그대로 파악하는 데서 그치는 것이 아니다. 제대로 된 글 읽기는 글의 함축적인 의미를 찾아내서 글쓴이의 생각을 재구성하는 작업이어야 한다. 이를 위해서는 글의 전개를 시각화하는 논의 구조도가 아주 효율적이다. 제1부에서 제시한 다음의 글을 가지고 논의 구조도에 대해 알아보자.

(A) 지금 세계는 어느 때보다 치열한 게임을 하고 있다. 시급한 해결이 필요한 네 가지 문제를 둘러싼 게임이다. 그 문제는 바로 지구 온난화, 식량 가격의 상승, 식수 부족, 원자재 가격의 상승이다. 이 문제를 어떻게 해결하느냐에 따라 앞으로 세계의 정치 경제 패권이 새롭게 정립될 것으로 보인다. 이들 문제가 심각하고, 반드시 해결해야 한다는 점에는 누구나 동의하지만 어떻게 해결할지, 비용은 누가 감당할지는 여전히 합의에 이르지 못하고 있다.

(B) ① 이 문제의 원죄는 부자 나라, 즉 선진국들에 있다. ② 그러나 지금 시점에서 가장 큰 원인 제공자는 개발도상국들이다. ③ 바로 이 때문에 게임의 결과를 예측할 수 없다. ④ 선진국들은 자신들에 가장 큰 책임이 있다는 사실을 마지못해 인정하지만 그들이 지겠다는 책임, 즉 비용 분담은 기대에 훨씬 못 미치는 수준이다. ⑤ 따라서 개도국들이 행여 그 비용을 떠맡다가 경제가 발목 잡히지는 않을까 우려하는 건 당연한 일이다.

(C) 그래서 경제학자들이 생각해낸 것이 '배출권 거래제'다. 배출권 거래 시장에서 최고 가격을 제시한 측에 오염시킬 권리를 준다는 것은 이론상 훌륭하다. 시장 논리에 따르면 이 거래는 '보이지 않는 손', 수요-공급에 따라 이뤄질 것이다. 하지만 부자 국가의 부자 기업이 막대한 자본으로 거래에 뛰어들면 '가난한' 국가는 경쟁할 방도가 없다. 개도국의 발전 가능성은 자연스레 봉쇄될 것이다. 이론상 공정해 보이지만 실상은 선진국에 유리할 수밖에 없다.

(D) ① 삼림을 개간해 대체 연료 생산을 위한 옥수수 재배지를 만들자는 제안도 나온다. ② 여기에도 명백한 오류가 있다. ③ 삼림이 사라진다는 것은 '지구의 허파'가 없어진다는 뜻이다. ④ 궁극적으로 지구 환경에 더 큰 악영향을 끼치는 것이다. ⑤ 또 대체 연료 생산을 위해 옥수수 재배지를 확대하는 것은 궁극적으로 식량 생산지의 감소로 이어질 수가 있다.

(E) 이미 세계는 소수의 가진 자들에 의한 식량 가격 상승으로 위기를 맞고 있다. 한

조사에 따르면 8억의 인구가 비만을 걱정하는 사이, 20억의 인구는 하루하루 연명할 끼니 걱정을 하고 있다. 유엔은 2016년에 이르면 선진국 국민이 전 세계 쇠고기의 30%, 돼지고기의 50%, 가금류의 25%를 소비할 것이라고 내다봤다.

(F) 지구 온난화는 식량 생산의 패턴에도 변화를 가져왔다. 세계의 곡창지대들이 기후 변화의 영향을 받았고, 이들 지역에서의 재배 작물 종류와 생산량에 큰 변화가 따랐다.

(G) 식수 부족 역시 앞날을 어둡게 만드는 요인이다. 이미 심각한 수준에 이른 중국은 도시 농촌 간 식수 분배로 인한 갈등에 직면했다. 호주도 극심한 가뭄으로 가장 비옥한 농지를 잃었다.

(H) 마지막으로 원자재 가격의 상승은 가장 예측이 까다로운 문제다. 제조업은 원자재 투입이 지속적으로 필요하지만, 과학기술의 발전 덕에 효율이 어느 정도 높아졌기 때문이다. 고효율과 대체 자원의 개발로 원자재의 가격 상승은 어느 정도 제어할 수 있다. 그러나 무한한 효율을 보장할 수 없는 한 제어 가능한 '정도'를 딱 잘라 말할 수 없다. 여기에서 불확실성이 발생한다.

(I) 이런 상황에 대한 책임을 나누는 것, 이것이 지금 전 세계가 가장 중요하게 생각하고 있는 어젠다다. 결국 이 모든 논쟁은 경제 정치적 역학 관계와 관련한 것이다. 모든 국가가 다른 국가에 이 '짐'을 떠넘기기 위해 전쟁을 하고 있다. 이 전쟁에 승자는 없다. 오로지 패자만 존재할 뿐이다. 바로 기근에 시달리는 전 세계의 가난한 이들과 기후 변화로 농토를 잃게 된 농업 국가들이다. 세계화를 통해 대체 무얼 얻었느냐는 이들의 비판과 절규는 더 거세질 것이다. 지금까지 우리는 개발에 따른 달콤한 성과를 분배해 왔다. 이제는 그로 인한 책임을 나눌 시점이다.

— 요르겐 외르스트룀 묄러(코펜하겐 비즈니스 스쿨 부교수),

「세계화의 고통 어떻게 분담할 것인가」, 《중앙일보》 2007년 10월 23일자 해외칼럼

(원출처: 《예일 글로벌 온라인(Yale Global Online)》 2007년 10월 19일자)

우선 위 글의 9개 단락은 다음과 같이 요약, 정리할 수 있다.

(A) 시급한 해결책이 필요한 세계적인 차원의 문제 제기(지구 온난

화, 식량 가격 상승, 식수 부족, 원자재 가격 상승)와 그 해결책의 요
구에 대한 암시

(B) 문제의 원인 진단과 그 귀결에 대한 논의

(C) 기존의 해결책(배출권 거래제)에 대한 비판 1

(D) 기존의 해결책(대체 연료 생산)에 대한 비판 2

(E) 식량 가격 상승 문제에 대한 상세한 기술

(F) 지구 온난화에 따른 식량 문제에 대한 상세한 기술

(G) 식수 부족 문제에 대한 상세한 기술

(H) 원자재 가격 상승 문제에 대한 상세한 기술

(I) 필자의 해결책

이는 다음과 같이 논의 구조도로 나타낼 수 있다.

$$[(A) = \{(E) + (F) + (G) + (H)\}] = [(B) \curvearrowright \{(C) + (D)\}]$$
$$\Downarrow$$
$$(I)$$

어떤 종류의 글이라고 하더라도 논의 구조는 대체로 두 가지 형태
로 나눌 수 있다. 하나는 근거를 제시해서 글쓴이의 주장을 내세우기
위한 논증 형태의 글로, 흔히 논술문이라고 부르는 것이다. 다른 하
나는 글쓴이의 생각이나 의견을 정당하게 밝히거나 입증하기 위한
다양한 형태의 글로, 설명문이나 해설문 등이 거기에 해당한다. 이
두 가지 형태의 글은 다음과 같은 논의 구조도로 그릴 수 있다.

해명 형태의 글	논증 형태의 글
문제 ⇓ 견해(의견)	근거 ↓ 주장

이제 위의 예문에서 (B) 단락을 따져보자.

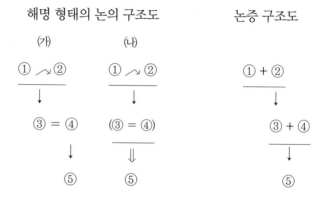

해명 형태의 논의 구조도   논증 구조도

(가)   (나)

위에서 보듯이 논증 구조도는 한 가지이다. 그렇지만 해명 형태의 논의 구조도는 (가)와 (나) 두 가지가 가능하다.

다음으로 (D)를 살펴보자. (D)에서 ③과 ④는 논증을 이루지만, 다른 것들은 (D)의 논증 구조를 보여주는 데에 아무런 역할을 하지 못한다. 그러나 (D)는 다음과 같은 논의 구조를 보여준다.

비판적 사고

(D)의 논의 구조도　　　③
↓
(④ + ⑤) ⌒ ① = ②

이번에는 조금 더 길고 복잡한 글을 이용해서, 논의 구조도와 논증 구조도의 차이를 비교해 보자.

ⓐ요즈음 국어 순화 운동이 크게 진전을 보이고 있다. ⓑ한때 외국말을 분별없이 마구 쓰던 사람들이 최근에는 자제를 하고 있다. ⓒ특히 대중매체에 종사하는 사람들이 외국 말을 되도록 안 쓰려고 힘쓰고 있다. ⓓ운동 경기의 중계 방송에서도 그런 점이 드러나고 있다. ⓔ가령, 구석차기(코너킥), 길게 차기(롱킥), 짧게 주기(숏패스), 옆줄(사이드라인) 등과 같은 우리말을 새로 만들어 쓰려는 시도를 하고 있는 것이다. ⓕ또한, 어려운 한자말을 쉽고 정다운 토박이말로 바꾸어 쓰려는 기풍이 사회 각층에서 일어나고 있다. ⓖ한자말이 우리말 속에 오랫동안 뿌리를 박고 있지만 역시 순수한 우리말은 될 수 없는 이질적인 요소임에 틀림없다. ⓗ더구나 그것들이 순수한 토박이말보다도 더 많다는 점에서 문제가 심각하다. ⓘ그런데 이런 한자말을 우리말로 바꾸어 쓰는 예가 자꾸 늘어나고 있다. ⓙ외길(일방로), 건너가는 길(횡단보도), 잘라 말하다(단언하다), 내다보다(전망하다), 밝히다(천명하다) 등의 말이 많이 생겨나고 있으며, 아이차, 맛고만, 만나니, 꽃샘 같은 상품 이름, 다나아 약국, 고우네 의상실, 늘봄 다방 등 토박이말 상호 등이 새 맛을 돋우고 있다.

—2002년도 PSAT '언어논리영역'의 실험평가문제

논증을 따지든 글의 흐름에 주목하는 논의를 따지든, 우선 ⓐ는 이 글 전체의 궁극적인 주장 내용이며 ⓑ와 ⓕ는 ⓐ를 지지하는 근거에 해당한다. 그렇지만 논증 구조도와 논의 구조도는 위의 제시문을 분석하는 입장이 서로 다르다. 즉 논증 구조도는 문장 간의 지지 관계

에 초점을 맞추는 반면, 논의 구조도는 글의 흐름에 주목한다. 위의
제시문을 글의 흐름에서 보자면, 다음과 같이 논의 구조도를 그릴 수
있다.

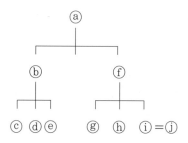

그러나 조금 더 자세히 부가(+), 해설(=, 또는 ∥), 논증(→, 또는 ↓),
전환(⌒)의 논의 구조 관계를 따져보면, 다음과 같이 논의 구조도를
그릴 수 있다.

$$(ⓓ = ⓔ) \quad \underline{ⓖ + ⓗ ⌒ (ⓘ = ⓙ)}$$
$$\parallel \qquad\qquad \parallel$$
$$\underline{ⓑ + ⓒ + \qquad ⓕ}$$
$$\downarrow$$
$$ⓐ$$

글의 흐름을 보는 논의와 마찬가지로 논증 중심으로 파악하려는
입장에서도 우선 ⓐ는 이 글 전체의 궁극적인 주장이며, ⓑ와 ⓕ는
ⓐ를 지지한다고 파악할 것이다. 그렇지만 특히 ⓕ의 앞에 붙은 '또

비판적 사고

한'이라는 단어는 ⓕ가 ⓑ와 같은 위상의 것이라는 것을 보여준다. 그래서 ⓑ와 ⓐ의 관계, ⓕ와 ⓐ의 관계는 서로 독립적인 관계가 된다. 이번에는 ⓑ와 ⓒ, ⓓ, ⓔ의 관계를 살펴보자. ⓒ, ⓓ, ⓔ의 내용은 ⓑ를 주장할 수 있는 근거가 된다. 더 엄밀히 분석하면 ⓔ는 ⓓ를 지지하는 근거가 되고, ⓓ는 다시 ⓒ를 지지하는 근거가 된다. 이제 ⓕ와 ⓖ, ⓗ, ⓘ, ⓙ의 관계를 살펴보자. ⓖ, ⓗ, ⓘ, ⓙ는 ⓕ를 전체적으로 지지한다. 따라서 위의 제시문으로는 다음과 같은 논증 구조도를 그릴 수 있다.

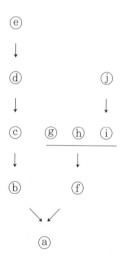

같은 글을 대상으로 했는데도 위의 논증 구조도는 논의 구조도에 비해서 훨씬 더 구체적이고 세부적인 분석을 한다. 글의 논리적 분석은 단순히 글의 흐름을 보려는 것보다 더욱 치밀하게 이루어질 수밖에 없다.

이와 같은 두 가지 형태의 글에서 어떤 형태가 더 낫다고 말할 수는 없다. 경우에 따라서 또는 필요에 따라서 효과적인 형태를 선택할 수 있을 뿐이다. 그렇지만 대체로 논의 구조를 보여주는 해명 형태의 글은 설득력을 높이기 위해서 감성적으로 흐르거나 다양한 서술 기법을 이용하는 경향이 있다.

이에 비해서 논증 형태의 글은 논의 전개를 치밀하게 이끌어서 성격상 아주 딱딱하고 무미건조하다고 볼 수 있다. 이런 이유에서 논증 형태의 글은 골치 아픈 글로 치부되기 일쑤다. 그러나 논증 형태의 글도 다양한 표현 방식을 이용해서 논의 전개의 딱딱함을 가리면, 훨씬 부드러워질 수 있다. 논리적이고 설득력 있지만 딱딱한 글보다는, 논리적이고 설득력 있으면서도 부드러운 글이 선호된다.

요 약

* 논의 과정 파악하기
    - 미시 구조: 문장들 간의 접속 관계 중심. '그리고', '그러나' 등의 접속어
    - 거시 구조: 논의의 전개 과정 중심. 설명, 비교, 예시 등의 관계
    (글의 순서 또는 논의 과정과 논의 구조는 다름)

* 추리와 논의, 추론과 논증
    - 추리(reasoning): 완결된 형태로 어떤 구체적 맥락에서 자신의 생각 또는 주장을 정당화하기 위해 자신의 생각을 합당하게(reasonable) 선택하고 조직하는 활동
    - 논의(argumentation): 논변이라고도 부르는 추리의 언어화된 형태로, 논증을 포함해서 다양한 표현 기법을 사용함
    - 추론(inference): 참인 결론을 정당화하기 위해서 전제에서 결론에 이르는 사고 과정
    - 논증(argument): 추론이 언어화된 형태로, 참인 전제에서 참인 결론을 이끌어내

기 위한 형식적 과정

* 논의 구조도 작성하기

해명 형태의 글	논증 형태의 글
문제 ⇩ 견해(의견)	근거 ↓ 주장

연습문제

I. "세계화의 고통 어떻게 분담할 것인가?"를 읽은 뒤, 본문에서 다루지 않은 나머지 문단들의 논의 과정을 파악하고, 논의 구조도를 작성하시오. 또 논증 구조도를 그릴 수 있다면 그려보시오.

1. (A) 지금 세계는 어느 때보다 치열한 게임을 하고 있다. 시급한 해결이 필요한 네 가지 문제를 둘러싼 게임이다. 그 문제는 바로 지구 온난화, 식량 가격의 상승, 식수 부족, 원자재 가격의 상승이다. 이 문제를 어떻게 해결하느냐에 따라 앞으로 세계의 정치 경제 패권이 새롭게 정립될 것으로 보인다. 이들 문제가 심각하고, 반드시 해결해야 한다는 점에는 누구나 동의하지만 어떻게 해결할지, 비용은 누가 감당할지는 여전히 합의에 이르지 못하고 있다.

2. (C) 그래서 경제학자들이 생각해낸 것이 '배출권 거래제'다. 배출권 거래 시장에서 최고 가격을 제시한 측에 오염시킬 권리를 준다는 것은 이론상 훌륭하다. 시장 논리에 따르면 이 거래는 '보이지 않는 손', 수요-공급에 따라 이뤄질 것이다. 하지만 부자 국가의 부자 기업이 막대한 자

본으로 거래에 뛰어들면 '가난한' 국가는 경쟁할 방도가 없다. 개도국의 발전 가능성은 자연스레 봉쇄될 것이다. 이론상 공정해 보이지만 실상은 선진국에 유리할 수밖에 없다.

3. (E) 이미 세계는 소수의 가진 자들에 의한 식량 가격 상승으로 위기를 맞고 있다. 한 조사에 따르면 8억의 인구가 비만을 걱정하는 사이, 20억의 인구는 하루하루 연명할 끼니 걱정을 하고 있다. 유엔은 2016년에 이르면 선진국 국민이 전 세계 쇠고기의 30%, 돼지고기의 50%, 가금류의 25%를 소비할 것이라고 내다봤다.

4. (F) 지구 온난화는 식량 생산의 패턴에도 변화를 가져왔다. 세계의 곡창지대들이 기후 변화의 영향을 받았고, 이들 지역에서의 재배 작물 종류와 생산량에 큰 변화가 따랐다.

5. (G) 식수 부족 역시 앞날을 어둡게 만드는 요인이다. 이미 심각한 수준에 이른 중국은 도시 농촌 간 식수 분배로 인한 갈등에 직면했다. 호주도 극심한 가뭄으로 가장 비옥한 농지를 잃었다.

6. (H) 마지막으로 원자재 가격의 상승은 가장 예측이 까다로운 문제다. 제조업은 원자재 투입이 지속적으로 필요하지만, 과학기술의 발전 덕에 효율이 어느 정도 높아졌기 때문이다. 고효율과 대체 자원의 개발로 원자재의 가격 상승은 어느 정도 제어할 수 있다. 그러나 무한한 효율을 보장할 수 없는 한 제어 가능한 '정도'를 딱 잘라 말할 수 없다. 여기에서 불확실성이 발생한다.

7. (I) 이런 상황에 대한 책임을 나누는 것, 이것이 지금 전 세계가 가장 중

비판적 사고

요하게 생각하고 있는 어젠다다. 결국 이 모든 논쟁은 경제 정치적 역학 관계와 관련한 것이다. 모든 국가가 다른 국가에 이 '짐'을 떠넘기기 위해 전쟁을 하고 있다. 이 전쟁에 승자는 없다. 오로지 패자만 존재할 뿐이다. 바로 기근에 시달리는 전 세계의 가난한 이들과 기후 변화로 농토를 잃게 된 농업 국가들이다. 세계화를 통해 대체 무얼 얻었느냐는 이들의 비판과 절규는 더 거세질 것이다. 지금까지 우리는 개발에 따른 달콤한 성과를 분배해 왔다. 이제는 그로 인한 책임을 나눌 시점이다.

2장
쓰면서 내용 파악하기

1장에서 살펴본 논의 분석은 논의 구조라는 글의 형식적 성격에 관한 것이었다. 논의의 형식적 측면을 아는 것은 글을 이해하는 데에 아주 중요하다. 왜냐하면 글의 내용은 논의의 구조 속에서 유기적으로 연결되어 있기 때문이다. 지금까지 논의의 구조를 따져보았다면, 이제는 글의 내용을 살펴보아야 한다. 글을 읽으면서 내용을 파악해 나가기에 좋은 방법은 그 내용을 바꿔서 써보는 것이다. 이렇게 해서 우리는 글쓴이의 생각을 더 깊이 파악할 수 있다.

1. 바꿔 표현하기의 필요성

우리가 말하는 것을 다른 사람들이 이해하지 못할 때, 우리는 망설이지 않고 바로 문장을 달리 표현해서 우리의 생각을 전달한다. 예를 들어, 내가 이메일을 열어보고 있는 동안 전화벨이 울린다고 하자.

(집에 놀러 온 친구에게)

나 : "저것 좀 받아봐."

(내 집과 내 전화에 익숙하지 않은 친구의 반응)

친구 : "뭐라고?"

나 : "저기 탁자 위에 있는 전화……. 나 대신 그거 좀 받아줘."

아주 간단하지만 흔한 상황이다. 이때 나는 처음에 한 말을 다르게 표현했다. 당연히 나는 내가 다르게 표현한 것이 더 분명하게 전달되기를 바라면서, 다른 말 몇 마디를 써서 동일한 부탁을 한 것이다. 보통 우리가 일상생활에서 의사소통을 할 때, 이런 식으로 재언명하는 일이 흔히 일어난다. 그래서 우리는 문장을 바꿔 표현할 필요가 있고, 또 그런 이유에서 이런 방식을 익히게 되는 것이다.

바꿔 쓰기는 단순히 말 몇 마디를 바꾸는 것이지만, 이보다도 훨씬 복잡한 경우도 흔하다. 다음의 대화를 살펴보자.

영희 : "내가 세차하지 않길 잘했지."

민주 : "무슨 말이니? 갑자기 웬 세차야?"

영희 : "아니. 그게 아니라 비가 올 것 같다는 말이야."

여기서 영희는 "내가 세차하지 않길 잘했지."를 "비가 올 것 같다."라는 말로 바꾸어 표현하고 있다. 이 두 문장은 전혀 다른 내용을 담고 있지만 위의 상황에 대한 배경을 안다면, 크게 문제가 되지 않는다. 이 상황에서 단순히 단어와 문장만 바꾸는 것으로는 충분하지 않다.

어떤 사람이 동일한 내용을 완전히 다르게 말했지만, 결국은 두 표현이 같은 내용이라는 것을 이해해야 한다. 이렇게 우리는 상대방과 나누는 일상적인 대화에서도 전후에 나타나는 맥락을 제대로 알아야 한다.

글을 읽고 표현을 바꾸는 우리의 능력은 자신이 처한 상황과 전후 맥락에 대한 충분한 이해와 공감대에서 생겨난다. 위의 대화를 이해하려면 우리는 "내가 세차하지 않길 잘했지."라는 것에서 "비가 올 것 같다."는 것을 연상할 수 있는 상황을 바로 생각해 낼 수 있어야 한다. 아마도 그런 상황은 영희가 구름이 잔뜩 낀 하늘을 바라보거나 일기예보를 듣고 이미 날씨 변화를 예측할 수 있는 경우이다. 이와 같은 대화에서 전후 맥락은 그것을 분명하게 해줄 것이다. 그러나 사용되는 모든 곳에서 이 문장이 항상 동일한 의미를 갖지는 않는다. 경우에 따라서는 "내가 세차하지 않길 잘했지."라는 말은 비와 아무 관계가 없을 수도 있다. 이렇게 단어와 문장이 의미하는 것은 그것이 사용되는 상황에 깊이 연관되어 있다. 따라서 바꿔 쓰거나 다르게 표현하기 위해서는 그런 상황에 민감해야 한다.

다음의 문장을 보자.

고양이가 방석 위에 있다.

이 문장은 그 의미가 아주 분명해 보인다. 그러나 어떤 문장이 불분명하기 때문에 반드시 맥락이 필요한 것은 아니다. 이 경우에 우리는 맥락을 제공하는 주제에 대해 나름대로 잘 알고 있다. 여기서 우리는 당연히 애완동물을 생각하고 있을 것이며, 아마도 그것이 마루나 방에 누워 있다고 생각했을 것이다. 그렇게 생각하는 이유는 그처럼 익숙한 상황이 우리 삶의 일상적인 모습이기 때문이다. 이처럼 전후 맥락은 단어를 이해하는 데에 어떤 계기를 마련해 준다. 만약 어떤 사람이 말하고자 하는 내용을 잘 알고 있다면, 다시 말해 그 맥락에서 무엇이 흥미로우며 또 무엇이 문제가 되는지를 안다면, 그것은 사용된 단어에 의미를 부여하는 데 커다란 도움이 될 것이다.

이런 예를 생각해 보자. 학교 행사의 일환으로 다음 주에 강연이 예정되어 있다. 그런데 사전에 예정된 강연자가 갑작스레 교통사고를 당했다. 그리고 이 상황에서 누군가가 "우리는 다른 사람을 구해야 해."라고 말했다고 하자. 우리는 그 문장이 그 강연자와 강연에 대한 이야기인지 금방 알 수 있다. 이 문장은 "그 강연을 대신해 줄 누군가를 찾아보아야 해."라는 말로 바꿔 쓸 수 있다. 그러나 전후 맥락을 모르는 사람이 이 말을 들었다면, 이와 다르게 이해할 수 있을 것이다. 즉 아무것도 모른다면, "위험이나 어려움에 처한 사람을 도와줘야 해."로 이해할 수도 있다. 전후 맥락을 아는 것은 이만큼이나 중요하다.

2. 바꿔 표현하기의 유형

글을 바꿔 표현하는 것은 크게 세 가지로 나뉠 수 있다. 먼저 주어진 글의 내용을 '그대로 바꿔 쓰기' 하는 것이다. 즉 어떤 글의 전체 내용을 빠짐없이, 즉 중요하거나 그렇지 않거나 간에 모든 사항을 빠뜨리지 않고 고쳐 쓰는 것이다. 두 번째는 핵심만 간단하게 줄여서 보여주는 '요약형 바꿔 쓰기'이다. 글을 요약할 때 대체로 핵심적인 사항에 주목하고 덜 중요한 것은 무시한다. 마지막 세 번째는 글 속에서 다루고 있는 관련 내용을 거론하면서 바꿔 쓰는 경우이다. 이 경우는 요약하기처럼 핵심적인 것에 초점을 맞추지만, 관련 내용을 덧붙이면서 바꿔 쓰는 것이다. 이것은 '해설형 바꿔 쓰기'라고 할 수 있다.

(1) 그대로 바꿔 쓰기

그대로 바꿔 쓰기는 덜 중요하면 덜 중요한 대로, 예를 들고 있으면 예를 든 대로, 또는 비유를 하고 있으면 비유를 하는 대로 달리 표현하는 것이다. 이 경우 가장 중요한 것은 내용이 달라지지 않아야 한다는 점이다. 이런 방식의 달리 표현하기가 실제로 별로 필요하지는 않을 수 있다. 그러나 주어진 글을 있는 그대로 정확하게 이해하는 연습을 하는 데에는 가장 좋은 방법이다. 주어진 글을 꼼꼼히 읽고 그 내용을 정확하게 제대로 이해하는 일은 공부하는 학생이 제일 먼저 익혀야 할 가장 중요한 사항이다. 더구나 특정 분야의 논의에 익숙하지 않은 학생들은 그 내용을 익숙하게 만들어야 한다. 그대로 바꿔 쓰는 방식은 그 분야에 새롭게 진입하려는 학생들이 이러한 훈련을 하는 데에는 아주 지루하지만 효율적이라고 할 수 있다.

이 방식의 바꿔 쓰기는 보통 문단 단위로 바꿔 쓰면서 이루어진다. 이때 다음 사항을 충분히 고려해야 한다.

1) 주어진 문단을 제대로 이해했는지 확인한다.

2) 주어진 문단에서 사용된 말들을 최대한 그리고 가능하다면 모두 자신의 말로 바꿔서 쓴다. 물론 바꿔 쓰는 말은 주어진 말과 동일한 의미를 가진 말이어야 한다.

3) 자신이 새롭게 쓴 문장이 매끄럽게 읽히도록 배열한다. 문장의 구조나 문장 간의 순서는 주어진 글과 같을 필요가 없다.

4) 원래 문단의 내용을 모두 표현하면서 표현 방식을 달리 했기 때문에, 길이가 더 짧을 수도 있고 길 수도 있다.

다음의 글은 18세기 말 프랑스 사상가인 콩도르세(Marquis de Condorcet, 1743~1794)가 쓴 것이다. 이것으로 그대로 바꿔 쓰기를 해 보자.

만약 인간을 지배하는 법칙을 안다면 인간은 거의 확실하게 현상을 예측할 수 있다. 만약 그러지 못한다 하더라도 과거 경험을 토대로 해서 아주 성공적이라고 기대하면서 미래를 예측할 수 있다. 인간의 역사를 토대로 해서 인간의 미래 운명을 참되게 가늠해 보는 것이 왜 망상으로 간주되어야 하는가? 자연과학을 믿는 유일한 기초는 우리에게 알려져 있든 그렇지 않든 우주의 현상을 방향짓는 일반적인 법칙이 필연적이고 항상적이라는 생각이다. 이런 원리가 자연의 다른 영역과 마찬가지로 인간의 지적이고 도덕적인 능력의 개진에 왜 적용되지 않는다는 말인가?

위의 내용을 바꿔 표현한 것을 살펴보자.

만약 우리가 밀물과 썰물 같은 물리적인 사건을 예측할 수 있다면, 그리고 우리가 미래 사건을 인도하는 것으로서 과거 사건을 사용할 수 있다면, 우리는 역사를 기초로 인간의 운명을 예견할 수 있어야 한다고 마르키드 콩도르세는 믿었다. 그는 물리적 사건은 알 수 있고 예측할 수 있는 자연법칙에 의해 결정된다고 주장했다. 인간도 자연의 부분인데 인간의 지적이고 도덕적인 전개가 자연적인 사건처럼 왜 예측될 수 없겠는가?

무엇이 어떻게 바뀌었는가? 주어진 문단보다 바꿔 표현한 것이 길이가 좀 짧다. 그것은 18세기의 글 쓰기 방식이 21세기의 글 쓰기 방식과 다르기 때문이기도 하다. 바꿔 쓴 문단에서는 위의 원래 문단을 더 쉽게 이해할 수 있는 어휘와 문장 구조를 택하고 있다. 예를 들어 "우리에게 알려져 있든 그렇지 않든 우주의 현상을 방향짓는 일반적인 법칙이 필연적이고 항상적이라는" 콩도르세의 문구를 "그는 물리적 사건은 알 수 있고 예측할 수 있는 자연법칙에 의해 결정된다고 주장했다."로 바꿔 표현했다. 오늘날 독자에게는 '필연적이고 항상적이'라는 것보다 '알 수 있고 예측할 수 있다'는 것이 더 분명하다. 그리고 아주 추상적인 생각을 구체화하기 위해 '밀물과 썰물 같은' 자연 현상이라는 예를 덧붙이기도 한다.

프로이트(S. Freud, 1856~1939)의 이론에 대한 다음의 문단을 읽고 그대로 바꿔 쓰기를 해보자. 일반적으로 문단 바꿔 쓰기는 주어진 문단의 분량만큼이거나 또는 더 짧을 수 있지만, 때로는 더 길어지기도 한다. 원래 주어진 문단이 처음부터 아주 축약되어 있다면, 그 내용을 더 분명하게 해야 하기 때문이다. 이런 경우라면 원래보다 길어지는 것을 허용해야 한다.

꿈의 진정한 내용에 대해 우리가 이해하는 것을 방해하는 꿈의 왜곡은 검열 작용 때문이다. 그것은 용납할 수 없는 무의식적인 소망에 대한 충동을 겨냥한 것이다.

이제 위의 내용을 바꿔 표현한 것을 보자.

꿈의 내용을 이해하는 것은 어렵다. 그 이유는 꿈이 왜곡되어 있기 때문이다. 프로이트는 이런 왜곡이 우리의 내적 검열에서 발생하는 것이라고 믿었는데, 그 검열은 무의식 속의 금지된 욕망을 억압하려고 한다.

위의 문단 바꿔 쓰기는 내용을 분명하게 만들기 위해 한 문장을 두 문장으로 나누고 문장의 구조를 재배열한 것이다.

(2) 요약형 바꿔 쓰기

어떤 글을 읽고 이해한 것을 가장 잘 나타내는 방법은 그 글을 정확하고 분명하게 요약하는 것이다. 누구든지 책을 보면서 요약을 해 본 경험이 있을 것이다. 대개의 경우, '요약'이라고 하면 요점 정리를 떠올린다. 요점 정리란 특정 부분이나, 글의 내용 중 가장 중요하다고 생각하는 부분을 핵심적인 단어나 구절만 제시하면서 간략하게 정리하는 것이다. 그러나 요점 정리와 요약은 엄연히 다르다.

주어진 글을 요약한다는 것은 글의 핵심을 자신의 단어와 표현을 사용해서 문장 형태로 간략하게 다시 서술하는 것이다. 재서술을 할 때는 글쓴이의 입장에서 글에서 가장 핵심적인 내용에 초점을 맞추어야 한다. 만약 주어진 글의 내용이 논증을 이용하고 있다면, 무엇보다도 주제나 논제를 가리키는 현안 문제와 더불어 글에 나타난 핵심적인 논증의 구조를 파악해서 기술하는 것만으로 충분할 수 있다. 그러나 논증을 이용하고 있지 않다면, 글쓴이의 의도를 정확히 알아내서 글의 내용을 제대로 파악해 내는 것이 중요하다.

가장 간략한 형태의 요약은 글에 나타난 글쓴이의 핵심적인 생각 또는 중심적인 생각을 한두 문장으로 짧게 나타내는 것이다. 더 긴 요약은 핵심적인 생각과, 이를 지지하거나 설명하는 중요한 요점들을 축약된 형태로 나타낸다. 이런 요약은 글의 주제와 각 단락의 소주제를 파악해서, 주요 요점들이 제시되는 순서나 또 그것들이 얼마나 강조되는가를 반영해야 한다. 때로 중요한 사례를 포함시킬 수는 있지만, 부차적인 또는 부수적인 세부 사항을 포함시키지는 않는다. 그리고 어떤 요점을 강조하기 위해 그것을 반복하지 않으며, 요약하는 사람의 의견이나 주장을 포함하지 않아야 한다. 좋은 요약은 간결하고, 주어진 글의 내용을 완전하게 포괄하며, 객관적이어야 하기 때문이다.

요약이 아무리 자세하다고 하더라도, 주어진 글의 어떤 측면을 선택하면서 나머지의 다른 부분을 생략할 수밖에 없다. 어떤 것을 선택하고 또 생략할 것인지에 대해서 특정한 기준이 있는 것은 아니다. 이 문제에 대해서는 본인이 스스로 판단해야 한다. 그리고 사람들이 가진 배경 지식이 각기 다르기 때문에 요약은 요약하는 사람들마다 다르게 나타난다. 이런 의미에서 요약하는 일은 일종의 해석이라고 할 수 있다. 또한 동일한 글을 요약하는 경우라도, 처한 상황에 따라 한 사람이 다르게 요약할 수 있다. 사람들은 자신이 가진 배경 지식을 처한 상황에 따라 달리 적용할 수 있기 때문이다. 따라서 우리는 항상 치우치지 않으려는 비판적인 태도를 가져야 한다. 그래야 최대한 왜곡되지 않고 객관적인 요약이 가능할 것이다.

어떤 분야에 대한 배경 지식이 별로 없으면서 그 분야의 글을 요약한다고 생각해 보자. 당연히 글의 내용 파악이 어려워질 수 있다. 그러면 어떤 부분이 핵심적인지 왜 그것이 중요한지 등을 제대로 알기 어려울 것이다. 이런 상황에서는 요약이 제대로 이루어질 수 없다. 더 심각한 것은 주어진 글에서 핵심적인 것을 놓치고 중요하지 않은 것을 강조할 우려가 있다는 점이다. 이런 경우에는 주어진 글을 요약한다면서, 주어진 글의 내용을 완전히 왜곡할 수도 있다. 요약이 이런 식으로 이루어진다면, 차라리 요약을 하지 않는 편이 낫다.

요약하여 바꿔 쓰기를 훈련하는 첫 번째 이유는 그렇게 하면 여러분이 읽은 것을 가장 잘 이해할 수 있기 때문이다. 만약 다른 사람의 글을 제대로 이해하지 못한다면, 그것을 제대로 평가할 수 없다. 다른 사람의 글을 평가할 경우, 그 글을 제대로 정확히 이해하는 것이 가장 중요하다. 요약은 본인이 읽은 것을 제대로 정확하게 이해하게 하는 데 가장 좋은 방법이다. 요약문을 쓰려면 가능한 한 자신만의 단어를 사용해야 하며, 또한 자신이 이해한 대로 읽은 내용을 다시 써야 하기 때문이다. 요약문을 쓰는 것은 분명 글을 쓰는 것이지만, 실제로는 글 읽기와 더 밀접한 관련이 있다. 또한 이 과정에서 앞서 언급한 비판적 사고의 다양한 요소들이 여러 가지 방식으로 작용할 것이다. 따라서 요약하기는 그저 글 쓰기의 한 유형이 아니라, 비판적 사고를 이용해서 이루어지는 글 읽기와 글 쓰기 양쪽에 걸쳐 있다.

만약 어떤 글을 쓸 때, 특정 사건을 언급해야 한다고 해보자. 그렇다면 그 특정 사건에 대해 잘 알지 못하는 독자들을 위해 그 사건의 개요를 요약해 주는 것이 글 전체의 이해에 필요할 것이다. 이때 간결하고 명쾌한 요약은 글을 쓰는 데에도 큰 도움이 된다. 때로는 특정 사건에 대해서 훨씬 더 많이 아는 사람들을 위해서 요약을 하는 경우도 있다. 대개 이런 상황은 평가를 받는 경우일 것이다. 과제나 시험에서 제시된 어떤 주제에 대해 요약을 하는 것이 그 예이다. 이 경우 그 주제에 대한 지식이 충분히 또는 만족스러울 정도로 있다는 것을 상대방에게 알려야 한다. 따라서 요약만으로도 글을 정확히, 제대로 파악하고 있는지를 가늠할 수 있다.

이제 요약문 쓰는 방법을 익혀보자.

1) 비판적으로 읽고 요약하기

고등학교 과정을 마친 사람이라면, 대체로 자신이 읽은 글을 정확히 요약할 수 있다고 생각하기 쉽다. 그렇지만 아쉽게도 그리고 불행하게도 꼭 그렇지가 않다. 여기에는 여러 이유가 있다. 우선 들 수 있는 이유는 많은 사람들이 항상 글을 주의 깊게, 비판적으로 읽지는 않는다는 것이다. 이제 요약문을 작성하기 위해 비판적으로 글을 읽는 방법에 대해 알아보자.

우선 주어진 글을 꼼꼼히 읽어서 내용을 정확하게 파악해야 한다.

즉 글을 분석적으로 읽어서 글의 구조와 내용을 사실적으로 파악하는 것이 가장 중요하다. 그런 다음에는 글쓴이의 의도와 함축적 의미를 추론적으로 이끌어내서 글의 내용을 종합적으로 파악할 수 있어야 한다. 바로 이 단계에서 요약이 이루어진다.

이제 요약을 위해 주의해야 할 사항들을 살펴보자. 물론 모든 경우에 아래의 사항들이 모두 필요한 것은 아니다. 글의 성격에 따라서 아래의 사항들을 적절하게 선택해서 사용해야 한다.

① 맥락을 살펴본다. : 글쓴이의 경력, 직업 등을 알아보고, 이미 발표한 글들을 조사한다. 그리고 주어진 글이 어떤 글의 일부인지 살펴본다. 전체 글의 맥락에 대한 이런 정보가 있으면, 글쓴이의 관점을 파악하는 데 도움이 된다.

② 주어진 글의 제목과 소제목, 하위 제목에 주목한다. : 어떤 경우 제목은 글의 내용을 아주 직설적으로 보여준다. 그러나 어떤 경우에는 그것이 무엇을 의미하는지가 내용을 읽어봐야 분명해질 수도 있다. 어떤 경우든 간에 제목은 대개 논의되는 주제를 알려줄 뿐 아니라, 때로는 그 주제에 대한 글쓴이의 입장을 보여준다. 또한 하위 제목은 글 속에서 주제가 어떻게 논의되어 가는지 그 전개 과정을 보여주기도 한다.

③ 주된 요점을 확인한다. : 우선 글에서 주장하고 있는 가장 중요한 요점을 문단별로 한두 문장으로 적어본다. 그것이 명시적으로 나타나 있을 수도 있지만 암시되어 있는 경우도 있다.

④ 하위 요점을 확인한다. : 주된 요점을 주장하는 데 필요한 세부적인 사항들을 찾아본다. 그리고 세부적인 사항들은 주된 요점과 어

떻게 관련되어 있는지 따져본다.

⑤ 글을 부분으로 나눠 읽는다. : 글에 따라서 또는 글을 읽는 사람에 따라서 차이가 있지만, 대체로 글을 한 번 읽어서 그 글의 요지가 바로 파악되기는 어렵다. 따라서 글을 읽을 때는 여러 차례 반복해서 읽어야 한다. 이때 글을 처음부터 끝까지 반복해서 읽는 것보다, 부분으로 나누어 각 부분을 반복해서 읽는 것이 효율적이다. 부분에 따라 이해되는 속도가 다를 수 있기 때문이다.

이때 유의할 점은 각 부분이 내용상 어떻게 연관되어 있는지 따져보아야 한다는 것이다. 그래야 글 전체를 이해하는 데 더 효과적이다. 예를 들어 주어진 글의 어떤 부분이 도입부인지, 또 어떤 부분이 본론인지, 어떤 부분이 결론에 해당하는지 살펴서 나눈 뒤 반복해서 읽는다. 그런 다음에는 각 문단의 내용을 한두 문장으로 요약하고, 요약한 그 문장들이 어떻게 연관되는지 살펴보는 것이 좋다.

⑥ 글의 요점, 사례, 반대 논증들을 따져서 글쓴이가 무엇을 말하는지 파악한다. : 글을 읽으면서 스스로에게 "글쓴이가 무엇을 말하고 있는가?", 또 특정 부분에서는 "여기서는 무엇을 말하는가?"를 항상 되물어야 한다. 다시 말해서 "글쓴이가 여기서 왜 이런 이야기를 하는가?"를 생각해 보아야 한다.

주어진 글이 논증을 포함할 수도 있고, 포함하지 않을 수도 있다. 따라서 글쓴이가 지금 자신의 주장에 대한 근거를 제시하는지, 설명을 하는지, 아니면 예를 들고 있는지를 세심하게 확인해야 한다. 그리고 만약 어떤 예를 들고 있다면, 왜 그 예가 필요한지 또 그것은 어떤 주장에 대한 예인지 생각해 보아야 한다. 글쓴이가 무엇을 하려는

지 그 의도를 알게 되면, 그 글의 내용을 더 잘 이해할 수 있다.

⑦ 문단 속 혹은 문단 사이에서 나타나는 내용의 흐름에 주목한다. : 부분으로 나누어 파악한 글의 내용이 전체적으로 어떻게 구성되어 있는지 알려면 글쓴이에게서 나타난 사고 과정에 주목해야 한다. 특히 글쓴이의 사고 과정을 표시하는 말들이 있다. 예를 들어 '예컨대', '반면에', '따라서', '그와 반대로' 등의 표현을 의미심장하게 고려해야 한다. 이런 표현들은 글의 내용이 어떻게 펼쳐지는지를 보여준다. 이를 통해서 논증의 구조를 비롯한 글 전체의 논의 구조를 파악할 수 있다.

⑧ 글을 능동적으로 읽는다. : 주어진 글을 비판적으로 읽는다는 것은 읽은 내용을 되새기면서, 능동적으로 읽는 것을 의미한다. 수동적으로 글에서 말한 것만을 받아들이려고 하지 말고, 마치 글쓴이와 대화를 하듯이 그 사람의 생각을 따라가면서 읽어야 한다는 말이다. 그리고 글쓴이에게 되묻고 스스로 대답하면서, 그것을 적는다. 핵심어를 표시하고, 관심을 끄는 부분에 표시를 하며, 필요하다면 글의 앞뒤를 따지면서 읽은 내용을 확인한다.

2) 요약문 작성하기

이제 위에서 제시한 사항에 따라, 다음과 같은 순서로 요약문을 작성한다. 꼭 이 순서에 따라야 할 필요는 없지만, 적어도 요약문을 작성할 때 이를 고려하긴 해야 한다.

① 주어진 글을 비판적으로 읽는다. : 앞서 보여준 비판적 글 읽기의 방법에 따라 글의 구조를 파악해야 한다. 이때 글쓴이가 글을 쓴

목적을 파악할 수 있다면, 글에서 중요한 부분을 일찍 파악할 수 있다. 즉 겉으로 중요해 보일지라도, 어떤 부분이 중요하고 또 어떤 부분이 덜 중요한지 알 수 있다.

② 다시 읽는다. : 글의 내용을 충분히, 제대로 이해하기 위해서는 반복해서 읽는 것이 바람직하다.

③ 각 문단을 한두 문장으로 요약한다. : 문단은 글쓴이의 논의 전개에서 의미 있는 역할을 한다. 따라서 각 문단에서 보여주는 요점을 파악해서 서술할 수 있어야 한다. 물론 어떤 문단이 앞의 문단을 부연해 주거나 예시하는 등 보조적인 역할을 하는 경우, 요약의 상황에 따라서 생략할 수 있다.

④ 각 문단을 요약한 문장들이 서로 어떻게 관련을 맺고 있는지 적는다. : 글에서 내용이 펼쳐지는 순서를 파악하는 것과 논의 구조를 파악하는 것은 서로 다르다. 내용 전개 순서를 파악하는 것은 글에서 다루어지는 내용을 그저 서술된 순서대로 보는 것이지만 논의 구조를 파악하는 것은 글의 내용을 입체적으로 살펴서, 글에서 나타난 논의의 관계를 알아내는 것이다.

글쓴이가 같더라도 또는 동일한 주제를 다루더라도, 글쓴이는 대체로 글의 목적이나 예상 독자에 따라서 논의의 구조를 달리 한다. 그렇기 때문에 논의 구조를 정확히 파악하는 것이 중요하다.

⑤ 글 전체의 내용을 몇 개의 문장으로 요약한다. : 주어진 글에서 논의 구조를 파악한 다음, 글 전체의 핵심 내용을 간결, 명료하게 요약할 수 있어야 한다. 이것이 요약문 작성의 가장 기본적인 출발점이다.

⑥ 요약문의 초고를 쓴다. : 요약문을 작성할 때, ⑤를 토대로 요구하는 사항에 따른다. 특별히 요구 사항이 없을 경우, 작성자는 글을 읽는 목적과 글의 중요도에 따라 스스로 판단해서 작성한다.

⑦ 원래 주어진 글을 보면서 요약문의 초고와 비교한다. : 이 경우 만약 ④가 충분히 이루어졌다면, 주어진 글과 비교하지 않아도 된다.

⑧ 초고를 수정한다.

이제 앞서 보았던 다음 글을 읽고, 위 순서대로 요약문을 작성해 보자.

(A) 지금 세계는 어느 때보다 치열한 게임을 하고 있다. 시급한 해결이 필요한 네 가지 문제를 둘러싼 게임이다. 그 문제는 바로 지구 온난화, 식량 가격의 상승, 식수 부족, 원자재 가격의 상승이다. 이 문제를 어떻게 해결하느냐에 따라 앞으로 세계의 정치 경제 패권이 새롭게 정립될 것으로 보인다. 이들 문제가 심각하고, 반드시 해결해야 한다는 점에는 누구나 동의하지만 어떻게 해결할지, 비용은 누가 감당할지는 여전히 합의에 이르지 못하고 있다.

(B) 이 문제의 원죄는 부자 나라, 즉 선진국들에 있다. 그러나 지금 시점에서 가장 큰 원인 제공자는 개발도상국들이다. 바로 이 때문에 게임의 결과를 예측할 수 없다. 선진국들은 자신들에 가장 큰 책임이 있다는 사실을 마지못해 인정하지만 그들이 지겠다는 책임, 즉 비용 분담은 기대에 훨씬 못 미치는 수준이다. 따라서 개도국들이 행여 그 비용을 떠맡다가 경제가 발목 잡히지는 않을까 우려하는 건 당연한 일이다.

(C) 그래서 경제학자들이 생각해낸 것이 '배출권 거래제'다. 배출권 거래 시장에서 최고 가격을 제시한 측에 오염시킬 권리를 준다는 것은 이론상 훌륭하다. 시장 논리에 따르면 이 거래는 '보이지 않는 손', 수요-공급에 따라 이뤄질 것이다. 하지만 부자 국가의 부자 기업이 막대한 자본으로 거래에 뛰어들면 '가난한' 국가는 경쟁할 방도가 없다. 개도국의 발전 가능성은 자연스레 봉쇄될 것이다. 이

론상 공정해 보이지만 실상은 선진국에 유리할 수밖에 없다.

(D) 삼림을 개간해 대체 연료 생산을 위한 옥수수 재배지를 만들자는 제안도 나온다. 여기에도 명백한 오류가 있다. 삼림이 사라진다는 것은 '지구의 허파'가 없어진다는 뜻이다. 궁극적으로 지구 환경에 더 큰 악영향을 끼치는 것이다. 또 대체 연료 생산을 위해 옥수수 재배지를 확대하는 것은 궁극적으로 식량 생산지의 감소로 이어질 수가 있다.

(E) 이미 세계는 소수의 가진 자들에 의한 식량 가격 상승으로 위기를 맞고 있다. 한 조사에 따르면 8억의 인구가 비만을 걱정하는 사이, 20억의 인구는 하루하루 연명할 끼니 걱정을 하고 있다. 유엔은 2016년에 이르면 선진국 국민이 전 세계 쇠고기의 30%, 돼지고기의 50%, 가금류의 25%를 소비할 것이라고 내다봤다.

(F) 지구 온난화는 식량 생산의 패턴에도 변화를 가져왔다. 세계의 곡창지대들이 기후 변화의 영향을 받았고, 이들 지역에서의 재배 작물 종류와 생산량에 큰 변화가 따랐다.

(G) 식수 부족 역시 앞날을 어둡게 만드는 요인이다. 이미 심각한 수준에 이른 중국은 도시 농촌 간 식수 분배로 인한 갈등에 직면했다. 호주도 극심한 가뭄으로 가장 비옥한 농지를 잃었다.

(H) 마지막으로 원자재 가격의 상승은 가장 예측이 까다로운 문제다. 제조업은 원자재 투입이 지속적으로 필요하지만, 과학기술의 발전 덕에 효율이 어느 정도 높아졌기 때문이다. 고효율과 대체 자원의 개발로 원자재의 가격 상승은 어느 정도 제어할 수 있다. 그러나 무한한 효율을 보장할 수 없는 한 제어 가능한 '정도'를 딱 잘라 말할 수 없다. 여기에서 불확실성이 발생한다.

(I) 이런 상황에 대한 책임을 나누는 것, 이것이 지금 전 세계가 가장 중요하게 생각하고 있는 어젠다. 결국 이 모든 논쟁은 경제 정치적 역학 관계와 관련한 것이다. 모든 국가가 다른 국가에 이 '짐'을 떠넘기기 위해 전쟁을 하고 있다. 이 전쟁에 승자는 없다. 오로지 패자만 존재할 뿐이다. 바로 기근에 시달리는 전 세계의 가난한 이들과 기후 변화로 농토를 잃게 된 농업 국가들이다. 세계화를 통해 대체 무얼 얻었느냐는 이들의 비판과 절규는 더 거세질 것이다. 지금까지 우리는 개발에 따른 달콤한 성과를 분배해 왔다. 이제는 그로 인한 책임을 나눌 시점이다.

—요르겐 외르스트룀 묄러(코펜하겐 비즈니스 스쿨 부교수),
「세계화의 고통 어떻게 분담할 것인가」, 《중앙일보》 2007년 10월 23일자 해외칼럼
(원출처: 《예일 글로벌 온라인(Yale Global Onlie)》 2007년 10월 19일자)

(3) 해설형 바꿔 쓰기

또 다른 방식의 바꿔 쓰기는 주어진 글에서 핵심적인 것에 초점을 맞추면서도 관련 내용을 덧붙여 바꿔 쓰는 것이라고 할 수 있다. 다시 말해 주어진 글을 요약하면서 관련 내용에 대한 자신의 배경 지식을 덧붙이는 것이다. 그렇다고 글을 읽는 사람이 자신만의 독자적인 지식을 정리하는 것은 아니다. 주어진 글을 요약하면서 거기에 나타난 전문 용어를 설명하고 배경 지식을 이용해서 글쓴이의 생각에 대해서 해설하는 것이다.

이런 방식의 바꿔 쓰기는 초보 단계를 넘어서 본격적으로 특정 분야를 학습하는 학생들에게서 흔히 이루어지는 방식이라고 할 수 있다. 더 나아가 경우에 따라서는 주어진 글의 문제점을 지적할 수도 있고 반론까지 제시하게 될 수도 있다.

해설형 바꿔 쓰기는 대체로 문단 단위로 이루어진다. 그러나 주어진 글의 문단에서 직접 거론하지 못한 내용이 글의 이해를 위해서 필요하다면, 첨가해야 한다. 그렇다고 주어진 글의 내용을 바꿔서는 안 된다. 왜냐하면 이 단계에서 필요한 것은 바꿔 쓰는 것이지 평가를 하는 것이 아니기 때문이다. 이때 다음의 사항들을 고려하면서 바꿔 써야 한다.

① 주어진 글을 비판적으로 읽는다.
② 다시 읽으면서, 주어진 글에 나타난 주요 용어와 배경 지식에서 관련 내용을 검토한다.
③ 우선 주어진 글의 각 문단을 요약형으로 바꿔 쓴다.

④ 위의 ③에 필요한 주요 용어에 대한 설명에다 관련 내용을 보태서 재구성한다. 이때 덧붙인 내용은 대체로 요약된 문장과 관련된 것이므로 보조 역할을 한다. 그러나 요약된 문장과 덧붙인 부분을 제대로 구분할 수 있어야 한다.

⑤ 위의 ④에서 요약한 문장들이 서로 어떻게 관련되어 있는지 파악한다. 필요한 경우 덧붙인 내용과의 연관 관계를 충분히 고려해야 한다.

⑥ 위의 사항에 따라 다르게 바꿔 쓰면서 초고를 작성한다. 그러나 주어진 글의 내용은 달라지지 않아야 하며, 길이는 더 길어질 수도 있다.

⑦ 원래 주어진 글과 다르게 바꿔 쓴 초고를 비교하면서 수정한다.

이제 다음의 글로 위의 사항에 따라 해설형 바꿔 쓰기를 시도해 보기로 하자.

위기에 처한 패러다임으로부터 정상과학의 새로운 전통이 태동할 수 있는 새로운 패러다임으로의 이행은 옛 패러다임의 명료하나 확장에 의해서 성취되는 과정, 즉 축적적 과정과는 거리가 멀 것이다. 그러한 변화는 오히려 새로운 기반으로부터 그 분야를 다시 세우는 것으로서, 그 분야 패러다임의 많은 방법과 응용은 물론이고 가장 기본적인 이론적 일반화조차도 변화시키게 되는 재건 사업이다. 그 이행 시기에는 옛 패러다임과 새 패러다임이 결코 완전히 중복되지는 않을 것이다. 그러나 풀이의 양식에서도 역시 결정적인 차이가 생길 것이다. 그런 이행이 완결되는 때, 그 전문 분야는 그 영역에 대한 견해, 방법, 목적을 바꾸게 될 것이다.
—토마스 S. 쿤, 『과학혁명의 구조』, 김명자 옮김(두산동아, 1992), 130쪽

위의 글을 꼼꼼히 읽어보면, 뭔가 중요한 내용을 거론하고 있는 것으로 짐작된다. 그러나 그 내용이 쉽게 파악되지 않는다. 우선 '패러다임'과 '정상과학'이라는 중요한 용어를 파악하기가 힘들다. 또한 '위기에 처한 패러다임', '새로운 패러다임으로의 이행'과 이에 의한 변화를 다루고 있다. 그리고 위 인용문의 말미에 적힌 출처에서 '과학혁명', 즉 자연과학의 발전과 관련된 내용이라는 것을 짐작할 수 있다.

우선 요약형 바꿔 쓰기를 다음과 같이 할 수 있다.

옛 패러다임에서 새 패러다임으로 바뀌는 것은 누적에 의해 일어나는 것이 아니다. 이런 변화는 완전히 새로운 것으로서, 새로운 전통을 쌓아가는 것이라고 할 수 있다. 패러다임의 전환이 이루어지면 그 분야의 방법, 목적 등 가장 근본적인 부분이 바뀐다.

이제 배경 지식을 동원해 필요한 부분에 해설을 보태서 다음과 같은 형태로 위 요약문을 바꿔 쓴다.

과학의 발전은 패러다임의 전환으로 나타나는데, 이는 누적에 의해 일어나는 것이 아니다. 옛 패러다임이 위기에 처하는 순간 새 패러다임이 나타나면서 혁명과 같은 방식으로 이루어진다. 패러다임의 전환이 이루어지면서 그 분야의 방법, 목적 등 가장 근본적인 부분이 바뀐다. 그리고 새로운 전통이 쌓일 것이다. 여기서 쿤은 과학의 발전을 보여주는 단어로 '패러다임'이라는 용어를 사용한다. 또한 '혁명'이라는 용어를 사용하면서, 합리적인 과학이 발전하는 모습을 비합리적으로 제시하고 있다.

위의 해설형 바꿔 쓰기는 원래 주어진 글의 내용에 변화를 주지 않으면서, 배경 지식을 이용해서 조금 더 상세한 논의를 보태고 있다.

3. 비판적 사고의 적용 : 비판적 글 쓰기

(1) 글 쓰기를 위한 비판적 사고

글 읽기와 글 쓰기는 동일한 사고를 이용한 지적 행위이다. 제대로 글을 읽기 위해서는 글쓴이의 생각을 살펴야 하며, 반대로 제대로 글을 쓰기 위해서는 글을 읽는 사람의 생각을 미리 고려할 수 있어야 한다. 따라서 비판적 사고에 따른 읽기와 쓰기, 즉 비판적 글 읽기와 비판적 글 쓰기는 동시에 일어나지는 않지만, 상대방을 전제로 하는 의사소통 행위이다.

이런 의미에서 비판적 사고의 구성 요소와 평가 기준은 글 쓰기와 글 읽기에 상호 보완적이다. 다만 비판적 글 쓰기에서는 구성 요소를 앞세우면서 평가 기준을 고려해야 하고, 비판적 글 읽기에서는 평가 기준을 앞세워 구성 요소를 따져야 한다. 이처럼 비판적 사고의 구성 요소와 평가 기준은 동전의 앞뒤에 해당한다.

무엇보다도 비판적 글 쓰기에서 가장 기본적인 두 가지는 '무엇'을 '어떻게' 쓸 것인가이다. 우선 '무엇'이란 글의 주제 또는 논제로, 스스로 선택을 하거나 어떤 특정 상황에서 받게 된다. 그다음인 '어떻게'는 단순히 문장과 문단을 구성해 내는 과정이 아니라, '무엇'에 대한 치밀한 생각을 구축하고 설득력 있는 내용을 구성해 내는 일이다. 그러기 위해서는 비판적 사고의 구성 요소를 충분히 고려해야 한다.

그러나 글을 쓰면서도 동시에 비판적 사고의 평가 기준을 적용해서 자신의 글을 꼼꼼하게 살펴볼 수 있어야 한다. 아주 사적인 몇몇 경우가 아니면 글은 읽는 사람을 미리 설정하고 써야 하기 때문이다. 그렇다면 글을 읽는 사람이 따질 사항들에 대한 고려가 필요하다고 할 수 있다.

글의 구성으로는 흔히 '서론-본론-결론'의 세 부분으로 이루어진 것을 든다. 물론 가장 기본적이고 안정된 형태라고 할 수는 있겠지만, 꼭 여기에 얽매일 이유는 없다. 주제에 따라서, 또 그 성격이나 범위에 따라서 변형된 구성은 얼마든지 가능하기 때문이다. 문제는 '무엇'을 '어떻게' 구축해야, 설득력 있는 글을 구성해 낼 수 있는가이다.

우선 '서론-본론-결론'의 구성을 위해서는 글의 주제 또는 논제에 대한 논지를 정확하고 분명하게 설정해야 한다. 그리고 논지를 제대로 받쳐줄 수 있는 근거나 논거를 제시할 수 있어야 한다. 이 과정에서 논증을 사용할 수도 있지만, 꼭 그럴 이유는 없다. 글의 논지를 아주 설득력 있게 만들기 위해서 제대로 된 논증을 구사하는 것은 바람직하다. 그렇지만 결정적인 논거가 빠지고 약한 근거나 논거만을 제시한다면, 그 글은 설득력이 떨어질 수 있다.

경우에 따라서는 글의 성격상 필히 논증을 포함시켜야 하지만, 논증을 포함시키지 않으면서 논의(또는 논변)를 전개시킬 수도 있다. 이때는 비판적 사고의 구성 요소를 평가 기준에 적용시켜서 논제를 설득력 있게 구성해야 한다. 물론 같은 논제라고 하더라도 글을 쓰는 목적에 따라 다르게 나타난다. 또한 예상 독자나 글의 성격에 따라 평가 기준이 다르게 적용될 수 있다.

구성 요소 \ 평가 기준	평가 기준의 적용									
	분명함	정확성	명료성	적절성	중요성	깊이	폭넓음	논리성	공정성	충분성
1) 목적	○		○	○	○			○		
2) 현안 문제	○		○	○						
3) 개념	○		○	○					○	
4) 가정				○				○		
5) 정보	○	○		○		○	○	○	○	○
6) 추론을 통해 도달한 결론		○		○			○	○		
7) 관점				○			○	○	○	
8) 결론이 함축하는 귀결				○	○	○				
9) 맥락					○		○			
10) 대안					○	○	○	○		

위의 표를 살펴보면, 평가 기준 가운데에서도 '적절성'은 거의 모든 기준에서 고려되는 항목이다. 또한 폭넓음, 논리성, 중요성, 분명함도 대체로 중요한 항목이라는 것을 알 수 있다.

논증을 포함한 글에서는 무엇보다도 논리성, 즉 논리적 형식성이 중요하겠지만, 논증을 포함하지 않은 글에서는 논리성을 내세울 이유가 없다. 논리성 대신 다른 기준이 강조될 수 있다. 그 가운데에서도 적절성은 대부분의 글에서 필히 요구된다. 특히 설득력 있는 글을 추구하는 논의(또는 논변, argumentation)에서 적절성은 가장 신경 써야 할 항목이다. 따라서 논증 중심의 글은 치밀한 반면 적용 범위의 제약을 받는다. 반면에 적절성을 강조하는 논의는 현실 세계의 비형식적인 또는 비논리적인 상황을 다양하게 다루기에 좋다.

논증 중심의 글이 경우에 따라서는 아주 바람직하지만, 논증을 제대로 구성해 내지 못하거나 논증으로 구성해 내기 어려운 문제를 다루어야 할 경우에는 다른 방안을 모색해야 한다. 예를 들어 법조계에서 법적 논증(legal argument)이 아니라 법적 논의(또는 논변, legal argumentation)를 강조하는 이유가 바로 그것이다.

(2) 비판적 사고에 따른 글 쓰기

비판적 글 쓰기에서 고려해야 할 평가 기준은 주제나 논제에 따라서 또 글을 쓰는 상황이나 글을 쓰는 사람의 입장에 따라서 달라진다. 따라서 같은 주제나 논제에 대해서 동일한 목적에 따라 동일한 현안 문제를 논의하더라도, 동일한 글이 나올 수는 없다. 물론 경우에 따라서는 유사한 방식의 논의와 주장이 가능하지만, 결코 그 이상의 유사한 글이 나올 수는 없다. 주어진 문제에 대해서 비판적 사고를 적용하면 적용 방식과 그에 따른 결과가 달라지기 때문이다.

비판적으로 사고를 할 때도 그렇지만, 비판적 글 쓰기에서도 주어진 목적에 따른 현안 문제는 글을 통해서 해결해야 할 문젯거리이다. 이런 맥락에서 비판적 글 쓰기는 문제 해결적 글 쓰기라고 할 수 있다. 비판적 사고 능력 가운데에서도 대안적 사고는 문제 해결을 위해 아주 유용한 능력이라고 할 수 있다. 주어진 문제의 해결 방안을 모색하는 데에 활용되는 능력이기 때문이다.

대체로 문제 해결의 과정은 ① 현안 문제를 파악하고, ② 가능한 해결 방안을 다양하게 모색한 뒤, ③ 그 가운데에서 가장 바람직한 해결책을 결정적인 논거와 더불어 제시하는 것으로 이루어진다. 물론 이 과정에서 나타날 수 있는 여러 반론에 충분히 대처할 수 있도록 준비해야 한다. 이러한 추리 과정은 언어로 표현되어 논의(또는 논변)로 나타난다. 따라서 비판적 사고에 따른 글 쓰기, 즉 비판적 글 쓰기는 바로 자신만의 생각을 드러낼 수 있다는 점에서 창의적인 글을 위한 출발점도 된다.

요 약

* 바꿔 쓰기의 세 유형
  (1) 그대로 바꿔 쓰기
  (2) 요약형 바꿔 쓰기
  (3) 해설형 바꿔 쓰기

* 그대로 바꿔 쓰기의 방법
  (1) 주어진 문단을 제대로 이해했는지 확인한다.
  (2) 주어진 문단에서 사용된 말들을, 최대한 그리고 가능하다면 모두 자신의 말로 바꿔서 쓴다. 물론 바꿔 쓰는 말은 주어진 말과 동일한 의미를 가진 말이어야 한다.
  (3) 자신이 새롭게 쓴 문장이 매끄럽게 읽히도록 배열한다. 문장의 구조나 문장 간의 순서는 주어진 글과 같을 필요가 없다.
  (4) 원래 문단의 내용을 모두 표현하고 있으면서 표현 방식을 달리 했기 때문에, 길이가 더 짧을 수도 있고 길 수도 있다.

* 요약형 바꿔 쓰기의 방법
  (1) 비판적으로 읽고 요약하기
    1) 맥락을 살펴본다.
    2) 주어진 글의 제목과 소제목, 하위 제목에 주목한다.
    3) 주된 요점을 확인한다.
    4) 하위 요점을 확인한다.
    5) 글을 부분으로 나눠 읽는다.
    6) 글의 요점, 사례, 반대 논증들을 따져서 글쓴이가 무엇을 말하는지 파악한다.
    7) 문단 속 혹은 문단 사이에서 나타나는 내용의 흐름에 주목한다.

8) 글을 능동적으로 읽는다.

　(2) 요약문 작성

　　1) 주어진 글을 비판적으로 읽는다.

　　2) 다시 읽는다.

　　3) 각 문단을 한두 문장으로 요약한다.

　　4) 각 문단을 요약한 문장들이 서로 어떻게 관련을 맺고 있는지 적는다.

　　5) 글 전체의 내용을 몇 개의 문장으로 요약한다.

　　6) 요약문의 초고를 쓴다.

　　7) 원래 주어진 글을 보면서 요약문의 초고와 비교한다.

　　8) 초고를 수정한다.

* 해설형 바꿔 쓰기의 방법

　(1) 주어진 글을 비판적으로 읽는다.

　(2) 다시 읽으면서, 주어진 글에 나타난 주요 용어와 배경 지식에서 관련 내용을 검
　　토한다.

　(3) 우선 주어진 글의 각 문단을 요약형으로 바꿔쓴다.

　(4) 위의 (3)에 필요한 주요 용어에 대한 설명에다 관련 내용을 보태서 재구성한다.

　(5) 위의 (4)에서 요약한 문장들이 서로 어떻게 관련되어 있는지 파악한다.

　(6) 위의 사항에 따라 다르게 바꿔 쓰면서 초고를 작성한다.

　(7) 원래 주어진 글과 다르게 바꿔 쓴 초고를 비교하면서 수정한다.

연습문제

I. 여러분이 패스트푸드 판매점에서 아르바이트를 한다. 어떤 손님이 햄버거와
　커피를 주문했을 때 여러분은 "드실 거예요? 아니면 포장이오?"라고 묻는
　다. 이 손님은 패스트푸드 판매점에 처음 와서 그 말이 무슨 뜻인지 이해하
　지 못한다. 그 손님에게 여러분은 어떻게 다시 말할 것인가?

II. 다음 문장의 의미를 두 가지 다른 맥락에서 파악하여 문장 바꿔 쓰기를 하
　고 그 맥락이 어떤 것인지 서술하시오.

1. "그걸 선반에 둬."

2. "그 사람이 연락을 했어요."

3. "5분만!"

4. "오늘이 마감일입니다."

5. "정말 잘했어요."

III. 다음 문단을 읽고 내용 전부를 가지고 그대로 바꿔 쓰기, 요약형 바꿔 쓰기, 해설형 바꿔 쓰기를 하라.

1. 나는 다음과 같은 두 가지 입장에 대해 읽었고 들었고 또 머리에 분명하게 떠올릴 수 있다. 첫째, 에이즈 감염자에 대한 관심은 바로 그 당사자들에 대한 것과 시민의 자유에 대한 가장 엄격한 기준을 유지하려는 것이다. 둘째, 그것은 대중을 보호하려는 입장에서 에이즈에 감염된 사람들에게 부차적인 관심을, 에이즈에 감염되지 않은 사람들의 안전에 주된 관심을 가지는 것이다.   —어느 칼럼니스트의 글

2. 부모는 자녀들이 어디에 가는지, 무엇을 하는지에 대해 그들과 이야기할 필요가 있다. 이런 상식적인 법칙은 컴퓨터 화면을 대면한 삶에도 적용된다. 부모는 기술적으로 전문가가 될 필요는 없지만 컴퓨터 네트워크에 대해 충분히 알아야 한다. 그래야 자녀들이 컴퓨터 네트워크를 통해 무엇을 하는지 그들과 이야기할 수 있고 기본 규칙을 함께 마련할 수 있다.   —Sherry Turkle, *Life On the Screen*(Simon & Schuster, 1997).

Ⅳ. 아래의 글「세계화의 고통 어떻게 분담할 것인가?」를 읽고, 각 문단을 하나의 완결된 문장으로 요약하시오.

1. (A) 지금 세계는 어느 때보다 치열한 게임을 하고 있다. 시급한 해결이 필요한 네 가지 문제를 둘러싼 게임이다. 그 문제는 바로 지구 온난화, 식량 가격의 상승, 식수 부족, 원자재 가격의 상승이다. 이 문제를 어떻게 해결하느냐에 따라 앞으로 세계의 정치 경제 패권이 새롭게 정립될 것으로 보인다. 이들 문제가 심각하고, 반드시 해결해야 한다는 점에는 누구나 동의하지만 어떻게 해결할지, 비용은 누가 감당할지는 여전히 합의에 이르지 못하고 있다.

2. (B) 이 문제의 원죄는 부자 나라, 즉 선진국들에 있다. 그러나 지금 시점에서 가장 큰 원인 제공자는 개발도상국들이다. 바로 이 때문에 게임의 결과를 예측할 수 없다. 선진국들은 자신들에 가장 큰 책임이 있다는 사실을 마지못해 인정하지만 그들이 지겠다는 책임, 즉 비용 분담은 기대에 훨씬 못 미치는 수준이다. 따라서 개도국들이 행여 그 비용을 떠맡다가 경제가 발목 잡히지는 않을까 우려하는 건 당연한 일이다.

3. (C) 그래서 경제학자들이 생각해낸 것이 '배출권 거래제'다. 배출권 거래 시장에서 최고 가격을 제시한 측에 오염시킬 권리를 준다는 것은 이론상 훌륭하다. 시장 논리에 따르면 이 거래는 '보이지 않는 손', 수요-공급에 따라 이뤄질 것이다. 하지만 부자 국가의 부자 기업이 막대한 자본으로 거래에 뛰어들면 '가난한' 국가는 경쟁할 방도가 없다. 개도국의 발전 가능성은 자연스레 봉쇄될 것이다. 이론상 공정해 보이지만 실상은 선진국에 유리할 수밖에 없다.

4. (D) 삼림을 개간해 대체 연료 생산을 위한 옥수수 재배지를 만들자는 제안도 나온다. 여기에도 명백한 오류가 있다. 삼림이 사라진다는 것은 '지구의 허파'가 없어진다는 뜻이다. 궁극적으로 지구 환경에 더 큰 악영향을 끼치는 것이다. 또 대체 연료 생산을 위해 옥수수 재배지를 확대하는 것은 궁극적으로 식량 생산지의 감소로 이어질 수가 있다.

5. (E) 이미 세계는 소수의 가진 자들에 의한 식량 가격 상승으로 위기를 맞고 있다. 한 조사에 따르면 8억의 인구가 비만을 걱정하는 사이, 20억의 인구는 하루하루 연명할 끼니 걱정을 하고 있다. 유엔은 2016년에 이르면 선진국 국민이 전 세계 쇠고기의 30%, 돼지고기의 50%, 가금류의 25%를 소비할 것이라고 내다봤다.

6. (F) 지구 온난화는 식량 생산의 패턴에도 변화를 가져왔다. 세계의 곡창지대들이 기후 변화의 영향을 받았고, 이들 지역에서의 재배 작물 종류와 생산량에 큰 변화가 따랐다.

7. (G) 식수 부족 역시 앞날을 어둡게 만드는 요인이다. 이미 심각한 수준에 이른 중국은 도시 농촌 간 식수 분배로 인한 갈등에 직면했다. 호주도 극심한 가뭄으로 가장 비옥한 농지를 잃었다.

8. (H) 마지막으로 원자재 가격의 상승은 가장 예측이 까다로운 문제다. 제조업은 원자재 투입이 지속적으로 필요하지만, 과학기술의 발전 덕에 효율이 어느 정도 높아졌기 때문이다. 고효율과 대체 자원의 개발로 원자재의 가격 상승은 어느 정도 제어할 수 있다. 그러나 무한한 효율을 보장할 수 없는 한 제어 가능한 '정도'를 딱 잘라 말할 수 없다. 여기에서 불확실성이 발생한다.

9. (I) 이런 상황에 대한 책임을 나누는 것, 이것이 지금 전 세계가 가장 중요하게 생각하고 있는 어젠다다. 결국 이 모든 논쟁은 경제 정치적 역학 관계와 관련한 것이다. 모든 국가가 다른 국가에 이 '짐'을 떠넘기기 위해 전쟁을 하고 있다. 이 전쟁에 승자는 없다. 오로지 패자만 존재할 뿐이다. 바로 기근에 시달리는 전 세계의 가난한 이들과 기후변화로 농토를 잃게 된 농업 국가들이다. 세계화를 통해 대체 무얼 얻었느냐는 이들의 비판과 절규는 더 거세질 것이다. 지금까지 우리는 개발에 따른 달콤한 성과를 분배해 왔다. 이제는 그로 인한 책임을 나눌 시점이다.

V. 주변에서 적당한 글을 찾아 읽고, 다음 지시대로 요약하시오.

1. 주어진 글을 비판적으로 읽는다.

2. 다시 읽는다.

3. 각 문단의 내용을 한두 문장으로 요약한다.

4. 전체 문단의 내용을 한두 문장으로 요약한다.

5. 요약문의 초고를 쓴다.

6. 원래 주어진 글을 보면서 여러분이 쓴 초고와 비교한다.

7. 초고를 수정한다.

제3부

논증

CRITICAL THINKING

1장
논증의 이해

1. 논증이란 무엇인가?

(1) 명제와 논증

논증은 어떤 명제가 참이라는 것을 정당화할 목적으로 사용된다. 논증은 어떤 명제와, 그것이 참이라는 것을 뒷받침하는 근거로 구성된다. 우선 명제가 무엇인지 살펴보자.

삼각형은 세 변을 가지고 있다.

나는 감기에 걸렸다.

너는 거짓말쟁이이다.

너는 다른 사람을 때려서는 안 된다.

철수는 거짓말쟁이가 아니다.

금방 비행기가 지나갔다.

랩이 클래식보다 더 듣기 좋은 음악이다.

위의 문장들은 모두 명제이다. 명제는 참이거나 거짓인 문장이다. 혹은 그런 문장의 내용을 의미하기도 한다. 명제를 통해 우리는 어떤 사태를 서술한다. 즉 어떤 것이 이러저러하다든지 아니면 이러저러하지 않다든지를 서술한다. 만약 실제로 나타난 사태를 기술한다면 그것은 참인 명제이지만, 그렇지 않다면 그것은 거짓인 명제이다.

그렇지만 다음의 문장들은 다르다.

삼각형은 각을 세 개 가지고 있니?
음악 소리를 좀 줄여라.
문 좀 닫아주세요.
안녕, 인혜야.
어머나!

위의 문장들은 어떤 사태를 기술하는 것이 아니기 때문에 이런 문장들에는 참, 거짓이라는 진리값을 적용할 수 없다. 따라서 명제가 아니다.

명제가 주장 혹은 진술과 동일한 것은 아니다. 우리는 명제의 내용을 주장하거나 진술한다고 말한다. 그래서 우리는 주장된 명제 또는 진술된 명제라는 표현 대신에, 주장이나 진술이라는 표현을 사용할 수 있다. 즉 '주장된 명제＝주장', 또는 '진술된 명제＝진술', 이렇게도 사용한다는 것이다. 이 책에서는 명제라는 용어 대신에, 우리가 일

논증의 명제와 수학의 명제

❖

논증에서 말하는 '명제'는 수학에서 사용하는 '명제'와 동일한 의미이다. 즉, 논리학과 마찬가지로 수학에서는 '명제'는 "그것이 참인지 거짓인지 명확하게 구분할 수 있는 문장이다."라고 말한다. 논리학에서 "A는 B이다."를 'p'라고 한다면, "A는 B가 아니다."는 '~p'이다. 여기서 'p'와 '~p'는 명제이다. 그렇지만 참인지 거짓인지 명확하게 말할 수 없는 문장은 명제가 아니다.

수학에서 "2는 8의 약수이다."는 참인 명제이다. 그렇지만 "x는 8의 약수이다."는 명제가 아니다. 'x'의 값이 확정되어 있지 않아서 이 명제의 참이나 거짓을 확정지을 수 없기 때문이다. 그러나 만약 'x'의 값이 확정되면, 그때 이 문장은 확정된 조건에 따라 참과 거짓을 명확히 구분할 수 있으므로 명제라고 부를 수 있다. 그래서 수학에서는 "x는 8의 약수이다."를 단지 '조건 명제'라고 부른다. 그렇지만 논리학에서는 이 문장을 명제라고 부를 수 없다.

상적으로 더 많이 사용하는 주장이나 진술이란 표현을 이따금 사용할 것이다. 바로 이런 주장이나 진술, 명제들이 연결되어서 의미 있는 대화로 의사소통이 이루어진다. 이처럼 의미 있는 대화를 이루기 위해서 주장이나 진술, 명제들을 연결시키는 사고 작용이 '추리(reasoning)'이다. 그리고 이런 추리 과정에서 주장이나 진술, 명제들을 연결시킨 논증이 구성된다. 더 정확히 말하면 논증은 어떤 명제가 참이라는 것을 정당화하기 위해서 제시하는 명제들의 집합이다. 그렇지만 단순히 명제들을 모으기만 한다고 해서 논증이 되는 것은 아니다.

논증은 어떤 주장과 그 주장을 받쳐주는 근거(들)로 이루어진다. 이는 간단한 구조의 집 짓기에 비유해서 말할 수 있다. 즉 근거(들)는 기둥에, 그리고 주장은 기둥 위에 놓일 지붕에 해당한다. 다들 짐작하듯이 지붕이 안전하게 자리 잡으려면, 기둥이 제대로 놓여야 한다. 그래야 그 구조물은 튼튼하다고 말할 수 있다. 그렇다면 이런 간단한 구조물이 잘못되어서 위험할 수 있는 게 어떤 경우인지 따져보자. 우선 기둥 자체가 부실한 경우나, 공사 과정에서 기둥을 불안정하게 놓는 경우를 들 수 있다. 논증도 이와 마찬가지이다.

튼튼한 집   기둥 자체가 부실한 집   기둥이 불안하게 놓인 집
              (잘 놓였으나 기둥이 부실) (잘못 놓였으나 기둥이 튼튼)

위의 그림에서 보듯이 집이 튼튼하려면 기둥이 튼튼하기도 해야 하지만, 제대로 잘 놓이기도 해야 한다. 논증도 이와 마찬가지이다. 잘된 논증이 되려면, 제대로 된 근거(들)가 주장을 탄탄하게 받쳐주어야 한다.

(2) 논증의 구성 요소 : 전제와 결론

앞에서 논증은 어떤 명제가 참이라는 것을 정당화하기 위해 근거를 함께 제시하는 명제들의 집합이라고 했다. 논증을 집에 비유하면, 기둥은 근거이고 지붕은 주장이라고도 했다. 이제 이 근거와 주장에 대해서 자세히 살펴보자.

근거는 어떤 주장이 참이라는 것을 믿게 만드는 토대이다. 우리는

근거를 더 전문적인 용어로 '전제(premise)'라고 한다. 그리고 전제에 의해 그 참이 정당화되는 주장을 더욱 전문적인 용어로 '결론(conclusion)'이라고 부른다. 전문적인 용어라고 하기에는 너무 일상화된 용어이다. 이제 논증은 다음과 같이 정리할 수 있다.

> 논증: 어떤 명제가 참이라는 것을 정당화하기 위해 근거(전제)와 함께 그 명제(결론)를 주장(진술)하는 것

일상생활에서 우리는 다양한 주제에 대해서 나름의 근거와 함께 주장을 내놓는다. 예를 들어 다음과 같은 것들이 논증이다.

> 많은 전문가들이 내년에는 경기가 풀린다고 이야기한다. 따라서 내년에는 직장이 늘어날 것이다.

> 너는 어제 우리 모임에 오기로 해놓고 빠졌기 때문에 그 벌로 동아리 방 청소를 혼자 해야 해.

위의 예를 곰곰이 따져보면, 주장만 있는 게 아니다. 주장을 펼치면서 나름의 근거를 제시하고 있다. 근거 없이 주장만 하는 것은 논증이 아니다. 이제 아래의 예에서 논증과 논증이 아닌 것을 구별해 보자.

(A) 오후에 비가 올 것이다.

(B) 철학자들은 이상한 사람들이다.

(C) 오후에 비가 올 것이다. 아침에 집에서 나오는 길에 라디오를 들었는데 그때 하는 일기예보에서 그렇게 말했다.

(D) 이제까지 나는 철학을 공부하는 사람을 여럿 만났는데 그들은 모두 이해하지 못할 이야기만 늘어놓았다. 철학자들은 이상한 사람이다.

(A)와 (B)에는 주장만 있고 (C)와 (D)에는 주장과 더불어 그 주장에 대한 근거가 제시되어 있다. 논증은 명제들의 집합으로서, 어떤 주장이 참이라는 것을 옹호하기 위해 사용된다.

하나의 단순한 논증에서 결론은 오직 하나이다. 그렇지만 전제는 하나 이상이 있을 수 있다. 아래의 예를 보자.

(E) 철수는 형이 둘이다. 따라서 철수는 독자가 아니다.

(F) 다른 사람이 죽는 것을 돕는 것은 살인이다. 살인은 악이다. 따라서 다른 사람이 죽는 것을 돕는 것은 악이다.

(E)와 (F)에서 결론은 하나이다. 그러나 (E)는 전제가 하나인 논증이지만, (F)는 전제가 둘인 논증이다. 추리 또는 추론을 논증과 특별히 구분하지 않는 일상적 어법에서는 (E)와 같이 한 개의 전제에서 결론을 이끌어내는 것을 직접 추리라고 하고, (F)와 같이 한 개 이상의 전제에서 결론을 이끌어내는 것을 간접 추리라고 한다. 위의 예에서 보듯이 이런 수준의 추리나 논증은 아주 일상적으로 이루어진다. 특히

한 개의 전제에서 결론을 이끌어내는 직접 추리는 일상생활에서 누구나가 사용하는 형태이다. 심지어 너무 흔히 사용해서 논증 또는 추리라고 부르기가 어색할 정도이다.

그럼 다음의 예가 논증인지 아닌지 살펴보자.

> (G) 돈을 찾으러 현정이는 현금 지급기로 갔다. 현재 계좌에 있는 잔금을 확인해 보니 1만 원이었다. 그녀는 집에서 송금이 되지 않은 것에 깜짝 놀랐다. 그녀는 전화를 걸어 왜 아직 돈을 부치지 않았냐고 가족들에게 물어보려고 했다. 그러나 가족 누구와도 통화가 되지 않았다.

위의 글은 어떤 결론을 내리고 있는가? 또 글쓴이는 이 글에서 어떤 주장이 참이라는 것을 정당화하기 위해 어떤 근거를 제시하고 있는가? 위의 (G)를 읽어보면, 어느 누구라도 어떤 것이 결론인지 또 어떤 것이 근거에 해당하는지 찾을 수 없을 것이다. 위의 예는 논증이 아니기 때문이다. 우리는 위의 예가 논증이 아니라는 것을 그나마 쉽게 파악할 수 있다. 그렇지만 꼭 논증처럼 보이는데도 논증이 아닌 것이 주변에는 많이 있다.

(3) 논증과 설명

논증과 혼동하기 쉬운 명제들의 집합이 있는데, 그것은 설명이다. 논증은 어떤 명제가 참인지 거짓인지가 문제가 될 때, 왜 그 명제의 참을 받아들여야 하는지에 대한 근거를 제시하는 것이다. 이와 달리 설명은 이미 참이라고 알고 있는 명제에 대해 그것이 어떻게 해서 참인지 밝혀주는 것이다.

논증과 설명은 혼동하기 쉽다. 둘은 형태가 유사하기 때문이다.

(H) 그가 돈을 훔쳤을 것이다. 그 사람이 고객의 주머니에 손을 넣는 것이 CCTV에서 확인되었기 때문이다.

(I) 그는 고객의 돈을 훔쳤다. 며칠째 굶어 무엇이라도 사 먹어야 했기 때문이다.

(H)와 (I)는 모두 두 문장으로 이루어져 있으며, '… 때문'이라는 이유를 제시하는 어구로 연결되어 있다. (H)와 (I)에 나오는 두 문장들 각각을, 우리는 '그래서'('그러므로')라는 단어를 사용하여 다음과 같이 연결시킬 수 있다.

(H′) 그 사람이 고객의 주머니에 손을 넣는 것이 CCTV에서 확인되었다. 그래서 그는 돈을 훔쳤을 것이다.

(I′) 그는 며칠째 굶어서 무엇이라도 사 먹어야 했다. 그래서 그는 고객의 돈을 훔쳤다.

그렇지만 (H)와 (I)는 다르다. (H)와 (H′)는 논증이고, (I)와 (I′)는 설명이다. 전자는 그가 고객의 돈을 훔쳤다는 것이 참이라는 것을 정당화하려고 그 근거를 제시하고 있다. 이와 달리 후자는 그가 고객의 돈을 훔쳤다는 것을 이미 참으로 인정하면서 그 이유를 설명하고 있다.

논증의 목적은 아직 참으로 받아들여지지 않은 주장이 참임을 정당화하기 위해 그 근거를 제시하는 것이다. 이와 달리 설명의 목적은 이미 당연시되는 현상에 대해 그 이유를 해명하는 것이다. (I′)에서 '그래서' 다음에 나오는 명제는 논증의 결론이 아니다. 그것은 '피설명항'이다. 즉 피설명항은 설명되어야 할 현상(또는 사실)을 서술하는 명제를 말한다. 그리고 설명을 제공하는 명제를 '설명항'이라고 한다. 따라서 (I)에서 '… 때문(에)' 앞에 나온 명제는 전제가 아니라 설명항이다.

'… 때문(에)', '그래서' 등의 어구는 두 문장을 똑같이 연결하고 있지만 어떤 경우에는 논증이고 어떤 경우에는 설명이다. 이런 표면적인 표현 형태로부터 어떤 주장들의 집합이 논증이 되느냐 설명이 되느냐는 전적으로 화자 혹은 글쓴이의 의도에 달린 것이다. 그 의도는 글의 맥락에서 알 수 있을 것이다.

(4) 전제 지시어와 결론 지시어

어떤 말이나 글에는 대체로 그것이 논증이라는 것을 암시하는 지시어가 있다. 어떤 문장이 전제임을 나타내는 지시어를 우리는 '전제 지시어'라고 한다. 또한 어떤 문장이 결론임을 암시하는 지시어를 '결론 지시어'라고 한다. 전제 지시어와 결론 지시어를 나열해 보면 다음과 같다.

전제 지시어	결론 지시어
왜냐하면	따라서
…라는 사실을 고려한다면	그래서
…이니	그러므로
…이므로	그러니까
…에서 알 수 있듯이	…이 도출된다.
…라는 사실 때문에 우리는	…라고 결론지을 수 있다.
…인 까닭에	그것은 …을 함축한다.
…인 이유로	…임이 틀림없다.
그 까닭은	그 결과 …이다.
그 이유는	…을 의미한다.

대체로 논증에는 이런 종류의 지시어들이 사용되지만, 논증뿐 아
니라 설명에도 이런 지시어들이 사용된다. 따라서 이런 지시어를 포
함했다고 해서 그 문장이 논증의 전제이거나 결론이라는 것이 보장
되지는 않는다. 이런 지시어들을 발견하면, 그 문장이 논증을 포함하
고 있는지 우선 검토해 볼 수 있다. 즉 화자나 글쓴이가 어떤 주장이
참이라는 것을 정당화하기 위해 다른 주장(들)을 근거로 사용하고 있
는지 확인해 보아야 한다.

대체로 논증은 이런 지시어를 포함하지만, 그렇다고 해서 모든 논
증에 전제 지시어나 결론 지시어가 나타나는 것은 아니다.

다음의 글을 읽으면서 따져보기로 하자.

(친구들끼리 미진이가 약속을 지키지 않은 것을 가지고 나눈 대화)

나는 네가 미진이를 용서해야 한다고 생각해. 미진이는 너와 한 약속을

지키지 않은 것이 얼마나 큰 잘못인지 잘 알고 있어. 상황에 따라 약속을 못 지킬 수도 있지. 약속이 있던 시간에 집안에 큰일이 났다고 하던데.

위의 글에는 앞서 나열한 그 많은 전제 지시어나 결론 지시어가 없다. 그렇지만 문장들 간의 관계를 생각하면서 위의 글을 읽어보면, 맨 첫 문장이 화자가 주장하는 결론이라는 것을 분명히 알 수 있다. 이것을 알아볼 수 있는 간단한 방법이 있다. 결론 지시어가 나타나 있지 않은 경우, 결론이라고 생각되는 문장에 적절하게 결론 지시어를 넣어서 읽어보는(또는 생각하는) 것이다. 사실 이런 방법은 새로운 것이 아니라, 우리가 흔히, 무심결에 잘 사용하는 방식이다. 이때 결론 지시어를 집어넣어서 글 전체가 무리 없이 읽힌다면, 그리고 그것이 글쓴이의 의도라면, 여러분의 분석이 맞다는 것을 확인한 셈이다.

(5) 논증, 조건문, 추론

앞서 우리는 논증과 설명을 혼동하기 쉽다고 말했다. 이런 혼동이 일어날 수 있는 경우는 이것 말고도 더 있다. 우선 다음에서 논증이 어떤 것인지 찾아보자.

(J) 만약 비가 온다면, 기압이 낮을 것이다.
(K) 비가 오고 있다. 따라서 기압이 낮을 것이다.

우선 (J)를 살펴보자. 금방 알아챌 수 있겠지만, (J)는 조건문이다. 조건문은 "만약 …라면, …이다."라는 형태로 나타나는 문장으로서,

두 부분으로 이루어진 복합적 명제이다. 조건문에서 '만약 …이라면'에 들어가는 명제를 '전건'이라고 하고, 그다음에 오는 명제를 '후건'이라고 한다. 조건문은 말 그대로 어떤 조건에서는 어떤 것이 뒤따른다는 것을 서술하는 것이다. 전건이 무엇이든 그것이 성립할 때 후건이 성립한다는 것이다.

(K)는 (J)와 다르다. (K)는 논증이다. 비가 오고 있기 때문에, 기압이 낮다는 사실을 이끌어내고 있다. 간혹 (J)와 (K)를 비교해서 혼동을 일으킬 수 있다. 흔한 경우는 아니지만 조건문을 논증과 혼동하기도 하는데, 거기에는 뚜렷한 이유가 있다. 둘 다 추론을 표현하고 있기 때문이다. 추론은 어떤 생각을 근거로 삼아 다른 생각을 도출하는 것이다.

(J)와 (K)는 둘 다 비가 온다는 생각에서 기압이 낮을 것이라는 생각이 도출된다는 것을 표현하고 있다. 조건문은 전건과 후건의 밀접한 관계를 표현하지만, 그렇다고 해서 전건이나 후건이 실제로 일어났다는 것을 주장하지는 않는다. 논증은 이와 분명히 다르다. 즉 논증에서 논증자는 전제가 참이며, 따라서 그것을 근거로 하여 결론이 참일 것이라고 주장한다.

조건문 자체는 논증이 아니다. 그렇지만 조건문이 논증의 일부가 될 수 있다. 즉 조건문은 논증의 전제나 결론으로 사용될 수 있다. 다음과 같은 경우가 조건문을 포함한 논증이다.

만약 네가 오지 않는다면, 우리는 다른 사람을 알아보아야 한다.
만약 다른 사람을 알아보아야 한다면 일이 번거로워진다.

따라서 만약 네가 오지 않는다면 일이 번거로워진다.

위에서 전제와 결론 모두 조건문이다. 그러나 이 조건문들 각각은 논증이 아니다. 그것들이 모여서 하나의 논증을 구성할 뿐이다.

2. 논증 찾기와 논증 구성하기

(1) 결론 찾기와 전제 찾기

1) 결론 확인하기

어떤 말이나 글에서 논증을 확인하려면, 우선 결론을 찾아보는 것이 좋다. 아래의 글은 논증을 포함하고 있다. 결론을 찾아보자.

김구명 씨는 정치가이며, 대개 정치가들은 외교적인 발언을 많이 하므로, 그가 내게 한 말은 외교적인 발언일 것이다.

위 논증의 결론은 "김구명 씨가 한 말은 외교적인 발언일 것이다."라는 명제이다.

어떤 말이나 글이 논증을 포함하고 있다고 생각한다면, 그 말이나 글의 요점이 무엇인지 따져보아야 한다. 말하는 사람(화자)이나 글 쓰는 사람(글쓴이)은 어떤 주장을 내세우려고 하는가? 물론 말하는 주제에 상관없이 어떤 명제라도 결론이 될 수 있다. 논증의 전제나 결론은 서술적인 문장으로 표현되어 있는 게 이상적이며, 대체로 그렇게 표현되어 있기도 하다. 그러나 실제 논증에서 그렇지 않은 경우도 자주 있다. 그렇더라도 논증을 재구성하고자 할 때는, 전제와 결론을 서술적인 문장으로 반드시 바꿔서 표현해야 한다.

일정 분량의 말이나 글이 서로 연관된 결론들을 몇 개 포함하고 있는 경우가 있다. 때로 우리는 길고 복잡한 논의 과정을 거쳐서 어떤 결론을 내리는 경우가 있다. 이런 논증을 확장된 논증이라고 하는데 이것은 앞으로 더 자세히 살펴볼 것이다.

2) 전제 확인하기

우리는 논증의 결론을 확인하는 과정에서 이미 논증의 전제도 확인했을 것이다. 사실 논증의 결론과 전제를 확인하는 일이 순차적으로 이루어지는 것은 아니다. 어떤 명제가 결론인지 알기 위해서는 그것을 뒷받침하는 전제가 무엇인지 살펴보아야 한다. 또한 어떤 명제가 전제인지 알기 위해서는 그것이 어떤 명제를 뒷받침하는가를 살펴보아야 한다. 이처럼 전제와 결론을 찾는 일은 서로 분리된 것이 아니다.

우리는 논증을 재구성하면서, 이미 확인한 결론에 대해 어떤 근거가 제시되고 있는지 생각해 보아야 한다. 전제가 실제로 참인지 거짓인지 논란의 여지가 있을 수 있다. 그러나 화자나 글쓴이는 자신의 주장을 옹호하기 위해 전제가 참이며, 그것이 결론을 지지한다고 생각하고 있다. 어떤 명제가 결론을 실제로 지지해야만 전제가 되는 것이 아니라, 화자나 글쓴이가 그렇게 믿고 있는가 하는 것이 중요하다. 좋은 논증만이 아니라 나쁜 논증도 논증이다. 실제로 전제가 결론을 잘 지지하는가 살피는 것은 논증을 평가하는 일이다. 우선 우리가 우선 알아야 하는 것은 논증을 평가하는 법이 아니라, 논증인지 아닌지를 확인하는 일이다.

(2) 논증의 재구성과 표준 형식

논증을 표준 형식으로 바꿔 쓴다는 것은 전제를 먼저 쓴 다음, 이어서 결론을 쓰는 것을 말한다. 이 경우 별도로 전제 지시어나 결론 지시어를 쓰지 않는다. 또한 논의 전개에서 어떤 문장이 형태상 의문문이라 하더라도, 그것이 실제로 서술적인 기능을 한다면 그것을 서술적인 문장으로 바꿔 쓴다. 그리고 경우에 따라서는 주어진 글에서 논증의 내용이 더 분명해지도록, 문장을 다르게 바꿔 쓰는 것이 필요하다. 물론 중요한 것은 그 내용을 바꾸지 않아야(또한 그 내용이 변하지 않아야) 한다는 것이다.

다음의 논증을 위의 방식에 따라 표준 형식으로 바꿔 써보자.

김구명 씨는 정치가이며, 대개 정치가들은 외교적인 발언을 많이 하므로, 그가 내게 한 말은 외교적인 발언일 것이다.

(전제 1) 김구명 씨는 정치가이다.
(전제 2) 대개 정치가들은 외교적인 발언을 많이 한다.
(결론) 그가 내게 한 말은 외교적인 발언일 것이다.

또 다른 예를 살펴보기로 하자.

어제 진경이와 영화를 보러 갔어. 그런데 그 친구는 다음 장면에서 무슨 일이 벌어질지 정확하게 알아맞히지 않겠니? 이 영화를 처음 봤다면 어떻게 그럴 수 있겠니?

바로 위의 예는 의문문을 포함하고 있다. 그렇지만 여기에서 사용된 의문문은 실제로 묻기 위한 것이 아니다. 결론은 "진경이는 이 영화를 처음 본 것이 아니다." 혹은 "진경이는 이 영화를 이미 보았다." 라는 주장이다. 무엇이 그 전제인가? 첫 번째 문장은 전제가 아니다. 첫 번째 문장은 단지 상황을 알려주고 있을 뿐이다. 두 번째 문장은 의문문의 형태이지만, 실제로는 묻기 위한 것이 아니다. 그것은 "진경이가 다음 장면에서 무슨 일이 벌어질지 정확히 알아맞혔다."로 바꿔 쓸 수 있다. 따라서 이 논증의 표준 형식은 다음과 같다.

(전제) 진경이는 다음 장면에서 무슨 일이 벌어질지 정확하게 알아맞혔다.
(결론) 진경이는 그 영화를 처음 본 것이 아니다.
　　(또는 '진경이는 이 영화를 이미 보았다.')

그렇지만 위의 표준 형식은 예와 약간 다르다. 표준 형식의 내용이 맞기는 하지만, 예의 첫 번째 문장의 내용을 생략했기 때문에 차이가 생겼다. 따라서 전제를 제시할 때, 첫 번째 문장의 내용을 전제로 포함시키면 전체 논증의 내용이 더 분명해질 것이다. 이제 위의 글에 나타난 논증을 표준 형식으로 다시 고쳐 쓰면 다음과 같이 된다.

(전제) 어제 진경이와 영화 보러 갔을 때, 그 친구는 다음 장면에서 무슨 일이 벌어질지 정확하게 알아맞혔다.

(결론) 그 친구는 그 영화를 처음 본 것이 아니다.

또는 같은 내용을 다음과 같이 조금 다르게 표현해도 무방하다.

(전제) 어제 함께 본 영화의 다음 장면에서 무슨 일이 벌어질지 진경이는 정확하게 알아맞혔다.

(결론) 진경이는 그 영화를 이미 보았다.

요 약

* 명제(proposition): 참이거나 거짓인 문장(의 내용)

* 추론(inference): 결론의 참을 정당화하기 위해서 전제(근거)와 함께 그 명제(결론)를 이끌어내는 사고 과정

* 논증(argument): 추리가 언어로 표현된 것으로, 어떤 명제가 참이라는 것을 근거로 삼아 정당화하는 명제들의 집합

* 논증의 목적: 어떤 명제가 참이라는 것을 지지하는 것, 정당화하는 것

* 논증의 구성 요소: 전제와 결론
    - 전제: 논증의 어떤 주장이 참임을 정당화하는 근거
    - 결론: 논증에서 근거에 의해 정당화되는 주장

I. 다음 문장이 명제인지 아닌지 구별하시오.

1. 여러분이 사는 지역의 대중교통 운용 체계가 합리적이라고 생각하십니까?

2. 감정 때문에 여러분의 판단이 흐려지도록 내버려두지 마세요.

3. 만약 어떤 사람이 1인 시위를 한다면, 그는 경찰의 제재를 받지 않는다.

4. (자동차가 중앙선을 넘어오는 것을 보고) "으악!"

5. 미국이 월남전에 참전한 것은 잘못된 판단이었다.

6. 이번 시험에서 최선을 다할 것이다.

7. 이 선을 넘지 마시오.

8. 안녕, 내 사랑.

9. 때마침 네가 도서관에 간다니 잘되었다.

10. 내 마음이 슬프다.

II. 다음 주장들의 집합이 논증인지 아닌지 구별하시오. 만약 그것이 논증이라면 그 전제와 결론을 찾아 표준 형식으로 재구성하시오.

1. 잘 알다시피 미진이는 자기 동생을 미워하고 항상 괴롭힌다. 그래서 미진이 동생은 누나를 피한다.

2. 미진이는 자기 동생을 미워하는데 그에게는 그것이 항상 괴롭다.

3. 왜 너는 네가 원하는 곳 어디든 자동차를 주차할 수 있다고 생각하니? 도저히 그런 태도를 이해할 수 없어.

4. 손 들어! 너는 포위되었다.

5. 만약 네가 여기서 담배를 피운다면 나는 밖에서 기다릴래.

6. 예수님이 여러분을 사랑한다는 것을 믿으세요. 성경에 그렇게 적혀 있습니다.

7. 네가 몰라서 그렇지 빛보다 빨리 이동한다는 것은 불가능해. 그건 자연의 법칙에 어긋나는 일이기 때문이야.

8. 너는 너의 의무를 여러 번 망각했어. 그리고 너는 여러 번 실수했어. 그러니 이제 너와 일하고 싶지 않아.

9. 만약 어떤 사람이 너를 모욕하는 말을 한다면, 너는 그 사람이 그렇게 하지 못하게 할 권리가 있다. 모욕당한 네 기분을 짐작할 수 있을 것

같다.

10. 무슨 말씀이신가요? 지금 우리가 논의하고 있는 것은 규정을 정할 것
인가 아닌가의 문제가 아니라 어떤 규정을 정할 것인가 하는 문제입
니다.

III. 다음과 같은 결론을 지지하는 데 가장 적합한 전제를 고르시오.

1. 결론: 헌혈하는 사람들에게 헌혈하는 것에 대해 적절하게 보답해야
한다.
    (a) 정부에서 헌혈 제도를 관리하는 데 돈이 많이 든다.
    (b) 헌혈을 하는 사람은 다른 사람들을 돕고 싶어서 그렇게 한다.
    (c) 헌혈하는 사람이 줄고 있으며, 그 사람들에게 적절하게 보답하면
    많은 사람이 헌혈에 동참할 것이다.

2. 결론: 어떤 사람을 고용할 때 고용주들은 지원자의 기술이 아니라 인
간성을 보고 채용 여부를 결정해야 한다.
    (a) 인간성은 시간이 가면서 변할 수 있으며, 기술은 시대에 뒤떨어질
    수 있다.
    (b) 기술은 쉽게 가르칠 수 있지만, 인간성은 바꾸기 힘들다.
    (c) 어떤 기술은 모든 사람이 가질 수 없지만 좋은 인간성은 모든 사람
    이 가질 수 있다.

3. 결론: 특히 피부 색깔이 옅은 사람은 햇볕에 노출되는 것을 피해야 한다.
    (a) 옅은 색 피부에 자외선이 피부암을 일으킬 수 있다.
    (b) 피부색이 짙은 사람은 햇볕에 노출되어도 문제가 일어나지 않는다.

(c) 피부색이 옅은 사람은 햇볕에 노출되어 피부병이 생기는 것을 막기 위해 선 크림을 바를 수 있다.

4. 결론: 채식이 건강에 이로울 수 있다.
   (a) 채식 위주의 식단은 중요한 비타민을 가지고 있지 않다.
   (b) 채식 위주의 식단은 심장 질환을 일으키는 동물성 지방을 가지고 있지 않다.
   (c) 채식 위주의 식단은 건강에 이롭다고 간주되는 오메가 지방을 가지고 있지 않다.

5. (당연시하는 사실: 수영을 잘하는 사람은 위험한 곳에서도 수영을 한다.)
   결론: 익사한 사람들 중 수영을 못하는 사람보다 잘하는 사람이 더 많다.
   (a) 수영을 못하는 사람이 수영을 잘하는 사람보다 물속에서 위험을 더 잘 피한다.
   (b) 사람들이 휴일에 보트를 탈 때 구명 조끼를 입지 않아서 익사 사고가 일어난다.
   (c) 강이나 바다에 빠지면 수영을 잘하는 사람도 당황한다.

6. 결론: 어떤 껌은 치아에 해롭다.
   (a) 어떤 껌은 무설탕이어서 충치를 유발하지 않는다.
   (b) 껌을 씹다가 치아 사이에 낀 설탕 조각을 제거할 수 있다.
   (c) 어떤 껌은 설탕으로 단맛을 내는데 그것이 충치를 유발한다.

2장
논증의 심층적 분석

1. 암시된 전제와 결론 보충하기

앞에서 보았듯이 일상생활에서 사용하는 말에서도 논증이 자주 사용된다. 그리고 그런 간단한 예들을 표준적인 형식으로 구성했다. 물론 우리가 주변에서 일상적으로 마주치는 모든 글이 논증적인 것은 아니다. 그렇지만 주어진 글이 논증을 포함하고 있다면, 우선 전제와 결론을 찾아내서 논증을 구성하고 또 표준 형식으로 나타내야 한다. 그리고 이를 위해서 분석과 재구성을 할 수 있어야 한다.

논증을 재구성하기 위해서는, 논증자가 실제로 말한 것을 깊이 이해해야 한다. 그래서 논증자가 의도적으로 생략했거나 또는 (심지어 실수로) 빠뜨린 부분까지도 보충하는 일이 필요하다. 보충한다는 것은 암시적으로 말한 것을 명시적으로 표현하는 것이다. 그래서 논증을 재구성할 때에는 실제로 논증을 구성하기 위해 사용한 명제 대신에, 그것을 더 명료하고 정확하게 표현할 수 있는 다른 명제를 사용할 수 있다. 또한 재구성된 논증은 원래 논증이 명시적으로 표현하지 않은 전제나 결론을 포함할 수 있다.

논증을 재구성한다는 것은 원래 논증을 논증자의 의도에 따라 해석하고 더욱 명료하게 만드는 일이다. 이를 위해서는 비판적 사고에 따른 태도가 아주 중요하다. 그렇지만 더 나아가 논증자의 의도에 공감하는 태도까지 가져야 한다. 즉 주어진 글의 맥락과 상황을 고려하여 논증자의 의도를 최대한 살려주어야 한다. 이를 두고 '자비의 원리'를 따른다고 한다. 일상생활의 의사소통에서 자비의 원리가 적용될 때는 화기애애한 분위기가 유지되지만, 그렇지 않을 경우에는 분위기가 아주 험악해질 수 있다. 이해관계가 대립되는 경우가 특히 그렇다. 그 경우에는 의도적으로 생략한 부분이 있거나 빠뜨린 부분이 있다면, 그것은 커다란 실수로 간주될 것이며 또 공격의 대상이 될 것이다.

일상적으로 논증을 포함하는 글을 보면 그 맥락에서 너무나 당연하기 때문에, 전제와 결론을 명시적으로 주장하지 않는 경우가 있다. 또한 그럴 필요가 없는 경우도 있다. 실제로 어떤 경우에는 내세우려는 주장과 관련된 전제를 모두 제시하는 일이 불필요하고 불편하기도 하다. 예를 들어 다음과 같은 광고 문구를 보자.

좋은 서비스는 항상 여러분 곁에 있습니다. 저희 보험은 언제나 여러분 곁에 있습니다.

언뜻 보면 이 문구에는 명시적인 결론도 없고, 또 명시적인 전제도 없다. 그러나 좀 더 따져서 읽어보면, 이 글이 함축하고 있는 결론을 찾아낼 수 있다. 그렇다면 거기에는 당연히 전제가 있어야 한다. 다른 사람의 논증을 제대로 평가하기 위해서는 무엇보다도 그 논증을 제대로 분석해 내야 한다. 여기서는 명시적으로 표현된 주장뿐 아니라 여러 주장들 속에 또는 그 배후에 숨겨진 주장까지 함께 고려해서 논증을 분석해야 한다.

(1) 암시된 결론 찾기

어떤 글을 쓰면서 글쓴이는 명시적으로 표현하지는 않더라도 당연히 의도하는 진술이 있기 마련이다. 그것을 암시적인 진술이라고 한다. 특히 논증을 포함하는 글을 구성하면서 글쓴이는 그 논증의 전제나 결론을 모두 명시적으로 표현하지 않을 수 있다. 지금까지는 명시적인 결론에 대해서만 이야기했지만, 이제 명시적으로 드러나지 않은 결론이 있는 글을 검토해 보아야 한다. 명시적인 결론은 화자나 글쓴이가 분명하게 표현한 결론을 말한다. 그렇지만 어떤 경우에 결론은 명시적으로 표현되지 않을 수도 있다. 이런 것을 암시적인 결론이라고 한다. 그렇다면 글을 읽을 때, 명시적인 결론을 우선 찾아야겠지만, 암시적인 결론도 찾아낼 수 있어야 한다. 화자나 글쓴이는 대체로 맥락상 결론이 아주 명백하다고 믿을 때, 결론을 명시적으로 표현하지 않는다. 이는 어떤 결론을 명시적으로 드러내지 않더라도 너무나 당연해서 어떤 청자나 독자라도 알 수 있다고 여기기 때문이다.

이제 다음과 같은 광고 문구를 살펴보자.

소리가 더 부드러운 방송일수록 좋은 방송입니다. 우리 '부드러워 방송국'의 음악은 가장 부드럽습니다.

위의 짧은 글을 살펴보면 결론이 없다. 그렇지만 이 문구를 읽는 사람은 결론이 없다는 사실에 대해서 아무런 문제 제기를 하지 않을 것이다. 암시적인 결론을 너무 쉽게 생각해 낼 수 있기 때문이다. 여기서 암시된 결론은 "'부드러워 방송국'의 음악 방송이 가장 좋다."이다. 그럼 이것을 보충하여 표준 형식으로 써보자.

(전제 1)   소리가 더 부드러운 방송일수록 좋은 방송입니다.
(전제 2)   우리 '부드러워 방송국'의 음악은 가장 부드럽습니다.
〔암시된 결론〕 '부드러워 방송국'의 음악 방송이 가장 좋습니다.

아마 암시된 결론을 위의 문구에 굳이 집어넣는다면, 결론의 내용이 너무 노골적이라고 생각하기 쉽다. 다시 말해 결론을 생략해서 얻으려는 광고의 효과는 오히려 반감될 수 있을 것이다.

(2) 암시된 전제 찾기

이번에는 전제가 생략된 경우를 살펴보자. 암시된 결론의 경우와 비슷한 상황이지만, 이번에는 결론이 아니라 전제가 암시된 경우이다.

낙태는 무고한 목숨을 의도적으로 앗아가는 행위이다. 따라서 낙태는 살인이다.

우선 위의 논증을 표준 형식으로 나타내보자.

(전제) 낙태는 무고한 목숨을 의도적으로 앗아가는 행위이다.
(결론) 낙태는 살인이다.

위의 논증만 보면, 살인이 무엇인지를 결론을 통해서 어렵지 않게 알아낼 수 있다. 그렇다면 전제에 해당하는 내용 중 빠져 있는 것은 무엇일까? 그것은 "살인은 무고한 인간의 목숨을 의도적으로 앗아가는 행위이다."이다. 그 내용을 보충해서 위의 논증을 재구성하면 다음과 같다.

(전제)   낙태는 무고한 목숨을 의도적으로 앗아가는 행위이다.
〔암시된 전제〕 살인은 무고한 목숨을 의도적으로 앗아가는 행위이다.
(결론)   낙태는 살인이다.

위의 예를 따져보면 암시된 전제는 충분히 생략될 만하다. 암시된 전제가 굳이 없더라도 주어진 전제만으로 결론을 어렵지 않게 이끌어낼 수 있기 때문이다.

그럼 다음의 논증에서 암시된 내용을 보충하여 논증을 재구성해보자.

수철이가 그 책을 읽을 수 있냐고? 물론이지. 그 친구는 영어를 잘해.

위 내용에 나타난 논증을 재구성하면, 다음과 같다.

(전제) 수철이는 영어를 잘한다.
(결론) 수철이는 그 책을 읽을 수 있다.

"수철이가 영어를 잘한다."는 전제와 "수철이는 그 책을 읽을 수 있다."는 결론 사이에 논리적 비약이 있다. 그렇지만 위와 같은 상황에서 사람들은 위의 대화만으로도 아무런 문제 없이 의사소통을 한다. 그것은 논증자가 위 논증의 결론을 이끌어내면서 굳이 말하지 않았는데도 어떤 내용을 당연히 참이라고 가정하고 있다는 것을 이미 잘 알기 때문이다. 논증자가 굳이 말하지 않은 것은 바로 "그 책은 영어로 되어 있다."는 것과 "영어를 잘하는 사람은 그 책을 읽을 수 있다."는 것이다. 이런 것을 미리 가정하지 않았으면, 단지 주어진 전제만으로 그 결론을 도출하기 어려워 보인다. 그것을 보충하여 논증을 재구성하면 다음과 같다.

(전제)   수철이는 영어를 잘한다.
〔암시된 전제 1〕 그 책은 영어로 되어 있다.
〔암시된 전제 2〕 영어를 잘하는 사람은 그 책을 읽을 수 있다.
(결론)   수철이는 그 책을 읽을 수 있다.

그럼 조금 더 복잡한 논증에서 암시된 전제를 찾아보자.

남의 물건을 훔치는 것은 나쁘다. 물어보지 않고 친구의 차를 사용하는 것은 남의 재산을 허락 없이 이용하는 것이다. 따라서 물어보지 않고 친구의 차를 사용하는 것은 나쁘다.

우선 위의 논증을 표준 형식으로 나타내면 다음과 같다.

(전제 1) 남의 물건을 훔치는 것은 나쁘다.
(전제 2) 물어보지 않고 친구의 차를 사용하는 것은 남의 재산을 허락
         없이 이용하는 것이다.
(결론)   물어보지 않고 친구의 차를 사용하는 것은 나쁘다.

위의 논증에서 '물어보지 않고 친구의 차를 사용하는 것'이 우리의 정서상 '남의 물건을 훔치는 것'까지는 안 된다고 말할 수 있다. 그렇지만 결론에서 "물어보지 않고 친구의 차를 사용하는 것은 나쁘다."고 주장하고 있다면, 주어진 내용의 범위 내에서 이 주장이 성립될 수 있도록 따져보아야 한다. 따라서 위의 논증에서 암시된 전제를 보충하여 논증을 재구성하면 다음과 같다.

(전제 1)   남의 물건을 훔치는 것은 나쁘다.
(전제 2)   물어보지 않고 친구의 차를 사용하는 것은 남의 재산을
             허락 없이 이용하는 것이다.
[암시된 전제] 남의 재산을 허락 없이 이용하는 것은 남의 물건을 훔
             치는 것이다.

(결론)　　　　　물어보지 않고 친구의 차를 사용하는 것은 나쁘다.

이렇게 암시된 전제를 보충하면, 위의 논증에서 전제와 결론이 자연스럽게 연결될 수 있다.

암시된 전제나 암시된 결론을 보충해서 논증을 재구성할 때 가장 중요한 것이 있다. 그것은 바로 논증자의 결론이 전제로부터 도출될 수 있도록 글의 맥락에 충실하게 내용을 보충해야 한다는 것이다. 그리고 그 암시된 주장이 가능한 한 참이 되도록 보충해야 한다.

(3) 무엇을 언제 생략하는가?

논증이 포함된 글을 쓰는 상황은 아주 다양하다. 논증이 포함된 글을 쓸 경우, 전제와 결론에 해당하는 내용을 포함시키는 것이 기본이다. 그렇지만 어떤 경우 전제와 결론을 꼭 쓰는 것이 오히려 글의 흐름을 어색하게 만들 수 있기 때문에 굳이 필요하지 않을 경우도 있다. 이런 점을 고려하여 논증자는 경우에 따라서 전제나 결론을 생략할 수 있다.

전제나 결론을 생략해야 할 경우, 논증을 불명확하게 만들지 않아야 한다. 우리가 논증의 어떤 전제를 명시적으로 표현하지 않는 것은 비록 그 전제를 명시적으로 표현하지 않더라도 어떤 결론을 도출하는 데 별문제가 없다고 생각하기 때문이다. 또한 우리가 어떤 논증의 결론을 명시적으로 표현하지 않는 것은 그것이 전제로부터 도출되는 게 명확한 경우이다. 명백하게 참이 아닌 전제는 생략하지 않아야 한다. 즉 논란의 여지가 있거나 참이라는 것이 아직 밝혀지지 않은 전제는 생략하지 않는다. 만약 그런 전제를 생략하면, 논증자는 그 전제가 참이라는 것을 당연시하는 셈이 되므로 좋지 않은 논증을 하게 된다.

2. 논증 구조도

주어진 글이 논증을 꼭 포함하지 않을 수도 있다. 그러나 주어진 글이 논증을 포함한 경우, 논증을 파악하는 것은 주어진 글에서 가장 핵심적인 것을 파악하는 것이라고 할 수 있다. 따라서 글 속에 포함된 논증을 세밀하게 분석해서 일목요연하게 보여주려면 논증 구조도를 그려볼 필요가 있다. 논증 구조도는 전제나 결론을 확인한 다음 전제와 결론 사이의 지지 관계를 화살표로 나타내는 것이다. 우선 다음의 예를 보자.

내일 집에 올 때 내 차를 태워달라고? ①그럴 수 없을 거야. ②내일 눈이 와서 차를 안 가지고 나갈 거거든.

이제 위의 논증은 다음과 같은 논증 구조도로 작성할 수 있다.

위의 논증은 전제 하나, 결론 하나로 되어 있다. 여기서 ①, ② 등의 번호는 논증을 구성하는 명제를 지시한다. 그리고 명제들을 연결하는 화살표 '↓'는 해당하는 명제들 사이의 지지 관계를 나타낸다.

이제 조금 더 복잡한 논증을 보자. 전제가 두 개 이상인 복잡한 논증에서 그 전제와 결론의 연관 관계를 분석해 보면, 기본적으로 두 가지 유형으로 나뉜다. 우선 전제가 둘 이상일 때, 전제가 각각 결론을 완전하게는 아니지만 부분적으로 지지하는 경우이다. 또 둘 이상의 전제가 결합해서 결론을 지지하는 경우가 있다. 첫 번째의 경우는 전제와 결론의 관계를 다음과 같은 구조도로 나타낼 수 있다. 이 논증에서는 각각의 전제가 독립적으로 결론을 지지한다.

①유가가 치솟아 큰 차는 연료비가 아주 많이 들고 ②초보인 네가 큰 차를 주차하는 것이 쉽지 않다. 더구나 ③큰 차는 자동차 세금이 많이 나온다. 그러니 ④소형차를 사는 것이 현명하다.

이 논증으로는 다음과 같은 구조도를 작성할 수 있다.

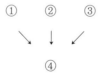

위 논증의 경우에는 ②와 ③이 없더라도 ①과 ④만으로, 또는 ①과 ③이 없더라도 ②와 ④만으로, 또는 ①과 ②가 없더라도 ③과 ④만으로 충분히 하나의 논증이 성립한다.

그렇지만 다음의 논증은 전제들이 각각 독립적으로가 아니라 서로 결합해서 결론을 지지한다.

①만약 내가 마당이 있는 집을 마련한다면, 정원을 가꿀 것이다. ②나는 마당이 있는 집을 마련했다. 그래서 ③나는 정원을 가꿀 것이다.

위의 논증은 다음과 같은 구조도로 그려낼 수 있다.

$$\frac{①\quad②}{\big\downarrow} \qquad \left(\;또는\quad \begin{array}{c}①\;② \\ \downarrow \\ ③\end{array}\;\right)$$
$$③$$

이 논증은 ② 없이 ①과 ③으로는 논증으로 성립하기가 어려운 경우이다. 마찬가지로 ① 없이 ②와 ③만으로도 논증으로 성립하기가 어려운 경우에 해당한다. 그러나 이 논증은 ①과 ②가 결합해서 ③을 지지한다. 이처럼 명제들로 구성된 논증이라 하더라도 그 논증의 구조에 따라 그 성격이 상이하다는 것을 알 수 있다. 따라서 논증에 대한 세심한 분석은 아주 중요하다고 볼 수 있다.

물론 암시된 전제나 결론을 포함해서 논증 구조도를 그릴 수도 있다. 암시된 전제를 보충한 논증으로 구조도를 그려보자.

(전제 1)　　① 남의 물건을 훔치는 것은 나쁘다.

(전제 2)　　② 물어보지 않고 친구의 차를 사용하는 것은 남의 재산

을 허락 없이 이용하는 것이다.

〔암시된 전제〕 남의 재산을 허락 없이 이용하는 것은 남의 물건을 훔치는 것이다.

(결론)　　　③ 물어보지 않고 친구의 차를 사용하는 것은 나쁘다.

이 논증의 구조도는 다음과 같다.

요 약

* 논증 구조도의 기본 유형

－전제가 각각 부분적으로 결론을 지지　　　－전제가 결합하여 결론을 지지

* 논증 분석의 순서
  (1) 주어진 글에서 논증을 찾아낸다.
  (2) 전제와 결론에 번호(①, ②, ③ 등)를 붙인다.
  (3) 최종 결론을 먼저 구조도에 위치시킨다.
  (4) 하위 논증과 전체 논증의 관계를 따져 논증 구조도를 작성한다.

연습문제

I. 다음 논증의 전제와 결론을 확인한 다음, 명시적으로 표현되지 않은 전제를 보충해서 논증을 표준 형식으로 재구성하시오.

1. 김 군은 어리석은 사람이야. 그와 결혼하지 말아야 해.

2. 강호동이 그 의자에 앉으려고 해. 그 의자는 부서질 거야.

3. 바그너가 베르디보다 위대하다. 따라서 바그너는 푸치니보다 위대하다.

4. 민정이가 맥주를 가지고 오지 않으면 술은 없다. 민정이가 맥주를 가지고 오지 않으면 모두 물을 마시게 될 것이다.

5. 물가는 올라가지 않을 것이다. 왜냐하면 저축률이 줄어들지 않았기 때문이다.

6. 그는 『반지의 제왕』을 좋아할 것이다. 그는 판타지 소설을 무척 좋아한다.

7. 포도주를 시키지 않는 것이 좋아. 식당에서는 보통 원래 가격의 3배 이상을 받으니까.

8. 그 곤충은 독이 있을 것이 분명해. 그건 전갈이잖아.

9. 단지 민주주의 국가만 정의롭다. 그러므로 사회주의 국가는 정의롭지 않다.

비판적 사고

10. 그는 논증을 문제없이 분석할 것이다. 그는 훌륭한 변호사이니까.

II. 다음 글에 논증이 있다고 간주하고, 명시적으로 표현되지 않은 결론을 도출하시오.

1. 오늘 아침 연못이 얼었다. 어제는 얼지 않았는데.

2. 학교에 감기가 돌고 있다. 이 학교 학생인 진교는 열이 나고 심하게 기침을 한다. 열이 나고 심하게 기침을 하는 것은 감기의 징후다.

3. 이번 겨울 날씨가 매우 추웠다. 겨울이 추울 때마다 벚꽃 개화 시기가 늦었다.

4. 수진이는 너보다 빨리 도착했어. 너희들은 같은 시간, 같은 곳에서 출발했고 둘 다 자동차를 운전해서 왔어.

5. 피해자는 토요일 저녁 9시에 죽었다. 그의 사망은 독약 아니면 구타에 의한 것이다. 그런데 용의자에게 최근에 독약을 판매한 사람이 나타났다.

III. 다음의 논증을 분석해서 명시적인 주장으로만 논증 구조도를 그리시오.

1. ①만약 달걀을 높은 고도에서 삶아서 익히려면 평지에서 삶는 것보다 시간이 더 오래 걸린다. 따라서 ②너는 물을 평소보다 더 오래 끓여야 할 것이다.

2. ①나의 의뢰자는 무죄다. 왜냐하면 ②그는 자기 방어를 했기 때문이다.

3. ①피해자는 김 씨를 죽이겠다고 협박했다. ②김 씨는 피해자의 공격으로부터 자기를 방어하려고 했다. ③그는 무죄임이 틀림없다.

4. ①나는 이번 학기에 물리학 수업을 신청하지 않을 것이다. ②나는 이미 많은 수업을 신청했다. ③내가 신청한 과목에서 해야 할 것이 많다. 더구나 ④나는 물리학을 좋아하지 않는다.

5. ①가장 중요한 사실은 김 씨는 자신이 피해자를 칼로 찌른 것을 인정했다는 것이다. ②그는 자신이 칼을 집어 피해자의 가슴을 찔렀다고 말했다. ③만약 그가 그렇게 하지 않았더라면 그렇게 했다고 인정하지 않았을 것이다. 따라서 ④그는 피해자를 찔렀다.

6. ①만약 민정이 방의 벽에 더 밝은 색 벽지를 발랐더라면, 그 벽지는 조명을 더 잘 받았을 것이다. ②인테리어 전문가가 보더니 그 방은 조명이 잘 받지 않는다고 했기 때문에 우리는 ③그 방의 벽지가 밝은 색이 아니라고 결론지었다.

7. 비록 ①태양이 지금 밝게 빛나고 있지만 ②어둠이 내리기 전에 비가 올 것이다. ③일기예보에서 그렇게 말했다. ④야외에서 저녁 식사하는 것을 포기하는 것이 좋겠다.

8. ①만약 지금 숙제를 한다면 나는 합창 연습에 못 가게 될 것이다. ②만약 내가 연습에 빠진다면 친구들이 싫어할 것이다. ③나는 지금 숙제를 하지 않아야겠다. ④나는 친구들을 화나게 하고 싶지 않다.

9. ①시체를 해부한 담당자는 칼에 찔린 상처가 단 하나 있다고 말했다.

②그런데 그것은 피해자의 가슴에 난 것이라고 했다. ③그 담당자는 바로 그 충격이 피해자의 사망 원인이라고 했다. ④김 피고인이 칼로 찌른 것이 피해자의 사망을 초래했다.

10. ①신이 없다면 인간이 비도덕적이게 될 것이라는 주장은 받아들이기 어렵다. ②우선, 인간의 심리에 대한 경험적인 가설로서 그 생각은 문제가 있다. ③유신론자들이 무신론자들보다 더 도덕적임을 입증하는 경험적인 증거가 없다. ④둘째, 신이 내리는 벌에 대한 두려움이 도덕적인 의무를 부여할 수 없다. ⑤신이 곧 올바름은 아니기 때문이다.

IV. 다음의 논증을 분석해서 명시적으로 표현되지 않은 전제를 적어도 하나 보충하고, 그것을 포함해서 논증 구조도를 작성하시오.

1. ①그 일을 저지른 사람은 왼손잡이이다. ②이 씨와 김 씨 가운데 한 사람이 왼손잡이이다. ③김 씨는 왼손잡이가 아니다. 따라서 ④이 씨가 그 일을 저질렀다.

2. ①우리는 그 목격자의 말을 신뢰할 수 없다. ②그는 있지도 않은 일을 지난번에 지어낸 적이 있다. 따라서 ③다른 목격자를 찾아보아야 한다.

3. ①요즘 정치가들을 사회의 지도자로 볼 수 없다. ②그들은 자신들의 선거에 도움이 된다면 어떤 일이든 수단과 방법을 가리지 않고 하는 사람들이다.

4. ①이 골목길에서는 일방통행 제도를 실시해야 한다. ②이 길은 지금 교통량이 너무 많다. 그리고 ③사고가 아주 자주 일어난다.

5. ①우리나라 법체계의 중요한 특징 중 하나는 유죄가 증명될 때까지 피고인을 무죄로 간주한다는 것이다. 그러나 ②대중들은 이 사실을 잘 모르고 있는 것 같다. 따라서 ③우리 법체계의 이런 특징을 대대적으로 홍보할 필요가 있다.

6. ①미순이는 아직까지 이 모임의 대표로 선출되지 못했다. ②미순이는 항상 날카로운 질문을 하여 다른 사람을 화나게 하는 경향이 있다. 그러나 ③지금과 같은 위기 상황에 그녀가 필요하다. 그러니 ④이번에는 그녀를 밀어주는 것이 좋겠다.

7. ①남성들은 자신의 정서를 표현하는 데 어려움을 느낀다. ②만약 우리 사회가 정서 표현에 문제가 없는 사람들로 구성되는 것이 바람직하다면, 자신의 정서를 쉽게 표현하는 사람들이 그렇지 못한 사람들을 도와주어야 한다. ③명백히 여성들은 남성들이 자신의 정서를 표현할 수 있도록 각별히 노력해야 한다. ④물론 어떤 사람들은 그런 일이 여성들에게 지나친 부담이 될 거라고 생각할 수도 있다.

8. ①지금 햇빛이 밝게 비치고 있다. 그럼에도 불구하고 ②밤이 오기 전에 비가 올 것이다. ③오늘 아침 뉴스의 일기예보에서 그렇게 말했다. 그러니 ④내일 야유회를 지금이라도 취소해야 한다.

9. ①만약 지금 과제를 한다면 저녁에 음악회에 갈 수 없다. ②과제를 지금 하지 않는다면 친구가 화낼 것이다. ③과제는 나 혼자 해서는 안 되고 친구와 함께 해야 하기 때문이다. ④그러나 음악회에 가지 않을 수 없다. 그러니 ⑤친구를 화나게 만들 수밖에 없다.

10. ①많은 아이들이 영어를 제대로 읽지도 못하는데 고등학교에서는 높은 점수를 받는다. ②대학생들은 영어로 된 교재를 읽지 못한다. ③일반 사람들은 외국인을 만나도 영어로 대화하지 못한다. ④영어를 교육하는 다른 좋은 방법을 찾아보아야 한다. ⑤우리의 영어 교육 방법에 문제가 있다.

3장
논증의 유형과 평가

논증의 목적은 신뢰할 만한 근거를 제시해서 어떤 명제가 참이라는 게 정당해지게끔 하는 것이다. 논증 평가는 논증이 이런 목적을 잘 달성하고 있는지, 그렇지 않은지를 알아보는 것이다. 어떤 논증이 그 목적을 달성한다면, 그 논증은 좋은 논증이라고 할 수 있다. 그렇지 못하다면 그 논증은 나쁜 논증이다. 우선 논증을 평가하기에 앞서서 논증의 유형을 알아보자. 이는 논증의 유형에 따라 논증이 좋은지 나쁜지를 평가하는 기준이 다르기 때문이다.

1. 논증의 유형

논증은 전제가 그 결론을 지지한다고 주장하는 방식에 따라 크게 두 가지 유형으로 나누어진다. 연역 논증과 귀납 논증이 그것이다. 연역 논증의 경우 전제는 결론을 절대적으로 지지할 거라 기대된다.

그에 반해 귀납 논증의 경우 전제는 결론을 그럴듯하게 지지할 거라 기대된다.

(1) 연역 논증

우선 어떤 논증을 보고, 그것이 연역 논증인지 아닌지를 어떻게 알아볼 수 있는가? 흔히 연역 논증이란 일반적인 것에서 특수한 것을 추론해 내는 논증이라고 하지만, 이는 올바른 정의가 아니다. 연역 논증은 그 논증의 결론이 전제로부터 절대적으로 따라 나오게끔 의도한 논증이다. 즉 연역 논증은 전제에서 주장한 것 이상의 내용을 결론에서 주장하지 않는다. 그렇지만 어떤 연역 논증에서는 실제로 전제에서 주장한 것을 넘어서는 내용을 결론에서 주장하는 경우도 있다. 따라서 연역 논증인지 귀납 논증인지 구별하는 중요한 기준은 정확하게 말하자면 실제로 결론이 전제의 내용을 넘어서는가 그렇지 않은가가 아니라, 논증을 하는 사람이 그렇게 의도하고 있는가 하는 것이다.

어떤 논증이 연역 논증인지를 알아보는 데 도움이 될 대략적인 지침을 다음과 같이 제시할 수 있다. 어떤 논증이 순수하게 산술적인 계산, 기하학적인 측정 등에 기초를 둔 논증이라면, 그것은 틀림없이 연역 논증이다. 예를 들면,

나는 지난주에 사과 열 개와 배 다섯 개를 샀다. 정확히 일주일 동안 매일 사과 하나와 배 반 개씩을 먹었다. 따라서 사과는 세 개, 배는 한 개 반이 남아 있을 것이다.

그러나 통계에 기초를 둔 논증은 연역 논증이 아니라, 대체로 귀납 논증이라고 할 수 있다.

다음으로 오직 단어의 정의를 기초로 한 연역 논증이 있다. 다음 예를 보자.

> 철수는 총각이다.
> 따라서 철수는 미혼이다.

위의 논증은 '총각'이라는 단어의 정의에 의해 어떤 결론을 이끌어 내고 있다. 전제에 있는 '총각'은 단어의 정의에 의해, 결혼하지 않은 남자, 즉 미혼의 남자를 가리킨다. 이런 논증은 연역 논증이다.

또 다른 것으로 논증이 어떤 특수한 형태를 가지고 있으면, 연역 논증으로 간주해도 되는 경우가 있다. 다음과 같은 논증이 그런 예에 속한다.

> (A) 모든 남자는 사람이다.
> 어떤 사람은 염색을 했다.
> 따라서 어떤 사람은 염색을 한 남자이다.

위의 논증을 따져보면 전제로부터 결론을 절대적으로 보장받을 수 없다. 그럼에도 우리는 논증자가 전제로부터 결론을 기대했다고 간주한다. 물론 잘못된 논증이기는 하지만, 위의 논증은 연역 논증이다.

이 밖에도 다음과 같은 형태의 논증은 연역 논증이다.

비판적 사고

(B) 내일은 수요일이거나 아니면 목요일이다.

내일이 수요일이 아닌 것은 분명하다.

따라서 내일은 목요일이다.

위의 예에서 우리는 나름의 공통점을 찾을 수 있다.

(A)와 (B) 두 논증은 전제에서 포함하고 있지 않은 새로운 내용을 결론에서 결코 이야기하고자 하지 않는다. 결론에서는 오직 전제에 있는 내용만 이야기하고자 한다. 이런 논증에서 논증자의 의도는 이미 전제에서 이야기한 것을 넘어서지 않는 내용을 결론에서 이끌어내는 것이다. 또한 두 논증의 공통점은 단어든 문장이든 반복되는 것이 있다는 것이다. (A)에서는 단어가, (B)에서는 문장이 반복된다. 앞으로 보겠지만 이는 연역 논증의 두 체계를 보여준다. 즉 (A)의 연역 논리는 정언 논리 체계, (B)는 명제 논리 체계이다.

(2) 귀납 논증

마찬가지로 어떤 논증을 보고, 그것이 귀납 논증인지를 어떻게 알 수 있을까? 물론 논증자가 단지 결론을 전제로부터 그럴듯하게 또는 개연적으로 이끌어내려고 의도하고 있는지를 살펴보아야 한다. 논증의 결론이 실제로 전제로부터 그럴듯하게 또는 개연적으로 따라 나오는지 살피는 것이 아니다. 또한 대략적인 지침을 준다면, 통계에 기초를 둔 논증은 대체로 귀납 논증이다. 예를 들어,

선거 후 출구 조사에 의하면, 김 후보를 지지한 사람은 65%이다.

김 후보가 당선될 것이다.

이 예는 65%의 지지율을 근거로 해서 김 후보의 당선을 결론으로 이끌어내고 있다. 이처럼 전제에서 주장한 것 이상의 내용을 결론에서 주장하고자 의도하는지 살펴보면 귀납 논증인지 아닌지 알 수 있을 것이다. 즉 귀납 논증에서 결론의 주장을 살펴보면, 결론은 전제에서 말하는 것보다 더 많은 것을 말한다. 따라서 귀납 논증은 좋은 논증이든 아니든 간에, 따져보면 분명히 전제와 결론 사이에 논리적인 비약이 있다. 물론 그 귀납 논증이 좋은 귀납 논증인지 아닌지 또는 귀납적으로 좋은 논증인지 그렇지 않은지는 그 비약의 정도에 따라 판단할 수 있을 뿐이다.

어떤 논증이 귀납 논증인지를 알아보는 데에는 도움이 되는 지침이 몇 가지 더 있다. 만약 어떤 논증이 과거나 현재의 사실을 근거로 해서 미래를 예측하고 있다면, 그 논증은 대체로 귀납 논증이다. 과거와 현재에 늘 그래왔다 하더라도, 미래에는 달라질 가능성이 일상적으로든 논리적으로든 늘 있게 마련이다. 즉 비록 전제가 참이라 하더라도, 결론이 거짓일 가능성이 분명히 있는 것이다. 결론이 실제로 참이라 하더라도, 귀납 논증에서는 그것의 참을 부정하는 것이 논리적으로 모순이 되지 않는다.

어떤 논증이 구체적인 사실을 바탕으로 해서 일반화하는 것이라면, 그 논증도 귀납 논증으로 간주할 수 있다. 이런 논증을 귀납적 일반화라고 한다. 여론 조사를 바탕으로 집단 전체의 주장이라고 할 수 있는 것도 바로 귀납적 일반화의 예이다. 다음과 같은 것이 귀납적 일반화의 논증이다.

> 우리 학교 학생들 대부분은 정치에 무관심하다.
> 따라서 우리나라 학생들 대부분은 정치에 무관심하다.

위의 예는 '우리 학교 학생들 대부분'을 우리나라 학생들 대부분으로 일반화하고 있다. 이런 경우에 대해 불만스럽게 생각하겠지만, 이는 주변에서 흔하게 볼 수 있는 예이다.

그 외에 인과 관계를 설정하는 논증도 대체로 귀납 논증이다. 이런 귀납 논증은 인과 관계를 이용하는 논증으로, 인과 관계란 원인과 결과의 관계를 말한다. 예를 들면,

> 이 빵은 아직 눅눅해.
> 빵을 토스터에서 적당히 구우면 눅눅한 것이 없어지는데,
> 너는 빵을 냉장고에서 꺼내 토스터에서 제대로 굽지 않았구나.

라는 논증에서는 "빵을 토스터에서 적당히 구우면 눅눅한 것이 없어진다."는 인과 관계를 바탕으로 어떤 결론을 내리고 있다.

또한 유비에 의한 논증도 귀납 논증이다. 유비란 유사성을 근거로 하여 어떤 결론을 내리는 논증을 말한다. 예를 들면,

> 일반적인 쥐보다 식사량을 3분의 2로 줄여 소식한 쥐가 더 장수한다는
> 실험 결과가 보고되었다. 그러므로 사람들도 식사량을 3분의 2로 줄여 소

식하면 그렇지 않을 때보다 더 오래 살 것이다.

라는 논증은 쥐와 사람의 생물학적 유사성을 바탕으로 어떤 결론을 도출하고 있다.

귀납적 일반화와 인과 논증, 유비 논증 외에도, 형태는 삼단논법이지만 전제에서 통계치를 이용하는 통계적 삼단논법이나 어떤 현상에 대해서 가장 그럴듯한 설명을 이끌어내는 가설추리법(假推法, abduction)이라는 최선의 설명이 귀납 논증에 해당한다. 이 둘 역시 전제가 결론을 절대적으로 또는 필연적으로 지지할 거라 기대되는 논증이 아니다. 이런 논증에서는 전제가 참인데 결론이 거짓인 경우를 얼마든지 아무런 모순 없이 생각할 수 있다. 이런 논증은 단지 전제가 결론을 그럴듯하게 지지할 거라 기대할 수 있을 뿐이다. 이런 논증에 대해서 앞으로 상세히 알아볼 것이다.

2. 논증의 평가

연역 논증이건 귀납 논증이건, 논증을 평가하는 기준은 동일하다. 좋은 논증인지 아닌지를 알아보기 위해서는 두 가지 조건을 꼼꼼하게 따져보아야 한다.

우선 전제가 결론을 논증자의 의도대로 정당화하고 있는지 점검해 보아야 한다. 즉 전제와 결론의 지지 관계를 살펴본다. 이때 연역 논증의 경우, 전제의 참이 결론의 참을 절대적으로 또는 필연적으로 지지할 거라 기대된다. 그렇지만 귀납 논증의 경우, 전제의 참이 결론의 참을 그럴듯하게 지지할 거라 기대된다. 각 유형의 논증에서 논증자가 의도한 대로 실제로 지지하지 못한다면, 그 논증은 잘못된 것이다. 둘째, 논증자가 결론의 참을 지지하기 위해 제시한 전제가 과연 참인지를 확인해 본다. 이런 두 가지 기준을 모두 만족해야 좋은 논증이라고 할 수 있다. 다시 말해서 두 가지 기준 중 한 가지라도 만족시키지 못한다면, 우리는 그 논증의 결론이 참이라고 받아들일 이유가 없다.

연역 논증이든 귀납 논증이든 논증은 이 두 가지 기준 중 한 가지만 만족시키는지 아니면 두 가지 모두를 만족시키는지를 따져보아야 한다. 그리고 각각의 경우에 대해서 다른 전문 용어를 사용한다. 그 용어에 대해 자세히 알아보자.

(1) 연역 논증

1) 타당한 논증과 부당한 논증

연역 논증에서 논증자의 의도대로 전제의 참이 결론의 참을 절대적으로 지지한다면, 그 논증은 타당한 논증이다. 그렇지 않다면, 그 논증은 부당한 논증이다. 이때 타당한 논증이라고 해서 실제로 전제가 참이라는 것을 의미하지는 않는다. 전제가 실제로 참이거나 거짓이거나 간에 전제를 참이라고 가정할 때, 결론의 참이 필연적으로 보장될 거라 기대되는 논증이 바로 연역 논증이다. 따라서 타당한 연역 논증에서 만약 전제가 참이라면 결론은 무조건 참이어야 한다.

연역 논증의 타당성은 논증의 구조에 의한 것이다. 즉 타당한 연역 논증은 전제의 참이 결론의 참을 보장하는 논리적 구조를 가지고 있다. 다음은 타당한 연역 논증의 예이다.

(A) 모든 강아지는 포유류이다.

　　모든 포유류는 동물이다.

　　따라서 모든 강아지는 동물이다.

(B) 모든 사람은 날개를 가지고 있다.

　　나는 사람이다.

　　따라서 나는 날개를 가지고 있다.

(C) 만약 코끼리가 포유류라면 그것은 동물이다.

　　코끼리는 포유류이다.

　　그러므로 코끼리는 동물이다.

(D) 만약 내가 날 수 있다면 나는 조류이다.

　　나는 날 수 있다.

　　그러므로 나는 조류이다.

　위의 논증은 모두 타당하다. (A)와 (C)의 논증에서 그 전제는 실제로 참이고 그 전제로부터 결론의 참이 절대적으로 보장된다. 그러나 (B)와 (D)의 논증 각각에는 두 개의 전제 중 참이 아닌 전제가 하나 있다. 그렇지만 연역 논증에서 그 전제를 참이라고 가정하면, 무조건 결론의 참이 절대적으로 보장된다. 그렇기 때문에 (B)와 (D)를 타당한 논증이라고 하는 것이다. 즉 (B)에서는 모든 사람이 날개를 가지고 있다면, 나도 날개를 가질 것이라고 말한다. 또한 (D)에서는 두 전제를 모두 받아들이면서 내가 조류가 아니라고 말하는 것을 받아들일 수 없을 것이다.

그럼 부당한 논증의 경우를 살펴보기로 하자. 다음의 두 가지 논증은 부당한 논증의 예이다.

(E) 모든 개는 동물이다.

모든 포유류는 동물이다.

따라서 모든 개는 포유류이다.

(F) 만약 비가 온다면 행사가 취소된다.

행사가 취소되었다.

따라서 비가 왔나 보다.

언뜻 보면 위의 두 논증은 아무 문제가 없다. 적어도 논증을 구성하는 명제들 각각만 놓고 본다면, 내용상 아무런 문제가 없기 때문이다. 그러나 논증은 명제들 각각을 보는 것이 아니라, 전제와 결론으로 이루어진 명제들의 관계를 따지는 것이다. 따라서 위의 논증을 잘 따져보면, 어렵지 않게 허점을 끄집어낼 수 있다.

(E)에서 두 개의 전제와 결론은 모두 참이지만, 이 논증은 부당하다. 왜 그럴까를 따져보아야 한다. 결론에서 말하듯이, 개가 포유류

인 것은 분명하다. 그렇지만 그 이유가 개와 포유류가 동물이기 때문이라고는 결코 말할 수 없을 것이다. 따라서 ㈜는 분명히 문제가 있으며, 이런 논증을 부당한 논증이라고 말한다.

㈜논증의 부당성을 확연히 보이려면 그 논증을 동일한 형식을 가지고 있으면서 실제로 전제가 참이고 결론이 거짓인 예로 바꾸면 된다. 실제로 전제가 참이고 결론이 거짓인 연역 논증은 부당하기 때문이다. ㈜논증은 실제로 전제와 결론이 다 참이기 때문에 마치 결론이 전제로부터 타당하게 도출된 것으로 착각할 수 있다. ㈜논증이 가진 형식은 다음과 같다.

> ㈜′) 모든 A는 B이다.
>
> 모든 C는 B이다.
>
> 따라서 모든 A는 C이다.

이제 위의 형식을 가지고 있으며 실제로 전제가 참이고 결론이 거짓인 예를 만들어보자. 그런 예를 쉽고 체계적으로 제시하기 위해서는 결론이 거짓이 되도록 A와 C 대신에 다른 단어를 넣어보면 된다. A 대신에 말을, C 대신에 당나귀를 넣으면 결론이 거짓이 된다.

> ㈜$_1$) 모든 말은 B이다.
>
> 모든 당나귀는 B이다.
>
> 따라서 모든 말은 당나귀이다.

그런 다음 전제 모두가 참이 되도록 B를 적절한 단어로 대치한다.

　(E₂) 모든 말은 동물이다.

　　　모든 당나귀는 동물이다.

　　　따라서 모든 말은 당나귀이다.

위의 논증이 부당하다는 것은 쉽게 알 수 있다. 전제가 실제로 모두 참인데 결론이 거짓이기 때문이다.

　또한 (F)도 전제와 결론이 모두 참이라 하더라도, 타당하지 않다. 왜냐하면 (F)논증을 꼼꼼하게 따져보면, 비가 왔다는 결론의 한 가지 근거는 "행사가 취소되었다."는 것이다. 따라서 (F)의 전제와 결론이 모두 참이라 하더라도, 이 논증의 결론은 전제의 참으로부터 따라 나온 것이 아니다.

　위의 두 논증에서 보듯이, 논증의 타당성은 전제와 결론의 지지 관계로 판단하는 것이다. 또한 논증의 타당성은 전제가 실제로 참인가 거짓인가와는 아무런 관련이 없다. 어떤 연역 논증에서 실제로 전제가 모두 참이고 결론이 거짓이라면, 그것은 부당한 논증이다. 그러나 이처럼 전제와 결론이 실제로 참인지 거짓인지 정확히 안다고 하더라도, 그 논증이 타당한지 어떤지를 언제나 알 수 있는 것은 아니다. 논증이 타당하다는 것과 그 논증을 구성하는 명제들이 참이라는 것은 전혀 다른 문제다. 타당한 논증이라면 전제의 참이 결론의 참을 절대적으로 보장한다. 따라서 실제로 전제가 모두 참이고 결론이 거짓인 연역 논증이 모두 부당한 논증이라는 것을 이제는 충분히 이해할 수 있을 것이다.

전제가 참이면서 그 전제로부터 결론의 참이 절대적으로 또는 필연적으로 보장되는 논증은 무조건 타당한 논증이다. 그러나 예를 들어 (E)논증의 경우, 전제의 참이 결론의 참을 결코 보장하지 못하기 때문에 부당하다.

일상적으로 사람들은 타당성과 참을 명확히 구분하지 않거나, 거의 비슷한 용어로 사용하는 경향이 있다. 그러나 이것은 바람직하지 못하다. 타당성과 참은 분명히 다르다. 이 둘을 명확히 구별해야 한다. 타당성은 논증을 특징짓는 용어이고, 참은 명제나 주장, 진술을 특징짓는 용어이다. 따라서 어떤 논증을 보고 참(또는 거짓)이라거나 거짓인(또는 참인) 논증이라고 말해서는 안 된다. 또한 명제나 주장, 진술에는 타당하다(또는 부당하다)는 말을 사용하지도 말아야 한다.

연역 논증의 타당성과 부당성은 논증의 구조, 즉 논증 형식에 따라 결정하는 것이다. 타당한 연역 논증의 형식 몇 가지에는 나름대로 고유한 이름까지 붙여서 불러왔는데, 이처럼 이름이 붙은 타당한 논증 형식을 알고 있으면, 연역 논증의 타당성 여부를 판단하는 데에 많이 도움이 된다.

대표적인 몇 가지를 소개하면 다음과 같다.

(G) 만약 네가 기쁘면 나도 기쁘다.

  네가 기쁘다.

  따라서 나도 기쁘다.

위 논증의 구조(형식)는 아래와 같이 나타낼 수 있다.

(G′) 만약 p라면 q이다.

    p이다.

    따라서 q이다.

이때 p와 q는 논증의 형식을 분명하게 보이기 위해 명제를 대신해서 쓴 기호이다. 여기서 p는 "네가 기쁘다."이고, q는 "나도 기쁘다."이다. 이런 논증의 형식을 '전건 긍정식(modus ponens)'이라고 부른다. 물론 'p'와 'q' 대신에 다른 어떤 명제를 대입하더라도 그 논증은 타당하다. 왜냐하면 이 논증은 타당한 논증 형식을 가지고 있기 때문이다.

  타당한 논증 형식으로 또 다른 것도 있다.

(H) 만약 소금을 물에 넣으면 그것은 녹는다.

    소금이 녹지 않았다.

    따라서 소금을 물에 넣지 않았다.

우리는 소금이 물에 녹는다는 사실을 아주 잘 알고 있다. 그런데 여기 책상 위에 소량의 소금과 한 컵의 물이 있다고 해보자. 이 상황에서 소금이 녹지 않았다는 것은 그 소금을 물에 넣지 않았다는 것을 보여준다. 위의 논증을 논증 형식으로 분명하게 나타내면 다음과 같다.

(H′) 만약 p라면 q이다.

q가 아니다.

따라서 p가 아니다.

위의 논증은 '후건 부정식(modus tollens)'이라고 부르는 논증 형식이다. 이어서 또 다른 형태의 논증이 타당한지 살펴보자.

(I) 방에 불을 때거나 아니면 추운 채로 자야 한다.

방에 불을 땔 수 없다.

따라서 추운 채로 자야 한다.

전제는 방에 불을 때서 따뜻하게 자거나 아니면 불을 넣지 않아서(또는 불을 넣지 못해서) 춥게 자야 하는데, 불을 땔 수 없다는 것이다. 그렇다면 추운 채로 잘 수밖에 없을 것이다. 위의 논증 형식은 '선언 삼단논법(disjunctive syllogism)'이라고 부른다. 그 형식은 다음과 같이 분명하게 쓸 수 있다.

(I′) p이거나 q이다.

p가 아니다.

따라서 q이다.

마지막으로 한 가지만 더 알아보자.

(J) 만약 며칠 동안 계속해서 폭우가 오면 물난리가 난다.

만약 물난리가 나면 수재민이 생길 것이다.

따라서 계속해서 폭우가 오면 수재민이 생길 것이다.

위의 논증은 뭔가 복잡해 보이지만, 일상생활에서 많이 쓰는 형식의 논증이다. 위의 논증은 전제에서 "물난리가 난다."는 사실을 빼고 결론을 내리고 있다. 이 논증 형식은 다음과 같이 분명하게 쓸 수 있다.

(J′) 만약 p라면 q이다.

만약 q라면 r이다.

따라서 만약 p라면 r이다.

위의 논증 형식은 '가정적 삼단논법(hypothetical syllogism, 또는 연쇄논법)'이라고 한다.

타당한 연역 논증의 형식들뿐 아니라 부당한 연역 논증의 형식들 중에도 어떤 것들은 이름을 가지고 있다. 앞에서 나온 '전건 긍정식'이나 '후건 부정식'과 혼동하기 쉬운 부당한 논증 형식도 거기에 해당한다.

다음의 논증은 타당한 논증 형식인 '후건 부정식'과 혼동하기 쉬운 부당한 논증 형식이다.

(K) 만약 누군가 도끼로 나무를 내리치면 나무가 쓰러진다.

나무가 쓰러져 있다.

따라서 누군가 도끼로 나무를 내리쳤다.

위의 두 전제가 참이라고 가정할 때, 결론이 참임을 절대적으로 보장할 수 있는가를 따져보아야 한다. 두 전제가 모두 참이지만, 결론이 거짓이 되는 경우를 생각해 보면, 위 논증이 타당한지를 쉽게 알아볼 수 있는 것이다. "나무가 쓰러져 있다."고 해서 "누군가 도끼로 나무를 내리쳤다."는 것을 꼭 보장할 수는 없다. 예를 들어 태풍으로 심한 비바람에 나무가 쓰러질 수도 있고, 벼락을 맞아 나무가 쓰러질 수도 있다. 위 논증을 보면 나무가 쓰러진 것은 오직 누군가 도끼로 나무를 내리쳤기 때문이라고 말하고 있다. 이 논증을 곰곰이 따져본 사람은 뭔가 잘못되었다는 것을 파악할 수 있을 것이다. 이런 논증의 형식을 명시적으로 '후건 긍정의 오류'라고 부른다. 제4부에서 자세히 다루겠지만, '오류'는 잘못을 저지르고 있는 논증이다. 이 (K)논증의 형식은 다음과 같이 쓸 수 있다.

(K′) 만약 p라면 q이다.
　　q이다.
　　따라서 p이다.

다음의 논증은 타당한 논증 형식인 '전건 긍정식'과 혼동하기 쉬운 부당한 논증 형식이다.

(L) 만약 이 돌을 창문에 세게 던지면 창문이 깨진다.

이 돌을 창문에 세게 던지지 않았다.

따라서 창문이 깨어지지 않았다.

이 논증을 읽어보면, 정확히 꼬집어서 말하기는 어렵더라도 어딘가 문제가 있다는 사실을 알아챌 수 있을 것이다. 미리 말하면 위의 논증은 부당하다. 그 돌을 창문에 세게 던지지 않더라도 그 창문이 깨질 수 있기 때문이다. 돌이 아닌 공이 날아와서 창문을 깼을 수도 있고, 바람이 너무 세게 불어서 창문이 흔들려 깨질 수도 있다. 위의 논증은 이와 같은 다른 가능성을 고려하지 않고 있다.

이 부당한 논증 형식은 '전건 부정의 오류'로, 다음과 같은 부당한 논증 형식을 가지고 있다.

(L′) 만약 p라면 q이다.

p가 아니다.

따라서 q가 아니다.

부당한 논증 형식인 '후건 긍정의 오류'와 '전건 부정의 오류'는 잘 따져보면 쉽게 간파해 낼 수 있다. 그렇지만 이 두 가지는 자칫하면 쉽게 알아채기 어려운 형태의 오류이기도 하다.

2) 건전한 논증과 건전하지 않은 논증

이제 타당한 논증을 두 번째 기준, 즉 전제가 실제로 참인가라는 기준으로 평가해야 한다. 앞에서 살펴본 타당한 논증의 전제가 실제로 참인지 살펴보자.

    (A) 모든 강아지는 포유류이다.

        모든 포유류는 동물이다.

        따라서 모든 강아지는 동물이다.

    (B) 모든 사람은 날개를 가지고 있다.

        나는 사람이다.

        따라서 나는 날개를 가지고 있다.

    (C) 만약 코끼리가 포유류라면 그것은 동물이다.

        코끼리는 포유류이다.

        그러므로 코끼리는 동물이다.

    (D) 만약 내가 날 수 있다면 나는 조류이다.

        나는 날 수 있다.

        그러므로 나는 조류이다.

(A)와 (C)는 실제로 전제가 모두 참이다. 타당한 논증 형식이면서, 실제로 전제가 모두 참인 논증을 건전한 논증이라고 한다. 이런 논증의 결론은 참이라는 것이 확실하므로, 우리는 그 결론을 받아들여야 한다. 이와 달리 (B)와 (D)는 타당하지만, 전제가 실제로 참이 아닌 것을 포함하고 있으므로 건전하지 않은 논증이다.

타당한 논증 형식을 가진 어떤 논증은 건전한 논증일 수도 있고, 건전하지 않은 논증일 수도 있다. 그렇지만 부당한 논증은 모두 건전하지 않은 논증이다.

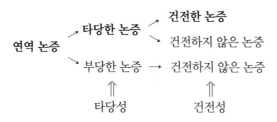

(2) 귀납 논증

1) 강한 논증과 약한 논증

연역 논증과 귀납 논증이 다르듯이, 귀납 논증의 평가 기준은 연역 논증과 다르다. 만약 어떤 귀납 논증에서 논증자가 기대하는 대로 전제가 결론을 그럴듯하게 지지하는 데 성공하면, 그것은 강한 논증이다. 이와 달리 그렇지 못하면, 그 귀납 논증은 약한 논증이다. 귀납 논증은 연역 논증과 달리 전제와 결론 사이의 그럼직한 지지 관계가 얼마나 강한지를 따진다. 즉 어떤 귀납 논증이 다른 귀납 논증보다 더 강하거나 약하다는 식의 비교가 가능하다.

다음의 두 논증을 보자.

(A) 독감 예방주사를 맞은 사람들 중 90%가 독감에 걸리지 않았다.
우리 할머니는 독감 예방주사를 맞으셨다.

아마도 할머니는 독감에 걸리지 않을 것이다.

(B) 운동은 하지 않고 식이요법으로만 다이어트를 한 사람의 35%가 다
이어트에 성공했다.
나는 식이요법으로만 다이어트를 할 것이다.
아마도 나는 다이어트에 성공할 것이다.

위의 두 논증에서 (A)는 비교적 강한 논증이다. 그렇지만 (B)는 그렇
지 않다는 것을 어렵지 않게 알아챌 수 있다.

2) 설득력 있는 논증과 설득력 없는 논증

강한 귀납 논증에서 전제가 실제로 참인 경우, 그 논증은 설득력
있는 논증이다. 전제와 결론의 연결 정도가 강한 논증이라 하더라도
실제로 참이 아닌 전제를 포함하고 있다면, 그 논증은 설득력 없는
논증이다. 따라서 약한 논증은 모두 설득력 없는 논증이다. 그리고
설득력 있는 논증이란 전제와 결론의 지지 관계가 기대했던 대로 성
공적이며, 또 전제도 실제로 참이라는 두 가지 조건을 모두 만족하는
귀납 논증이다.

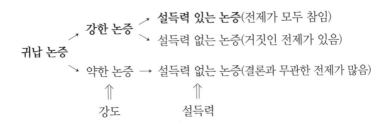

비판적 사고

* 연역 논증: 만약 전제가 참이라면 결론의 참을 절대적으로 지지한다고 주장(의도)되는 논증

  (1) 타당한 논증과 부당한 논증
      타당한 논증: 전제의 참이 결론의 참을 필연적으로 보장해 주는 논증
      부당한 논증: 전제의 참이 결론의 참을 필연적으로 보장해 준다고 논증자는 주장하나 실제로 그렇지 못한 논증

  (2) 건전한 논증과 건전하지 않은 논증
      건전한 논증: 타당하면서 모든 전제가 실제로 참인 논증
      건전하지 않은 논증: 부당한 논증, 혹은 타당하나 전제 중 하나 이상이 참이 아닌 논증

* 귀납 논증: 만약 전제가 참이라면 결론을 그럴듯하게 지지한다고 주장(의도)되는 논증

  (1) 강한 논증과 약한 논증
      강한 논증: 전제의 참이 결론의 참을 그럴듯하게 보장해 주는 논증
      약한 논증: 전제의 참이 결론의 참을 그럴듯하게 보장해 준다고 논증자는 주장하나 실제로 그렇지 못한 논증

  (2) 설득력 있는 논증과 설득력 없는 논증
      설득력 있는 귀납 논증: 강하면서 모든 전제가 실제로 참인 논증
      설득력 없는 귀납 논증: 약하거나, 혹은 강하면서 전제 중 적어도 하나가 참이 아닌 논증

* 타당한 논증 형식

  (1) 전건 긍정식(modus ponens): 만약 p라면 q이다.
                                   p이다.
                                   따라서 q이다.

(2) 후건 부정식(modus tollens): 만약 p라면 q이다.

q가 아니다.

따라서 p가 아니다.

(3) 선언 삼단논법(disjunctive syllogism): p이거나 q이다.

p가 아니다.

따라서 q이다.

(4) 가정적 삼단논법:　　　　　　만약 p라면 q이다.

(hypothetical syllogism,　만약 q라면 r이다.

또는 연쇄 논법)　　　　　따라서 만약 p라면 r이다.

* 부당한 논증 형식

(1) 후건 긍정의 오류: 만약 p라면 q이다.

q이다.

따라서 p이다.

(2) 전건 부정의 오류: 만약 p라면 q이다.

p가 아니다.

따라서 q가 아니다.

연습문제

I. 다음의 논증이 연역 논증인지 귀납 논증인지 구별하시오.

1. 철수는 이 식당의 음식이 고급이라고 말했다. 따라서 이 식당의 음식은
고급이다.

2. 바닥에 꽃병이 깨져 있고 금고는 열려 있었으며 벽에 긁힌 자국이 선명

했다. 그곳에 강도가 든 것이 분명하다.

3. 여자들 대부분은 어린 시절에 결혼이 궁극적인 행복이라고 들으면서 자란다. 따라서 미진이의 어린 시절 교육과 훈육의 지향점은 행복한 결혼이었을 것이다.

4. 난로 아주 가까이에 손을 대는 것은 현명하지 못하다. 그건 아주 뜨거우니까.

5. 우리나라 사람들을 대표한 사람들 1000명의 의견을 물어보았더니 80%는 천국이, 40%는 지옥이 있다고 믿었다. 우리나라 사람들은 지옥보다 천국이 있다는 것을 더 믿는다.

6. 이번 프로젝트도 잘되리라고 생각해. 지난번 프로젝트를 우리가 함께 해서 잘 마무리했잖아? 이번에도 우리가 같이 하니 문제없어.

7. 철수는 거짓말을 하고 있거나 아니면 사실을 모르거나 둘 중 하나다. 철수는 거짓말을 할 때 얼굴이 빨개지는데 지금은 얼굴이 빨개지지 않았다. 따라서 철수는 사실을 모르고 있는 것이다.

8. 너의 사촌 오빠는 3년 반 만에 대학을 조기 졸업했지? 조기 졸업하는 사람은 대부분 아주 성실하다던데 너의 사촌 오빠는 아주 성실한가 봐.

9. 너는 이 수업에 매우 흥미를 느끼고 있어. 그러니 너는 높은 평점을 받을 거야.

10. 정의로운 사회는 분배가 더 공정하게 이루어지는 사회이다. 우리 사회는 이전보다도 분배가 더 공정해졌다. 따라서 우리 사회는 더 정의로워졌다.

II. 다음의 진술이 참인지 거짓인지 답하시오.

1. 연역 논증의 결론은 전제의 내용을 넘어서지 않는 것을 의도한다.

2. 연역 논증은 전제와 결론 사이에 논리적인 비약이 없다.

3. 귀납 논증은 전제와 결론 사이에 논리적인 비약이 있다.

4. 과거의 경험으로부터 미래를 예측하는 논증은 대체로 귀납 논증이다.

5. 귀납 논증은 특수한 사례들에 대한 주장으로부터 일반적인 주장을 도출하는 논증이다.

6. 연역 논증은 일반적인 주장으로부터 특수한 주장을 도출하는 논증이다.

7. 귀납 논증에는 특수한 사례에 대한 주장으로부터 특수한 사례에 대한 주장을 도출하는 것이 있다.

8. 연역 논증에는 일반적인 주장으로부터 일반적인 주장을 도출하는 것이 있다.

9. 연역 논증에는 특수한 주장으로부터 특수한 주장을 도출하는 것이 있다.

10. 귀납 논증에는 일반적인 주장을 포함한 전제로부터 특수한 주장을 포함한 주장을 도출하는 것이 있다.

III. 다음의 연역 논증이 타당한지 부당한지 판단하시오. 그리고 논증이 타당하다면 그 논증의 형식이 무엇인지 밝히시오.

1. 지금 집에 가거나 아니면 아주 늦게 갈 것이다. 그런데 지금 집에 갈 수 없다. 따라서 아주 늦게 집에 갈 것이다.

2. 만약 남아프리카공화국이 핵무기를 가지고 있다면 그곳의 정글에서 방사선이 탐지될 것이다. 남아프리카공화국의 정글에서 방사선이 탐지되지 않았다. 따라서 남아프리카공화국은 핵무기를 가지고 있지 않다.

3. 여러분의 생각이 비논리적이라면 감정적입니다. 여러분의 생각이 감정적이니까 여러분의 생각은 비논리적입니다.

4. 만약 뉴스에서 교통사고가 일어났다고 보도한다면, 그 사고는 일어난 것이다. 어제 뉴스에서 고속도로에서 교통사고가 일어났다고 보도했다. 그 사고는 일어난 것이다.

5. 만약 내일 비가 온다면 야외 행사는 취소될 것이다. 내일은 비가 오지 않는다. 따라서 야외 행사는 취소되지 않을 것이다.

6. 만약 유가가 올라가지 않으면, 교통비가 상승하지 않을 것이다. 교통비가 상승하지 않으면 가계 저축이 늘 것이다. 따라서 만약 유가가 오르지 않으면 가계 저축이 늘 것이다.

7. 만약 네가 나라면 너는 달리 행동할 수 있을 것이다. 그러나 너는 내가 아니다. 따라서 너는 달리 행동할 수 없을 것이다.

8. 만약 이 일이 사실이라면 신문에 났을 것이다. 이 일은 사실이 아니다. 따라서 이 일은 신문에 나지 않았다.

9. 내일은 비가 오지 않거나 행사가 취소될 것이다. 내일 비가 온다. 따라서 내일 행사가 취소된다.

10. 만약 네가 버스로 간다면, 나는 기차로 갈 것이다. 만약 네가 기차로 간다면 나는 비행기로 갈 것이다. 따라서 만약 네가 버스로 간다면 나는 비행기로 갈 것이다.

IV. 다음 연역 논증이 부당하다는 것을 보일 수 있도록, 형식이 동일한 다른 논증을 제시하시오.

1. 어떤 참석자는 여학생이다. 어떤 여학생은 자원 봉사자이다. 따라서 어떤 참석자는 자원 봉사자이다.

2. 모든 코끼리는 포유류이다. 모든 국화는 코끼리가 아니다. 따라서 모든 국화는 포유류가 아니다.

3. 어떤 의자는 나무로 된 것이 아니다. 모든 나무로 된 것은 마모되는 것이다. 따라서 어떤 의자는 마모되는 것이다.

4. 모든 혁명가는 마르크스주의자가 아니다. 왜냐하면 모든 혁명가는 보

수주의자가 아니고 모든 보수주의자는 마르크스주의자가 아니기 때문이다.

5. 모든 예술가는 특별한 사물에 대해 특별한 호기심을 가지고 있는 자들이다. 그래서 어떤 과학자는 예술가가 아니다. 왜냐하면 특별한 사물에 대해 특별한 호기심을 가지고 있는 어떤 자들은 과학자가 아니기 대문이다.

V. 다음의 귀납 논증이 강한지 약한지 판단하시오.

1. 담배를 피우고 있는 사람들에게 다가가서 공공 기관에 흡연 장소를 더 마련해야 하는지 물었더니 그래야 한다고 대답했다. 시민들은 공공 기관에 흡연 장소가 더 많이 마련되기를 바란다.

2. 보라색 목걸이를 한 우리 옆집 강아지가 건강하다. 우리 집 강아지에게 보라색 목걸이를 걸어주었다. 우리 집 강아지는 건강할 것이다.

3. 독감 예방주사를 맞은 사람들 중 90%가 독감에 걸리지 않았다. 우리 할머니는 겨울이 오기 전에 독감 예방주사를 맞으셨다. 할머니는 독감에 걸리지 않을 것이다.

4. 오늘 저녁 뉴스 시간에 일기예보에서 내일 비가 올 확률이 90%라고 했다. 내일 비가 올 것이다.

5. 내가 세차를 하고 나서 비가 온 경우는 몇 번이나 된다. 오늘 세차를 했다. 곧 비가 올 것이다.

VI. 각각의 귀납 논증을 읽고 물음에 답하시오.

1. **귀납 논증**: 최근의 연구에 의하면 초등학생들 중에서 학교 운동 프로
그램에 참여하는 학생들이 그렇지 않은 학생들보다 덜 싸운다고 한다.
운동은 싸움으로 나타날 수 있는 공격적인 충동을 해소하는 역할을 하
는가 보다.

물음: 다음의 어떤 전제를 덧붙이면 논증이 더 약해지는가?

(a) 학교 운동 프로그램은 항상 어른들의 감시를 받는 것이다.

(b) 학교 운동 프로그램을 감시하게 되면 그 프로그램에 참가하는 학
생들이 극도로 공격적인 행동을 표출하지 않는다.

(c) 학교 운동 프로그램에 참여한 초등학생들이 그렇지 않은 학생들보
다 더 공격적인 경향이 있다.

(d) 학교나 학교와 연관된 활동에서 초등학생들 싸움의 약 85%가 쉬는
시간에 일어났다.

2. **귀납 논증**: 최근의 연구에 의하면, 아이들이 하루 한 시간 TV를 시청
하는 것은 학교 성적에 크게 영향을 미치지 않았다. 그러나 하루에 두
세 시간 TV를 시청하는 아이들은 그보다 적게 TV 시청을 하는 아이들
에 비해 성적이 떨어졌다. 이 결과를 가지고 연구자들은 부모님이 자
녀들이 TV 보는 것을 주의 깊게 통제한다면 학교 성적을 어느 정도 유
지시킬 수 있다고 결론지었다.

물음: 다음의 어떤 전제를 덧붙이면 논증이 가장 강해지는가?

(a) 학교에서 하위권에 속하는 대부분의 아이들은 하루에 두 시간 이상
TV를 본다.

(b) 주로 주말에 TV를 보는 아이들이 주중 밤에 TV를 보는 아이들보다
성적이 더 나았다.

비판적 사고

(c) TV를 보는 데보다 독서를 하는 데 시간을 더 많이 쓴 아이들이 그렇지 않은 아이들보다 학교 성적이 나았다.

(d) 아이들이 TV 보는 시간이 비슷할수록 그 아이들의 학교 성적이 비슷했다.

3. **귀납 논증**: 오늘날 대부분의 교도소에서 이루어지는 직업 훈련 프로그램을 계속하는 것은 현명하지 못하다. 왜냐하면 재소자들이 훈련받은 프로그램을 활용하여 출소 후 직업을 선택하지 않기 때문이다.

물음: 다음의 어떤 전제를 덧붙이면 논증이 더 약해지는가?

(a) 교도소 훈련 프로그램에서 배운 기술은 다양한 분야의 직업에 매우 도움이 되는 것이다.

(b) 교도소는 재소자에게 그들이 출소했을 때 구직에 사용할 수 있는 기술을 가르칠 의무가 있다.

(c) 교도소 직업 훈련은 재소자들이 감옥에서 시간을 생산적으로 보내게 만든다.

(d) 오늘날 대부분의 교도소에서 재소자들은 수많은 직업 중 하나를 선택하기 위해 준비할 수 있다.

4. **귀납 논증**: 거짓말을 할 때 심리적인 스트레스를 받는 것 외에 생리적인 변화가 동반된다. 거짓말하는 생리적인 징후를 적절한 기구로 탐색할 수 있기 때문에 신뢰할 만한 거짓말 탐지는 가능하다.

물음: 다음의 어떤 전제를 덧붙이면 논증이 더 약해지는가?

(a) 거짓말 탐지기는 비싸므로 그것을 잘 다루어야 한다.

(b) 거짓말 탐지를 잘하기 위해서는 아주 잘 훈련된 전문가가 필요하다.

(c) 적절한 거짓말 탐지기도 거짓말하는 사람의 미묘한 생리적 변화를

찾아내지 못할 수 있다.

(d) 여러 종류의 심리적 스트레스 각각에서는 유사한 생리적 징후들이
나타난다.

5. **귀납 논증**: 기계공학을 전공하는 학부 학생의 수가 지난 5년간 늘었지
만 학생들을 가르칠 교수 수는 향후 부족할 것이다. 학생들을 가르칠
자격을 가지고 있는 박사 학위 소지자의 수가 늘지 않기 때문이다.

물음: 다음의 어떤 전제를 덧붙이면 논증이 가장 약해지는가?

(a) 과학 계열에 지망하는 대학 신입생이 지난 5년 동안 증가했다.

(b) 기계공학 박사들이 교수직을 선호하지 않고 있다.

(c) 박사 학위를 가지지 않더라도 연구소에서 오랜 기간 연구에 종사한
사람은 학생들을 가르칠 자격이 있다.

(d) 많은 기업들은 자신들이 흥미를 느끼는 연구를 하는 대학의 프로그
램을 지원한다.

CRITICAL THINKING

지금까지는 논증에 대해서 알아보았다. 논증의 성격, 논증의 두 유형인 연역과 귀납, 그리고 그것들의 평가와 관련된 사항들이 무엇이고 어떻게 평가가 이루어지는지를 다루었다. 이제 제4부에서는 연역 논증의 타당성을 평가하는 방식을 살펴보자.

연역 논증의 타당성은 논증의 형식과 관련이 있다. 명제 논리, 정언 논리, 술어 논리가 논증의 타당성을 판단하는 것을 용이하게 하는 체계이다. 제4부에서는 명제 논리와 정언 논리의 두 체계에서 가장 기초적인 부분만을 다룰 것이다. 우선 명제 논리 체계와 정언 논리 체계는 각 체계의 출발점인 기본 단위부터가 다르다. 명제 논리는 명제가 가장 기본적인 단위가 되는 논리 체계이며, 정언 논리는 단어(개념)가 가장 기본적인 단위가 되는 논리 체계이다.

1장
명제 논리

타당한 연역 논증에서는 전제가 참이라면, 결론의 참이 절대적으로 보장된다. 연역 논증의 타당성은 그 논증의 형식에 의해 결정된다. 그렇지만 일상적인 언어로 표현된 논증은 우리를 혼란스럽게 만든다. 특히 일상 언어는 애매모호하게 사용되기 때문에 내용 파악이 쉽지 않으며, 또 그 논증의 형식을 알아차리기 어렵다. 명제 논리는 논증이 가진 구조를 쉽게 보여주고 그 논증의 타당성 여부를 체계적으로 판단할 수 있게 만드는 형식 논리의 체계이다. 이제 명제 논리 체계의 기본적인 논의를 알아보기로 한다.[1]

---

1) 이 책에서는 명제 논리 체계에서 논증의 타당성 판단과 관련된 가장 기본적인 논의만을 소개한다. 더 구체적이고 세부적인 내용은 『비판적 사고를 위한 논리』(아카넷)를 참조하기 바란다.

1. 명제 논리 체계

(1) 명제 논리 체계의 구성 요소

명제 논리는 논증의 타당성을 그나마 간단하고 쉽게 평가하도록 도와주는 형식 언어 체계이다. 이 체계에서 기본 단위는 명제이다. 이 체계는 두 종류의 기호(단순 명제를 나타내는 기호인 A, B, C 등과, 그 명제들을 연결해 주는 논리 연결사)와 괄호로 구성되어 있다. 일상 언어에서는 접속사가 두 개 이상의 명제들을 연결한다. 명제 체계에서는 명제들을 연결하는 접속어를 '논리 연결사(logical connective)'라고 한다. 단순 명제는 접속어를 갖지 않은 명제를 말하며, 논리 연결사와 결합해서 복합 명제를 이룬다. 복합 명제는 단순 명제(들)와 접속어가 결합해서 만들어진다.[2]

복합 명제를 만드는 일정한 규칙이 있다. '∼'이라는 부정의 기능을 하는 논리 연결사는 항상 그것이 부정하려는 명제 앞에 놓여야 한다. 예를 들어 "나는 그들을 만났다."('A')라는 문장을 부정한다고 해보자. 그러면 문장 A의 부정은 '∼A'로 표현될 수 있다. 또한 "나는 그들을 만났으며(A) 그들에게 부탁을 했다(B)."는 'A · B'의 기호로 나타내며, 이 명제의 부정은 '∼(A · B)'이다. 여기서 부정 기호 '∼'는 (A · B)의 앞에 놓이며, 괄호로 묶인 명제 전체를 부정한다. 다음의 표는 논리 연결사와 결합한 복합 명제의 종류를 보여준다.

---

2) '단순 명제(simple proposition)'와 '복합 명제(compound proposition)' 대신, '원자 명제(atomic proposition)'와 '분자 명제(molecular proposition)'라는 용어를 사용하기도 한다. 여기서 '원자 명제'는 형태상 더 나누면 문장의 성격을 가지지 못하는 명제이며, 이런 명제들의 단순한 결합이 '분자 명제'이다.

일상 언어에서는 '그리고', '그러나', '그럼에도 불구하고' 외에도 '그렇지만', '그래도', '뿐만 아니라' 등의 여러 접속어와 다양한 연결어미를 사용한다. 이런 일상 언어의 접속어들과 명제 논리에서 쓰이는 논리 연결사의 의미가 꼭 동일하지는 않더라도, 어느 정도 서로 대응하는 것으로 이해할 수 있다.

논리 연결사	논리적 기능	복합 명제의 종류	일상 언어에 해당하는 표현들
~	부정	부정문	…이 아니다, …은 거짓이다
•	연언	연언문	그리고, 그러나, 그럼에도 불구하고
∨	선언	선언문	혹은, 또는, 이거나
⊃	단순 함축	조건문	만약 …라면 …, 오직 …인 경우에만 …
≡	단순 동치	쌍조건문	만약 그리고 오직 그런 경우에만 …

그런데 일상 언어에서 보면, 단순한 명제 세 개 이상이 길게 연결되는 경우가 있다. 명제 논리에서도 세 개 이상의 단순한 명제가 연결되기도 한다. 그런데 이때에는 괄호를 써서 명제가 애매하지 않도록 만들어야 한다. 일상 언어에서 세 개 이상의 단순한 명제가 연결된 애매한 문장에는 쉼표를 사용해서, 그 명제가 애매하지 않게 해주는 것과 마찬가지다. 예를 들어 다음과 같은 명제를 보자.

만약 내일 비가 온다면 모임은 취소되고 밀린 잠을 잘 수 있다.

이처럼 일상 언어에서는 쉼표가 생략되었다고 하더라도, 그 명제가 사용되는 맥락 때문에 어느 정도는 애매함을 피할 수 있다. 그렇지만 명제 논리 체계에서는 어떤 경우라도 애매한 명제를 허용하지 않는다. 일상 언어의 애매함을 피하고자 고안된 체계이기 때문이다. 따라서 괄호의 사용은 필수적이다. 이는 수학에서 배운 괄호의 사용법과 동일하다.

부정의 기호는 부정하고자 하는 명제 앞에 위치시켜야 한다. 부정 기호 외의 다른 기호들은 양쪽에 있는 명제들을 연결시키는 방식으로 위치시켜야 한다. 그리고 세 개 이상의 단순 명제들이 나열될 때는 괄호를 반드시 사용해야 한다. 그렇지 않으면 기호화가 제대로 된 정식화가 아니다.

일상 언어에 아주 긴 문장이 있듯이, 명제 논리에도 여러 종류의 괄호로 묶인 아주 복잡한 구조의 복합 명제들이 있다. 이런 복합 명제에서 그 주요 부분을 연결해 주는 논리 연결사를 '주 논리 연결사 (main logical connective)'라고 한다. 주 논리 연결사가 무엇인가에 따라 복잡한 구조의 복합 명제도 간단한 구조의 복합 명제들과 마찬가지로 다음과 같이 나누어진다.

(A)		$\sim$	$\{(A \lor B) \cdot R\}$	부정문
(B)	$(E \lor F)$	$\cdot$	$\sim(A \supset C)$	연언문
(C)	C	$\lor$	$\{H \supset (R \equiv G)\}$	선언문
(D)	$(D \cdot F)$	$\supset$	$\sim P$	조건문.
(E)	$(H \lor \sim U)$	$\equiv$	$(E \supset K)$	쌍조건문

$$\Uparrow$$

주 논리 연결사

위의 (A)를 제외한 나머지는 주 논리 연결사를 중심으로 두 부분으로 나눌 수 있다. 부정 기호 외의 논리 연결사는 항상 두 구성 요소를 연결한다. (C)는 단순 명제와 복합 명제로 이루어졌지만, (B), (D), (E)는 복합 명제와 복합 명제가 결합된 경우이다. 부정문인 (A)의 경우, 두 구성 요소를 연결시키는 것은 아니다. 그렇지만 부정 기호를 논리 연결사로 간주하므로 복합 명제가 된다.

(B)에서 연언 기호 '•'의 양쪽 구성 요소를 '연언지(連言肢)'라고 하며, (C)에서 선언 기호 '∨'의 양쪽 구성 요소를 '선언지(選言肢)'라고 한다. 또한 (D)의 경우, 조건 기호 '⊃' 왼쪽의 구성 요소를 '전건', 오른쪽의 구성 요소를 '후건'이라고 한다.

(2) 논리 연결사의 정의

앞에서 일상 언어의 접속어와 연관시켜 논리 연결사의 의미를 설명했다. 일상 언어와 연결시키지 않으면서 논리 연결사의 의미를 알려주기 위해 '진리표(truth-table)'를 이용할 수 있다. 진리표는 논리 연결사가 명제 논리의 체계 내에서 어떤 의미를 가지는지 보여준다.

진리표란 복합 명제의 진리값이 단순 명제의 진리값에 의해 결정되는 모든 경우를 나열한 표이다. 논리 연결사의 의미를 보여줄 때, 영어의 알파벳 소문자 'p, q, r' 등을 사용할 것이다. 이것을 명제 논리에서는 '명제 변수'라고 한다. 이것은 구체적인 명제가 아니라, 단지 명제의 형식을 표현할 뿐이다. 따라서 알파벳 소문자 'p, q, r' 등은 어떤 구체적 명제라도 대신할 수 있다.

1) 부정 기호(∼)

'∼'는 그다음에 오는 명제가 참인 경우, '∼'와 결합된 명제(부정문)는 거짓임을 뜻한다. 반대로 '∼' 다음에 오는 명제가 거짓인 경우, '∼'와 결합된 명제(부정문)는 참이다. 그런 내용을 아래의 진리표가 보여주고 있다.

p	∼p
T	F
F	T

일상 언어에서 '…이 아니다.'는 접속어가 아니다. 그러나 명제 논리 체계에서는 논리 연결사 '∼'를 일종의 접속어로 간주한다. 즉 일상 언어로 된 부정문은 문장 구조상 단순 문장이지만, 명제 논리 체계에서 부정문은 복합 명제이다. 바로 이 점이 일상 언어의 기능과 다른 점으로, 명제 논리에서 '∼'는 긍정 단순 명제와 결합해서 복합 명제를 만든다.

2) 연언 기호(•)

'•'가 연결하는 앞뒤의 두 구성 요소인 연언지가 모두 참일 때, 그 복합 명제(연언문)는 참이다. 그렇지만 두 연언지 중 적어도 하나가 참이 아닌 경우라면, 그 복합 명제(연언문)는 거짓이다. 그런 내용을 아래의 진리표가 보여준다.

p	q	p • q
T	T	T
T	F	F
F	T	F
F	F	F

일상 언어에서 연언문이 두 연언지를 연결하는 것 이상의 역할을 하는 경우가 있다. 다음의 예를 살펴보자.

(A) 그들은 결혼을 하고, 아이를 가졌다.

(B) 그들은 아이를 가지고 결혼을 했다.

일상 언어에서 우리는 위의 두 명제를 동일한 것으로 간주하지 않는다. 여기서 '(그리)고'는 두 연언지를 연결할 뿐 아니라, 시간적인 순서도 고려하고 있다. 그러나 명제 논리의 연언문은 시간적인 순서를 고려하지 않는다. 단지 두 연언지의 진리값에 의해서만 연언문의 진리값이 정해지는 것이다.

위의 명제를 단순히 명제 논리의 명제로 번역한다면, (A)는 'M • H'로, (B)는 'H • M'이 된다. 이때 M과 H 각각의 연언지가 참이라면, (A)와 (B)는 모두 참인 복합 명제가 된다. 두 연언지의 순서를 고려하지 않으므로, 명제 논리에서는 이 두 명제가 동일한 의미를 가진다. 그러나 일상 언어에서는 사정이 다르다. 위 두 문장이 동일한 결혼, 동일한 아이에 대한 기술이라면, 각각의 연언지가 참이라 해도 두 문장 모두 참이 될 수는 없다. 일상 언어에서 위의 명제 중 어느 것이 참인지 결정하기 위해서는, 연언지 사이의 시간적 순서도 알아야 한다.

3) 선언 기호(∨)

'∨'가 연결하는 두 구성 요소 가운데 적어도 하나의 구성 요소(선언지)가 참일 때, 그 복합 명제(선언문)는 참이다. 두 구성 요소 가운데 그 어느 것도 참이 아닌 경우(즉 둘 다 거짓인 경우), 그 복합 명제(선언문)는 거짓이다. 아래의 진리표가 보여주는 내용이 바로 그것이다.

p	q	p ∨ q
T	T	T
T	F	T
F	T	T
F	F	F

일상 언어의 선언문은 애매하다. 선언문을 만드는 접속어 '혹은', '또는', '이거나' 등이 불분명하기 때문이다. 즉 이 접속어들은 다른 두 가지 방식으로 사용될 수 있다. 포괄적으로도(즉 넓게도) 사용되고, 또 배타적으로도(즉 좁게도) 사용된다. 우리 주변에서 흔히 볼 수 있는 다음과 같은 경우에서, 그 차이를 살펴보자.

(A) "물건을 사는 손님들께 개업 기념 사은품으로 치약이나 샴푸를 드립니다."

(이 경우 원칙적으로는 둘 다 주지 않는다는 말이다.)

(B) "나는 학교 갈 때 지하철이나 버스를 탄다."

(나는 두 가지를 다 이용하여 학교에 갈 수도 있을 것이다.)

위의 두 예문은 모두 선언문이다. 아마도 우리가 주변에서 흔히 경험하지만, 어떤 혼란스러움이나 아무런 어려움 없이 잘 받아들이고 있는 일들이기도 하다. 어떤 특정한 맥락에서 선언문이 사용되면, 다행스럽게도 우리는 그 맥락에 따라 그 선언문이 어떤 의미인지 잘 가려내기 때문이다. 그렇지만 명제 논리의 선언 기호는 진리표에서 보듯이, 바로 (B)에서 사용된 의미만 가진다. (B)는 포괄적인 선언문이다. 진리표에 따르면 선언지 p와 q가 모두 거짓(F)인 경우에만 선언문 'p ∨ q'는 거짓(F)이다. 그렇지만 (A)는 다르다. (A)는 배타적인 선언문에 해당한다. p, q가 모두 거짓(F)인 경우와 p, q가 모두 참(T)인 경우, (A)의 선언문 'p ∨ q'는 거짓(F)이다.

포괄적 선언문이란 두 선언지가 모두 참이 되는 경우를 허용하는 선언문이다. 그리고 배타적 선언문은 두 선언지가 모두 참이 되는 경우를 배제하는 선언문이다. 따라서 선언문이 포괄적인가 배타적인가 하는 문제는, p와 q가 모두 참(T)인 경우에 대한 해석에 달려 있는 셈이다. 이 경우를 받아들이면 포괄적이고, 받아들이지 않으면 배타적이다.[3] 일상 언어에서 형태가 같은 선언문이라도, 그 경우에 따라 이렇게 상이한 성격을 가질 수 있다. 일상 언어의 이처럼 불분명한 선언문을 명제 논리 체계는 포괄적으로 해석한다. 일상 언어의 의미를

---

3) 여기서 배타적 선언문은 "(A ∨ B) • ~(A • B)"라는 기호로 나타낼 수 있다.

최대한 받아들여 해석해 내려는 의도에서이다.

4) 조건 기호(⊃)

'⊃'이 연결하는 명제의 전건이 참이고 후건이 거짓일 때에만 그 조건문은 거짓이며, 나머지 경우는 참이 된다. 아래의 진리표는 바로 그런 내용을 보여준다.

p	q	p ⊃ q
T	T	T
T	F	F
F	T	T
F	F	T

선언문의 경우와 마찬가지로, 일상 언어에서 조건문은 우리가 생각하는 것보다도 논리적으로 아주 다양한 기능을 한다. 전건과 후건 사이에 성립할 수 있는 여러 가지 함축 관계를 표현하는 것이다. 그렇기 때문에, '만약 …라면,…이다.'라는 명제는 애매하다.

이제 다음의 조건문들을 비교하면서 살펴보자.

(A) 만약 그것이 삼각형이라면, 그것은 세 변을 가진 닫힌 도형이다.

(B) 만약 사람은 유한한 존재고 내가 사람이라면, 나는 유한한 존재이다.

(C) 만약 이 스위치를 올리면, 전구에 불이 들어온다.

(D) 만약 내 부탁을 들어주면, 네가 어려울 때 나도 돕겠다.

(E) 만약 네 말이 사실이라면, 내 성을 간다.

위의 예들은 우리가 흔히 사용하는 경우들로, 각각 고유한 성격을 가진다.

(A)조건문의 전건은 그 후건을 '삼각형'이라는 단어의 정의에 의해 함축한다. 즉 '삼각형'의 정의가 바로 '세 변을 가진 닫힌 도형'이므로, (A)조건문은 단어의 정의에 의한 함축 관계를 나타낸다. (정의적 조건문)

(B)조건문의 전건은 그 후건을 논리적인 관계에 의해 함축한다. 즉 (B)조건문은 논리적인 함축 관계를 나타낸다. (논리적 조건문)

(C)조건문의 전건은 정의에 의해서도, 논리적으로도 그 후건을 함축하지 않는다. 경험적 발견에 근거하고 있는 인과 법칙에 의해 그 후건을 함축한다. 즉 (C)의 조건문은 인과적인 함축 관계를 나타낸다. (인과적 조건문)

(D)조건문의 전건은 그 후건을 정의에 의해서도, 논리적인 관계에 의해서도, 인과 관계에 의해서도 함축하지 않는다. 단지 어떤 조건이 만족되었을 경우, 화자가 어떤 행위를 하겠다고 제안하는 것이다. (단순 조건문)

(E)조건문도 역시 앞서 나온 그 어떤 유형의 함축 관계를 나타내지 않는다. 이 조건문의 기능은 어떤 함축 관계를 나타내는 것이 아니라, 전건이 거짓임을 강조하는 것이다. (강조를 위한 조건문)

위의 조건문들은 이와 같이 상이한 논리적 기능을 한다. 명제 논리에서의 조건문에는 위 조건문들의 상이한 유형에 공통되는 어떤 측면이 반영된다. 어떤 경우에 위 조건문들이 거짓이 되는가에 초점을 맞추는 것이다.

(A)에서 (E)에 이르는 모든 경우에서, 전건이 참이면서 후건이 거짓일 때에만 조건문이 거짓이 된다는 점이 공통적이다. 앞서 진리표에서 살펴본 바와 같이 명제 논리의 조건문의 의미는 바로 이것이다. 전건이 참이고 후건이 거짓인 경우에만 조건문은 거짓이 되고, 그렇지 않은 경우 조건문은 참이 된다. 전건이 거짓인 경우, 명제 논리의 조건문은 후건의 진리값이 참이건 거짓이건 참이 된다. 이것은 일상적으로 사용하는 조건문과 아주 거리가 있어 보이지만, 분명 일상적인 조건문들 가운데 어떤 것은 정확하게 이런 경우와 일치한다.

조건문 (D)와 (E)를 보자. 이 두 가지 경우는 전건과 후건 사이에 단어의 정의에 의한 함축 관계나 논리적 함축 관계, 인과적인 함축 관계를 나타내지 않는다. (D)의 경우 당신이 내 부탁을 들어주었는데 네가 어려울 때 내가 돕지 않는다면, 내 말은 거짓이 된다. 그런데 만약 당신이 내 부탁을 들어주지 않았다면 어떤가? 그 조건문은 거짓이 되는가, 아니면 무의미해지겠는가? 그렇지 않다. 이럴 경우, 그것은 참이다. (E)의 경우도 마찬가지이다. 네 말이 사실이 아니라면, 그 조건문은 후건의 참, 거짓에 관계없이 참이 된다.

명제 논리의 조건문은 정의에 의한 함축 관계나 논리적 함축 관계, 인과적 함축 관계 같은 실제적인 함축 관계를 나타내는 것이 아니다. 그것은 단지 전건이 참이고 후건이 거짓이라면, 그 명제는 거짓이라는 것을 의미할 뿐이다. 그래서 그 기능을 '단순 함축(material implication, 또는 실질 함축이라고도 부름)'이라고 한다.

5) 쌍조건 기호(≡)

'≡'는 명제 논리에서 표현의 단순화를 위해 도입되었다. 즉 'A ≡ B'는 '(A⊃B) • (B⊃A)'를 줄인 표현이다. '≡'이 연결하는 두 구성 요소가 동일한 진리값을 가지고 있을 때, 쌍조건문의 진리값이 참(T)이 된다. 그렇지 않을 경우, 쌍조건문의 진리값은 거짓(F)이 된다. 아래의 표는 그런 내용을 보여준다.

p	q	p ≡ q
T	T	T
T	F	F
F	T	F
F	F	T

명제 논리의 쌍조건문도 일상적인 쌍조건문들이 공통적으로 가지고 있는 측면을 반영한다. 사실 알고 보면 명제 논리의 쌍조건문은 두 조건문을 연언 형태로 연결한 것에 지나지 않는다. 그러므로 명제 논리의 쌍조건문은 두 구성 요소 간의 실제적인 함축 관계를 나타낸 것이 아니다. 쌍조건문은 단지 그 구성 요소들의 진리값이 (참이든지 거짓이든지) 같을 때, 참이 된다는 것이다. 오직 이것만이 쌍조건문의 의미이다. 따라서 이것은 단순 동치 관계를 나타낼 뿐이다.

그러나 일상적으로 사용되는 쌍조건문은 명제 논리 쌍조건문의 이런 의미와 정확하게 일치하지 않는 경우가 있다. 다음과 같은 경우가 그 예이다.

어떤 물질이 산성이라면 그리고 오직 그런 경우에만 pH 7 미만이다.

위의 예는 어떤 물질이 산성이라는 것과 그것이 pH 7 미만이라는 것의 실제적인 상호 함축 관계를 나타낸다.

2. 논증의 타당성 평가

(1) 일상 언어의 기호화

이제 일상 언어로 쓰인 명제들을 명제 논리의 명제로 바꿔보자. 즉 논리 연결사를 이용해서 일상 언어로 쓰인 복합 명제들을 번역해야 한다. 다음은 일상 언어의 명제를 명제 논리의 명제로 옮긴 것이다.

(A) 고래는 어류가 아니다. $\sim L$

(B) 고래는 포유류이고, 갈치는 어류다. $A \cdot K$

(C) 꼴뚜기는 해면류이거나 고래는 포유류이다. $P \vee A$

(D) 만약 고래가 포유류라면 타조는 포유류가 아니다. $A \supset \sim H$

(E) 만약 갈치가 어류라면, 그리고 오직 그런 경우에만 $K \equiv H$

        말미잘은 해면류이다.

위의 예들은 간단한 구조의 복합 명제들이다. 특히 (A)의 부정문은 일상 언어에서는 단문이지만, 명제 논리 체계에서는 (B), (C), (D), (E)와 마찬가지로 복합 명제로 간주된다. 명제 논리는 기본적으로 단순 명제를 긍정문의 형태로 설정하고, '…이 아니다.'를 접속어로 간주하기 때문이다.

이제 위의 예는 다음과 같이 정리할 수 있다.

① 부정 기호 : 일상 언어의 '…이 아니다.', '…은 사실이 아니다.', '…은 거짓이다.'라는 표현을 '~'로 나타낸다.

② 연언 기호 : 일상 언어의 '그리고', '그러나', '그럼에도 불구하고', '그런데', '더구나', '또한', '비록 …이지만' 등을 '•'로 나타낸다.

③ 선언 기호 : 일상 언어의 '혹은', '또는', '이거나' 등을 '∨'로 나타낸다.

④ 조건 기호 : 일상 언어의 '만약 …라면, …이다.'를 '⊃'로 나타낸다.

⑤ 쌍조건 기호 : 일상 언어의 '만약 …라면 그리고 오직 그런 경우에만 …이다.'를 '≡'로 나타낸다.

위의 기호들 가운데에서 특히 신중하게 파악해서 제대로 이해해야 할 것이 있다. '④조건 기호'를 사용하는 조건문의 경우가 바로 그것이다. "만약 A라면, B이다."라는 명제는 'A⊃B'로 번역한다. 이것은 A가 B이기 위한 충분조건이라는 것이다. 이때 A가 B이기 위한 충분조건이라는 것은 A가 발생할 때마다 B가 발생한다는 것을 의미한다. 예를 들어 "네가 대학생이라면, 너는 학생이다."에서 '네가 대학생인 것'은 '네가 학생이기' 위한 충분조건이다.

흔히 혼동되기 쉬운 것으로는 "단지 …인 경우에만 …이다."라는 명제가 있다. 이 명제도 조건 기호로 나타낸다. 그러나 이 명제에서 "단지 A인 경우에만 B이다."라는 것은 충분조건이 아니라, 필요조건을 나타내는 조건문이다. 'A가 B이기 위한 필요조건'이란, "A가 일어나지 않고서는 결코 B가 일어날 수 없다."는 것을 말한다. 예를 들어, 식물이 자라는 데 수분이 필요하다고 한다. 이는 수분이 없다면 식물이 자랄 수 없다는 것이다. 즉 식물의 생장과 수분의 관계를 보면, 수분은 식물이 자라기 위한 필요조건이 된다.

조건문이 필요조건을 나타내느냐 충분조건을 나타내느냐에 따라, 조건 기호 앞뒤에 올 명제를 적절히 배치해야 한다. "만약 …라면, …이다.", "…는 …이기 위한 충분조건이다.", "단지 …인 경우에만 …이다."와 같은 표현의 명제들은 조건 기호 '⊃'로 나타낼 수 있다.

이와 약간 다른 것이 '⑤쌍조건 기호'로, "만약 A라면 그리고 오직 그런 경우에만 B이다."는 'A≡B'로 번역한다. 여기서 A와 B는 서로 필요조건이자 충분조건에 해당한다. "…은 …이기 위한 필요충분조건이다."라는 표현 역시 쌍조건 기호 '≡'로 번역한다. 이것은 A와 B가 서로 똑같은 관계로 얽힌 경우이다. 즉 '(A ⊃ B) • (B ⊃ A)'와 마찬가지이다.

수학의 조건 명제와 명제 논리의 조건문

✛

수학에서는 "2는 8의 약수이다."처럼 참인지 거짓인지 명확하게 구분할 수 있는 문장을 명제라고 부른다. 그러나 "x가 4의 약수이다."처럼 x의 값이 확정되지 않은 경우, 또는 x의 값이 확정되면 참인지 거짓인지 구분할 수 있는 경우에 그 문장을 조건 명제라고 부른다.

"x가 4의 약수이다."를 조건 명제 p, "x가 8의 약수이다."를 조건 명제 q라 하면, "x가 4의 약수이면, x는 8의 약수이다."는 두 개의 조건 명제로 이루어진 명제이다. 이를 수학에서는 "p라면, q이다."라 하고, "p → q"의 기호로 표기한다. 이때 p는 '가정', q는 '결론'이라고 부른다. 그리고 "p → q"가 참인 명제라면 "p ⇒ q"로, 거짓인 명제라면 "p ⇏ q"로 나타낸다.

명제 논리 체계에서 "p라면, q이다."는 복합 명제로, "p ⊃ q"의 기호로 표기한다. 이때 p는 '전건', q는 '후건'이라고 부른다. 이 조건문에서 q는 수학에서 말하듯이 '결론'이 아니다.

이 책은 학습 과정에서 나타날 혼란을 피하기 위해서 수학에서 쓰는 기호('→') 대신에, '⊃'을 사용한다. 어떤 논리학 책에서는 조건문을 'p ⊃ q' 대신, 'p → q'으로 표기하기도 한다. 이 경우 논리학에서 두 가지 기호는 동일한 의미이다.

필요조건과 충분조건

❖

수학에서는 'p → q'가 참인 명제를 'p ⇒ q'로 표기하고, p는 q이기 위한 충분조건이고 q는 p이기 위한 필요조건이라고 한다. 또한 'p ⇔ q'일 때, p는 q이기 위한 필요충분조건이고 q는 p이기 위한 필요충분조건이다.

명제 논리 체계에서 "p는 q이기 위한 충분조건이다."를 'p ⊃ q'로, "p는 q이기 위한 필요조건이다."를 'q ⊃ p'로 기호화한다. 또한 "p는 q이기 위한 필요충분조건이다."는 'p ⊃ q'와 'q ⊃ p'를 동시에 만족시킨 것이며, 'p ≡ q'로 표기한다.

이제 흔히 혼동하기 쉬운 부분을 정리해 보자.

조건 기호로 번역되는 것들은 다음과 같다.

ⓐ 만약 A라면 B이다.   A ⊃ B

ⓑ A는 B이기 위한 충분조건이다.   A ⊃ B

ⓒ 오직 A인 경우에만 B이다.   ~A ⊃ ~B 또는 B ⊃ A

ⓓ A는 B이기 위한 필요조건이다.   ~A ⊃ ~B 또는 B ⊃ A

ⓔ 만약 A라면 그리고 오직 그런 경우에만   A ≡ B

  B이다.

ⓕ A는 B이기 위한 필요충분조건이다.   A ≡ B

다음 내용도 혼동하기 쉬운 것이다.

(여기서 H는 "그가 간다."를, Y는 "네가 간다."를 나타낸다.)

그와 너 둘 다 가는 것은 아니다.   ~(H • Y) 또는 ~H ∨ ~Y

(적어도 한 사람은 가지 않는다는 뜻)

그나 너나 가지 않는다.   ~(H ∨ Y) 또는 ~H • ~Y

(두 사람 모두 안 간다는 뜻)

그나 네가 간다. 물론 둘 다 갈 수도 있다.   H ∨ Y

그나 네가 간다. 둘 다 가지는 못한다.   (H ∨ Y) • ~(H • Y)

(2) 진리표 그리기

지금까지 살펴본 것은 명제들로 이루어진 논증이 타당한지를 알아보기 위한 것이다. 이제 진리표를 이용해서 논증의 타당성을 따져보기로 하자. 그러기 위해서 다음의 순서에 따른다.

단계 1: 일상 언어의 명제를 명제 논리의 명제로 옮긴다.

단계 2: 전제와 전제 사이에는 쉼표(' , ')를, 전제와 결론 사이에는 빗
　　　금(' / ')을 써서 전제와 결론을 구분한다.

단계 3: 전제와 결론을 포함한 각 명제들에 대한 진리표를 작성한다.

단계 4: 작성한 진리표에 따라서, 전제가 모두 참인 줄에 결론이 거짓
　　　인 경우가 있는지 살펴본다.

단계 5: 만약 그런 경우가 있다면, 그 논증은 부당하다. 반대로 그런 경
　　　우가 없다면, 그 논증은 타당하다.

이제 다음의 단순한 연역 논증을 가지고 진리표를 그린 다음, 그
논증의 타당성을 평가해 보자.

　　(A) 만약 내일 비가 온다면, 행사가 취소된다. 내일 비가 오지 않는다.
　　　따라서 행사가 취소되지 않는다.

일상 언어로 작성된 논증 (A)에서 "내일 비가 온다."는 명제를 A로,
"행사가 취소된다."는 명제를 B로 나타내기로 하자. 이에 따라 논증
(A)를 명제 논리의 명제로 번역하면 다음과 같다.

　　A ⊃ B,　　　~A　/　　　~B

이제 위의 기호화된 논증을 가지고 진리표를 그려보자. 간단히 말
해서 진리표는 복합 명제들의 진리값이 단순 명제의 진리값에 따라
어떻게 나타나는지 보여주는 표이다. 위의 논증에서 사용된 명제의

　비판적 사고

유형은 A와 B, 두 가지이다. 이에 따라서 진리표에는 네 줄이 필요하게 된다. 제일 앞에 나온 단순 명제 A 아래 두 줄에는 T를, 나머지 두 줄에는 F를 부여한다. 그리고 그다음 나오는 단순 명제 B 아래의 한 줄씩에는 T, F를 부여한다. 이렇게 하면 각 단순 명제들의 조합을 빠뜨리거나 중복하지 않고 나열할 수 있다.

A ⊃ B	~A	/ ~ B
T T		
T F		
F T		
F F		

그런 다음 각 명제의 진리값을 계산한다. 이를 위해서는 논리 연결사의 의미를 정확히 알고 있어야 한다. 이제 위의 논증을 다음과 같은 진리표로 작성할 수 있다.

	A ⊃ B	~ A	/ ~ B
(a)	T T T	F	F
(b)	T F F	F	T
(c)	F T T	T	F
(d)	F T F	T	T
	⇑	⇑	⇑

위의 진리표에서 가로줄 각각은 위 명제들의 가능한 진리값을 보

여준다. 이제 진리표를 보고 어떻게 논증의 타당성 여부를 판단하는 지 알아보자. 판단의 기준은 주어진 전제가 참으로만 나타나 있는 줄에서 결론이 거짓으로 나타나는 경우가 있는가 하는 것이다. 그런 줄이 있다는 것은 전제가 모두 참이면서 결론이 거짓이 될 가능성이 있다는 것을 보여준다. 그런 줄이 있는 논증은 부당한 논증이고, 없는 논증은 타당한 논증이다.

이제 (A)논증의 진리표를 살펴보자. 전제가 모두 참인 줄 (c)에서, 결론은 거짓으로 나타난다. (A)논증의 진리표는 전제가 모두 참이면서 결론이 거짓이 되는 것이 가능하다는 것을 보여주고 있다. 따라서 이 논증은 부당하다는 것을 알 수 있다.

이어서 조금 더 복잡한 논증의 타당성을 따져보자.

(B) 만약 야당이 그 정책에 강하게 반대하면, 여론도 그 정책에 우호적이지 않게 된다. 만약 그렇게 되면 우리는 그 정책을 포기해야 할 것이다. 야당이 그 정책에 강하게 반대하고 있다. 따라서 우리는 그 정책을 포기해야 한다.

위의 논증에서 사용된 각 명제를 다음과 같이 기호화해 보자.
  A: 야당이 그 정책에 강하게 반대한다.
  B: 여론이 그 정책에 우호적이지 않게 된다.
  C: 우리는 그 정책을 포기해야 한다.

이제 이 논증들을 번역해 보자.

$A \supset B$ $B \supset C$ A $/ C$

위의 논증을 가지고 진리표를 그려보자. 몇 줄을 그려야 하는가? 이 논증에 나타난 단순 명제의 유형은 셋이다. 따라서 이 논증의 진리표는 모두 여덟 줄로 나타날 것이다. 각 논증의 단순 명제가 n개라면 그 논증의 진리표에 필요한 줄 수는 2^n으로 나타난다.

먼저 단순 명제에 다음과 같이 진리값을 부여한다. 전체가 여덟 줄이므로 처음 나타난 단순 명제 A 아래의 네 줄에 T, 나머지 네 줄에 F를 부여한다. 그다음에 나타난 단순 명제 B 아래의 두 줄에 T, 다음 두 줄에 F를 부여하는 것을 반복한다. 그리고 마지막에 나타난 단순 명제 C 아래의 각 줄에 T와 F를 하나씩 부여하는 것을 반복한다.

	$A \supset B$		$B \supset C$		A	$/ C$
(a)	T	T	T	T	T	T
(b)	T	T	T	F	T	F
(c)	T	F	F	T	T	T
(d)	T	F	F	F	T	F
(e)	F	T	T	T	F	T
(f)	F	T	T	F	F	F
(g)	F	F	F	T	F	T
(h)	F	F	F	F	F	F

이제 논리 연결사의 의미에 따라 위 전제와 결론의 진리값을 계산하자.

	A ⊃ B	B ⊃ C	A	/ C
(a)	T **T** T	T **T** T	T	T
(b)	T **T** T	T **F** F	T	F
(c)	T **F** F	F **T** T	T	T
(d)	T **F** F	F **T** F	T	F
(e)	F **T** T	T **T** T	F	T
(f)	F **T** T	T **F** F	F	F
(g)	F **T** F	F **T** T	F	T
(h)	F **T** F	F **T** F	F	F

⇑ ⇑ ⇑ ⇑

이제 위 논증의 타당성을 평가해 보자. 전제가 모두 T이면서 결론이 F가 되는 것이 가능한가? 위 진리표에서 전제가 다 참이면서 결론이 거짓으로 나타나는 경우는 없다. 그렇다면 이 논증은 타당하다.

요 약

* 명제 논리: 일종의 인공 언어 체계로, 기호를 사용한다. → 기호 논리학(symbolic logic)

* 명제 논리의 구성 요소
  (1) 단순 명제: A, B, C 등의 영어 대문자로 표시, 긍정 단순 문장의 주장 내용
  (2) 논리 연결사: '~', '•', '∨', '⊃', '≡'의 다섯 가지로, 단순 명제 앞이나 단순 명제들 사이에 위치해서 복합 명제를 만든다.
  (3) 괄호: ( ), { }, 〔 〕 등이 쓰이며, 사용법은 수학에서와 같다.

비판적 사고

* 제대로 된 정식화(well-formed formula): 복잡한 구조의 명제가 구성 요소에 따라 애매하지 않게 기술된 것

* 단순 명제와 복합 명제
 (1) 단순 명제: 명제 논리의 가장 기본적인 단위로, 논리 연결사를 포함하지 않은 명제
 (2) 복합 명제: 하나 이상의 논리 연결사와 단순 명제로 구성되는 명제

* 주요 논리 연결사: 전체 복합 명제의 주요 부분을 연결하는 논리 연결사로, 그것이 어떤 것인가에 따라 복합 명제의 종류가 결정됨

* 복합 명제의 종류

종류	논리 연결사	기능	일상 언어의 표현
부정문	~	부정	가 아니다, …이 사실이 아니다, …는 거짓이다
연언문	•	연언	그리고, 그러나, 그럼에도 불구하고, 또한, 그런데, 더구나, 또한, 비록 …이지만
선언문	∨	선언	혹은, 또는, 이거나
조건문	⊃	단순 함축	만약 …라면 …이다, …는 …이기 위한 충분조건이다, 단지 …인 경우에만 …이다, …는 …이기 위한 필요조건이다.
쌍조건문	≡	단순 동치	만약 …라면 그리고 오직 그런 경우에만 …이다, …은 …이기 위한 필요충분조건이다

* 필요조건과 충분조건
 (1) 필요조건(necessary condition): 'A가 B이기 위한 필요조건이다.'는 'A의 발생 없이 B가 발생하지 않는다.'(B ⊃ A)
 (2) 충분조건(sufficient condition): 'A가 B이기 위한 충분조건이다.'는 'A가 발생할 때마다 B가 발생한다.'(A ⊃ B)
 (3) 필요충분조건(necessary sufficient condition): 'A가 B이기 위한 필요조건이고 동시에 충분조건이다.'는 'A의 발생 없이 B가 발생하지 않으며, A가 발생할 때마다 B가 발생한다.'(A ≡ B)

* 진리표로 논증의 타당성을 결정하기
    (1) 일상 언어의 명제를 명제 논리의 명제로 옮긴다.
    (2) 전제와 전제 사이에는 쉼표(' , ')를, 그리고 전제와 결론 사이에는 빗금(' / ')을 써서 전제와 결론을 구분한다.
    (3) 전제와 결론을 포함한 각 명제들에 대한 진리표를 작성한다.
    (4) 진리표 중 전제가 모두 참인 줄에서 결론이 거짓인 경우가 있는지 살펴본다.
    (5) 그런 경우가 있다면, 그 논증은 부당하다. 없다면, 그 논증은 타당하다.

연습문제

I. 〈보기〉에서 적절한 단어를 골라 넣어 다음 진술이 참이 되게 하시오.

———————— 〈보기〉 ————————

논리 연결사, 단순 명제, 복합 명제, 괄호, 제대로 된 정식화

1. 명제 논리를 구성하는 것은 단순 명제, 논리 연결사, (   )이다.

2. 명제 논리에서 복합 명제란 (   )를 포함하는 명제이다.

3. 명제 논리에서 명제 기호 H는 (   )이다.

4. 명제 논리에서 어떤 명제가 애매하다면 그것은 (   )가 아니다.

5. ~(P ∨ R) ∨ K에서 부정 기호가 부정하는 명제는 (   )이다.

II. 다음 복합 명제의 종류를 말하시오.

1. ~{(A • R) ⊃ ~(~H ∨ K)}

2. $\sim P \vee \sim(S \equiv W)$

3. $\sim\{(R \vee G) \cdot \sim R\} \equiv (\sim C \vee E)$

4. $R \cdot [\{(P \equiv Q) \vee (H \cdot V)\} \vee S]$

5. $\sim\{O \supset \sim(F \vee H)\} \supset \sim(\sim D \supset A)$

6. 나는 집에 자전거를 타고 가거나 걸어간다.

7. 만약 이번 경기에서 우리가 이기면 그리고 오직 그런 경우에만 우리는 결승에 진출한다.

8. 우리가 이겼다는 것은 사실이 아니다.

9. 만약 상대방이 네 마음을 읽는다면 너는 난처해질 것이다.

10. 그 집회를 기획했고 다른 성원들은 거기에 묵묵히 따랐다.

III. 일상 언어로 쓰인 다음의 명제를 명제 논리의 명제로 번역하시오. 괄호 안의 영어 대문자는 하나의 긍정 단순 문장을 대표한다.

1. (W) 오늘 그는 근무하지 않는다.

2. (H) 그가 수영 선수라는 것은 사실이 아니다.

3. (S) 순영이와 (I) 인철이는 둘 다 해외 연수를 간다.

4. (J) 준수는 파티에 가지 않지만, (Y) 예정이는 간다.

5. (M) 미수나 (H) 홍수는 이번에 자원 봉사 신청을 할 것이다.

6. (H) 형철이나 (S) 수민이가 올 것이다. 물론 둘 다 올 수도 있다.

7. (F) 정식을 주문하면 (A) 샐러드나 (S) 수프를 들 수 있습니다. (둘 다 들수는 없습니다.)

8. (G) 이것은 좋은 와인이지만 (E) 비싸지 않다.

9. (Y) 너와 (I) 내가 모두 환영받는 것은 아니다.

10. (Y) 네 말이 맞다면, (W) 우리는 기차를 놓친 것이다.

11. (D) 이 문을 통과하기를 원한다면, (P) 입장료를 내야 한다.

12. (O) 오로지 괴로움을 이길 때에만 (F) 우리는 삶의 보람을 느낀다.

13. (U) 네가 대학생이라는 것은 (S) 네가 학생이기 위한 충분조건이다.

14. (W) 화분이 마르지 않도록 물을 주는 것은 (P) 식물이 자라게 하는 필요조건이다.

15. (H) 만일 해태 팀이 우승하면, 그리고 오직 그런 경우에만 (U) 롯데 팀은 준우승할 것이다.

16. (W) 어떤 도형이 삼각형일 필요충분조건은 (H) 그 내각의 합이 180도 라는 것이다.

17. 오직 (Y) 네가 모금에 참가하는 경우에만, (G) 우리 자선 단체는 많은 기부금을 얻고 (H) 더 많은 사람을 도울 수 있다.

18. 만일 (R) 세제가 개편되고 (O) 소득이 투명하게 공개된다면, 그리고 오직 그런 경우에만 (J) 우리 사회는 공정한 사회가 될 것이다.

19. (B) 병수가 그 모임에 참석하며, (C) 준성이가 그러지 않으면 그리고 오직 그런 경우에만 (H) 현수는 그 모임에 갈 것이다.

20. (J) 정 팀장은 일반적으로 그 계약에 책임이 있다. 그리고 (C) 만약 계약이 체결된다면 그리고 오직 그런 경우에만 (R) 담당자가 그 계약에 책임이 있다.

IV. '필요조건', '충분조건', '필요충분조건' 중에서 적당한 것을 골라 다음 진술의 빈칸을 채우시오.

1. 어떤 것이 코끼리라는 것은 동물이기 위한 (   )이다.

2. 양초가 불타기 위해서 산소가 있어야 한다는 것은 (   )이다.

3. 어떤 것이 산성이라는 것은 그것이 pH 7 미만이기 위한 (   )이다.

4. '만약 A라면 B이다.'라는 명제는 A가 B이기 위한 (   )을 표현한다.

5. '오직 A인 경우에만 B이다.'는 A가 B이기 위한 (   )을 표현한다.

V. 다음 진술이 참이 되도록 빈칸을 채우시오.

1. 'A ≡ B'는 'A라면 B이다.'와 'B라면 A이다.'의 (   )이다.

2. 'A ⊃ B'라는 명제가 거짓이 되는 경우는 (   )일 때뿐이다.

3. 'A ≡ B'는 A와 B의 진리값이 (   )면 참이 된다.

4. 'A ⊃ B'는 A와 B의 진리값이 각각 (   )이 되면 거짓이 된다.

5. 'A ∨ B'는 그 선언지 중 하나의 진리값이 (   )면 참이 된다.

VI. 기호화된 다음 논증의 타당성을 진리표를 그려 판별하시오.

1.   ~K ∨ ~R, K ≡ ~R / K

2.   (X ⊃ ~Y) ⊃ (~Y ∨ X), X ∨ Y / ~Y

3.   A ≡ C, ~A ∨ B, ~B / ~C

4.　　$\sim(A \lor D), A \supset C / \sim D \cdot C$

5.　　$R \supset A, \sim R \lor B, \sim B / A$

VII. 다음 논증을 명제 논리의 명제로 번역하고, 진리표를 그려서 그 논증이 타당한지 부당한지를 판별하시오.

1. 만약 네가 오지 않으면 오늘 회의를 할 수 없다. 오늘 회의를 할 수 없다. 따라서 네가 오지 않는다.

2. 전화벨이나 초인종 중 하나만 울렸다. 전화벨이 울렸다. 따라서 초인종이 울리지 않았다.

3. 만약 네 말이 사실이라면 이 일을 우리만 알고 있을 수 없다. 만약 이 일을 우리만 알고 있다면 일을 해결하는 데 어려움이 있을 것이다. 네 말이 사실이 아니었다. 따라서 일을 해결하는 데 어려움이 없을 것이다.

4. 만약 네가 동의하면 나도 그 모임에 참석할 것이다. 만약 네가 동의하지 않으면 다른 사람이 그 모임에 참석할 것이다. 네가 동의하지 않는다. 따라서 다른 사람이나 내가 그 모임에 참석할 것이다.

5. 만약 임금을 인상하게 되면 그만큼 세금을 더 내야 한다. 만약 임금이 인상되지 않는다면 잡무를 줄여줄 것이다. 잡무가 줄지 않았고 세금도 더 많이 내지 않았다. 따라서 임금이 인상되지 않았다.

2장
정언 논리

앞서 다룬 논리 체계는 단순 명제를 기본 단위로 하는 명제 논리 체계였다. 그렇지만 명제 논리 체계가 다룰 수 없는 논증들이 있다. 예를 들어 "모든 철학자는 사람이다. 소크라테스는 철학자이다. 그러므로 소크라테스는 사람이다."와 같은 논증이 바로 그것이다. 이 논증을 명제 논리 체계로 번역하면, "A, B, 그러므로 C"의 구조이다. 이것은 단순히 세 개의 단순 명제로서, 전제와 결론으로 되어 있다. 그러나 문제는 명제 논리 체계에서 전제 A와 전제 B로부터 결론 C가 타당하게 도출되지 않는다는 것이다.

명제 논리 체계와 달리 위의 논증은 그 명제를 이루는 주어나 술어 같은 단어(또는 개념)의 일정한 형식에 따라서 살펴보아야 한다. 이것은 또 다른 논리 체계로서, 명제에 사용된 단어와 그 단어의 배열을 따지는 논리 체계이다. 이런 방식의 체계가 '정언 논리(categorical logic)' 체계이다.

1. 정언 논리 체계

(1) 정언 명제

1) 정언 명제의 표준 형식

더욱 정확하게 서술하면, 정언 논리 체계는 '정언 명제(categorical proposition)'로 이루어진 논리 체계이다. 정언 명제란 주어와 술어, 두 단어(개념, 집합 혹은 범주)의 포함과 배제 관계를 서술하는 명제로, 주어와 술어는 명사나 명사구를 말한다. 모든 정언 명제는 다음의 네 가지 표준 형식으로 되어 있다.

정언 명제	양	질	명제의 유형*
모든 S는 P이다.	전칭	긍정	A
모든 S는 P가 아니다.**	전칭	부정	E
어떤 S는 P이다.	특칭	긍정	I
어떤 S는 P가 아니다.	특칭	부정	O

* A와 I는 긍정을 뜻하는 라틴어 단어 'affirmo'에서, E와 O는 부정을 뜻하는 'nego'에서 나왔다.
** "어떤 S도 P가 아니다."와 같은 의미이다.

정언 명제는 다음과 같은 구조이다.

일상 언어
문법의 구분: 주부(subject)   술부(predicate)

정언 명제: "모든/어떤   S 는/은   P   이다/아니다."

                   ⇑   ⇑   ⇑   ⇑

정언 논리의 구분: 양화사   주어   술어   계사
                    (quantifier) (subject term) (predicate term) (copula)

일상 언어와 달리 표준 형식의 정언 명제는 양화사, 주어, 술어, 계사로 나뉜다. 주어의 'S'와 술어의 'P'는 각각 논의되는 개념(범주, 집합)을 가리키는 명사나 명사형이다. 양화사는 '모든', '어떤'으로, 명제에서 논의되는 주어 집합의 범위를 정한다. '모든'은 주어 집합의 모든 원소에 대해 논의한다는 것을, 그리고 '어떤'이라는 양화사는 주어 집합 전부에 대해서 논의하지는 않지만 그중 적어도 하나 이상의 원소에 대해서 논의한다는 것을 의미한다. '이다'와 '아니다'는 계사이다.

정언 명제는 양과 질에 따라 구분할 수 있다. 정언 명제의 '양 (quantity)'에 따른 구분은 다음과 같다. 어떤 명제가 주어 집합의 모든 원소에 대해서 논의하고 있으면 전칭이고, 일부에 대해서 논의하고 있으면 특칭이다. 그래서 A와 E는 전칭 명제이고, I와 O는 특칭 명제이다. 정언 명제의 '질(quality)'에 따른 구분은 다음과 같다. 주어 집합의 원소가 술어 집합에 포함되면 그 명제는 긍정이고, 만약 배제되면 그 명제는 부정이다. 그래서 A와 I는 긍정 명제이고, E와 O는 부정 명제이다. 이처럼 양과 질에 따라 구분하면 A는 전칭 긍정 명제, E는 전칭 부정 명제, I는 특칭 긍정 명제, O는 특칭 부정 명제이다.

2) 표준 형식으로 바꾸기

이제 일상적인 명제들을 정언 명제의 표준 형식으로 바꾸어보자.

① "어떤 풍경은 아름답다."

→ "어떤 풍경은 아름다운 풍경이다."

(술어가 명사나 명사형으로 되어 있지 않은 경우, 적절한 명사나 명사형 술어를 도입해야 한다.)

② "파리는 해충이다."

　→ "**모든** 파리는 해충이다."

"파리가 여기 날아다닌다."

　→ "**어떤** 파리는 여기 날아다니는 파리이다."

(일상 언어는 양화사가 표현되어 있지 않은 경우가 많다. 이런 경우에는 내용에 맞게 양화사를 넣어준다.)

③ "몇 사람이 동점심을 보였다."

　→ "**어떤** 사람은 동정심을 보인 사람이다.

"모든 공산품이 다 국산은 아니다."

　→ "**어떤 공산품**은 국산이 아닌 물건이다."

　→ "**어떤 공산품**은 국산인 물건이 아니다."

(일상 언어는 양화사는 있으나 표준적이지 않은 경우가 흔하다. 이런 경우 적절하게 수정해야 한다.)

④ "전도연은 영화배우이다."

　→ "**전도연과 동일한 모든 사람**은 영화배우이다."

"너는 내가 바라던 사람이 아니다."

　→ "**너와 동일한 모든 사람**은 내가 바라던 사람이 아니다."

"이 집은 빈집이다." → "**이 집과 동일한 모든 집**은 빈집이다."

(구체적인 사람이나 장소, 시간 등에 대해 서술하는 명제이다. 이런 명제의 경우, 다음의 예에서 보듯이 '…와(과) 동일한/같은 모든 …'이라는 표현을 쓴다. 이와 같은 명제는 모두 전칭 명제로 번역된다.)

⑤ "그는 퇴근할 때 항상 휘파람을 분다."

　　→ "그가 퇴근하는 모든 시간은 휘파람을 부는 때이다."

"진하는 결코 경쟁에서 지지 않는다."

　　→ "진하가 경쟁하는 모든 때는 지지 않는 때이다." 또는 → "진하가

　　　경쟁하는 모든 때는 지는 때가 아니다."

"어디에도 신은 존재하지 않는다."

　　→ "모든 곳은 신이 존재하지 않는 곳이다."

"너는 네가 갖고 싶은 것 무엇이나 얻기 위해 노력해야 한다."

　　→ "네가 갖고 싶은 모든 것은 얻기 위해 노력해야 하는 것이다."

(`어느 곳에서나', `어디에나', `그 어느 곳에도' 등의 장소를 나타내는
부사나 `…할 때에 언제나', `…할 때마다', `결코 … 않는다', `항상',
`언제나' 등 시간을 나타내는 어구가 있을 경우에는, `장소'나 `시간'이
라는 단어를 사용한다. 또한 `누구든', `무엇이든', `어떤 것이든' 등의
표현이 나타나면, `사람'이나 `것'이라는 단어를 사용해서 명사나 명사
형으로 만든다.)

⑥ "만약 어떤 것이 진주라면 그것은 보석이다."

　　→ "모든 진주는 보석이다."

"만약 어떤 것이 포유류라면 파충류가 아니다."

　　→ 모든 포유류는 파충류가 아니다.

(전건과 후건의 주어가 동일한 조건 명제는 다음과 같이 A나 E유형의
표준 형식으로 옮길 수 있다.)

⑦ "오직 믿는 사람만이 볼 수 있다."

　　→ "믿지 않는 모든 사람은 볼 수 없는 사람이다."

→ "볼 수 있는 **모든** 사람은 믿는 사람이다."

"교만한 사람 외의 어느 누구도 대놓고 자랑하지 않는다."

(이것은 "오직 교만한 사람만이 대놓고 자랑한다."의 의미이다.)

→ "교만하지 않은 **모든** 사람은 대놓고 자랑하지 않는 사람이다."

→ "대놓고 자랑하는 모든 사람은 교만한 사람이다."

('단지'. '오직', '… 외의 어떤 것도' 등의 표현을 포함하는 명제를 배타적 명제라고 부른다. 이 경우 자칫 명제의 내용을 바꿀 수 있기 때문에 많이 주의해야 한다.)

⑧ "이 지역에 사는 유일한 기쁨은 등산이다."

→ "이 지역에 사는 **모든** 기쁨은 등산이다."

"자원 봉사가 이 문제를 해결하는 유일한 방법이다."

→ "이 문제를 해결하는 **모든** 방법은 자원 봉사이다."

('유일한'이라는 단어는 '모든'으로 번역된다. 그리고 그 단어 다음에 나오는 단어가 주어가 된다.)

⑨ "발표자 외의 사람들은 모두 주최 측의 허락를 받아 들어갈 수 있다."

→ "모든 발표자들은 주최 측의 허락을 받아 들어갈 수 있는 사람들이 아니다."

→ "모든 비발표자들은 주최 측의 허락을 받아 들어갈 수 있는 사람이다."

('…을 제외하고는 모두'를 포함한 명제는 두 가지의 정언 명제로 번역된다.)

(2) 정언 명제에 대한 해석

정언 명제에 대해서는 두 가지 해석이 가능하다. 하나는 '전통적 해석'이고, 다른 하나는 '현대적 해석'이다. 이 두 가지는 특칭 명제는 동일하게 해석하지만, 전칭 명제는 다르게 해석한다.

1) 현대적 해석

특칭 명제에 대해서는 전통적 해석과 현대적 해석이 동일하다. 그렇지만 전칭 명제에 대한 현대적 해석은 전통적 해석과 달리 존재 함축을 하고 있지 않다. 즉 전칭 명제의 주어 집합 S의 원소가 존재하는지 존재하지 않는지에 대해 중립적이다. 그래서 현대적 해석에 따르면, A명제("모든 S는 P이다.")는 단지 조건 명제로 이해된다. 즉 "만약 어떤 것이 S의 원소라면, 그것은 P의 원소이다."로 이해된다. 또한 E명제("모든 S는 P가 아니다.")도 마찬가지이다. 즉 E명제는 "만약 어떤 것이 S의 원소라면, 그것은 P의 원소가 아니다."라는 조건 명제로 이해된다.

일상적으로 우리는 이 세상에 있다고 생각하는 대상에 대해서 생각하거나 추리한다고 생각한다. 그러나 우리가 A명제를 사용할 때, 그 주어 집합의 원소가 실제로 존재한다고 가정하지 않을 경우도 있다. 예를 들어 "부정행위를 하는 자는 엄벌에 처한다."라는 문구를 보고, 사람들은 '부정행위를 하는 자'를 미리 가정하지는 않는다. 단지 만약 부정행위를 하는 자가 있다면, 그 사람은 엄벌을 받을 것이라는 조건 관계를 생각할 뿐이다. 그러므로 이런 명제로부터 "어떤 부정행위를 하는 자는 엄벌을 받는다."라는 명제가 꼭 나올 수 있는 것은 아니다. 왜냐하면 "부정행위를 하는 자는 엄벌에 처한다."라는

I명제는 "적어도 한 사람의 부정행위를 하는 자가 있고, 그 사람은 엄벌을 받는다."는 것을 의미하기 때문이다. 즉 I명제에서는 주어 집합의 원소가 분명히 존재한다는 것을 언명하고 있다.

이런 일상적인 경우 외에도 과학 이론을 다루는 데에는 현대적으로 해석하는 관점이 요구된다. 예를 들어 "모든 정지하는 물체는 외부의 힘을 받지 않으면 정지 상태를 유지한다."는 뉴턴의 제1운동법칙을 생각해 보자. 실제로 정지해 있는 물체는 없다. 그러므로 이 명제에 대해 존재 가정을 하는 것은 잘못이다. 그러나 과학자들은 이런 명제를 포함한 논증을 다루어야 한다. 전칭 명제의 주어 집합에 해당하는 속성을 보여주는 원소가 없는 경우도 있다. 또한 그런 존재가 있는지 없는지에 대해서 과학적 지식으로 확증할 수 없는 경우도 있다. 이런 경우들 때문에 주어 집합의 원소가 존재한다고 가정하지 않고, 추론해야 한다. 따라서 전칭 명제가 포함된 논증은 현대적 관점에서 다루어야 한다.

2) 전통적 해석

전통적 해석에 따르면, A명제 ("모든 S는 P이다.")는 "집합 S의 어떤 원소도 P에 속하지 않는 것이 없다."로 이해된다. 또한 E명제("모든 S도 P가 아니다.")는 "집합 S의 어떤 원소도 집합 P의 원소가 아니다."로 이해된다. 그런데 전통적 해석에서는 전칭 명제의 주어에 해당하는 집합 S의 원소가 실제로 존재한다고 가정한다. 즉 전통적 해석은 전칭 명제의 주어에 대해서 존재 함축(existential import)을 한다. 어떤 명제가 어떤 존재를 함축한다는 것은 그 명제가 어떤 대상이 존재한다는 주장을 담고 있다는 뜻이다.

전통적 해석에서는 전칭 명제와 특칭 명제 모두에 대해 어떤 존재를 함축한다. 이에 따르면 I명제는 적어도 하나의 S가 존재하고 그것은 또한 P에 포함된다는 것을 의미한다. 또한 O명제는, 적어도 하나의 S가 존재하고 그것은 P에 포함되지 않는다는 것을 의미한다. 특칭 명제에 대해서는 전통적 해석이나 현대적 해석이 동일하다.

가령 우리가 "어떤 사람은 남자이다."(I명제)라고 말할 경우, 흔히 우리는 이 명제가 "어떤 사람은 남자가 아니다."(O명제)를 함축하는 것으로 이해한다. 그러나 정언 명제에서 I명제는 O명제를(또는 O명제는 I명제를) 논리적으로 함축하지 않는다. I명제는 단지 "적어도 한 사람이 있는데, 그 사람은 남자다."라는 뜻일 뿐이다. 그러므로 그것은 논리적으로 O명제를 함축하지 않는다.

2. 정언 명제들 간의 논리적 관계: 벤 다이어그램과 대당사각형

(1) 벤 다이어그램

1) 현대적 관점

정언 명제의 주어와 술어가 각각이 가리키는 대상들의 집합이라면, 정언 명제는 결국 두 집합 간의 관계이다. 따라서 정언 명제는 벤 다이어그램으로 그릴 수 있다. 즉 정언 명제의 벤 다이어그램은 겹치는 두 원이다. 보통 왼쪽의 원은 주어의 집합 'S'를, 또 오른쪽의 원은 술어의 집합 'P'를 가리킨다. 두 집합에 해당하는 겹쳐진 두 원은 벤 다이어그램의 기본 틀이며, 두 집합의 포함 관계나 배제 관계에 대해 아무런 내용을 가지고 있지 않다. 단지 영역이 네 부분으로 나누어진 것을 보여줄 뿐이다. 이 네 부분은 다음과 같다.

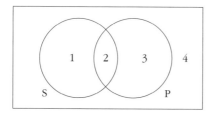

영역 1 : S이면서 P가 아닌 것
영역 2 : S이면서 P인 것
영역 3 : S가 아니면서 P인 것
영역 4 : S도 P도 아닌 것

벤 다이어그램을 그릴 때는, 무엇보다도 다음의 사항을 염두에 두어야 한다.

① "어떤 영역에 아무것도 없다."(또는 "어떤 영역이 비어 있다.")라는 내용의 경우, 원소가 없는 부분은 빗금으로 나타낸다. 즉 빗금 부분('▨')은 원소가 없음을 가리킨다. 이것은 전칭 명제에 해당하는 영역이다.

② "어떤 영역에 적어도 하나가 있다."라는 내용의 경우, 원소가 있는 부분은 '×'로 나타낸다. 즉 이 부분은 원소가 있음을 가리킨다. 이것은 특칭 명제에 해당하는 영역이다.

③ "어떤 영역에 적어도 하나가 있는지 또는 아무것도 없는지 알수 없다."라는 내용의 경우, 원소가 있는지 없는지 모르는 부분은 아무런 표시 없이 빈 채로 둔다. 즉 아무런 표시 없이 빈 부분('○')은 원소의 있고 없음을 모르는 경우이다.

이에 따라 네 가지 정언 명제 A, E, I, O는 다음과 같은 벤 다이어그램으로 나타난다.

A명제 :
"모든 S는 P이다."

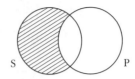

A명제는 만약 어떤 것이 S에 속한다면, 그것은 P에 속한다는 내용이다. S에 속하면서 P에 속하지 않는 것은 없다는 말이다. 그래서 S이면서 P가 아닌 영역, 즉 영역 1이 빗금으로 표시된다.

E명제 :
"모든 S는 P가 아니다."
(또는 "어떤 S도 P가 아니다.")

E명제는 만약 어떤 것이 S에 속한다면 그것은 P에는 속하지 않는다는 내용이다. S에 속하면서 P에 속하는 것은 없다는 말이다. 그래서 S이면서 P인 영역, 즉 영역 2가 빗금으로 표시된다.

I명제 :
"어떤 S는 P이다."

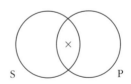

I명제는 S의 원소가 적어도 하나 있고, 그것은 또한 P에 속한다는 내용이다. S이면서 P인 것이 적어도 하나 존재한다는 말이다. 그래서 S이면서 P인 영역, 즉 영역 2가 '×'로 표시된다.

O명제:
"어떤 S는 P가 아니다."

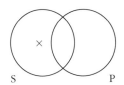

O명제는 S의 원소가 적어도 하나 있고, 그것은 P에 속하지 않는다는 내용이다. S이면서 P 아닌 것이 적어도 하나 존재한다는 말이다. 그래서 S이면서 P가 아닌 영역, 즉 영역 1이 '×'로 표시된다.

이제 벤 다이어그램을 사용해서 논증의 타당성을 검토해 보자. 언뜻 보기에 아래의 논증은 아무런 문제가 없는 논증으로 보인다.

모든 코끼리는 포유류이다.
그러므로 어떤 코끼리는 포유류이다.

위의 간단한 논증은 A명제(전제)와 I명제(결론)로 이루어져 있다. 이 논증을 벤 다이어그램으로 그리기 위해서, 우선 논증의 형식을 단순하게 만들어보자.(여기서 'S'는 '코끼리'이고, 'P'는 '포유류'이다.)

"모든 S는 P이다."   → A명제
"그러므로 어떤 S는 P이다."   → I 명제

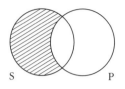 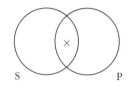

전제: A명제   결론: I명제

이 논증은 위의 벤 다이어그램에서 볼 수 있듯이, 전제와 결론 사이에 아무런 관련이 없다. 즉 결론은 영역 2(즉 S와 P가 겹치는 부분)에 "적어도 하나의 어떤 것이 존재한다."는 것을 보여주지만, 전제는 영역 2에 대해 어떤 상태인지 모른다는 사실을 보여준다. 전제는 단지 "영역 1이 비어 있다."는 것만 보여주고 있을 뿐이다. 만약 위의 논증이 타당하려면, 전제는 결론의 내용을 담고 있어야 한다. 그러나 위의 논증은 결론의 내용이 전제에 함축되어 있지 않기 때문에, 부당한 논증이다.

2) 전통적 관점

현대적 관점을 보여주는 벤 다이어그램을 응용해서, 전통적 관점의 논의를 표현해 낼 수 있다. 전통적 관점은 전칭 명제의 경우 주어 집합의 원소가 실제로 존재하는 것이라고 가정한다. A명제인 "모든 S는 P이다."는 현대적 관점에 의하면, "만약 어떤 것이 S라면, 그것은 P에 속한다."는 것이다. 전통적 관점에서의 A명제는 거기에 "S의 원소는 실제로 존재하는 것이다."라는 가정이 첨가된 것으로 이해할 수 있다. 그래서 A명제의 경우 조건문의 내용 외에, 주어 집합 원소들의 존재 함축을 따로 표시해야 한다. 아래와 같이 여기에는 동그라

비판적 사고

미가 그려진 ×, 즉 '⊗'이라는 부호가 사용된다.

이에 따라 네 가지 정언 명제 A, E, I, O는 다음과 같은 전통적 관점의 벤 다이어그램으로 나타낸다.

A명제:
"모든 S는 P이다."

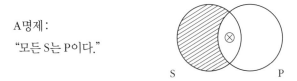

A명제는 "만약 어떤 것이 S에 속한다면, 그것은 P에 속한다. 그런데 S의 원소는 실제로 존재한다."는 내용이다. 그래서 현대적 관점에 따른 A명제 그림의 영역 2에 '⊗'를 표시한다. S집합은 영역 1과 영역 2로 이미 나누어져 있고, 영역 1은 비어 있다고 표시되어 있기 때문에, S의 아무 표시가 되지 않은 영역(즉 영역 2)에 S원소의 존재 함축을 표시해 주어야 하는 것이다. 다시 강조하지만 이것은 영역 1이든 영역 2이든 S집합 원소의 존재를 미리 전제하기 때문이다.

E명제:
"모든 S는 P가 아니다."

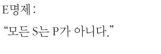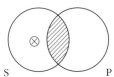

E명제는 "만약 어떤 것이 S에 속한다면 그것은 P에 속하지 않는다. 그런데 S의 원소는 실제로 존재한다."는 내용이다. 그래서 현대적 관점의 E명제 그림에서 영역 1에 '⊗'를 표시한다. S집합은 영역 1과 영역 2로 이미 나누어져 있고, 영역 2는 비었다고 표시되어 있으므로 S의 아무런 표시가 없는 영역(즉 영역 1)에 S원소의 존재 함축을 표시

해 주어야 하는 것이다.

이제 특칭 명제를 살펴보자. 앞서 말한 대로 특칭 명제의 경우 현대적 해석과 전통적 해석은 동일한 내용을 가진다.

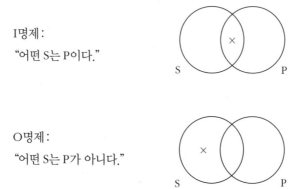

I명제:
"어떤 S는 P이다."

O명제:
"어떤 S는 P가 아니다."

위의 벤 다이어그램을 비교해 보면, 전통적 관점과 현대적 관점의 A명제와 E명제에서만 차이가 있다는 것이 분명하다.

이제 전통적 관점에서 벤 다이어그램을 이용하여, 앞에서 다룬 논증의 타당성을 따져보기로 하자. 위 논증의 단순화된 형식은 아래와 같다.

"모든 S는 P이다." ─────────→ A명제
"그러므로 어떤 S는 P이다." ───────→ I 명제

이 논증을 전통적 관점에 따라 벤 다이어그램으로 그리면, 다음과 같다.

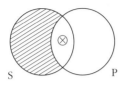

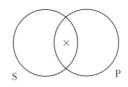

전제 : A명제   결론 : I명제

이 논증에서 S와 P가 겹치는 영역 2를 보면, 바로 그 부분에 어떤
것이 적어도 하나 존재한다는 사실을 분명히 볼 수 있다. 따라서 위
의 그림에 따라 이 논증은 타당한 논증이다. 전제의 영역 2는 결론의
영역 2가 보여주는 내용을 이미 말하고 있기 때문이다.

(2) 대당사각형

이제 정언 명제의 네 가지 표준 형식들 간의 논리적인 관계를 살펴
보자. 대당사각형은 네 개의 정언 명제를 사각형의 각 모서리에 위치
시켜 정언 명제들의 관계를 따져보는 장치이다. 이것도 정언 명제에
대해 어떤 해석을 하느냐에 따라 달라진다. 대당사각형을 이용해서
현대적 관점과 전통적 관점의 차이를 비교해 보자.

1) 현대적 관점

현대적 관점에서 각각의 정언 명제가 주장하는 내용을 살펴보기
위해서, 각 명제들을 벤 다이어그램으로 확인해 보자.

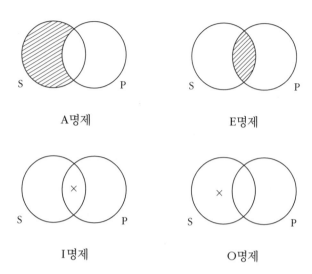

A명제   E명제

I명제   O명제

이제 위의 벤 다이어그램을 통해 A, E, I, O명제들 간의 논리적 관계를 생각해 보자.

먼저 A와 O를 보자. A와 O는 정확하게 동일한 영역(영역 1)에 대해 말하고 있지만, 서로 정반대의 주장을 하고 있다. 즉 A명제는 영역 1이 비어 있다고 주장하고, O명제는 바로 그 영역에 원소가 적어도 하나 있다고 주장한다. 따라서 이 두 명제는 항상 서로 반대되는 진리값을 가진다. E명제와 I명제 간의 관계도 마찬가지이다. 이런 관계를 '모순 관계'라고 한다.

다음으로 A와 I를 보자. A와 I를 보면, 동일한 S를 논의하고 있으면서도, 각각 상이한 S에 대해 말하고 있다. 즉 A명제는 S의 영역 1이 비었다는 것을 주장하고, I명제는 S의 영역 2에 적어도 하나의 원소가 있다는 것을 주장한다. 이 두 유형의 명제는 영역 1의 S와 영역 2의 S라는 서로 다른 영역에 대해 주장하고 있으므로, 아무런 논리적

관계가 없다. A와 E, E와 O 간에도 아무런 논리적 관계가 성립하지
않는다.

　위 내용을 다음의 대당사각형으로 나타낼 수 있다 .

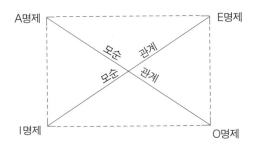

위 그림은 현대적 관점에서 나타나는 정언 명제들의 논리적 관계
를 보여준다. A와 O, 그리고 E와 I는 서로 정반대의 진리값을 가
진다. 즉 A명제가 참이라면, O명제는 반드시 거짓이다. 그리고 A
명제가 거짓이면, O명제는 반드시 참이다. 이런 관계를 '모순 관
계'라고 한다. 그렇지만 현대적 관점에서 A와 I, E와 O, A와 E, I와
O 사이에는 아무런 논리적 관계가 없다는 것을 쉽게 알아차릴 수
있다.

　2) 전통적 관점

　이제 전통적 관점에 따라 명제들 간의 관계를 살펴보자. 전통적 관
점에 따라 정언 명제들의 내용을 벤 다이어그램으로 확인하면 다음
과 같다.

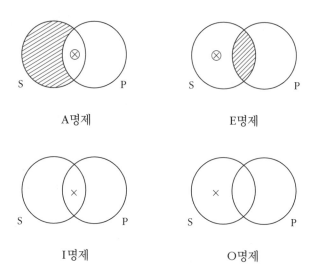

A명제

E명제

I명제

O명제

앞에서 보았듯이 현대적 관점에서 A와 O, 그리고 E와 I 사이에는 서로 모순 관계가 성립했다. 모순 관계에서는 현대적 관점과 전통적 관점이 마찬가지이다.

그럼 전통적 관점에서 A와 I, E와 O의 두 경우를 보자. A명제의 참은 I명제의 참을 보장한다. 또한 E명제의 참은 O명제의 참을 보장한다. 즉 A명제와 E명제가 참이면, I명제와 O명제는 참이다. 위의 벤 다이어그램에서 보면 A와 I는 영역 2, E와 O는 영역 1이라는 같은 부분에 대해서 각각 말하고 있다.

다음으로 A와 E, 그리고 I와 O의 두 경우를 보자. 전자의 두 명제는 동시에 참이 되지 못한다는 것을 그림에서 확인할 수 있다. 즉 A명제는 영역 1에는 원소가 없음을, 또 영역 2에는 원소가 있음을 보여준다. 그렇지만 E명제에서는 영역 1에는 원소가 있음을, 또 영역 2에는 원소가 없음을 보여준다. 그래서 A와 E는 같은 부분에 대해서 완전히

비판적 사고

상반된 얘기를 하고 있다. 이어서 I와 O를 보자. 이 두 명제는 둘 다 거짓이 될 수 없다. 왜냐하면 I와 O는 모두 S에 대해 언급하고 있으나, I명제는 영역 2의 S에 대해서, O명제는 영역 1의 S에 대해서 언급하고 있기 때문이다.

E명제의 참은 모순 관계에 의해 I명제의 거짓을 함축한다. 그리고 A명제의 참은 역시 모순 관계에 의해 O명제의 거짓을 함축한다. A와 O는 영역 1에 대해 상반된 언급을 하고 있고, I와 O는 영역 2에 대해 상반된 언급을 하고 있기 때문이다. 또한 A와 E 둘 다가 동시에 참이 될 수 없다는 것은, 곧 O와 I 둘 다가 동시에 거짓이 될 수 없다는 것을 함축한다.

이와 같은 논리적 관계는 아래에 있는 전통적 관점의 대당사각형으로 표시할 수 있다.

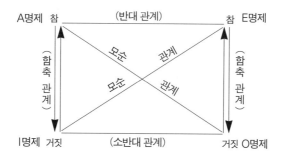

3) 논증의 타당성 평가

이제 현대적 관점의 대당사각형과 전통적 관점의 대당사각형을 비교해 보자.

우선 전통적 관점에서는 현대적 관점에서보다도 많은 논리적 관계가 성립한다. 현대적 관점과 전통적 관점에서는 A와 O 그리고 E와 I 사이에 모순 관계가 성립한다. 그러나 현대적 관점의 경우와는 달리, 전통적 관점에서만 성립하는 관계가 있다. 그 하나가 '반대 관계'이다. 즉 A와 E는 동시에 참일 수 없는 관계이다. 그리고 I와 O는 동시에 거짓일 수 없다. 이것을 '소반대 관계'라고 한다. 한편 A의 참은 I의 참을 보장하며, I의 거짓은 A의 거짓을 보장한다. 또한 E의 참은 O의 참을 보장한다. 그리고 O의 거짓은 E의 거짓을 보장한다. 이런 논리적인 관계를 '함축 관계'라고 한다.

이제 대당사각형을 이용하여 다음의 간단한 논증이 타당한지를 평가해 보자.

> 모든 사람이 남자라는 것은 거짓이다.
> 따라서 어떤 사람은 남자이다.

위의 논증의 형식을 다시 쓰면 다음과 같다.('S'는 '사람'이고, 'P'는 '남자'이다.)

> "모든 S는 P이다."   → A(F, 거짓)
> "따라서 어떤 S는 P이다."   → I(T, 참)

위의 논증은 거짓인 A명제로부터 참인 I명제를 도출하고 있다. 과연 그것이 절대적으로 보장되는가?

우선 현대적 관점의 대당사각형으로 따져보자. A와 I는 논리적으로 아무런 관계가 없다. 따라서 A의 거짓은 I의 참을 절대적으로 보장하지 않는다. 그러므로 이 논증은 부당한 논증이다.

이제 전통적 관점의 대당사각형을 보자. 여기서 A와 I 사이에는 논리적인 관계가 있다. A의 참은 I의 참을, I의 거짓은 A의 거짓을 절대적으로 보장한다. 그렇지만 A의 거짓이 I의 참을 보장하지는 않는다. 따라서 이 논증은 전통적 관점에서도 여전히 부당하다는 것을 알 수 있다.

3. 정언 명제의 조작

앞에 나온 논증과 아래의 논증을 비교해 보자. 그리고 어떤 차이가 있는가 따져보자.

> 모든 비합리적인 사람은 논리적인 사람이다. 그러므로 어떤 비논리적인 사람은 합리적인 사람이 아니다.

위의 논증이 타당한지 부당한지를 판단하기 위해서 대당사각형이나 벤 다이어그램을 바로 이용할 수는 없다. 이것들을 이용하려면, 우선 전제와 결론의 주어, 술어가 같아야 한다. 그렇지만 위 논증에서는 '비논리적인 사람'과 '논리적인 사람', 그리고 '합리적인 사람'과 '비합리적인 사람'이라는 두 쌍의 개념이 동시에 사용되고 있다. 그렇다면 우선 위의 논증에 포함된 두 쌍의 개념을, 논증 평가를 위해서 대당사각형이나 벤 다이어그램에 적용될 수 있는 형태로 만들어야 한다. 이를 위해서 우리는 명제의 조작된 형태를 알아보아야 한다.

　조작이란 명제를 변화시키는 것이다. 명제를 조작하는 이유는 바로 대당사각형이나 벤 다이어그램에 적용할 수 있게끔 하기 위해서이다. 편의상 현대적 관점에서 표준 형식의 명제들을 이미 조작한 명제들과 비교해서, 논리적으로 동치인 명제를 찾는다. 이렇게 현대적 관점에서 비교한 두 명제가 동치라면, 전통적 관점에서도 당연히 논리적으로 동치이다. 이제 명제 조작 방식인 환위, 환질, 이환을 알아보자.

(1) 환위(conversion)

　환위는 정언 명제의 주어와 술어의 자리를 바꾸는 것이다. 이런 조작을 가한 명제가 환위문이다. 즉 주어와 술어의 사이에 다음과 같은 변화를 준다.

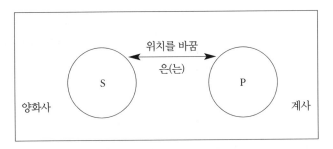

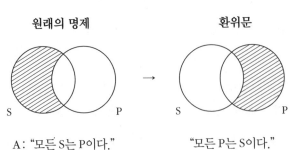

원래의 명제　　　　　　　　　　　　환위문

A: "모든 S는 P이다."　　　　　"모든 P는 S이다."

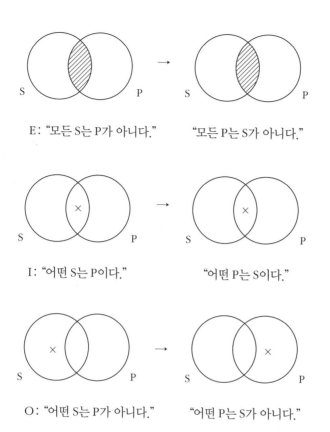

E: "모든 S는 P가 아니다." "모든 P는 S가 아니다."

I: "어떤 S는 P이다." "어떤 P는 S이다."

O: "어떤 S는 P가 아니다." "어떤 P는 S가 아니다."

위의 벤 다이어그램을 보면 원래의 E와 I명제는 그 환위문과 논리적으로 동치이다. 그러나 A와 O는 그렇지 않다.

(2) 환질(obversion)

환질은 (명제의 양은 그대로 둔 채) 명제의 질을 변화시킨 다음, 술어를 부정하는 것이다. 이런 조작을 가한 문장이 환질문이다. 술어를 부정한다는 것은 술어가 나타내는 집합의 여집합을 나타내는 술어를 사용한다는 것이다. 어떤 집합의 여집합은 그 집합에 속하지 않는 모든 것으로 이루어진 집합을 말한다. 예를 들어 "모든 사람은 여자이다."에서 술어를 부정하면, "모든 사람은 여자가 아닌 사람이다."가 된다. 그것은 곧 "모든 사람은 비-여자이다."로 나타낼 수 있다.

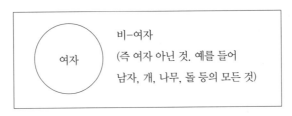

여자

비-여자
(즉 여자 아닌 것. 예를 들어
남자, 개, 나무, 돌 등의 모든 것)

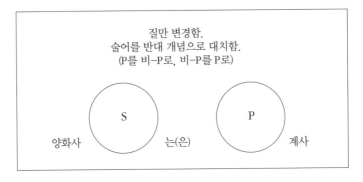

질만 변경함.
술어를 반대 개념으로 대치함.
(P를 비-P로, 비-P를 P로)

S

P

양화사   는(은)   계사

원래 명제   **환질문**

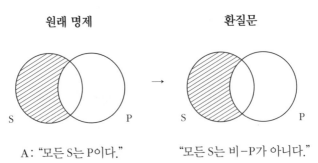

A: "모든 S는 P이다."   "모든 S는 비-P가 아니다."

비판적 사고

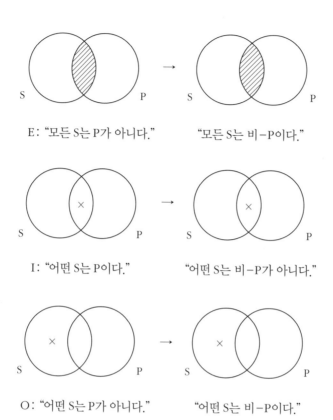

E : "모든 S는 P가 아니다."   "모든 S는 비-P이다."

I : "어떤 S는 P이다."   "어떤 S는 비-P가 아니다."

O : "어떤 S는 P가 아니다."   "어떤 S는 비-P이다."

위의 벤 다이어그램을 보면, 모든 유형의 명제는 그 환질문과 논리적으로 동치라는 것을 쉽게 알 수 있다.

(3) 이환(contraposition)

이환은 우선 주어와 술어의 자리를 바꾼 다음, 주어와 술어를 각각 부정하는 것이다. 이런 조작을 가한 명제를 이환문이라고 한다.

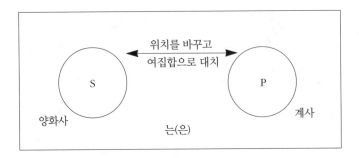

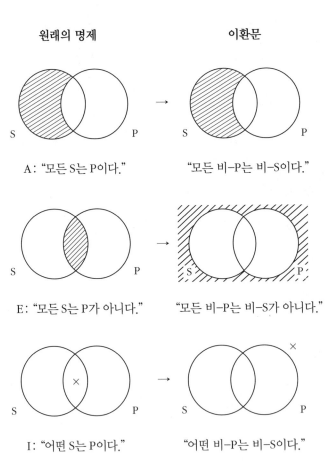

비판적 사고

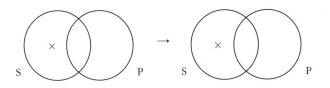

O: "어떤 S는 P가 아니다."　"어떤 비-P는 비-S가 아니다."

위의 벤 다이어그램을 보면, A명제와 O명제는 그 이환문과 논리적으로 동치이다. 그러나 E명제와 I명제는 논리적으로 동치가 성립되지 않는다.

우리는 A, E, I, O명제를 여러 가지 방식으로 조작해서 다양하게 나타나는 논리적 관계를 볼 수 있는데, 이것을 이용하면 논증의 타당성 여부를 검토할 수 있다. 이제 다시 앞에서 거론한 논증을 보기로 하자.

모든 비합리적인 사람은 논리적인 사람이다. 그러므로 어떤 비논리적인 사람은 합리적인 사람이 아니다.

위의 논증은 언뜻 보기엔 복잡해 보이지만, 정언 명제의 조작을 익히고 나서 보면 이 논증은 다음과 같이 단순한 형태에 지나지 않는다.

어떤 비-P는 S가 아니다.
그러므로 어떤 비-S는 P가 아니다.

위의 논증에서 전제는 O명제이고, 결론은 전제의 이환문이다. O명제와 그 이환문은 논리적으로 동치이다. 그래서 전제의 참은 결론의 참을 보증한다. 이 논증이 타당하다는 말이다.

4. 벤 다이어그램을 이용한 정언적 삼단논법의 타당성 검토

이제 '정언(적) 삼단논법(categorical syllogism)'의 타당성을 벤 다이어그램을 사용해서 판단해보자.

정언적 삼단논법이란 정언 명제로만 이루어져 있으며, 그 가운데 둘은 전제이고 나머지 하나는 결론인 연역 논증이다. 이 삼단 논증의 전제와 결론에는 세 가지 다른 단어가 등장한다. 그리고 이 단어들은 각각 다른 명제에, 두 번씩만 사용된다.

앞서 우리는 전제가 하나, 결론이 하나인 정언 명제로 된 논증을 벤 다이어그램으로 나타낼 때 두 개의 원을 사용했다. 정언적 삼단논법의 타당성을 벤 다이어그램으로 나타낼 경우, 우리는 세 개의 원을 사용해야 한다. 정언적 삼단논법은 세 개의 단어로 이루어진 논증이기 때문이다.

정언적 삼단논법에서 사용되는 벤 다이어그램을 그리면 다음과 같다.

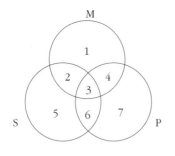

1 : 비-S, 비-P, 그리고 M
2 : 비-P, S, 그리고 M
3 : M, S, 그리고 P
4 : 비-S, M, 그리고 P
5 : 비-M, 비-P, 그리고 S
6 : 비-M, S, 그리고 P
7 : 비-M, 비-S, 그리고 P

다음은 정언적 삼단논법을 단계별로 벤 다이어그램으로 그리는 요령이다.

1) 전제에 대해서만 벤 다이어그램을 그린다.

2) 전제에 전칭 명제와 특칭 명제가 있으면, 전칭 명제를 먼저 그리는 것이 편리하다. (그렇게 하지 않으면 그림을 수정해야 하는 경우가 발생할 수 있다.)

3) 빗금을 표시할 때, 해당하는 모든 영역에 '빗금'을 쳐야 한다. (영역이 이미 여덟 부분으로 나누어져 있다는 데에 유의해야 한다.)

4) '×'로 표시될 부분에 이미 빗금이 쳐져 있다면, 빗금이 없는 영역 중 해당되는 부분에만 '×'를 표시한다.

5) 두 영역이 이미 나누어져 있고 '×'가 그중 적어도 한 영역에 있을 때는 경계선 위에 '×'를 표시한다.

이제 위의 요령에 따라 다음의 정언적 삼단논법이 타당한지 판단해 보자.

어떤 소신 있는 사람은 냉철한 사람이다.

모든 냉철한 사람은 재판관이다.

그러므로 어떤 재판관은 소신 있는 사람이다.

이것을 그 형식에 주목하여 단순하게 나타내면 다음과 같다.

어떤 P는 M이다.　　→ I명제

모든 M은 S이다.　　→ A명제

어떤 S는 P이다.　　→ I명제

그다음에는 이것을 벤 다이어그램으로 그려보자.

　우선 현대적인 관점에서 그 타당성을 판단해 보자. 벤 다이어그램을 그릴 때, 두 번째에 있는 전칭 명제인 A명제를 먼저 표시하는 것이 좋다. 그렇게 하지 않으면, 그림을 약간 수정해야 하는 불편함이 따를 수 있다. 그래서 M과 S에만 주목해서, A명제의 벤 다이어그램을 그린다.

"모든 M은 S이다."

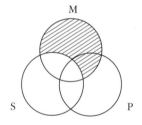

　이제 P와 M에 주목하여 I명제의 벤 다이어그램을 그린다. 그런데 M과 P가 겹치는 부분 중 일부에는 이미 빗금이 표시되어 있다. 그러므로 그 부분을 제외한 영역에 '×'를 표시한다.

"어떤 P는 M이다."

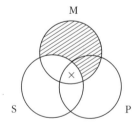

그런 다음 결론 "어떤 S는 P이다."라는 내용을 위의 벤 다이어그램에서 찾을 수 있는지 확인해 본다. 결론은 I 명제인데, 전제에서 보면 S이면서 P인 영역에 '×' 표시가 있다. 따라서 이 논증은 타당하다.

이어서 전통적 관점에서 위 논증의 타당성을 판단해 보자. 미리 말하지만, 현대적 관점에서 타당한 논증은 전통적 관점에서도 타당하다. 전통적 관점의 벤 다이어그램은 현대적 관점의 벤 다이어그램 위에 전칭 명제의 존재 함축 표시를 추가하면 된다. 위의 논증의 전제 중 전칭 명제는 하나이고, 그것의 주어는 M이므로 '⊗'를 추가해서 주어 M의 존재 함축을 표시하면 된다. 그런데 M 영역에서 빗금 친 부분 외의 영역이 두 부분으로 나누어져 있다. 어느 영역에 가서 놓일지 아직은 모르므로, 그 경계선 위에 놓도록 한다.

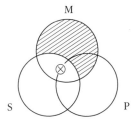

"모든 M은 S이다."

다음으로 I 명제인 첫 번째 전제는 위의 벤 다이어그램에서 P이고 M인 부분에 '×'로 표시된다. 이 부분도 이미 나누어져 있지만 빗금 부분을 피해서 자연스럽게 ×는 빈 부분에 표시된다. 그래서 벤 다이어그램은 다음과 같이 완성된다.

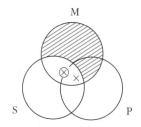

"어떤 P는 M이다."

그런 다음 결론 "어떤 S는 P이다."라는 내용을 위의 벤 다이어그램에서 찾을 수 있는지 확인해 본다. 결론은 I 명제인데, 전제를 보면 S이면서 P인 영역에 '×' 표시가 있다. 따라서 이 논증은 현대적 관점에서 그랬듯이, 전통적 관점에서도 타당하다.

또 다른 정언적 삼단논법을 살펴보자. 다음의 단순화된 삼단논법을 현대적 관점에서 따져보라.

모든 M은 P이다.
어떤 S는 M이 아니다.
─────────────────
어떤 S는 P가 아니다.

우선 현대적 관점에서 전제를 벤 다이어그램으로 그려보자. 특히 두 번째 전제를 그릴 때 S이면서 M이 아닌 영역이 이미 두 부분으로 나누어져 있는 것에 유의해야 한다. 어느 부분인지 모르기 때문에, S이면서 M이 아닌 영역의 경계선 위에 표시해야 한다.

"모든 M은 P이다."

"어떤 S는 M이 아니다."

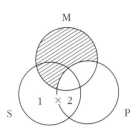

이제 O명제인 결론의 내용이 전제를 그린 벤 다이어그램에 들어 있는지 따져보아야 한다. 결론은 위 그림의 1번 영역에 어떤 것이 적어도 하나는 틀림없이 있다고 주장한다. 그러나 위의 그림은 1번 영역이나 2번 영역에 어떤 것이 있다고 한다. 다시 말해서 두 번째 전제는 그 어떤 것이 있을 위치를 확정적으로 보여주지 않고 있다. 따라서 이 논증은 부당하다.

이 논증을 전통적 관점으로 따지려면, M의 존재 함축을 아래와 같이 표시해야 한다.

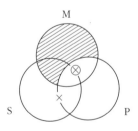

위 논증의 경우 전통적 관점을 취하더라도, 전제에서 결론의 내용을 볼 수 없다. 따라서 이 논증은 전통적 관점에서도 부당하다.

* 정언 명제의 표준 형식:

  양화사 + 주어(명사/명사형) + 술어(명사/명사형) + 계사(이다/아니다)

* 정언 명제의 양과 질
  (1) 양(quantity): 정언 명제가 주어 집합의 원소 전부에 관한 것이면 전칭이고, 일부
      에 관한 것이면 특칭임
  (2) 질(quality): 정언 명제에서 주어 집합의 원소가 술어 집합에 포함된다고 서술하
      면 긍정이고, 포함되지 않는다고 서술하면 부정임

* 4가지 정언 명제

정언 명제	양	질	명제의 유형
모든 S는 P이다.	전칭	긍정	A
모든 S는 P가 아니다.*	전칭	부정	E
어떤 S는 P이다.	특칭	긍정	I
어떤 S는 P가 아니다.	특칭	부정	O

(* "어떤 S도 P가 아니다."라고 쓰기도 한다.)

* 정언 명제의 두 가지 해석
  (1) 전통적 해석: 주어 집합 S의 원소가 존재한다는 가정을 하고 있음
  (2) 현대적 해석: 주어 집합 S의 원소가 존재하는지에 대해 중립적임
  (두 해석은 전칭 명제와 관련된 것이며, 특칭 명제는 두 해석이 동일하게 나타남)

* 벤 다이어그램으로 나타낸 정언 명제

  (1) 현대적 관점의 벤 다이어그램

  A: "모든 S는 P이다."

E: "모든 S는 P가 아니다."

I: "어떤 S는 P이다."

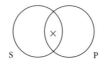

O: "어떤 S는 P가 아니다."

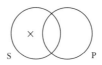

(2) 전통적 관점의 벤 다이어그램

A: "모든 S는 P이다."

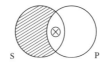

E: "모든 S는 P가 아니다."

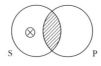

I: "어떤 S는 P이다."

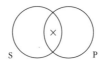

O: "어떤 S는 P가 아니다."

* 명제들 간의 논리적 관계
   (1) 모순 관계: 두 명제가 서로 상반된 진리값을 가짐
   (2) 반대 관계: 1) 두 명제가 동시에 참일 수 없음
                  2) 두 명제가 동시에 거짓일 수 없음(소반대라고 함)
   (3) 함축 관계: 1) 전칭 명제의 참은 특칭 명제의 참을 함축함
                  2) 특칭 명제의 거짓은 전칭 명제의 거짓을 함축함

* 정언 명제의 세 가지 조작
   (1) 환위(conversion): 명제의 주어와 술어의 자리를 바꿈
       E와 I의 경우, 원래의 명제와 환위문은 논리적 동치이다.
   (2) 환질(obversion): 명제의 질만을 변화시킨 다음, 술어를 부정함
       A, E, I, O의 경우, 원래의 명제와 환질문은 논리적 동치이다.
   (3) 이환(contraposition): 명제의 주어와 술어를 각각 부정하고 그 위치를 바꿈
       A와 O의 경우, 원래의 명제와 이환문은 논리적으로 동치이다.

* 조작에 따른 논리적 동치: 원래의 명제와 조작된 명제의 진리값이 같아야 함
   (1) 환위의 경우, E와 I명제에서 논리적으로 동치가 성립함
   (2) 환질의 경우, A, E, I, O명제에서 논리적으로 동치가 성립함
   (3) 이환의 경우, A와 O명제에서 논리적으로 동치가 성립함

* 정언적 삼단논법을 벤 다이어그램으로 그리기
   (1) 전제에 대해서만 벤 다이어그램을 그린다.
   (2) 전제에 전칭 명제와 특칭 명제가 있으면, 전칭 명제를 먼저 그리는 것이 편리하
       다. (그렇게 하지 않으면, 그림을 수정해야 하는 경우가 생기기 때문이다.)
   (3) 빗금을 칠 때 해당하는 모든 영역에 빗금을 쳐야 한다. (영역이 이미 여덟 부분
       으로 나누어져 있다는 데에 유의해야 한다.)
   (4) 'x'로 표시될 부분에 이미 빗금이 쳐져 있다면, 빗금이 없는 해당 영역에만 'x'
       를 표시한다.
   (5) 두 영역이 이미 나누어져 있고 'x'가 그중 적어도 한 영역에 있다는 것을 표시
       할 때, 경계선 위에 'x'를 표시한다.

* 벤 다이어그램으로 정언적 삼단논법의 타당성 밝히기
   (1) 결론의 벤 다이어그램을 따로 그린다.

(2) 이미 작성한 전제와 결론의 벤 다이어그램을 비교한다.

(3) 전제의 벤 다이어그램이 결론의 내용을 이미 그렸다면, 그 삼단논법은 타당하다. 그러나 그렇지 않으면 부당하다.

(4) 전칭 명제의 경우 모두 표시되었어야 하며, 특칭 명제의 경우 한 부분이라도 정확히 'x'로 표시되었어야 한다.

(5) 타당하거나 부당한 경우, 그 이유를 분명히 밝혀야 한다.

연습문제

I. 다음의 정언 명제에서 양화사, 주어, 술어, 계사, 그리고 명제의 유형, 양과 질을 각각 지적하시오.

1. 투표권을 가진 모든 사람은 우리나라 국민이다.

2. 어떤 의사는 환자를 성의껏 대하는 사람이 아니다.

3. 어떤 정부는 출범 초기부터 국민의 환대를 받지 못하는 정부다.

4. 모든 개는 주인에게 순종하는 본성을 가지고 있는 동물이다.

5. 이 지역에 사는 조류 이상의 모든 동물은 사냥감이 아니다.

II. 다음의 명제들을 정언 명제의 표준 형식으로 번역하시오.

1. 어떤 고래는 몸집이 크지 않다.

2. 우체부가 문 앞에 기다리고 있다.

3. 경복궁은 서울에 있는 유적이다.

4. 진수는 제일 친한 친구다.

5. 너는 항상 내가 하는 말을 잘 듣지 않아.

6. 그는 헤어질 때 결코 뒤돌아보지 않는다.

7. 택시는 우리가 내리고 싶은 곳 어디에나 내려준다.

8. 물고기는 어류이다.

9. 어린아이가 울고 있다.

10. 모든 의사가 다 친절하지는 않다.

11. 그 어떤 사람도 내 마음을 알지 못한다.

12. 만약 어떤 동물이 고래라면 그것은 어류가 아니다.

13. 만약 어떤 사람이 진실하지 않다면, 그 사람 말에 신경 쓸 필요가 없다.

14. 오직 원하는 사람만 신청서를 제출해야 한다.

15. 나는 오직 내게 주어진 일만 했다.

16. 단지 경력자만이 이력서를 제출할 수 있다.

17. 무모한 자 외의 그 어떤 사람도 한 달 안에 공사를 마친다고 말하지 않는다.

18. 우리 집의 유일한 수입원은 아버지의 봉급이다.

19. 시민권자 외에 모든 사람은 투표권이 없다.

20. 항공권을 소지한 사람 외의 모든 사람은 이 문을 통과할 수 없다.

Ⅲ. (   ) 안에 들어갈 말을 〈보기〉에서 고르시오.

─────── 〈보기〉 ───────

전칭, 특칭, 전통적 해석, 현대적 해석, 존재 함축

1. (   ) 명제에 대해서만 정언 명제의 전통적 해석과 현대적 해석 간에 차이가 있다.

2. 전통적 해석과 현대적 해석 중 (   )은 전칭 명제의 주어 집합이 공집합이 아니라는 것을 가정한다.

3. 어떤 대상이 존재하는지 알 수 없을 때에는 (   )에 따라 정언 명제를 해석해야 한다.

4. 전통적 해석이나 현대적 해석이나 특칭 명제에 대해 (   )을 한다는 점은 동일하다.

5. 전통적 해석과 현대적 해석 중 전칭 명제의 주어가 존재한다는 것을
   가정하는 것은 (   )이다.

IV. 벤 다이어그램을 그려서 다음 논증이 타당한지 부당한지 판별하시오. 현대적 관점에서 판별한 후 전통적 관점에서도 판별하시오.

1. 모든 맛있는 음식은 정성이 들어간 것이다.
   그러므로 어떤 맛있는 음식은 정성이 들어간 것이다.
   (현대적 관점 :   ) (전통적 관점 :   )

2. 모든 인어는 완전한 인간이 아니다.
   그러므로 어떤 인어는 완전한 인간이 아니다.
   (현대적 관점 :   ) (전통적 관점 :   )

3. 모든 음악가들이 영감에 의존하는 음악가라는 것은 거짓이다.
   그러므로 어떤 음악가는 영감에 의존하는 음악가가 아니다.
   (현대적 관점 :   ) (전통적 관점 :   )

4. 어떤 무인도는 사람이 다녀간 적이 있는 섬이라는 것은 거짓이다.
   그러므로 어떤 무인도는 사람이 다녀간 섬이다.
   (현대적 관점 :   ) (전통적 관점 :   )

5. 모든 인사는 진정한 마음이 담기지 않은 겉치레라는 것은 거짓이다.
   그러므로 모든 인사는 진정한 마음이 담기지 않은 겉치레가 아니라는
   것은 거짓이다.
   (현대적 관점 :   ) (전통적 관점 :   )

V. 대당사각형을 이용해서 다음 논증이 타당한지 부당한지 판별하시오. 현대적 관점에서 판별한 후 전통적 관점에서도 판별하시오.

1. 모든 맛있는 음식은 정성이 들어간 것이다.
   그러므로 어떤 맛있는 음식은 정성이 들어간 것이다.
   (현대적 관점:) (전통적 관점:)

2. 모든 언어는 완전한 인간이 아니다.
   그러므로 어떤 언어는 완전한 인간이 아니다.
   (현대적 관점:) (전통적 관점:)

3. 모든 음악가들이 영감에 의존하는 음악가라는 것은 거짓이다.
   그러므로 어떤 음악가는 영감에 의존하는 음악가가 아니다.
   (현대적 관점:) (전통적 관점:)

4. 어떤 무인도는 사람이 다녀간 적이 있는 섬이라는 것은 거짓이다.
   그러므로 어떤 무인도는 사람이 다녀간 섬이다.
   (현대적 관점:) (전통적 관점:)

5. 모든 인사는 진정한 마음이 담기지 않은 겉치레라는 것은 거짓이다.
   그러므로 모든 인사는 진정한 마음이 담기지 않은 겉치레가 아니라는
   것은 거짓이다.
   (현대적 관점:) (전통적 관점:)

VI. 주어진 명제를 괄호 안에 명시된 대로 논리적으로 조작하고, 그 결과로 얻은 명제의 진리값을 말하시오. 알 수 없다면 '모름'이라고 답하시오.

1. 어떤 비-A는 비-B가 아니다. (T) (환위)_____ (   )

2. 모든 비-D는 K이다. (T) (이환) _____ (   )

3. 어떤 비-C는 비-D이다. (F) (환질) _____ (   )

4. 모든 비-R은 F이다. (F) (이환) _____ (   )

5. 어떤 비-S는 비-E가 아니다. (T) (환질)_____ (   )

VII. 다음의 명제들에 어떤 논리적 조작이 가해졌는지 판별하고, 조작된 명제의 진리값을 말하시오.

1. 모든 비-W는 비-R이다.(T) (   ) 모든 R은 W이다. (   )

2. 모든 Q는 비-U이다. (F) (   ) 모든 비-U는 Q이다. (   )

3. 모든 비-F는 H가 아니다. (T) (   ) 모든 비-F는 비-H이다. (   )

4. 어떤 비-E는 I가 아니다. (T) (   ) 어떤 비-I는 E가 아니다. (   )

5. 어떤 A는 비-B가 아니다. (F) (   ) 어떤 A는 B이다. (   )

VIII. 환위, 환질, 이환과 대당사각형을 이용하여 다음 논증의 타당성을 현대적 관점과 전통적 관점에서 각각 판별하시오.

1. 모든 고통스러운 수술은 장기이식 수술이다. 따라서 어떤 장기이식 수술은 고통스러운 수술이다.

2. 모든 보험회사는 비인도적인 단체이다. 따라서 어떤 보험회사는 인도적인 단체가 아니다.

3. 모든 범죄 방조자는 처벌받을 만한 범죄자가 아니다. 따라서 처벌받을 만한 어떤 범죄자는 범죄 방조자이다.

4. 항상 웃기만 하는 모든 사람은 진정하게 유머 감각이 있는 사람이 아니다. 따라서 진정하게 유머 감각이 있는 어떤 사람은 항상 웃기만 하는 사람이 아니다.

5. 모든 전위 예술가는 평범한 사람이 이해하기 힘든 사람이다. 따라서 평범한 사람이 이해하기 힘들지 않은 어떤 사람은 전위적이지 않은 예술가이다.

IX. 벤 다이어그램을 그려서 다음 정언적 삼단논법의 타당성을 현대적 관점과 전통적 관점에서 각각 판별하시오.

1. 현금 지급기가 놓인 모든 장소는 범죄 우발 지역이다. 어떤 범죄 우발 지역은 밤에는 피해야 하는 장소이다. 그러므로 밤에 피해야 할 어떤 장소는 현금 지급기가 놓인 장소이다.

2. 폭력을 행사할 수 있는 모든 사람은 다른 사람에게 인간적으로 대할 수 없는 사람이다. 어떤 경찰은 폭력을 행사할 수 있는 사람이다. 그러

므로 어떤 경찰은 다른 사람을 인간적으로 대할 수 없는 사람이다.

3. 매일 운동을 하는 모든 사람은 감기에 덜 걸릴 수 있는 사람이다. 그래 서 감기에 덜 걸릴 수 있는 모든 사람은 추위를 덜 타는 사람이다. 왜 냐하면 추위를 덜 타는 모든 사람은 매일 운동을 하는 사람이기 때문 이다.

4. 어떤 혁명가는 마르크스주의자가 아니다. 왜냐하면 모든 혁명가는 보 수주의자가 아니고 어떤 보수주의자는 마르크스주의자가 아니기 때문 이다.

5. 모든 예술가는 특별한 사물에 대해 특별한 호기심을 가지고 있는 자들 이다. 그래서 모든 과학자는 예술가가 아니다. 왜냐하면 특별한 사물 에 대해 특별한 호기심을 가지고 있는 모든 사람은 과학자가 아니기 때문이다.

X. 단어의 수를 줄일 수 있도록 환위, 환질, 이환 등의 논리적 조작을 사용한 뒤 벤 다이어그램을 그려 다음 논증의 타당성을 현대적 관점과 전통적 관 점에서 각각 판별하시오.

1. 이해할 수 있는 모든 문장은 참된 문장이다. 왜냐하면 이해할 수 없는 모든 문장은 의미 없는 문장이고 모든 참되지 않은 문장은 의미 있는 문장이기 때문이다.

2. 자기 죄를 반성하지 않는 모든 사람은 용서할 필요가 없는 사람이다. 그래서 용서할 필요가 없는 어떤 사람은 개선될 여지가 없는 사람이

다. 왜냐하면 개선될 여지가 있는 모든 사람은 자기 죄를 반성하는 사람이기 때문이다.

3. 어떤 비영리 단체는 경제적으로 자립되는 단체가 아니다. 그 이유는 정부 보조금을 받는 모든 단체는 경제적으로 자립되지 않는 단체이기 때문이다. 또한 모든 영리 단체는 정부 보조금을 받는 단체이기 때문이다.

4. 물이 가라앉는 모든 물체는 얼음이 아니다. 물에 뜨는 모든 물체는 물 이상의 밀도를 가지는 물체가 아니다. 그래서 어떤 얼음은 물보다 밀도가 낮은 물체이다.

5. 직업 교육에 중점을 두는 모든 대학은 교양 교육을 강조하지 않는 학교이다. 따라서 어떤 대학교는 교양 교육을 강조하지 않는 학교이다. 왜냐하면 직업 교육에 중점을 두지 않는 모든 학교는 대학교이기 때문이다.

제5부

귀납 논증

CRITICAL THINKING

귀납 논증이란 전제의 참이 결론의 참을 필연적으로가 아니라, 개연적으로(또는 그럴듯하게) 지지해 준다고 주장하는 논증이다. 이런 귀납 논증의 유형에는 유비 논증, 귀납적 일반화, 통계를 이용한 논증, 최선의 설명으로의 논증 등이 있다. 또한 이것과 같은 유형은 아니지만 인과 관계와 결부된 논증인 인과 논증도 귀납 논증에 속한다. 그러나 인과 논증은 다른 유형의 귀납 논증과 다르다. 인과 논증은 귀납 논증의 다른 유형들처럼 꼭 특정한 유형을 일컫는 것은 아니기 때문이다. 예를 들어서 어떤 귀납 논증은 귀납적 일반화이면서 인과 논증일 수도 있고, 다른 귀납 논증은 유비 논증이면서 인과 논증일 수도 있다.

1장
귀납 논증의 주요 유형들

1. 유비 논증(argument by analogy)

우리가 잘 아는 표현으로 '유비'가 있다. '유비'란 어떤 특정한 사물이나 대상들 간의 유사성을 찾아 서로 비교하는 것이다. 유비를 사용해서 우리는 어떤 현상을 서술하기도 하고, 설명하기도 하며, 때로는 논증을 구성하기도 한다. 다음의 예를 보자.

> 내 마음은 호수요.
>
> 청춘은 봄이오.
>
> 인생의 청년기는 봄, 장년기는 여름, 중년기는 가을, 노년기는 겨울이다.

위의 기술은 인생의 시기를 계절에 비유하여 서술하고 있다. 또 우리는 두 가지 현상을 비교해서 어떤 현상을 설명하기도 한다. 그 예를 살펴보자.

원래 이 꽃은 향기가 진하대. 참, 아까 산모퉁이를 돌다가 이 꽃과 비슷하게 생긴 꽃을 보았는데, 그래서 그것도 향기가 진했구나.

이 꽃의 향기가 진하다는 것을 조금 전에 본 꽃도 향기가 진했다는 것과 비교하면서 설명하고 있다.

이와 관련해서 우리가 흔히 쓰는 말 가운데 하나가 '유추'이다. 유추는 유비와 다르다. '유추'는 '유비 추론' 또는 '유비 추리'를 줄인 표현으로, 유비를 이용한 추리 또는 논증을 가리킨다. 유비 추론의 가장 기본적인 형태는 특수한 예에 관한 전제로부터 다른 특수한 예에 관한 결론을 이끌어내는 것이다. 유비 추론은 두 유형의 대상 또는 두 가지 대상의 비교에 근거를 두고 있다. 혹은 여러 대상을 비교하는 데 근거를 두고 있다. 우리는 이런 유형의 추론을 일상생활에서 아주 흔하게 사용하는 편이다.

다음의 예를 살펴보자. 사진을 잘 찍는 내 친구가 C상표의 디지털 카메라를 샀는데, 그것이 S나 N상표의 디지털 카메라에 비해 아주 좋다고 했다. 그래서 나도 고민할 필요 없이 바로 그 상표의 디지털 카메라를 사려는 생각을 갖게 된다. 이럴 때 우리가 사용하는 것이 바로 유비 추론이다. 이런 유비 추론은 다음과 같이 정식화될 수 있다.

A라는 대상은 a, b, c 등의 특질을 가지고 있다.
X라는 대상은 a, b, c 등의 특질을 가지고 있다.

그런데 A라는 대상은 z의 특질을 가지고 있다.

그러므로 X라는 대상은 z의 특질을 가지고 있다.

여기서 'A'는 준거 대상, 'X'는 비교 대상이라고 한다. 그리고 'a, b, c' 등은 공통적으로 가진 유사한 특질이고, 'z'는 목표로 하는 특질이다.

물론 디지털 카메라의 경우, 그것은 단지 상표만을 말하고 있을 뿐 어떤 구체적인 특질이 있는지 명시하지는 않고 있다. 그러나 굳이 그렇게 나타내야 한다면 나타낼 수 있다. 다음의 예는 구체적인 성질을 명시하고 있는 경우이다.

성공한 기업인 김성공 씨는 성격도 좋고, 실력도 있어. 또 친구들도 많아. 나도 그런 조건을 가졌으니 기업인으로 성공할 수 있을 거야.

이 예를 유비 논증의 전형적인 형태로 명시적으로 나타내보면 다음과 같다.

김성공 씨는 성격이 좋고, 실력이 있고, 친구들이 많다. 그는 성공한 기업인이다. 나도 성격이 좋고, 실력이 있고, 친구들이 많다. 나도 성공한 기업인이 될 것이다.

또 어떤 경우에는, 비교하는 대상이 둘 이상일 수 있다. 그것을 정식화해 보면, 다음과 같다.

비판적 사고

A라는 대상은 a, b, c 등의 특질을 가지고 있다.

B라는 대상은 a, b, c 등의 특질을 가지고 있다.

C라는 대상은 a, b, c 등의 특질을 가지고 있다.

X라는 대상은 a, b, c 등의 특질을 가지고 있다.

그런데 A, B, C라는 대상은 z의 특질을 가지고 있다.

그러므로 X라는 대상도 z의 특질을 가지고 있다.

가장 기본적인 형태의 유비 논증은 구체적인 대상(또는 현상)을 비교하는 것이지만, 일반적인 현상을 비교하는 유비 논증도 있다.

(동물을 이용한 실험 결과를 보고)

쥐의 경우, 소식(小食)을 하면 장수한다.

사람도 마찬가지로 소식을 하면 장수할 것이다.

위의 논증은 개개의 쥐가 아니라 쥐라는 종 전체에 적용되는 사실과 인간 종 전체에 적용되는 사실을 비교해서 어떤 결론을 이끌어내고 있다. 많은 동물을 이용해서 우리가 하는 임상 실험은 유비 논증을 근거로 사람에 대한 결론을 이끌어낸다. 이런 결론의 개연성이 높으려면 실험하는 동물과 사람 간의 생물학적, 의학적 유사성이 커야한다.

유비 논증이 그럴듯한지는 일반적으로 비교되는 두 대상(현상)이 얼마나 유사한가로 판단할 수 있다. 다음의 예를 살펴보자.

미술 전시가 있어 그림을 보러 갔다. 전시실의 어떤 방에 나란히 걸린 이 두 그림이 아주 비슷했다. 둘 다 유화였고, 붉은색 계통의 색이 주조를 이루고 있었고, 추상화였다. 또한 두 작품이 크기가 거의 같았다. 한 작품 은 요즘 아주 인기 있는 화가의 것이다. 그렇다면 그 옆의 작품 역시 인기 있는 화가의 작품일 것이다.

위의 논증에서 이런 결론이 그럴듯하게 보장된다고 또는 나올 수 있다고 생각하는가? 그렇다고 말하기가 아주 어려울 것이다. 분명히 두 그림이 유사하기는 하지만, 그 유사성만 가지고 두 그림을 인기 작가의 작품으로 생각하는 것은 적절하지 않다. 여기 나열한 몇 가지 유사성은 아주 인기 있는 어떤 화가의 작품이라고 하는 특질과 관련이 없는 것이기 때문이다. 이와 같이 두 대상(또는 현상)이 공통으로 가지고 있는 관련된 유사성 외에도 논증의 강도에 영향을 미치는 몇 가지 요인이 있다.

우리는 논증의 강약을 평가할 때 이 요인들을 고려해야 하는데, 다음의 여섯 가지가 바로 그것이다.

① 대상들(즉 A, B, C, …, X)의 공통적인 특질(즉 a, b, c 등)이 목표로 하는 특질(z)과 얼마나 관련되는가를 보아야 한다. : 이것이 유비 논증의 강약, 즉 유비 논증의 강도를 평가하는 기준이다. 만약 두 대상의 유사한 특질들 a, b, c 등이 z와 관련이 있고 그래서 z가 발생하는 것을 그럴듯하게 보여준다면, 그 논증은 비교적 강한 논증이다. 앞서 제시된 기업인 김성공 씨의 예에서 만약 좋은 성격과 실력, 많은

친구들이라는 요건이 기업인으로 성공하는 것과 관련 있다는 것을 사회학자들의 연구가 밝히게 되면, 그 논증은 더 강해진다.

반대로 '반유비(counter-analogy)'의 출현은 위의 유비 논증을 약하게 만든다. 반유비는 두 대상 간에 유사성뿐 아니라 비유사성도 있다는 것을 보여주기 때문이다. 예를 들어, 어떤 사람은 성격 좋고, 실력 있고, 친구들이 많지만 성공적인 기업가가 되지 못했다는 것을 제시한다면, 이것은 바로 앞서 제시한 유비의 반유비가 된다.

② A(B, C, ⋯)와 X 사이의 관련된 유사성의 수가 증가할수록, 유비 논증은 강해진다. : 각 대상의 공통 특질 중 관련된 특질이 증가한다면, 그 유비 논증은 이전보다 더 강해진다. 관련이 없는 유사성이 첨가될 때는 논증의 강도가 변하지 않는다.

김성공 씨와 나는 성격 좋고, 실력도 있고, 친구들이 많을 뿐 아니라 어려운 일이 닥쳤을 때 쉽게 포기하기보다는 그것을 극복하려는 의지로 가득 찬 사람이다. 이러한 사실이 덧붙여진다면, 그 논증은 원래 논증에 비해 더 강해지는가? 당연히 그렇다. 왜냐하면 목표로 하는 특질과 관련된 유사성이 늘어났기 때문이다. 그렇다면 김성공 씨와 내가 5월에 태어났다는 사실을 덧붙이면 어떤가? 물론 그와 나의 유사성이 증가하기는 했지만, 이 유사성은 목표로 하는 특질, 즉 성공한 기업인이라는 것과는 무관한 유사성이다. 따라서 이 사실이 보태진다고 해도 논증의 강도에는 아무런 변동이 일어나지 않는다.

③ **A(B, C, ⋯)와 X 사이에 z와 관련된 비유사성이 증가하면, 유비 논증은 약해진다.** : 비교되는 대상들의 다른 특질이 z와 관련해서 제시한 비유사성이라면, 논증의 강도는 변하지 않는다. (여기서 어떤 특질이 z와 관련된 유사성인지 궁금할 수 있다. 두 특질들 사이에 관련이 있다는 것은 두 특질을 가진 대상들 사이에 특정한 종류의 인과 관계가 있다는 것을 의미한다.)

예를 들어 김성공 씨는 성격 좋고, 실력도 있고, 친구가 많을 뿐 아니라 세상의 흐름을 읽는 뛰어난 안목이 있다고 하자. 그런데 나는 그런 직관을 가지고 있지 않다. 대체로 나는 세상의 흐름을 읽는 안목도 없고 시류에 아주 둔감한 편이다. 김성공 씨와 나 사이의 이런 차이는 기업인으로 성공하는 것과 관련된 차이이다. 세상의 흐름을 읽는 안목을 가지고 있지 않기 때문에, 내가 성공적인 기업인이 될 수 있다는 것은 그럴싸해 보이지 않는다. 또 김성공 씨는 붉은색 넥타이를 자주 매는데, 나는 파란색 넥타이를 자주 맨다고 하자. 이런 차이는 목표로 하는 특질과 무관하다. 이런 차이가 덧붙여진다 해도 논증의 강도는 변하지 않는다.

④ **X와 비교되는 대상이 A만이 아니라 B, C 등 여러 대상으로 늘어난다면, 그 유비 논증은 강해진다.** : A, B, C 등과 X가 공통으로 가진 특질(들)이 목표로 하는 특질 z와 연관이 있다는 것을 더 그럴듯하게 만들어주기 때문이다.

앞에서 든 김성공 씨만이 아니라 성격 좋고 실력도 있으면서 친구가 많은 이성공 씨, 박성공 씨도 성공한 기업인이라고 덧붙인다면,

유사한 특질을 가진 내가 성공한 기업인이 되리라는 것은 더욱더 그럴듯해 보인다.

⑤ **X와 비교되는 대상들, 즉 A, B, C 등의 다양성이 크면 클수록, 유비 논증은 더 강해진다.** : 현재 A, B, C 등과 X가 가진 공통된 특질이 z라는 특질이 발생하는 것과 관련이 있다는 것을 더 그럴듯하게 만들어주기 때문이다.

위의 ④에다 더 구체적으로 김성공 씨는 건설업에서, 이성공 씨는 전자제품 제조업에서, 박성공 씨는 제과업 분야에서 각각 성공한 기업인이라는 사실까지 덧붙인다면 어떻게 되는가? 이들이 동일한 산업 분야에서 성공한 게 아니라 다양한 다른 산업 분야에서 성공했다는 사실은 내가 내 종사 분야에서 성공한 기업인이 되리라는 것을 더 그럴듯하게 해줄 것이다. 다양한 업종에 상관없이 공통으로 가진 특질들이, 목표로 하는 특질을 갖도록 해준다는 것을 더 그럴듯하게 만들어주기 때문이다.

⑥ **결론을 온건하게(즉 덜 분명하게) 주장하면 할수록, 유비 논증은 강해진다.** : 이 기준은 유비 논증뿐 아니라, 다른 유형의 귀납 논증에도 적용된다. 일반적으로 주장하는 내용이 구체적이고 많을수록, 그 주장을 뒷받침하기 어려워진다. 목표로 하는 z의 특질을 얼마나 구체적으로 서술하느냐에 따라 유비 논증의 강도가 달라지는 것이다. 요컨대 z를 더 구체적으로 정확하게 정의할수록 유비 논증은 약해지고, 결론을 더 완곡하게 주장하면 유비 논증은 강해진다.

앞의 예에서 '내가 성공한 기업인이 될 것이다.'라는 결론 대신에 '내가 실패한 형편없는 기업인은 되지 않을 것이다.'라는 결론을 주장하면 어떤가? 결론은 더 그럴듯해질 것이다. 전제와 결론 사이의 논리적 비약이 전보다 줄어들기 때문이다. 전제와 결론 사이의 논리적 비약이 작은 논증이 강한 논증이기 때문이다. 이러한 비약을 줄이는 한 가지 방법은 결론을 가만히 두고 전제를 첨가하거나 고치는 것이다. 또 다른 방법은 전제를 가만히 두고 결론을 변화시키는 것이다. 즉 결론을 전제가 지지하는 만큼 약화시키는 것이다. 때때로 우리가 어떤 주장을 지지할 만한 충분한 근거를 마련하지 못한다면, 결론을 완곡하게 주장하는 것도 설득력 있는 주장을 하기 위한 하나의 방법이다.

2. 귀납적 일반화(inductive generalization)

귀납적 일반화는 귀납 논증의 여러 유형들 가운데에서 가장 잘 알려져 있다. 심지어 귀납적 일반화가 곧 귀납 논증인 것처럼, 즉 개별적인 것에서 일반적인 것을 도출하는 것을 귀납 논증의 특징으로 잘못 알고 있을 정도이다. 귀납적 일반화는 여러 유형의 귀납 논증 가운데 한 가지로서, 특수한 사례들에 관한 전제로부터 일반적인 경우의 결론을 도출하는 논증이다.

귀납적 일반화는 결론의 일반화 정도에 따라 크게 두 유형으로 나눌 수 있다. 하나는 보편적 귀납적 일반화(universal inductive generalization)이고, 다른 하나는 통계적 귀납적 일반화(statistical inductive generalization)이다. 주어의 집합에 속하는 모든 원소에 대해 논의하고 있는 명제는 보편적 일반화의 명제이다. 예를 들어, "모든 사람은 죽는다."나 "모든 사람은 식물이 아니다."는 보편적 일반화의 명제이다. 또한 "0%의 사람들이 영원히 산다.", "100%의 사람들은 공기 없이 살 수 없다."도 보편적 일반화의 명제이다. 이에 반해 주어 집합에 속하는 일부 원소에 대해 서술하는 명제는 통계적 일반화의 명제이다. 통계적 일반화의 경우, 반드시 숫자로 표시될 필요는 없다. 예를 들어 "이 마을 사람들의 80%는 채식주의자이다.", "이 마을 사람들은 대부분 여가를 즐긴다.", "이 마을의 많은 사람들은 감기에 걸리지 않는다." 등은 모두 통계적 일반화의 명제이다.

귀납적 일반화는 그 결론이 보편적 일반화의 명제인가, 통계적 일반화의 명제인가에 따라 보편적 귀납적 일반화와 통계적 귀납적 일반화로 나눌 수 있다. 이런 방식 말고 다른 방식으로 귀납적 일반화의 논증을 구별할 수 있다. 귀납적 일반화의 가장 흔한 경우는 단순 일반화이다. 몇 가지 사례들에 대한 관찰을 전체로 일반화하여 결론을 도출하는 경우이다. 다음과 같은 예가 단순 일반화에 해당한다.

(A) 까마귀 A는 검다.

까마귀 B는 검다.

까마귀 C는 검다.

⋮

까마귀 Z는 검다.

그러므로 모든 까마귀는 검다.

이런 것을 '매거적 일반화'라고 한다. 각각의 특수한 경우를 전제에 열거하고 있어서 붙여진 이름이다.

위의 (A)논증에서는 개별적인 까마귀들에 대한 정보로부터 전체 까마귀 집단에 대한 결론을 도출하고 있다. 그렇지만 아래의 경우처럼 전제나 결론이 모두 보편적 명제로 이루어진 논증이 있을 수도 있다.

(B) 이제까지 관찰한 모든 까마귀는 검다.
　그러므로 모든 까마귀는 검다.

위의 논증은 관찰되지 않은 까마귀들을 포함한 모든 까마귀에 대한 결론을 이제까지 관찰된 모든 까마귀들로부터 도출하고 있다.

우리가 흔히 보는 다양한 성격의 여론 조사도 바로 귀납적 일반화의 한 종류이다.

(C) 표본으로 선정된 1000명의 유권자들 중 55%가 A후보를 지지한다.
　따라서 전체 유권자의 55%가 A후보를 지지할 것이다.

어떤 출마자가 자신이 유권자들에게 어느 정도 지지를 받을지 알아보고자 할 때 사용하는 방법이 이것이다. 이때 모든 유권자들에게 일일이 의견을 묻는 것은 비용이나 시간 면에서 상당한 어려움이 있다. 그래서 여론 조사에서는 유권자들의 집단에서 표본을 선택한다. 그리고 그 표본 속의 유권자들에게 의견을 묻는 방법으로 조사를 한다. 그리고 표본 조사를 통해서 얻어낸 이들의 대답으로부터 전체 유권

　비판적 사고

자의 의견을 이끌어낸다. 위와 같이 만약 표본의 55%에 해당하는 유권자들이 그 후보자를 지지한다면, 실제 선거에서도 전체 유권자의 55%가 그 후보자를 지지할 것이라는 결론을 도출하는 것이다.

보편적 일반화이건 통계적 일반화이건, 귀납적 일반화에서 논증의 강도를 평가할 때, 유의해야 할 것들이 있다. 귀납적 일반화에서 중요한 점은 무엇보다도 선택된 표본이 전체 집단을 대표하는가 하는 것이다. 표본이 전체를 대표할 만큼 다양하지 못하고 또 어느 한편에 치우쳐 있을 때, '편향적(biased)'이라고 말한다. 또 표본의 수가 너무 적지 않은지 잘 살펴보아야 한다. 표본의 수가 너무 적어도 전체 집단을 대표하지 못하기 때문이다.

표본이 충분한 정도의 다양성을 가지기 위해 표본을 '무작위로(random)' 끄집어내는 것도 한 가지 방법이다. 표본을 무작위로 끄집어냈다는 것은 전체 집단에 속한 모든 원소들이 추출될 기회를 동등하게 가진다는 것이다. 그러면 표본이 한쪽으로 쏠리는 것을 방지할 수 있다. 물론 무작위로 표본을 추출하는 것만이 전체를 대표하는 사례를 뽑는 유일한 방법은 아니다. 우리가 전체 집단의 성격에 대해 많은 것을 알고 있다면, 그것을 적극 활용해서 표본을 선정할 수 있다. 예를 들어 선거 직전에 유권자들이 어떤 특정 후보를 지지하는지를 알기 위해서 우리는 유권자 전체에 대해 알고 있는 성질들을 십분 활용한다. 표본이 전체 유권자를 대표할 수 있도록, 연령, 학력, 거주지, 출신 지역, 수입 등을 고려해서 그것들이 다양하게 반영된 표본을 추출하는 것이다. 이런 요소들은 어떤 후보나 어떤 정당을 지지하는가와 깊은 관련이 있기 때문이다.

표본의 크기가 충분한지도 고려해야 한다. 그런데 표본이 얼마나 많아야 충분한 크기인지 말하는 게 결코 쉬운 일은 아니다. 그렇기는 하지만 어쨌든 너무 적은 수의 표본에서 얻어낸 정보를 전체 집단에 대한 정보로 간주하는 것은 잘못이다. 이런 경향은 일상생활에서 빈번하게 일어나는 것으로, 성급한 일반화의 오류에 해당한다. 물론 몇 퍼센트의 표본이 적절하다고 명시적으로 말할 수는 없다. 그렇지만 표본은 전체 모집단을 대표할 만큼이 되어야 한다. 물론 모집단이 균일할 경우, 표본의 수가 꼭 많아야 할 필요는 없다. 예를 들어 어떤 회사 제품의 음료수에 올리고당이 들어 있는지 알고자 할 때, 불량품이 아닌 음료수 한 병을 조사하는 것으로 충분하다. 그것을 알기 위해 굳이 100병이나 1000병을 조사할 필요는 전혀 없다. 이 경우에는 전체 집단이 균일하기 때문이다. 그러나 우리가 귀납적 일반화를 하는 경우는 대부분 전체 집단의 원소들이 균일하지 않은 경우이다. 그러므로 표본의 크기를 고려하는 것이 일반적이다.

3. 통계적 삼단논법(statistical syllogism)

통계적 삼단논법은 전제가 둘인 논증으로, 그 두 전제에 통계 명제가 포함되어 있는 경우이다. 또한 통계적 삼단논법은 앞서 다룬 통계적 일반화와는 반대 방향으로 이루어지는 논증이다. 통계적 일반화는 표본 집단을 서술하는 정보로부터 전체 집단에 관한 결론을 도출하는 논증인 데 반해, 통계적 삼단논법은 전체 집단에 대한 정보로부터 그 전체 집단의 한 원소나 부분집합에 대한 결론을 이끌어낸다.

우선 다음과 같은 통계적 삼단논법의 예를 보자.

(A) 아스피린을 복용한 두통 환자 중 90% 정도는 복용 10분 후에 통증이 사라졌다.

나는 머리가 아파서 아스피린을 먹었다.

그러므로 10분이 지나면 두통이 사라질 것이다.

위 통계적 삼단논법의 전제에는 통계적 일반화의 명제가 포함되어 있다. 앞서 이야기한 바와 같이 통계적 일반화의 명제를 반드시 수치로 나타내야 하는 것은 아니다. 위의 논증에서 '두통 환자 중 90% 정도'를 '두통 환자 대다수' 또는 '대부분의 두통 환자'로 바꾸어도 그 논증은 마찬가지로 통계적 삼단논법이다.

예를 들면 다음과 같은 논증도 통계적 삼단논법의 형태를 가지고 있다.

(B) 대부분의 두통 환자는 아스피린 복용 후 10분이 지나면 두통이 멎는다.

나는 머리가 아파서 아스피린을 먹었다.

10분쯤 지나면 나아지겠지.

이런 통계적 삼단논법의 일반적인 형태를 정식화해 보면 다음과 같다.

F집합의 x%(대다수)가 G라는 성질을 가진다.

a는 F이다.

그러므로 a는 G라는 성질을 가진다.

여기서 'F'는 준거 집합(reference class)을 말하며, 'G'는 그 집합에 속하는 개체들의 성질을 가리킨다. 'a'는 개체를 나타낸다. 이런 통계적 삼단논법이 강한지 약한지 평가하는 데에는 G라는 성질을 가진 F집합의 퍼센트가 중요할 것이다. 100%에 가까울수록 그 논증이 강하다고 말할 수 있다. 그런데 정반대로 0%에 가까울 때에도 우리는 강한 논증을 가질 수 있다. 예를 들어 다음과 같은 통계적 삼단논법이 그런 경우이다.

(C) 아스피린을 복용한 환자 중 10%는 10분이 지나도 두통이 사라지지 않았다.

나는 두통이 나서 아스피린을 먹었다.

그러므로 10분이 지나면 나의 두통은 사라질 것이다.

위와 같은 논증을 고려한다면, 통계적 삼단논법은 그 수치가 100%에 가까울 때, 그리고 결론을 어떻게 표현하느냐에 따라 0%에 가까울 때 강할 수 있다. 위의 논증은 다음과 같은 형태이다.

(D) F집합의 x%(소수)가 G라는 성질을 가진다.

a는 F이다.

그러므로 a는 G라는 성질을 가지지 않을 것이다.

통계적 삼단논법의 강도를 평가하는 데 더욱 중요한 것은 단순한 수치가 아니라 전제와 결론이 얼마나 관련이 있는가이다.

통계적 삼단논법에서 상이한 준거 집합에 대한 정보를 다루면, 양립 불가능한 결론들이 나올 수 있다는 점에 유의해야 한다. 두 명제가 양립 불가능하다는 것은 둘 다 동시에 참으로 받아들일 수 없다는 것을 말한다. 다음의 통계적 삼단논법 두 가지를 살펴보자.

(E) 우리나라 사람 대부분은 자신의 삶에서 각별한 행복을 느끼지 못한다.
김만복 씨는 우리나라 사람이다.
따라서 그는 자신의 삶에서 각별한 행복을 느끼지 못할 것이다.

(F) 자신이 진정으로 원하는 취미 생활을 하는 우리나라 사람 대부분은 자신의 삶에서 각별한 행복을 느낀다.
김만복 씨는 자신이 진정으로 원하는 취미 생활을 하는 우리나라 사람이다.
따라서 그는 자신의 삶에서 각별한 행복을 느낄 것이다.

(E)논증을 보면, 김만복 씨가 자신의 삶에서 각별한 행복을 느끼지 못할 것이라는 결론이 그럴듯해 보인다. 그러나 (F)논증을 보면, 김만복 씨가 자신의 삶에서 각별한 행복을 느낄 것이라는 결론도 마찬가지로 그럴듯해 보인다. 즉 (E)와 (F) 두 논증은 상반되지만, 아주 그럴듯한 결론을 내놓고 있다.

이럴 때 우리는 이 두 논증 중 어떤 논증의 결론을 신뢰할 만한 것으로 보아야 하겠는가? 미리 결론부터 말하자면, 더 신뢰할 만한 쪽은 (F)논증의 결론이다. 그 이유는 김만복 씨가 자신의 삶에서 각별한 행복을 느낄지를 판단하는 데에, (F)와 관련된 준거 집합은 (E)보다 더 구체적이기 때문이다. 즉 '자신이 진정으로 원하는 취미 생활을 하는 우리나라 사람들 전체'라는 집합은 '우리나라 사람들 전체'라는 집합의 부분집합이다. 이 부분집합은 그것이 속한 '우리나라 사람 전체'라는 집합보다 더 동질적이다. 그래서 결론에서 목표로 하는 사안과 더 긴밀하게 관련되어 있다. 결론적으로 (E)는 약한 논증이고 (F)는 강한 논증이다.

이와 같이 우리가 어떤 준거 집합을 선택하느냐가 통계적 삼단논법의 강도에 커다란 영향을 미친다. 즉 우리가 결론에서 문제삼는 성질과 관련된 준거 집합을 선택할수록, 논증은 강해진다. 그렇지만 어떤 요인이 관련이 있고 어떤 요인이 관련이 없는지를 아는 것이 때로는 쉽지 않을 수 있다. 이것은 귀납 논증이 가진 어떤 특징을 잘 보여준다. 귀납 논증은 하나의 논증만으로 그 강도를 결정하기 어렵다. 어떤 성질이 중요하고 어떤 성질이 중요하지 않은지 결정하는 것을 도와줄 수 있는 더 큰 틀 속에 있을 때 그 강도를 결정할 수 있는 것이다. 즉 귀납 논증의 강도를 결정하는 데에는 그것과 관련된 여러 가지 배경 지식이 필요하다. 위 논증의 경우 자신이 진정으로 원하는 취미 생활을 하는 사람들이 그렇지 않은 사람보다 삶에 대해 행복을 더 느낀다는 배경 지식이 필요하다.

4. 최선의 설명에 의한 논증(argument by the best explanation)

비교적 최근에 더욱 널리 논의될 뿐 아니라 사용되기까지 하는 귀납 논증의 형태가 있다. 어떤 가설이 그전에 우리가 가지고 있던 믿음에 덧붙으면서 문제가 되던 현상을 설명해 준다고 하자. 그때 그가설은 귀납적으로 지지를 받는다고 여겨지는 방식의 논증이다. 때때로 우리는 어떤 가설이 이전의 설명력을 확대한다는 이유로 그 가설은 참이거나 참일 것 같다고 받아들인다. 바로 이런 논증을 여기서는 '최선의 설명에 의한 논증'이라고 한다.

다음과 같은 경우를 살펴보자. 방학이 되어 친구 윤성이에게 전화를 몇 번이나 걸었는데 받지 않고, 문자 메시지를 남겨도 답이 없다. 이메일도 열어보지 않는다. 우리는 이런 상황에서 어떤 추측을 할 수 있겠는가? 일상적으로 말해서 추측이지만, 실제로 우리는 이 상황에서 어떤 추론을 진행시킨다. 친구가 항상 외국의 자원 봉사 프로그램에 참가하고 싶다고 하더니 그사이 해외로 나간 것이 아닐까? 아니면, 집안에 무슨 일이 생겨 전화나 이메일 등에 신경을 쓸 수 없는 상황이 아닐까? 아니면, 나한테 서운한 게 있어서 나를 피하는 것이 아닐까? 우리는 이런 몇 가지 가운데에서 어느 것이 가장 그럴듯한지다시 곰곰이 따져보게 된다.

그런데 문득 며칠 전에 윤성이를 만났다고 하는 친구인 철민이에게 윤성이의 근황을 물어볼 수 있으리라는 생각이 들었다. 그래서 철민이에게 윤성이가 해외 자원 봉사에 갔는지, 아니면 집에 무슨 일이 있는지 확인해 볼 수 있다. 아니면 내게 뭔가 서운한 게 있다고 했는지 물어볼 수 있다. 이런 식으로 이 상황에서 어떤 설명이 가장 그럴 듯한지 따져볼 수 있다. 철민이를 만나 물어보니, 철민이 자기는 어제도 윤성이를 만났고, 오늘 오후에도 만나기로 했고, 오늘 아침에도 전화 통화를 했다고 한다. 그래서 나는 윤성이가 어떤 이유에서 나를 피하는 것으로 결론 내리게 된다. 이처럼 가장 그럴듯한 추론을 가지고 어떤 사실을 설명해 보는 것, 그것이 바로 최선의 설명에 의한 추론이고, 그런 논증이 바로 최선의 설명에 의한 논증이다. 위의 내용을 논증으로 나타내면 다음과 같다.

> 윤성이와 연락이 되지 않는데, 윤성이가 내게 서운한 마음이 있어서 나를 피한다는 것이 여러 정황으로 미루어보건대 그 사실을 가장 잘 설명한다.
> 그러므로 그 설명은 참이다. 즉 윤성이는 나를 피한다.

위의 예에서 최선의 설명에 의한 논증이 귀납 논증 중 하나라는 것은 잘 알 수 있을 것이다.

내가 채택한 설명이 주어진 상황을 적절하게 설명해 준다고 하더라도, 결론이 거짓일 가능성은 얼마든지 충분히 있다. 윤성이가 집안의 무슨 일로 경황이 없어서 내 전화나 이메일에 답하지 못하다가, 잠깐 시간이 나던 때 철민이의 연락을 받았을 수도 있는 것이다. 이처럼 최선의 설명에 의한 논증의 경우, 한 설명이 현 상황에서는 어떤 사실을 가장 잘 설명해 준다고 하더라도 더 나은 다른 설명이 있을 수 있다. 요컨대 이런 유형의 논증은 주어진 상황에 대해서 가장 잘 설명해 주지 못하는 것으로 밝혀질 수도 있으므로 귀납 논증에 속한다.

최선의 설명에 의한 논증을 평가할 때 가장 핵심적인 것은, 과연 어떤 설명이 최선의 설명인지 가려내는 것이다. 물론 어떤 설명이 최선의 설명이 될 것인가에 대해 법칙 같은 기준을 댈 수는 없다. 주제에 따라, 사안에 따라 다양하게 이야기할 수 있기 때문이다. 그렇지만 어떤 설명이 최선의 설명이 될 수 있는 주요 요인들을 다음과 같이 나열해 볼 수 있다. 이해를 돕기 위해서 위에서 든 예를 이용하자.

① **최선의 설명은 참이 아닐 것 같은 주장들을 포함하지 않아야 한다.** : 앞서 윤성이가 내게 연락하지 않는 것에 대해서 여러 가지로 설명했다. 믿기 어려운 설명이긴 하지만, 외계인들이 윤성이를 납치해 갔기 때문이라는 설명도 있을 수 있다. 분명히 이 설명은 참일 것 같지 않고 참이라고 믿기도 어렵다. 외계인이 윤성이를 납치했다는 것만이 아니라, 그 외계인이 우리나라에 나타났다는 것도 참이라고 믿기 어려운 주장이다. 외계인이 존재하는지 의심스럽기 때문이다.

② **최선의 설명은 더 설명될 필요가 없어야 한다.** : 믿기 어렵지만 ①의 설명을 군이 제기하려면, 외계인이 윤성이를 납치해 갔다는 것을 더 자세히 설명해야만 한다. 우선 외계인이 존재한다는 것을 사람들이 믿을 수 있을 만큼 과학적으로 설명해야 하고, 또 그 외계인이 어떻게 우리나라에 왔으며, 왜 윤성이를 납치했는지 등 설명해야 할 사항이 여러 가지다. 따라서 이 설명은 윤성이와의 연락 두절에 대한

최선의 설명이 되기 어렵다.

③ **최선의 설명이 같은 현상(또는 사실)을 적절히 설명해 준다면, 그 가운데에서도 단순한 설명이 탁월한 설명이다.** : 우선 단순한 설명은 복잡한 설명보다 이해하기도 쉽고, 더 낫다. 잘 알려진 '오캄의 면도날(Okham's Razor)'을 떠올린다면 왜 그런지를 이해하는 데 도움이 될 것이다. 오캄(William of Okham, 1280~ 1349)은 자연을 설명하기 위해서 단순성의 원리를 내세운다. 즉 설명에서 불필요한 가정을 끌어들이지 않아야 하며, 단순한 것이 낫다는 것이다.

앞의 예에서 외계인이 윤성이를 납치했기 때문이라는 설명은 다른 수많은 사항을 가정해야 한다. 외계인이 존재한다는 것, 외계인이 우리나라에 왔다는 것이 거기에 해당한다. 또 이것을 위해서 또 다른 여러 사실을, 즉 불필요한 것들까지 가정해야 한다. 이런 방식의 설명은 결코 단순하지 않다. 현재 받아들여지고 있지 않은 많은 것들을 인정하는 것이기 때문이다.

④ **최선의 설명은 합당한 가정을 바탕으로 한 다른 현상이나 사실과 일관적이어야 한다.** : 외계인이 윤성이를 납치했기 때문이라는 설명은 현재 우리가 받아들이고 있는 과학적 사실과 일관적이지 않다. 외계인이 우리나라를 찾아온다는 것은 SF영화에나 나오는 일이지, 실제 우리가 과학을 통해서 알고 있는 지식과는 일관적이지 않다.

⑤ **최선의 설명은 강력해야 한다.** : 어떤 설명이 탁월한 것인가는

비판적 사고

많은 경우에 그 설명이 성공적으로 사용될 수 있는가에 달려 있다. 외계인이 윤성이를 납치했기 때문이라는 설명이 윤성이와의 연락 두절뿐 아니라 다른 사람들이 감쪽같이 사라진 것이나, 이상 전파 발생 현상 등 여러 가지 다른 현상들도 설명해 준다면 더 나은 설명이 될 가능성이 있다.

⑥ **만약 설명이 이제까지 잘 정립된 다른 믿음들을 포기하도록 만든다면, 그런 설명을 채택하지 않는 것이 좋다.** : 보통 인간은 새로운 사실이나 지식을 받아들이는 데 매우 보수적이다. 새로운 사실이나 지식이 나중에 올바른 것으로 판명될 수도 있다. 그렇지만 그것이 처음 제기될 때, 기존에 이미 받아들이고 있는 사실이나 지식과 충돌을 일으킨다면 새로운 지식을 받아들이는 것을 망설이게 된다. 그것을 받아들이기 위해서는 기존의 믿음들을 포기하거나 수정해야 하기 때문이다. 그러나 기존의 믿음들을 대체할 수 있을 만한 부가적인 설명들이 함께 제시된다면, 새로운 사실이나 지식을 더 기꺼이 받아들일 수 있을 것이다.

우리의 지식이나 믿음은 단편적인 것들이 아무 연결 없이 쌓인 것이 아니다. 또 하나의 단편적인 믿음을 다른 믿음으로 대체하는 것도 아니다. 지식이나 믿음은 하나의 체계로 연결되어 있고, 하나의 단편적인 믿음을 대체하기 위해서는 그와 관련된 다음 믿음들도 함께 교체해야 한다.

⑦ **최선의 설명은 문제가 되는 현상들을 진정으로 설명해야 한다.** :

좋은 설명이란 그것이 설명하고자 하는 현상(또는 사실)에 대해 진정으로 어떤 것을 밝혀준다. 만약 윤성이와 연락이 되지 않는다는 사실에 대해 '윤성이가 연락할 수 없는 이유가 있다.'라고 설명한다고 하더라도, 그 설명은 윤성이와 나 사이의 연락 두절을 진정으로 설명해 주지는 않는다. 그것은 설명해야 하는 현상을 단지 반복하여 서술하고 있을 뿐이다. 이런 방식의 설명은 최선의 설명이라고 하기 어렵다.

이상의 일곱 가지가 최선의 설명을 위해서 고려해야 할 요인들이다.

그렇다면 이제 위에서 제시한 사항들 중 어느 것을 우선적으로 고려해야 하는가를 생각해 보아야 한다. 이런 예를 생각해 보자. 두 가지의 설명이 있다. 다른 조건은 동일한데, 하나는 아주 단순하다. 그러나 또 다른 하나는 그것보다는 복잡하지만 다른 현상도 포괄해서 설명하는 강한 설명력을 가지고 있다. 이 경우 좋은 설명의 조건들 중 어느 것을 더 우선시해야 하는가는 논의의 맥락에 달려 있다. 즉 각 요인이 얼마나 엄격히 적용되는가도 맥락에 따라 달라지고, 또 이 요인들 간의 우선순위도 달라진다. 때로는 강한 설명력을 위해 단순성이라는 요인이 우선순위에서 밀릴 수도 있다. 또 이런 기준들에 비추어 볼 때 어떤 특수한 설명이 다른 설명들보다 우월할 경우, 그런 설명에 근거한 논증이 강해질 수 있다.

요 약

* 유비와 유비 논증
  (1) 유비: 대상의 유사성을 비교
  (2) 유비 논증: 유비 추론(혹은 유비 추리, 줄여서 유추라고도 부름)을 언어로 표현한
  것, 즉 유비를 이용해서 어떤 주장을 지지함

* 유비 논증의 강도 평가
  (1) 유형 혹은 비교되는 대상들(A, B, C 등)의 공통적인 특질(a, b, c 등)이 목표로
  하는 특질(z)과 얼마나 관련된 것인가 하는 문제가 어떤 유비 논증이 강한가 약한
  가를 평가하는 기준이 된다.
  (2) A(B, C, …)와 X 사이의 유사성 중 z와 관련된 유사성의 수가 증가할수록 유비
  논증은 강해진다.
  (3) A(B, C, …)와 X 사이의 비유사성 중 z와 관련된 비유사성이 증가하면, 유비 논
  증은 약해진다.
  (4) X와 비교되는 대상들이 A만이 아니라 B, C 등 여러 대상으로 증가하면, 유비 논
  증은 강해진다.
  (5) X와 비교되는 대상들, 즉 A, B, C 등의 다양성이 크면 클수록 유비 논증은 더
  강해진다.
  (6) 결론을 온건하게 주장하면 할수록 유비 논증은 강해진다.

* 귀납적 일반화(inductive generalization): 특수한 사례에서 일반적 사례를 이끌어내는
  논증으로, 귀납 논증의 한 유형(특히 귀납 논증과 귀납적 일반화를 혼동하지 말 것)

* 귀납적 일반화의 두 유형
  (1) 보편적 귀납적 일반화(universal inductive generalization): 결론이 주어 집합
  의 모든 원소에 대해 논의한다.
  (2) 통계적 귀납적 일반화(statistical inductive generalization): 결론이 주어 집합
  의 일부에 대해 논의한다.

* 귀납적 일반화의 강도 평가: 선택된 표본 집단의 대표성에 따라 평가
  (1) 표본이 충분한 정도의 다양성을 가지고 있는가를 평가한다.
  (2) 표본의 크기가 충분한지 고려해서 평가한다.

* 통계적 삼단논법(statistical syllogism): 일반적인 사례에 대한 명제(통계적 일반화의 명제)로부터 개별적인 사례에 대한 명제를 도출하는 논증으로, 전제가 둘이며 전제에 통계 명제를 포함한다.

* 통계적 삼단논법의 정식화
  집합 F의 x%가 G라는 성질을 가진다.
  a는 F이다.
  그러므로 a는 G라는 성질을 가진다.
  (F는 준거 집합(reference class), G는 F에 속한 원소의 성질, a는 F의 원소)

* 통계적 삼단논법의 강도 평가: 전제와 결론의 관련 정도에 따라 결정됨

* 최선의 설명에 의한 논증(argument by the best explanation)
  어떤 가설은 a라는 현상을 설명해 준다.
  그 가설은 다른 어떤 대안적 가설보다 더 좋은 최선의 설명이다.
  그러므로 그 가설은 참이다.

* 최선의 설명이 되기 위한 일반적인 조건
  (1) 설명은 참이 될 것 같지 않은 주장들을 포함해서는 안 된다.
  (2) 설명은 더 설명될 필요가 있는 것이어서는 안 된다.
  (3) 같은 현상을 적절히 설명해 준다면, 단순한 설명이 탁월한 설명이다.
  (4) 설명은 합당한 가정을 바탕으로 한 다른 현상이나 사실과 일관적이어야 한다.
  (5) 설명은 강력해야 한다.
  (6) 만약 설명이 이제까지 잘 정립된 다른 믿음들을 포기하도록 한다면, 그런 설명은 채택하지 않는 것이 좋다.
  (7) 설명은 문제가 되는 현상들을 진정으로 설명해야 한다.

I. 다음 글에 포함된 유비 논증을 찾아 준거 대상과 비교되는 대상이 무엇인지, 두 대상 간의 공통된 성질이 무엇인지, 또 유비 논증이 목표로 삼고 있는 성질이 무엇인지 확인하시오.

1. 죄수나 나나 자유롭지 못하기는 마찬가지이다. 죄수나 나나 모두 가고 싶은 곳에 마음대로 가지 못하고, 원하는 것을 하지 못하기 때문이다.

2. 우리 인생은 흐르는 물과 같다. 그것은 아래로만 내려간다. 그러니 네 인생이 더 나아지기를 기대하지 않는 게 현명하다.

3. 나는 지금 강아지를 데리고 병원에 가봐야 해. 지금 우리 집 강아지 코가 건조해. 저번에도 그랬는데 강아지가 금방 아프더라고.

4. 철진이와 철민이는 일란성 쌍둥이이다. 나는 철진이와 아주 쉽게 친한 친구가 되었다. 철민이를 아직 만나보지 못했지만 만나면 쉽게 친한 친구가 될 것이라 생각한다.

5. 집에 가서 영화 봐야 돼. 오늘 〈반지의 제왕 2〉를 하는데 지난번 〈반지의 제왕 1〉에서처럼 등장인물들의 성격이 너무나 뚜렷하게 살아 있어. 그리고 배역도 너무 잘 맡았어. 게다가 내가 좋아하는 배우들이야. 너무 흥미진진할 것 같아.

6. 아마추어 경기는 어디까지나 아마추어 경기지. 지난번에 아마추어 야구 경기를 몇 번 봤는데 진짜 지루하더라고. 그게 결승전이라고 해도

마찬가지지 뭐.

7. 새로 집을 지으려고 땅을 파다가 아주 큰 바위 덩어리와 마주쳤다. 현장 소장은 더 이상 파 들어가지 않는 것이 좋겠다고 했다. 옆집과 뒷집도 집을 지을 때 이런 일이 일어났는데 땅속의 바위를 뚫고 들어가다가 주변 집에 금이 가는 일이 생겼다고 했다.

II. 다음의 유비 논증에서 아래에 주어진 전제를 덧붙이거나 그것으로 결론을 대치한다면, 논증은 더 강해지는지 약해지는지, 아니면 변화가 없는지 살펴보시오. 그리고 그 변화의 이유를 설명하시오.

1. 나와 내 친구는 우리가 함께 본 영화에 대해 항상 의견이 같았다. 내 친구는 〈해운대〉를 보고 아주 좋았다고 했다. 나도 그 영화를 보면 좋아할 것이다.

  (a) 내 친구와 내가 이제까지 함께 본 영화는 모두 재난을 다룬 영화였다.

  (b) 내 친구와 나는 아주 많은 영화를, 그것도 아주 다양한 장르의 영화를 보았는데 항상 의견이 같았다.

  (c) 내 친구와 나는 항상 금요일에 영화를 보았는데 〈해운대〉는 토요일에 본다.

  (d) 나는 아마 〈해운대〉를 보면 혹평하지는 않을 것이다.

  (e) 내 친구와 내가 함께 보고 의견을 나눈 영화는 모두 멜로물이었다.

2. 친구네에서 '깔끔이' 청소기를 샀는데 그것만 있으면 모든 청소는 정말 깨끗하게 해결된다고 한다. 우리 집도 '깔끔이'를 사면 이제 청소 걱정은 없을 거야.

(a) 우리 이웃도 '깔끔이'로 청소를 하는데 정말 좋다고 한다.

(b) 우리 집 사람들은 심하게 지저분하지 않으면 만족한다.

(c) '깔끔이'는 자동 스위치를 켜두면 수시로 알아서 청소를 한다.

(d) 친구 집에서는 청소기의 여러 기능을 잘 활용하지만, 우리 집은 먼지 제거 기능만 사용할 것이다.

(e) 우리 집도 친구 집과 같이 매일 '깔끔이'를 사용하여 청소할 것이다.

III. 다음의 진술이 〈보기〉의 어느 항목에 해당하는지 밝히시오.

――― 〈보기〉 ―――
(a) 보편적 일반화의 진술 (b) 통계적 일반화의 진술 (c) 특수한 진술

1. 철수는 어제 집 앞에서 딸기를 샀다.

2. 사람들 대부분은 공무원을 불신한다.

3. 제주도에 사는 사람 중 70%가 해산물을 좋아한다.

4. 나는 내일 약속이 있다.

5. 사람들이 자신이 원하는 모든 것을 가질 수는 없다.

6. 네 건강을 지키려면 담배를 안 피워야 한다.

7. 인간은 빵만으로 살 수는 없다.

8. 저 커플은 서로를 정말 아끼고 존중한다.

9. 아주 소수의 사람들이 서재를 가지고 있다.

10. 부모가 이혼을 하게 되면 항상 아이들이 상처받는다.

IV. 다음의 사건을 가장 잘 설명하는 가설은 어떤 것인가? 그리고 대안적인 가설은 어떤 것인가? 여러분은 대안적인 가설보다 여러분이 먼저 제시한 가설이 왜 더 나은 설명이라고 생각하는가?

1. 이 동네의 집들은 대체로 20년 전에 지어졌는데 아주 큰 바위 위에 지어져 있다.

2. 늦가을에 주택가에서 연기가 올라가는 것이 보였다. 나뭇잎 타는 냄새가 나고 있었다.

3. 밤에 집에 오는데 주유소에 차가 아주 많이 서 있었다.

4. 날씨가 화창한 주말에 시내가 텅텅 비어 있었다.

5. 공과대학 지망생들이 줄어들고 있다.

6. 대학생들이 전보다 공무원이 되기를 더 많이 원한다.

7. 대학에서 영어로 진행하는 수업이 많이 늘어나고 있다.

8. 대학생들이 예전보다 학점에 신경을 더 많이 쓴다.

9. 가을까지 괜찮았는데 겨울이 되어 피부가 가렵다.

10. 인간의 경우 다른 동물에 비해 양육 기간이 더 길다.

V. 다음의 논증이 포함하는 귀납 논증의 유형을 〈보기〉에서 고르시오. 그리고 그 논증이 강한 논증이 아닌 이유를 설명하시오.

〈보기〉

(a) 유비 논증　　(b) 귀납적 일반화　　(c) 통계적 삼단논법

(d) 최선의 설명에 의한 논증

---

1. 내가 지난 여름 마드리드에 갔을 때 머문 호텔의 직원은 영어를 잘했다. 아마도 스페인 사람들은 영어를 잘하는 모양이다.

2. 파란 볼펜으로 '비판적 사고' 시험을 본 학생들 중 89%가 좋은 점수를 얻었다. 미진이는 파란 볼펜으로 '비판적 사고' 시험을 볼 것이다. 미진이는 그 시험에서 좋은 점수를 얻을 것이다.

3. 애완견을 키우는 사람들을 대상으로 애완견을 데리고 지하철을 타지

못하게 하는 것은 부당한 일인지 조사하였더니 80%가 그렇다고 대답
했다. 따라서 우리나라 사람들은 애완견을 타고 지하철을 타지 못하게
하는 규정에 대해 부정적이다.

4. 어제 분명히 여기에 시계를 두었는데 시계가 없어졌다. 여기 물건을
   다시는 두지 않아야겠다. 이 장소에서는 물건이 스스로 분해되어 사라
   져버리나 보다.

5. 어제 데려온 강아지는 지난번에 내가 키우던 강아지와 얼굴이 아주 비
   슷해. 이 강아지를 데리고 산책할 때는 목줄을 꼭 매어야 해. 또 집을
   나가면 안 되니까.

6. 유진이는 경제학과 학생인데 수학을 잘 못해. 요즘 경제학과 학생들은
   다 그런가 봐.

7. 인생은 흐르는 물과 같아. 물은 위에서 아래로 흐르지. 인생의 황금기
   는 어린 시절이고 그 뒤로는 쇠퇴하는 일만 남았어. 그러니 너의 미래
   가 나아지리라고 기대하지 않는 게 좋아.

8. 요즘 음식을 먹으면 자꾸 체한다. 위장 약을 안 빠뜨리고 잘 먹어야겠다.

9. 동물도 사람과 마찬가지로 언어를 가지고 있어. 적이 나타나거나 먹이
   가 나타나면 그걸 소리로 알리잖아?

10. 미정이가 가는 음식점은 거의 항상 깔끔해. 이 음식점도 괜찮을 거야.

VI. 다음 명제가 참인지 거짓인지 답하시오.

1. 어떤 부가적인 유사성이 첨가되면 유비 논증은 항상 강해진다.

2. 유비 논증을 할 때 두 현상(대상)들 간의 차이점을 무시하면 항상 잘못
된 논증을 하게 된다.

3. 관련된 부가적인 유사성이 첨가되면 유비 논증은 항상 강해진다.

4. 새로운 전제를 덧붙이면 유비 논증은 강해지거나 아니면 약해진다.

5. 유비 논증의 전제와 결론은 모두 특수한 명제로 되어 있다.

6. 두 현상이 유사성을 가지고 있다고 해서 그것으로부터 도출한 결론이
항상 받아들일 만한 것은 아니다.

7. 귀납적 일반화를 할 때 무작위로 선택하는 것이 편향되지 않은 표본을
선택하는 유일한 방법이다.

8. 귀납적 일반화를 할 때 아주 소수의 표본으로도 전체 집단을 대표할
수 있는 경우는 없다.

9. 귀납적 일반화를 할 때 표본의 수가 커지면 커질수록 그 결론에 대한
신뢰도는 거기에 비례하여 높아진다.

10. 귀납적 일반화의 논증은 그 결론이 보편적이건 통계적이건 일반화의

명제로 되어 있다.

11. 귀납 논증을 강하게 만든다는 것은 전제와 결론 사이의 논리적인 비약을 줄인다는 것을 의미한다.

12. 삼단논법은 연역 논증에서만 찾아볼 수 있다.

13. 통계적 삼단논법의 결론은 통계적 일반화의 명제로 되어 있다.

14. 통계적 삼단논법의 기본적인 형태는 전제가 둘인 논증이다.

15. 통계적 삼단논법으로 어떤 것을 논증하고자 할 때 아주 구체적으로 정립된 준거 집단을 설정하는 것이 설득력 있는 논증을 할 수 있는 필요조건이다.

16. 어떤 설명이 어떤 현상에 대한 최선의 설명인가는 우리 각자의 배경 지식이 서로 다르다는 데서 영향을 받는다.

17. 귀납 논증에서 결론을 완화하여 더 약한 주장으로 바꾸면 그 논증은 원래보다 강해질 수 있다.

2장
인과 논증

1. 인과의 개념

인과 논증(causal argument)이란 전제와 결론에서 인과 관계를 주장하는 논증이다. 여기서 인과 관계란 원인과 결과의 관계를 말한다. 그런데 '원인'이라는 말은 사실 몇 가지의 의미로 애매하게 사용된다. 다음과 같은 예를 들어보자.

어떤 사람이 바다에서 요트를 타다가 사망했다고 하자. 그 사람은 요트를 너무 즐겨서, 오후에 비가 많이 오고 바람이 불 것이라는 일기예보를 듣고도 바다로 나갔던 것 같다. 결국 그의 요트는 심하게 요동쳤고, 그는 물에 빠져버렸다. 이 상황에서 해양 구조대가 악천후에도 불구하고 수색 작업을 했고, 마침내 그 사람을 발견했다. 그러나 불행히도 이미 사망한 상태였다. 해양 구조대는 신속하게 그 사람을 병원으로 옮겼고, 담당 의사는 몇 가지 조사를 했다. 그런데 놀랍

게도 이 사람의 사망 원인은 익사가 아니라고 했다. 그래서 그 원인을 알기 위해 부검을 하기로 결정했다. 부검 결과 사망 원인은 수면제 과다 복용으로 밝혀졌다. 즉 이 사람은 악천후로 인한 사고가 아니라, 자신이 복용한 수면제 때문에 사망한 것이다. 경찰은 이 부검 결과를 보고 이 사람의 사망 원인은 다른 외부 요인에 의한 것이 아니라 자신에 의한 것이라고 결론지었다.

그런데 원인에 대한 규명은 여기에서 끝나지 않는다. 사망자의 가족은 여기서 그치지 않고, 사망의 더 근본적인 원인을 찾아볼 것이다. 즉 무엇 때문에 수면제를 과다 복용했는지를 알아내려 할 것이다. 그래서 최근에 그가 빚을 내어 주식 투자를 하다가 크게 손실을 본 사실을 찾아낼 수도 있다. 한편 그런 사실과 함께 그가 비관적인 인생관을 가지고 있었다는 성격상의 문제도 제시할 수 있다. 일상에서 벌어지는 어떤 사건은 이처럼 아주 복잡한 인과 관계의 연쇄 상에 놓여 있다. 그래서 사람들은 그 복잡한 연쇄적 인과 관계를 특별히 세밀하게 검토해서, 그 가운데 어떤 부분을 가리켜 그 사건의 원인이라고 말하는 것이다. 이렇게 동일한 사건을 놓고도 원인이 여러 가지 있을 수 있다. 이것들은 서로 배타적이지 않다.

복잡한 인과 관계의 연쇄 중에서, 우리의 목적에 따라 또는 관심에 따라 어느 한 측면이 '원인'으로 간주된다. 위의 예에서 의사는 수면제 과다 복용에 의한 사인에 관심을 가질 것이고, 경찰은 악천후에 따른 익사라는 사인에 관심을 가질 것이다. 그러나 가족들은 주식 투자 실패나 비관적인 인생관 같은 사인에 관심을 가질 것이다.

인과 관계의 다른 한 측면인 원인도 여러 가지 의미로 사용된다.

여기서 우리는 필요조건과 충분조건의 개념을 관련시켜 원인을 이해할 수 있다. 예를 들어 병에 걸린 사람의 경우를 생각해 보자. 강아지 털에 알레르기 증상을 보이는 사람이 있는데 강아지 털이 알레르기의 원인이라고 할 때, 이때의 원인은 필요조건으로서의 원인을 의미한다. 여기서 'A가 B에 대한 필요조건'이라는 것은 "A라는 조건 없이는 B가 결코 일어날 수 없다."는 뜻이다. 즉 강아지 털에 접촉하지 않는다면, 알레르기 증상이 나타나지 않는다는 것이다.

또한 충분조건으로서의 원인도 있다. 즉 'A가 B의 충분조건'이라는 것은 "A라는 조건이 만족되면, B가 일어나는 것을 보장한다."는 것이다. 일반적으로 어떤 결과가 나오기를 원할 때, 우리는 충분조건으로서의 원인에 관심을 가진다. 예를 들어 독감에 대한 면역력을 키우기 위해 우리는 독감 예방주사를 맞는다. 그때 예방주사는 면역체를 형성하여 독감을 예방하는 충분조건에 해당한다.

실제로는 충분조건으로서의 원인을 이야기하면서, 우리는 일련의 사실을 가정한다. 예를 들어, 집을 지을 때 단열재를 사용하는 것은 겨울에 실내 온도를 높게 유지할 수 있는 충분조건으로서의 원인이 되는데, 충분조건으로서의 원인은 일련의 필요조건을 배경으로 하고 있는 것이다. 즉 건물 관리자는 그 건물의 모든 창문을 거의 닫아두었으며, 적절하게 난방 장치를 가동했다. 또한 무엇보다도 그 건물은 기본적으로는 건물 전체 난방 시스템에 문제가 없으며, 적당하게 일조량을 확보하고 있다. 이런 여러 가지 필요조건이 만족되면서 단열재가 사용된 경우, 그 건물은 적절한 실내 온도를 유지할 수 있는 것이다.

어떤 경우에 우리는 어떤 인과적 조건이 "개별적으로는 필요하고, 결합해서는 충분하다"고 말한다. 즉 각각의 조건들은 필요조건이고, 그 조건들이 모두 결합해서는 충분조건이 되는 경우이다. 다음과 같은 경우를 예로 들 수 있다. 내가 집에서 열대 식물인 고무나무를 키운다고 하자. 그 고무나무가 잘 자라는 데 필요한 것들을 조사해 보았다. 그랬더니 ① 적당한 물, ② 높은 온도, ③ 원활한 산소 공급, ④ 충분한 햇빛이 필요했다. 여기서 이 각각의 원인들은 고무나무가 잘 자라는 데 개별적으로 꼭 필요하다. 또 그 모든 조건이 충분하게 갖추어지는 경우, 고무나무의 성장은 제대로 이루어지게 된다.

사실 우리가 어떤 상황에 대해 매우 많은 것을 알고 있다고 하더라도, 원인을 밝혀내는 데는 여전히 문제가 있기 마련이다. 왜냐하면 필요조건이나 충분조건으로서의 원인들을 남김없이 확인해 내려고 할 경우 실제로 우리가 분석하는 인과적 상황이 너무나 복잡하기 때문이다. 경우에 따라서는 지금까지 발견되지 않은 원인이 밝혀질 수도 있고, 또 다른 방식의 충분조건이 밝혀질 수도 있다.

이 밖에도 우리는 때때로 필요조건도 충분조건도 아닌 의미에서 원인에 대해 이야기하는 경우가 있다. 이런 예를 들어보자. 얼굴이 빨개진 사람을 보고 술을 마셨냐고 물을 수 있다. 그렇지만 술을 마시는 것은 얼굴색을 빨갛게 만드는 필요조건도 아니고 충분조건도 아니다. 어떤 사람은 술을 마시지 않아도 얼굴이 빨개지고, 또 어떤 사람은 술을 마셔도 얼굴이 빨개지지 않기 때문이다. 그렇지만 술을 마시는 것은 얼굴이 빨개지는 것과 어떤 연관성이 있다고 추정한다. 이처럼 필요조건도 충분조건도 아닌 원인을 확률적(probabilistic) 원인이라고 부른다. 즉 술을 마시지 않은 경우보다 술을 마신 경우에 얼굴이 빨개질 확률이 더 높다는 것을 의미한다.

우리가 원인이라는 단어를 자주 사용하지만, 꼼꼼히 따져보면 그 의미가 모두 같지는 않다. 따라서 우리는 '원인'이라는 말의 여러 가지 사용 방식을 제대로 이해해야 한다. 그래야 인과 논증을 분명히 파악할 수 있다.

2. 밀의 방법: 여러 가지 인과 논증

인과 논증에는 여러 가지가 있다. 보통 이것들을 가리켜서 '밀의 방법'이라고 한다. 위대한 논리학자로도 평가받는 영국의 철학자이자 사상가인 밀(J. S. Mill, 1806~1873)과 관련이 있기 때문이다. 그는 『논리학의 체계(The System of Logic)』(1843)에서 인과 관계를 찾아내는 가장 기본적인 방법 몇 가지를 체계적으로 기술하고 있다.

밀은 인과 관계를 발견하는 원리를 제시하면서, 인과 관계를 정당화할 수 있는 원리라고 생각했다. 그러나 밀의 방법은 중요한 것이기는 하지만, 이 방법만으로는 인과 관계를 발견할 수도 없고 정당화할 수도 없다. 밀의 방법이 의미 있으려면, 검토하려는 논의와 관련해서 다양한 배경 지식과 여러 가지 전제를 받아들여야 하기 때문이다. 무엇이 결과를 산출하는 원인으로서 유관한가에 대해서 사전 배경 지식과 가설들이 있을 때에만, 밀의 방법은 유효하다. 밀의 방법에 대한 대체적인 평가는 그것만 가지고는 과학적이라고 말하기 어렵다는 것이다. 그렇지만 일상생활에서 흔히, 유용하게 사용하는 방법이다.

(1) 일치법(method of agreement)

일치법은 어떤 결과가 발생한 모든 경우들에 공통으로 존재하는 요인을 원인으로 간주하는 것으로서, 우리 주변에서 아주 흔하게 볼 수 있는 방법이다.

가령 결혼식에 다녀온 몇몇 사람이 피로연에서 점심을 먹고 식중독에 걸렸다고 가정해 보자. 이 상황에서 사람들은 무엇보다도 먼저 점심 식사에 문제가 있었다고 생각할 것이다. 그래서 그 사람들이 점심 식사로 먹은 음식물이 무엇인지를 알아보고, 그 가운데 어떤 음식물에 문제가 있는지 살펴보는 게 보통이다. 우선 식중독에 걸린 사람들이 먹은 음식물을 조사해서 다음과 같은 표를 작성했다.

	발병 여부	잡채	갈비찜	냉채	탕수육	생선회	잡곡밥	수정과
A	식중독	○	○	×	○	○	○	×
B	식중독	○	○	○	×	○	×	○
C	식중독	×	×	○	○	○	×	○
D	식중독	○	×	○	×	○	○	○
E	식중독	○	○	×	×	○	○	○

(○는 먹은 음식물, ×는 먹지 않은 음식물)

우선 식중독 환자들 일부는 먹었지만 일부는 전혀 먹지 않은 음식물을 찾아서, 그것이 식중독의 원인은 아니라고 생각할 것이다. 그런 다음 그런 음식물은 원인이 아닌 것으로 보아 표에서 지워나간다.

이렇게 해서 살펴보니 유일하게 남은 것은 생선회이다. 생선회는 식중독에 걸린 사람들이 공통으로 먹은 음식물이었다. 이 상황에서 식중독 환자들이 먹은 음식물들 가운데 어떤 것을 식중독의 원인으로 꼽는다면, 그것은 바로 생선회이다. 어떤 결과가 발생하는 데 나타난 모든 경우를 따져서, 그중 공통적인 요인을 원인으로 간주할 수 있기 때문이다.

이와 같은 추론은 아주 일상적이다. 하지만 생선회가 식중독의 원인이었다고 결론짓는 것은 어떤 제한된 상황에서나 가능하다. 생선회를 먹은 사람들 모두에게 식중독이 일어났다고 하더라도, 그것이 식중독의 원인이라고 단정할 수는 없기 때문이다. 생선회에 문제가 있는 것이 아니라, 생선회를 담았던 그릇이 오염되었을 수도 있다. 또 생선회와 같은 한 가지 음식만이 아니라, 생선회를 제외한 다른 두 가지 이상의 음식물을 함께 먹으면서 문제가 일어났을 수도 있다. 예를 들어 갈비찜과 냉채가 약간 문제가 있는 것이라면, 그것들은 충분히 식중독의 원인이 될 수 있다. 그렇더라도 이런 가능성이나 또 다른 것이 원인이 될 수 있는 경우들을 다 배제하는 상황이라면, 생선회가 식중독의 원인이라고 그럴듯하게 결론지을 수 있다.

(2) 차이법(method of difference)

일치법과 마찬가지로 차이법도 일상생활에서 흔히 쓰이는 아주 간단한 방법이다. 우선 두 가지의 경우를 조사한다. 그중 한 경우는 어떤 결과를 보이고 있고, 다른 경우는 그 결과를 보이지 않을 때, 어떤 결과를 보인 경우에만 존재하는 요인이 원인이라고 간주하는 방법이다.

예를 들어 결혼식에 참석하고 나서 E군과 F양이 모두 피로연 장소에서 식사를 했다고 가정해 보자. 그런데 함께 식사를 한 E군은 식중독에 걸렸지만, F양은 걸리지 않았다. 그러면 두 사람은 음식

섭취에서 어떤 차이점을 보이고 있는가? 알아보니 다음과 같았다.

	발병 여부	잡채	갈비찜	냉채	탕수육	생선회	잡곡밥	수정과
E	식중독	○	○	○	○	○	○	×
F	이상 없음	×	○	○	○	○	○	○

(○는 먹은 음식물, ×는 먹지 않은 음식물)

우선 E군이 먹은 갈비찜, 냉채, 탕수육, 생선회, 잡곡밥은 식중독의 원인에서 제외된다. 그것을 모두 먹은 친구는 식중독에 걸리지 않았기 때문이다. 수정과도 제외된다. E군은 그것을 먹지 않았는데 식중독에 걸렸기 때문이다.

여기서 E군이 먹고, F양이 먹지 않은 음식물, 즉 잡채가 식중독의 원인으로 간주될 수 있을 것이다. 하지만 이것도 어떤 제한된 상황에서만 그렇다. 즉 E군과 F양이 먹은 음식물들 가운데 어느 한 가지가 식중독의 유일한 원인이라고 간주할 경우이다. 그렇지 않다면, 다른 것이 원인일 수도 있다. 예를 들어 F양은 소화 기능이 활발한 데 비해서, E군은 위장이 예민하고 평소에 식중독이 잘 일어나는 체질이라면, 상황은 달라진다. 차이법으로는 제한된 상황에서의 원인을 알 수 있긴 하지만 그렇지 않은 상황에서는 다른 차이점이 원인으로 간주될 수 있다.

(3) 일치 차이 병용법
(joint method of agreement and difference)

일치 차이 병용법은 일치법과 차이법을 결합한 것으로, 일치법이나 차이법보다도 조금 더 정교해 보인다. 이 방법을 보기 위해서 다음의 예를 들어보자. 아래 여섯 사람의 경우에서 다섯 사람은 식중독에 걸렸고, 나머지 한 사람은 식중독에 걸리지 않았다.

	발병 여부	잡채	갈비찜	냉채	탕수육	생선회	수정과	떡
A	식중독	○	○	×	○	○	○	×
B	식중독	○	○	○	×	○	×	○
C	식중독	×	×	○	○	○	×	×
D	식중독	○	×	○	×	○	○	○
E	식중독	○	○	×	×	○	○	○
F	이상 없음	×	○	○	×	×	○	○

(○는 먹은 음식물, ×는 먹지 않은 음식물)

위와 같은 경우에, 식중독에 걸린 다섯 사람이 공통으로 먹은 음식은 생선회였고, 식중독에 걸리지 않은 한 사람은 그것을 먹지 않았다.

일치 차이 병용법으로는 어떤 결과가 일어나기 위한 필요충분조건을 확인할 수 있다. 즉 일치법으로는 어떤 결과가 일어나기 위한 필요조건을 확인하고, 차이법으로는 어떤 결과가 일어나기 위한 충분조건을 확인한다. 그래서 이 방법은 통상적으로 일치법이나 차이법만을 사용하는 것보다 더 신뢰할 만하다고 할 수 있다. 왜냐하면 단순히 생선회를 먹은 사람들이 식중독에 걸렸다고 말하는 것보다, 생선회를 먹은 사람들은 식중독에 걸렸고, 그것을 먹지 않은 사람들은 식중독에 걸리지 않았다고 말하는 것이 훨씬 더 정확해 보이기 때문이다. 다시 말해서 생선회가 식중독의 원인인지 아닌지를 따지는 경우, 일치차이 병용법을 사용하는 것이 훨씬 높은 개연성을 가진다.

(4) 공변법(method of concomitant variation)

공변법은 어떤 조건일 때 어떤 유형의 사건이 발생하는 빈도와, 다른 조건일 때 그와 동일한 유형의 사건이 발생하는 빈도를 비교해서, 두 현상 간의 인과 관계를 확인하는 방법이다. 우선 공변법을 정식화하면 다음과 같다.

A, B, C가 일어나자, X, Y, Z가 발생했다.
A, B↑, C가 일어나자, X, Y↑, Z가 발생했다.
A, B↓, C가 일어나자, X, Y↓, Z가 발생했다.
그러므로 B는 Y의 원인이다.

예를 들어 이혼율이 증가할수록 청소년의 가출 비율도 증가하며, 이혼율이 감소할수록 청소년의 가출 비율이 감소하는 현상을 관찰하게 되었다고 하자. 이로부터 이혼율과 청소년 가출 비율 사이에 인과 관계가 있다는 결론을 내릴 수 있다. 즉 이혼 가정의 불화가 청소년 가출 비율을 증가시켰으며, 가족 간의 불화 감소가 청소년 가출 비율을 낮추었다고 추정할 수 있다. 그러나 여기서 유의할 점은 앞서 설명한 인과 관계의 난점과 같다. 즉 단순히 병행하여 일어나는 두 현상을 보고 어떤 현상을 원인으로 간주해야 할지 쉽게 판단하기 어려운 경우도 있다. 단순히 두 현상이 병행하여 일어나는 것을 관찰해서는 어떤 것이 다른 것에 시간적으로 선행하는지 알 수 없는 경우도 있기 때문이다. 그럴 경우 다른 배경 지식에 의해 우리는 어떤 것이 원인인지 판단하게 된다.

(5) 잉여법(method of residue)

잉여법은 이미 알려진 선행 상황과 그 결과를 가지고 추론하는 것이다. 즉 이미 알려져 있는 선행 상황과 어떤 현상들 간의 인과 관계를 빼고 남은 선행 상황과 다른 현상들 사이에 인과 관계가 있다고 추론하는 방법이다. 이것은 다음과 같이 정식화할 수 있다.

> ABC는 abc의 선행 요인이다.
>
> A는 a의 원인으로 알려져 있다.
>
> B는 b의 원인으로 알려져 있다.
>
> 그러므로 C는 c의 원인이다.

이런 예를 들어보자.

> 지난번 '비판적 사고' 시험에서 20점이 감점되었다.
>
> 그 수업의 점수는 중간고사, 기말고사, 출석, 수업 태도로 매긴다.
>
> 중간고사와 기말고사에서 각각 7점 감점되었고, 출석에서 1점 감점된 것을 알고 있다. 아마도 수업 태도에서 5점 감점되었나 보다.

이 논증도 그 결론의 참을 절대적으로 보장할 수 없는 귀납 논증이다. 왜냐하면 전제가 다 참이라 하더라도, 미처 생각하지 못한 다른 요인이 있을 수 있기 때문이다. 즉 성적 산출 과정에서 착오로 감점을 잘못 합했을 수도 있다.

3. 인과적 오류

어떤 두 사건이 서로 인과 관계에 있다면, 일반적으로 그것은 단지 두 사건에 국한된 것이 아니다. 인과 관계는 어떤 사건 유형들 간의 관계를 정립하는 것이다. 두 사건 사이에 인과 관계가 성립한다면, 원인과 결과는 규칙성을 가지고 발생해야 한다. 또한 원인은 결과보다 나중에 발생하지 않아야 한다. 너무나 뻔한 얘기이다. 그러나 두 유형의 사건들 간에 인과 관계가 있는지 없는지를 결정해 주는 일반적인 원리를 제시할 수는 없다. 단지 어떤 경우에 인과 관계가 성립한다고 할 수 없는지만 제시할 수 있다. 실제로 성립하지 않는 인과 관계를 가정하는 것은 잘못이다. 즉 인과적 오류라는 잘못된 (인과) 논증을 한 것이다.

(1) 우연적 관계와 인과 관계의 혼동

우선 A유형의 사건이 B유형의 사건 다음에 발생한다고 해보자. 단지 그 이유만으로 이 두 유형의 사건들 간에 인과 관계가 있다고 생각한다면, 그것은 잘못일 수 있다. 예를 들어 다음과 같은 논증이 그런 경우에 해당한다.

나는 시험 치기 전에 필기도구를 떨어뜨리면 늘 시험을 망쳐. 에이, 그렇게 조심했는데도 오늘 볼펜을 떨어뜨렸어. 결국 오늘 시험도 기대하지 않는 게 좋겠어.

이 예에서는 볼펜을 떨어뜨리는 것과 시험 성적을 인과 관계로 설정하고 있다. 어떤 두 유형의 사건에서 인과 관계가 성립한다고 할 경우, 우리는 한 유형의 사건이 다른 유형의 사건에 앞선다는 것만을 근거로 들지 않는다. 두 유형의 사건이 시간적 선후 관계를 가지면서 반복적으로 일어나는 것은 우연일 수도 있기 때문이다. 그런데 때때로 우리는 그 사건들이 반복되는 것이 특별하다고 여기거나 우리에게 중요한 사항이라고 생각해서, 그 우연한 관계를 인과 관계로 오해할 수 있다.

어떤 두 유형의 사건들 간의 관계가 우연적인지, 인과적인지를 구분하는 한 가지 방법이 있다. 두 유형의 사건이 규칙적으로 발생하는 것이 항상 지속되는지 판정할 수 있도록 관찰을 많이 하는 것이다. 만약 그럴 수 있는 기회가 없다면, 그 관계가 우연적인지, 인과적인지에 대해 판단을 유보하는 것이 바람직하다. 그런데 계속 관찰한 결과 두 유형의 사건이 지속적, 규칙적으로 발생하지 않는다면, 그것들 간에는 인과 관계가 없다고 판정을 내릴 수 있다. 그러나 두 유형의 사건들이 계속해서 규칙적으로 발생한다 하더라도, 그 사이에 인과 관계가 성립한다는 것을 완전히 보장할 수는 없다. 다음 두 가지 항목을 보자.

(2) 공통 원인의 무시

두 유형의 사건들 사이에 규칙적인 발생 관계가 있다고 하자. 그렇다고 하더라도 이 두 사건들 사이에 어떤 인과 관계가 있다고 추론하는 것이 잘못일 수 있다. 예를 들어 번개가 번쩍인 다음 천둥소리가 들린다. 이런 경우 번개가 천둥소리의 원인이라고 추론한다면, 그것은 잘못이다. 번개와 천둥소리는 구름이 충돌하면서 나타나는 방전현상 때문에 생긴다. 즉 번개와 천둥소리는 방전 현상에 따른 두 가지 측면으로서, 공통 원인의 결과로 나타난 것이다. 따라서 번개가 천둥소리의 원인이라고 추론한다면, 그것은 공통 원인을 무시한 것이다.

두 유형의 사건이 규칙적으로 이어서 발생하는 경우, 그 두 유형의 사건이 어떤 공통된 원인으로부터 야기된 것이 아닌가를 의심해 보아야 한다.

(3) 원인과 결과의 혼동

원인과 결과의 혼동이라는 오류는 일정하게 발생하는 두 유형의 사건들 간의 시간적 선후 관계를 잘못 파악할 때 저지르게 된다. 결과는 원인에 결코 선행할 수 없다. 예를 들어 올해 저축률과 취업률을 조사했더니, 저축률이 올라가는 달에는 언제나 취업률이 상승했다. 또 저축률이 내려가는 달에는 취업률이 떨어지는 것을 관찰할 수 있었다. 이를 보고 그 사이에 인과 관계가 성립한다고 추정할 수 있다. 그런데 저축률이 취업률의 원인이라고 추정하는 것은 잘못이다. 왜냐하면 사실상 취업률의 상승이 저축률의 상승에 시간적으로 선행하는 것으로 밝혀질 수 있기 때문이다. 만일 두 유형의 현상들 간에 인과 관계가 있다면, 취업률의 상승이 저축률 상승의 원인이라고 할 수 있다.

이런 혼동(즉 오류)을 피하고자 한다면, 두 유형의 사건이 일어나는 시간적 순서에 주의해야 한다. 그렇지만 많은 경우 인과 관계는 복잡하다. 그래서 두 유형의 현상들 중 어떤 것이 시간적으로 선행하는가를 판단하는 것은 결코 쉽지 않을 수 있다.

요 약

* 인과 논증: 전제와 결론 사이의 인과 관계를 주장하는 논증

* 원인의 여러 가지 의미
    (1) 연쇄적 인과 관계에서 나타나는 특정 단계의 원인
    (2) 필요조건으로서의 원인: 그 사건 없이 결코 어떤 결과가 나타날 수 없는 경우
    (3) 충분조건으로서의 원인: 어떤 사건이 주어지면, 결과를 보장할 수 있는 경우
    (4) 확률론적 원인: 어떤 사건이 결과를 발생시킬 확률이 높은 경우

* 밀의 방법: 인과 관계를 찾아내는 다섯 가지 방법으로서, 밀의 의도와는 달리 분명한 한계를 보여주며, 관련된 논의를 위해서는 다양한 배경 지식과 충분한 전제가 필요함
    (1) 일치법(method of agreement): 어떤 결과가 발생한 여러 경우들에 공통적으로 선행하는 요인을 찾아 그 결과의 원인으로 간주하는 방법
    (2) 차이법(method of difference): 어떤 결과가 발생했을 때 선행한 요인과 그 결과가 발생하지 않았을 때 결여된 요인을 찾아 그 결과의 원인으로 간주하는 방법
    (3) 일치 차이 병용법(joint method of agreement and difference): 일치법과 차이법을 결합하여 원인을 확인하는 방법
    (4) 공변법(method of concomitant variation): 두 사건들 간의 변이에 따라 원인을 확인하는 방법
    (5) 잉여법(method of residue): 어떤 복합적인 요인들이 복합적인 결과를 낳을 때, 기존에 알고 있던 인과 관계를 추출하고 남은 것으로부터 원인을 확인하는 방법

* 인과적 오류: 잘못된 인과 논증
    (1) 우연적 관계와 인과 관계의 혼동
    (2) 공통 원인의 무시
    (3) 원인과 결과의 혼동

I. 인과 관계를 서술하는 다음의 진술들을 보고 그 원인의 종류를 〈보기〉에서 고르시오.

```
─────────────────── 〈보기〉 ───────────────────
(a) 필요조건으로서의 원인       (b) 충분조건으로서의 원인
(c) 확률론적 원인
```

1. 인플루엔자 바이러스에 노출된 것이 민희가 감기에 걸린 원인이다.

2. 공항에 시간에 꼭 맞추어 가야 한다는 생각 때문에 재성이는 속도위반을 했다.

3. 물을 주고 화분을 햇빛이 드는 곳에 두어 장미꽃이 만발했다.

4. 정인이는 밤을 새워 공부하여 시험을 잘 보았다.

5. 짙은 안개 때문에 시야가 전방 50m 이내로 너무 짧아서 오늘의 비행기 운항이 모두 취소되었다.

6. 높은 연봉이 보장되었기 때문에 그는 우리 회사로 오기로 했다.

7. 커피나 차를 많이 마시면 더 많은 수분이 몸 밖으로 배출되므로 더 많은 수분을 섭취해야 한다.

8. 술 마시는 것이 간암의 원인이다.

9. 에이즈 환자에게 수혈을 받아 에이즈에 걸렸다.

10. 열쇠가 없었기 때문에 열쇠 수리공 아저씨를 불러서 집 안으로 들어
    갔다.

**II. 다음에서 발견한 인과 관계는 밀의 방법 중 어떤 방법에 의한 것인지 〈보기〉
에서 고르시오.**

┌─────────────────────── 〈보기〉 ───────────────────────┐
│ (a) 일치법 (b) 차이법 (c) 일치 차이 병용법 (d) 공변법 (e) 잉여법 │
└──┘

1. 자동차의 오른쪽 페달을 세게 밟을수록 차가 빨리 나가고, 약하게 밟
   을수록 차가 천천히 달렸다. 자동차의 오른쪽 페달이 차가 달리게 하
   는 원인이다.

2. V-바이러스는 모든 정맥두염 환자들에게서 발견되었다. 따라서 V-바
   이러스가 정맥두염을 일으킨다고 생각한다.

3. 우리 이웃집들은 모두 CNN 방송이 잘 나온다. 우리 집만 CNN 방송이
   나오지 않는다. 이웃집들은 알고 보니 모두 케이블 TV를 설치했던 것
   이다.

4. 햇빛이 있을 때 잎에 물을 준 화초들은 모두 잎이 누렇게 되었다. 응달
   에 있던 이 화초의 잎에도 물을 주었는데 잎이 누렇게 되지 않았다. 햇
   빛이 있을 때 잎에 물이 닿으면 화초가 누렇게 변한다.

5. 토마토 화분 두 개가 있는데, 액체 비료를 준 화분은 열매가 많이 열렸

고, 그렇지 않은 화분은 열매가 열리지 않았다. 아마도 액체 비료가 열매를 열리게 하는가 보다.

6. 쥐 다섯 마리로 실험을 했다. 세 마리에게는 트랜스 지방이 함유된 음식을, 두 마리에게는 트랜스 지방이 없는 음식을 한 달 동안 공급했다. 그랬더니 트랜스 지방이 든 음식을 먹은 쥐는 지방간이 생겼고, 그렇지 않은 쥐에게서는 그런 현상을 찾아볼 수 없었다. 이 실험으로 트랜스 지방이 지방간의 원인이라고 추정했다.

7. 주택 대출 금리가 0.2% 올랐을 때 가계당 외식비 지출이 0.6% 감소하고, 주택 대출 금리가 0.25% 내렸을 때 가계당 외식비 지출이 0.7% 늘어나는 현상을 관찰할 수 있었다. 이로부터 주택 대출 금리가 외식비 지출에 영향을 미친다는 결과를 얻었다.

8. 결혼한 사람들이 그렇지 않은 사람들보다 행복 지수가 더 높았다. 아마도 결혼 생활이 사람을 더 행복하게 만드나 보다.

9. 오늘 새로 들어간 사이트에서 바이러스에 감염된 것이 분명하다. 어제와 오늘 나는 인터넷 상에서 동일한 사이트들을 방문했는데, 오늘 딱 한 군데 새로운 사이트에 들어가 보았다.

10. 여기 실내의 화분에 있는 화초가 잘 자라지 않는다. 화초가 잘 자라려면, 충분한 햇빛과 적당한 수분, 깨끗한 공기, 그리고 적당한 양분이 든 흙이 필요하다. 이곳은 햇빛이 충분히 들고 물도 제때 주고 있다. 그리고 환기도 잘 시키고 있다. 아마도 흙을 바꾸어주는 것이 좋겠다.

III. 다음의 인과 논증은 약한 논증이다. 〈보기〉에서 그 이유를 고르시오.

〈보기〉

(a) 우연적 관계와 인과 관계의 혼동

(b) 공통 원인의 무시   (c) 원인과 결과의 혼동

---

1. 병원에 입원한 사람들이 결국 죽게 되었다. 따라서 죽지 않기 위해서는 병원에 입원하지 않아야 한다.

2. 어제부터 기침이 나더니 오늘 몸살이 나고 말았다. 나는 항상 기침이 문제야. 그게 몸살을 일으키거든.

3. 주택 구입비가 하락할 때 주택의 공급 물량이 풍부해지고, 주택 구입비가 상승할 때 주택 공급 물량이 줄어드는 현상을 관찰할 수 있다. 이로써 주택 구입비가 주택 공급 물량을 결정한다는 것을 알 수 있다.

4. 우리 집 벽시계는 1분 늦다. 라디오에서 정시 시보가 울리고 나서 정확히 1분 지날 때마다 시계가 울린다. 라디오 시보가 우리 집 벽시계를 울리게 한다.

5. 내가 외출하려고 하면 전화벨이 울린다. 지금 외출하려고 한다. 전화벨이 울리겠지.

6. 번개가 칠 때마다 천둥이 뒤따른다. 아마도 번개가 천둥을 일으키나 보다.

7. 이 문은 신기해. 내가 항상 "나야, 열어줘."라고 하고 어떤 번호를 누르

면 문이 열려. 내 말을 알아듣는 것 같아.

8. 수두를 앓는 어린이들은 항상 그전에 피부에 반점이 나타나는 현상을 보인다. 피부의 반점이 수두의 원인이다.

9. 사업으로 성공한 사람들은 아주 특별한 대우를 받는 신용카드를 가지고 다닌다. 너도 사업으로 성공하려면 그런 카드부터 발급받아야 해.

10. 아침에 스포츠카가 지나가는 것을 보면 항상 재수가 좋았어. 오늘도 무슨 좋은 일이 있을 것 같은데.

제6부

오류

CRITICAL THINKING

논증에 대해 공부할 때, 보통 논증이 잘 되기 위한 여러 가지 사항을 배운다. 이런 과정을 통해서 잘된(또는 좋은) 논증이 무엇인지를 알게 된다. 잘된 논증이란 제대로 된 근거(들)가 주장을 잘, 탄탄하게 받쳐주는 것이다. 반면에 그렇지 못한 논증은 '잘못된 논증'이라고 할 수 있다. 이처럼 잘못된 논증을 우리는 '오류'라고 한다. 여기서는 논증이 여러 가지 방식으로 잘못될 수 있다는 것을 알아보려고 한다.

이미 우리는 앞에서 논증을 평가할 때, 두 가지 측면을 고려해야 한다는 것을 보았다. 그것은 기대한 만큼 전제가 결론을 지지하는가, 그리고 전제가 실제로 참인가 하는 두 가지이다. 잘된 논증도 그렇지만 잘못된 논증도 위의 두 가지 기준으로 평가한다.

우선 연역 논증이 잘된 논증인 경우는 다음의 두 가지다. 한 가지는 위의 첫 번째 기준을 만족시키는 논증으로서, 타당한 논증이다. 다른 한 가지는 두 가지 기준을 다 만족시키는 논증으로서, 건전한 논증이다. 한편 귀납 논증에서 첫 번째 기준을 만족시키는 것은 강한 논증이고, 두 가지 기준을 다 만족시키는 논증은 설득력 있는 논증이다.

잘된 논증과 마찬가지로 논증이 잘못되는 경우도 위의 두 가지 기준에 따라 평가한다. 연역 논증이든 귀납 논증이든 논증자가 의도한 대로 전제가 결론을 지지하지 못한다면, 그 논증은 잘못된 것이다. 또한 주어진 논증에서 전제가 실제로 참이 아니라면 그 논증은 잘못된 것이다.

잘된 논증과 잘못된 논증을 따진 지금까지의 논의를 보면, 결국 논증이 잘되고 못됨을 가르는 기준 중 첫 번째 기준은 논증의 지지 관계를 문제 삼는다. 그리고 두 번째 기준은 논증에서 전제(또는 근거)의 내용에 관한 문제를 따진다. 잘된 논증이야 별문제지만, 이제 우리는 잘못된 논증에서 잘못이 어디에 있는가를 따져보아야 한다. 논증의 잘못은 그것이 형식에서 비롯했는지 내용에서 비롯했는지에 따라 크게 '형식적 오류(formal fallacy)'와 '비형식적 오류(informal fallacy)'로 나눌 수 있다.

형식적 오류란 말 그대로 논증의 형식에 잘못이 있다는 것이다. 즉 형식적 오류는 연역 논증에만 적용되는 오류이다. 어떤 연역 논증이 잘못된 형식, 즉 타당하지 못한 논증 형식을 가지고 있다면 그것은 형식적 오류를 범한 논증이다. 연역 논증의 타당성은 이처럼 그 형식에 의해 결정된다. 부당한 논증은 모두 형식적 오류를 범하고 있다. 그런데 어떤 논증의 잘못이 그 형식에 있는 것이 아니라 그 내용에서 비롯한 것이라면(전제와 결론의 지지 관계에 잘못이 있건, 참이 아닌 전제를 참이라고 간주하는 잘못이 있건) 무조건 그 논증은 비형식적 오류를 범하

비판적 사고

고 있다. 논증을 구성하고자 할 경우, 어느 누가 잘못된 논증을 만들려고 하겠는가. 우리가 오류라고 부르는 잘못된 논증은 형식적인 것이든 비형식적인 것이든 무심결에 저지르는 실수라고 할 수 있다.

어떤 사람은 잘된 논증을 배우는 것만도 벅찬 일인데 군이 잘못된 것까지 배울 필요가 있는지 물을 수 있다. 그러나 논증의 잘못이 형식적이든 비형식적이든 간에 잘못된 논증의 유형을 알아보려는 것은 논증을 제대로 알고 잘 구성하기 위해서이다. 즉 잘된 논증을 배우는 것은 논증을 잘하기 위해서이지만, 잘못된 논증을 배우는 것은 어떤 상황에서 논증을 만들면서 무심결에 저지르는 특정한 잘못을 피하기 위해서이다. 따라서 잘된 논증을 배우는 이유나 잘못된 논증을 배우는 이유는 같다. 좋은 논증을 만들기 위해서이다.

1장
형식적 오류

1. 형식적 오류란 무엇인가?

형식적 오류란 논증의 형식에 잘못이 있는 것이다. 어떤 연역 논증이 잘못된 형식, 즉 타당하지 못한 논증 형식을 가지고 있다면 그것은 형식적 오류를 범한 것이다. 이렇게 논증의 형식을 문제 삼는 형식적 오류는 연역 논증에만 적용되는 오류이다. 연역 논증에서 말하는 타당성이란 바로 그 논증이 가진 형식에 의해 결정된다. 타당한 논증은 모두 형식적 오류를 저지르지 않은 논증이지만, 부당한 논증은 모두 형식적 오류를 범하고 있다.

형식적 오류는 연역 논증의 잘못된 형식 때문이라고 했다. 그리고 잘못된 논증 형식은 연역 논증의 논리 체계에 따라 상이하게 나타난다. 이 책에서는 연역 논증을 크게 둘로 나누어 다루고 있다. 정언 논리 체계와 명제 논리 체계가 그것이다. 우선 정언 논리는 단어(개념)

의 반복을 보고 그 형식을 파악할 수 있고, 이와 달리 명제 논리는 명제의 반복을 보고 그 형식을 파악할 수 있다. 이제 정언 논리와 명제 논리에서 다룬 연역 논증의 잘못된 형식에 대해 차례대로 살펴보자.

2. 정언 논리의 형식적 오류

정언 논리에서 다루는 논증은 사용된 단어들이 반복되는 형태에 따라 그 타당성이 결정된다. 잘 알려진 삼단논법, 즉 정언적 삼단논법이 바로 그 대표적인 예이다. 삼단논법은 전제가 둘이고 결론이 하나인 논증에 붙이는 명칭이다. 그리고 정언 논증은 정언 명제로 구성되어 있는 논증을 말한다. 정언 명제는 주어 집합과 술어 집합 사이의 포함이나 배제 관계를 나타내는 명제들이다. 정언 명제는 보통 "모든 사자는 동물이다.", "모든 사자는 식물이 아니다.", "어떤 사자는 동물이다.", "어떤 사자는 식물이 아니다." 등으로 나타난다.

그럼 다음의 정언적 삼단논법을 살펴보자.

(A) 모든 개구리는 동물이다.
   모든 파충류는 동물이다.
   그러므로 모든 파충류는 개구리이다.

(B) 모든 개구리는 동물이다.
   모든 토끼는 동물이다.
   그러므로 모든 토끼는 개구리이다.

위 두 논증의 형식은 아래와 같이 서로 동일하다. 이것들은 형식적 오류를 범하고 있는 논증 형식이다.

(C) 모든 A는 B이다.
모든 C는 B이다.
그러므로 모든 C는 A이다.

그렇다면 어떤 연역 논증이든 이런 형식을 가진 것은 형식적 오류를 범하고 있다고 말할 수 있다. 어떤 결론이 나오더라도 마찬가지다.

위의 (A)논증이 형식적 오류를 범하고 있다는 것을 잘 파악하지 못하는 경우가 흔히 있다. 이것은 그 논증의 전제와 결론이 모두 실제로 참이기 때문이다. 그래서 사람들은 무심결에 이 논증이 타당하다고 생각한다. 그러나 이 논증은 부당하다. 연역 논증의 타당성은 전제와 결론의 지지 관계에 의해 결정되기 때문이다. (A)와 동일한 논증 형식을 가진 다른 논증 (B)의 경우에서는 이 논증이 부당하다는 것을 쉽게 알 수 있을 것이다. 이 논증에서는 전제가 실제로 참이고 결론이 거짓이기 때문이다.

(A)와 (B) 두 논증의 공통된 형식은 (C)에 나타나 있다. 어떤 논증 형식이 타당한 것이라면, 그 논증 형식을 가진 모든 사례(대입례 substitution instance)들은 타당한 논증이다. 이와 달리 어떤 논증 형식이 부당한 것이라면, 그 형식을 가진 논증은 모두 부당한 논증이다. (A)와 (B)는 모두 (C)의 부당한 논증 형식의 사례이므로, 이 논증들은 부당하다. 즉 (A)와 (B)는 모두 형식적 오류를 범하고 있는 논증

비판적 사고

이다.

이제 다른 논증들을 살펴보자.

    (D) 모든 미술 작품은 예술 작품이다.

        모든 조각 작품은 미술 작품이다.

        그러므로 모든 조각 작품은 예술 작품이다.

    (E) 모든 음악 작품은 미술 작품이다.

        모든 무용 작품은 음악 작품이다.

        그러므로 모든 무용 작품은 미술 작품이다.

위의 (D)와 (E) 논증은 아래의 형식을 가지고 있다.

    (F) 모든 A는 B이다.

        모든 C는 A이다.

        그러므로 모든 C는 B이다.

(D)와 (E)는 아주 달라 보인다.

    (D)를 구성하는 각 문장들은 실제로 모두 참이므로, 이 논증이 아무런 문제가 없는 논증이라고 생각할 것이다. 그렇지만 (E)의 두 전제는 모두 거짓이다. 그렇기 때문에 (E)를 잘못된 논증이나 타당하지 않은 논증이라고 생각하기 쉽다. 만약 그렇게 생각했다면, 그것은 논증을 구성하는 전제와 결론이 실제로 참인지 아닌지에 관심을 가지면

서 혼란에 빠진 것이라고 할 수 있다.

(D)와 (E)의 논증 구조를 꼼꼼히 따져보면, 이 두 논증은 같은 구조, 즉 (F)의 논증 형식으로 되어 있다는 것을 금방 알아챌 수 있다. (F)에서 A, B, C 대신에 어떤 단어를 집어넣더라도 그 논증 모두에서, 전제가 참인 경우 결론의 참은 절대적으로 보장된다. 그래서 (D)가 타당한 논증이듯이, (E)도 타당한 논증이다. 그렇다면 "모든 무용 작품은 미술 작품이다."라는 결론을 포함하고 있는 (E)를 어떻게 말해야 하겠는가? 물론 (E)는 (D)와 마찬가지로 타당한 논증이지만, 건전한 논증이라고 할 수는 없다. 그러나 (D)는 타당한 논증일 뿐 아니라, 건전한 논증이기도 하다. 즉 (F)의 논증 형식을 가진 모든 사례는 타당한 논증들이다. 그렇지만 (E)처럼 건전한 논증이 아닐 수는 있다.

3. 명제 논리의 형식적 오류

이제 명제 논리의 형식적 오류에 대해 알아보자. 이는 연역 논증 중에서 단어가 아니라 명제가 반복해서 나타나는 논증들이 저지르는 형식적 오류다. 앞에서 정언 논리의 형식과 대입례에 대해 말했는데, 그 형식과 대입례는 명제 논리에서도 마찬가지이다.

논증의 형식을 쉽게 알아보기 위해 명제 논리에서는 명제를 구성하는 단어가 아닌, 일상적인 명제를 기호로 나타낸다. 가령 접속어로 연결되지 않은 구체적인 명제들은 각각 영어 알파벳의 대문자 'A, B, C' 등으로 표기한다. 이런 명제를 단순 명제라고 부른다. 복합 명제란 단순 명제에 접속어가 결합된 명제를 말한다. 일상 언어에서 사용하는 몇 가지 접속어와 부정의 술어를 다음과 같은 기호로 나타내기로 하자.

일상 언어의 표현	기호
…이 아니다, …은 거짓이다, …은 사실이 아니다	~
그리고, 그러나, 그럼에도 불구하고	•
혹은, 또는, 이거나	∨
만약 …라면 …이다	⊃

그리고 위의 기호를 이용해서 다음과 같은 명제들을 번역해 보자.
(A: 내일 비가 온다.   B: 모임을 실내에서 한다.   C: 강당을 예약한다.)

내일 비가 오지 않는다. :   ~A

만약 내일 비가 오면 모임을 실내에서 한다. :   A ⊃ B

내일 비가 와도 실내 강당을 예약하지 않는다. :   A • ~C

내일 비가 오지 않거나 실내에서 모임을 한다. :   ~A ∨ B

모임을 실내에서 하거나 강당을 예약하는 일이   ~ (B ∨ C) ⊃ ~A

없으면 내일 비가 오지 않는다. :

구체적인 명제는 알파벳 대문자 'A, B, C' 등으로 나타내지만, 명제의 형식을 나타내기 위해서는 영어 알파벳 소문자 'p, q, r, s' 등으로 표기한다. 이 소문자는 '명제 변항(variable)'을 나타내는 기호로서, 구체적인 명제를 대신할 수 있다. 즉 'p, q, r, s' 등의 명제 변항은 명제 논리의 어떤 명제이든 대신할 수 있으며, 단순 명제뿐 아니라 복합 명제도 명제 변항의 자리에 대입될 수 있다. 명제 변항의 자리에 구체적인 명제가 대입된 것이 '대입례'이다. 물론 동일한 명제 변항에 대해서는 동일한 구체적인 명제가 대입되어야 한다.

아주 간단한 예로 'p∨q'라는 명제 형식의 대입례를 생각해 보자. 'A∨B', '~C∨~(D⊃R)'은 구체적인 명제를 나타내는 것으로, 'p∨q'라는 명제 형식의 대입례가 된다. 즉 'p'는 각 명제에서 'A'와 '~C'를 가리키고, 'q'는 'B'와 '~(D⊃R)'을 가리킨다. 이와 같이 위의 명제 형식은 p나 q가 어떤 명제이든 'p∨q'로 표시되는 선언문의 복합 명제이다. 이때 각 선언지는 어떤 형태의 명제라도 그 대입례가 될 수 있다. 그러나 예를 들어 '~(D∨F)'는 위 명제 형식의 대입례가 아니다. 왜냐하면 이 명제는 선언문이 아니라 부정문이기 때문이다.

이제 구체적인 명제에 대비되는 그 명제의 형식을 다음의 예를 통해서 살펴보자.

$$\sim(B\supset K)\cdot\{\sim(R\vee O)\supset\sim C\}$$

위 명제는 몇 가지 형식을 가지고 있다. 우선 그 형식을 p라는 명제 변항 기호로 나타낼 수 있다. 그래서 위의 복합 명제는 'p'라는 형식으로도, 또 'p·q'라는 형식으로도 나타낼 수 있다. 또는 'p·(q⊃r)'로도 나타낼 수 있다. 또 '~(p⊃q)·(~r⊃s)'로도 나타낼 수 있다. 아니면 '~(p⊃q)·{~(r∨s)⊃~t}'로 나타낼 수도 있다. 이와 같이 하나의 구체적인 명제가 여러 명제 형식을 가지고 있을 수 있다. 그렇지만 예를 들어 '~(~p⊃q) • (~r⊃s)'라는 형식을 가지고 있지는 않다. B는 '~p'라는 명제 변항의 자리에 들어갈 수 없기 때문이다.

이제 명제 논리의 형식과 그 대입례에 대해 알아보자. 다음의 논증을 보라.

> 만약 누군가가 소금을 물에 넣는다면 그것은 녹는다. 소금이 물에 녹았다. 그러므로 누군가가 소금을 물에 넣었을 것이다.

이 논증을 명제 논리의 명제로 번역하면, "A⊃B, B, 그러므로 A"가 된다. 이 논증이 가진 논증 형식은 "p⊃q, q / p"이다. 아래와 같이 복잡하게 보이는 기호화된 논증 또한 위 논증 형식의 대입례가 된다.

(R • A) ⊃ {~(R ∨ O) ⊃ ~C}

~(R ∨ O) ⊃ ~C

그러므로 (R • A)

앞에서 본 정언 논리와 마찬가지로 명제 논리에서도 어떤 논증의 형식이 타당하다면, 그 대입례가 되는 논증은 모두 타당하다. 또한 어떤 논증 형식이 부당하면 그 대입례가 되는 논증은 모두 부당하다. 타당한 논증 형식과 부당한(즉 형식적 오류를 범하고 있는) 논증 형식을 안다면, 어떤 논증이 타당한지 부당한지 쉽게 판단할 수 있을 것이다.

이제 우리가 알아야 할 몇 가지 타당한 논증 형식과 부당한 논증 형식을 살펴보자. 물론 아래에 소개하는 것이 전부는 아니지만, 가장 일반적인 것이라고 할 수 있다. 또한 타당한 논증 형식과 부당한 논증 형식 모두가 이름이 있는 것은 아니다. 그러나 아래에 소개하는 것들은 그 논증 형식에 고유한 이름을 붙여서 부를 만큼 대표적인 것이라고 할 수 있다. 이것들을 충분히 익히는 것은 많은 경우에 아주 유용하다.

(1) 타당한 논증 형식

1) 전건 긍정식(modus ponens)

$$p \supset q$$
$$\underline{p}$$
$$q$$

2) 후건 부정식(modus tollens)

$$p \supset q$$
$$\underline{\sim q}$$
$$\sim p$$

3) 가정적 삼단논법(hypothetical syllogism)

$$p \supset q$$
$$\underline{q \supset r}$$
$$p \supset r$$

4) 선언적 삼단논법(disjunctive syllogism)

$$p \lor q$$

$$\frac{\sim p}{q}$$

5) 구성적 양도논법(constructive dilemma)

$$(p \supset q) \cdot (r \supset s)$$

$$\frac{p \lor r}{q \lor s}$$

6) 파괴적 양도논법(destructive dilemma)

$$(p \supset q) \cdot (r \supset s)$$

$$\frac{\sim q \lor \sim s}{\sim p \lor \sim r}$$

(2) 부당한(형식적 오류를 범하고 있는) 논증 형식

1) 후건 긍정의 오류

$$p \supset q$$

$$\frac{q}{p}$$

2) 전건 부정의 오류

$$p \supset q$$
$$\frac{\sim p}{\sim q}$$

* 오류: 논증의 형식 면이나 내용 면에서 일어나는 잘못이나 결함

* 오류의 발생 원인
  (1) 기대한 만큼 전제가 결론을 지지하지 않는다.
  (2) 참이 아닌 전제를 참으로 가정한다.

* 오류의 형태
  (1) 형식적 오류: 논증의 잘못된 형식에 기인하며, 연역 논증에서만 나타남
  (2) 비형식적 오류: 논증의 잘못된 내용에 기인하며, 주로 귀납 논증에서 나타나지만 드물게 연역 논증에서도 나타남(예: 선결 문제 요구의 오류, 잘못된 이분법 등)

* 명제 형식: 명제가 가진 구조를 보여주는 형식(영어 소문자 'p, q. r' 등을 사용)

* 명제 형식의 대입례: 명제 형식('p, q, r' 등) 대신에 구체적인 명제를 일관되게 대체해서 얻는 명제

* 논증 형식: 논증이 가진 구조를 보여주는 형식

* 논증 형식의 대입례: 주어진 논증의 형식을 가지고 있으면서 구체적인 단어나 명제를 일관되게 대체해서 얻는 논증

I. 다음의 진술이 참이 되도록 만드시오.

1. 연역 논증과 귀납 논증 모두 (   )오류가 발생할 수 있다.

2. 비형식적 오류는 (   ) 논증에서 발생할 수 있다.

3. 형식적인 오류는 (   ) 논증에서만 발생할 수 있다.

4. (   ) 논증의 경우 형식적 오류와 비형식적 오류 모두가 발생할 수 있다.

5. (   ) 논증의 경우 전제가 결론을 절대적으로 지지하지 않을 때 형식적인 오류가 발생한다.

II. 다음의 논증은 형식적 오류를 범하고 있다. 형식은 이 논증과 같으나 실제로 전제가 참이고 결론이 거짓인 대입례를 제시해서, 이 논증의 부당성을 명백히 보이시오.

1. 어떤 사람은 남자다. 어떤 사람은 염색을 했다. 따라서 어떤 남자는 염색을 했다.

2. 모든 백조는 희다. 어떤 백조는 호주에 산다. 따라서 호주에 사는 어떤 것은 희지 않다.

3. 어떤 삼각형은 정삼각형이다. 어떤 도형은 삼각형이다. 따라서 어떤 도형은 정삼각형이 아니다.

4. 어떤 여자는 학생이다. 어떤 발레리나는 학생이다. 따라서 어떤 여자는 발레리나가 아니다.

5. 모든 고양이는 조류가 아니다. 모든 말은 조류가 아니다. 따라서 모든 고양이는 말이 아니다.

III. 다음의 명제들이 'p ⊃ (q ∨ r)' 이라는 명제 형식을 가지고 있는지 확인하시오.

1. ∼ [A ∨ (B ⊃ P)]

2. ∼(R • S) ⊃ [∼Q ∨ (P ⊃ A)]

3. ∼{∼R ⊃ [∼ (B ∨ C) ⊃ D)]}

4. ∼∼R ⊃ [∼ (B ∨ C) ⊃ D]

5. ∼(P ⊃ Q) ⊃ {(∼R ⊃ S) ∨ ∼[R • ∼(A ∨ B)] }

IV. '∼A • (∼S ⊃ Q)' 라는 명제가 가진 형식이라고 볼 수 없는 것은?

1. q

2. ~p

3. q • (s ⊃ p)

4. ~s • (~q ⊃ p)

5. p • q

V. 명제 논리의 논증 형식을 사용해서, 다음 논증이 타당한지 부당한지 보이시오.

1. 만약 생일에 선물을 받으면 미정이는 기뻐할 것이다. 미정이는 생일에 선물을 받지 못했다. 따라서 미정이는 기뻐하지 않았을 것이다.

2. 만약 정민이가 운전면허증이 있으면 운전 경험이 있을 것이다. 정민이는 운전 경험이 있다. 따라서 정민이는 운전면허증이 있다.

3. 만약 그 모임이 취소되지 않았다면 나는 여행을 갈 수 없었다. 나는 여행을 갈 수 있었다. 따라서 그 모임은 취소된 것이다.

4. 만약 비가 더 오면 주민을 대피시키거나 강둑을 더 쌓아야 한다. 주민을 대피시키거나 강둑을 더 쌓을 필요가 없었다. 따라서 비가 더 오지 않았다.

5. 만약 네가 그 모임에 참석하면 명진이도 참석할 것이다. 만약 진수가 참석하면 명진이도 참석할 것이다. 만약 네가 그 모임에 참석하면 진수는 그 모임에 참석할 것이다.

6. 철수는 야구를 좋아하지 않거나 축구를 좋아한다. 철수는 야구를 좋아한다. 따라서 철수는 축구를 좋아한다.

7. 변속기를 R에 두고 버튼을 누르면 자동차가 후진한다. 자동차가 후진했다. 변속기를 R에 두고 버튼을 누른 것이다.

8. 눈이 오고 기온이 영하로 내려가면 교통량이 줄어든다. 교통량이 줄어들면 사고 위험도 줄어든다. 따라서 눈이 오고 기온이 영하로 내려가면 사고 위험이 줄어든다.

9. 만약 네가 법조계로 나가면 성공할 것이고, 금융계로 나가더라도 성공할 것이다. 너는 법조계에도 금융계에도 나가지 않는다. 따라서 너는 성공하지 못할 것이다.

10. 만약 사람들이 선하다면 범죄를 예방할 경찰이 불필요하다. 만약 사람들이 악하다면 범죄를 예방하는 데 경찰은 소용이 없다. 사람들은 악하거나 선하다. 따라서 범죄를 예방할 경찰이 불필요하거나 소용이 없다.

2장
비형식적 오류

1. 비형식적 오류란 무엇인가?

형식적 오류는 논증 형식을 가진 연역 논증에서만 일어난다. 그렇지만 비형식적 오류는 연역 논증과 귀납 논증 모두에서 일어날 수 있다. 그 어떤 논증이든 잘못된 논증, 즉 오류는 논증자가 의도한 대로 전제가 결론을 제대로 지지하지 못하거나 논증의 전제가 실제로 참이 아닌 논증이다.

연역 논증 중 형식적으로는 문제가 없으나, 다른 비형식적인 이유 때문에 오류를 범하는 것이 있다. 우선 전제가 실제로 참이 아닌데 참이라고 간주하는 경우도 있고, 또 형식적으로 문제가 없고 전제가 참이라 하더라도 내용상 문제가 있는 경우도 있다. 연역 논증과 달리 귀납 논증은 형식적인 문제 때문이 아니라, 내용적인 측면 때문에 오류를 범하게 된다. 좋은 귀납 논증은 전제가 결론을 충분히 지지해야 하고 또 제시된 전제가 실제로 참이어야 한다. 귀납 논증이 잘못되는 경우도 바로 이 두 가지 기준으로 평가한다. 논증에서 논증자가 의도한 대로 전제가 결론을 지지하지 못한다면, 또 전제가 실제로 참이 아니라면, 그 논증은 잘못된 것이다.

논증이 내용상 잘못되는 방식은 아주 다양하다. 그리고 이것들을 분류하는 방식도 다양하다. 여기서 전부를 다룰 수는 없으니, 일상생활에서 많이 나타나는 비형식적 오류들을 중심으로 살펴보자. 여러 가지 비형식적 오류는 크게 둘로 나눌 수 있는데, 전제가 결론을 제대로 지지하지 않는 데서 발생하는 오류, 참이 아닌(또는 참이라는 것이 아직 증명되지 않은) 전제를 참으로 가정하는 오류가 바로 그것이다.

2. 전제가 결론을 제대로 지지하지 않는 데서 발생하는 오류

논증은 기본적으로 전제와 결론으로 이루어지는데, 바로 이 전제와 결론의 관계가 가장 중요하다. 여기에 제시된 오류는 그 지지 관계에 문제가 있다.

(1) 힘에 호소하는 오류(fallacy of appeal to force)

힘에 호소하는 오류는 우리 주변에서 아주 흔하게 볼 수 있다. 이 오류는 어떤 사람이 청자나 독자에게 특정한 결론을 내세우면서, 그 결론을 관련된 근거가 아니라 무력이나 강제력 같은 힘으로 정당화하려는 경우에 나타난다. 만약 청자나 독자가 그 결론을 받아들이지 않으면, 그에게 심리적으로나 물리적으로 불이익이 돌아갈 것이라는 점을 암시적으로나 명시적으로 이야기한다. 다시 말해서 이 오류는 관련된 논리적인 증거를 전제에서 충분하게 제시해서 어떤 결론을 받아들이게 하는 게 아니라 그 결론을 받아들이지 않을 경우에 나타날 수 있는 불리한 사태를 이야기하는 것이다. 그래서 상대로 하여금 심리적 불안이나 압박, 공포를 느끼게 해서 자신의 주장을 정당화하려고 시도한다. 이 오류는 다음의 도식으로 나타낼 수 있다.

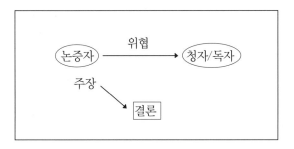

실제로 이와 같은 경우는 아주 흔하게 일어난다. 조금 더 구체적인 예를 우리 주변에서 찾아보자.

(직장 상사가 직원들에게)
여러분, 난 지금 퇴근 시간이란 걸 잘 알고 있습니다. 그렇기는 하지만 지금 제시간에 나갔다가는 재미없을 줄 아세요.

위의 예는 다음과 같은 구조의 논증으로 재구성할 수 있다.

전제 : 직원이 제시간에 퇴근하면 불이익을 당할 것이다.

직원들은 불이익을 받기를 원하지 않는다.

결론 : 직원들은 계속 일을 해야 한다.

위 논증에서 직장 상사는 직원들이 자기 생각을 받아들이지 않을 경우, 자신의 힘으로 인사에 불이익을 줄 것이라고 위협하고 있다. 즉 이 논증은 직장 상사가 내릴 수 있는 결론의 정당성을 근거로 직원들을 위협하는 것이다. 따라서 이 논증은 자신의 힘(또는 권한)에 대한 상대방의 공포감에 근거해서, 자신의 주장을 정당화하려는 오류를 범하고 있다. 즉 위협적으로 사용하는 힘에 호소하는 잘못된 논증을 펼친 것이다.

물론 우리는 일상생활에서 싫더라도 이런 잘못된 논증의 결론을 흔히 받아들인다. 그렇다고 해서 이와 같은 경향이 이 논증이 오류라는 것을 부정하는 것은 아니다. 우리는 이것이 그럴듯하게 강한 논증이어서가 아니라, 힘에 의한 협박에 저항할 다른 방도가 없기 때문에 받아들일 뿐이다.

(2) 연민에 호소하는 오류(fallacy of appeal to pity)

연민에 호소하는 잘못된 논증은 논증자가 자신이 처한 어려운 상황을 근거로 해서 어떤 결론을 정당화하려는 경우이다. 이 상황에서 논증자는 상대가 결론을 받아들이는 데 요구되는 합당한 논리적 근거를 제시하지 못하고, 대신 동정심을 불러일으켜 상대가 자신의 주장을 받아들이도록 시도한다. 이 오류는 다음의 도식으로 그릴 수 있다.

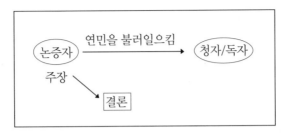

즉 연민에 호소하는 오류는 결론을 뒷받침하는 적절한 근거를 제시하지 않고 동정심에 호소하는 잘못을 저지르는 것이다.

다음 논증을 보자.

(기말 고사가 끝난 다음, 어떤 학생이 한 말)

선생님, 제가 이 과목에서 B+ 이상 받지 못하면 장학금을 받을 수 없습니다. 한 번만 봐주세요. 사정이 좋지 않아서 이번에 장학금을 못 받으면 저는 휴학을 해야 합니다.

여기서 학생은 자신이 왜 B+ 이상을 받아야 하는지에 대한 적절한 근거를 제시하지 않았다. 예를 들어 이 학생은 다른 학생들에 비해 자신이 시험에서 충분히 좋은 점수를 얻었고, 과제물과 출석 등에서 낮은 점수를 받았을 리가 없기 때문에 B+ 이상을 받아야 된다고 주장하는 것이 아니다. 이 학생은 자신이 장학금을 받지 못하면 학교를 다닐 수 없으므로 B+ 이상을 받아야 한다고 나름의 근거를 내세우지만, 이 근거란 것은 주장을 지지하기보다는 감정에 호소할 따름이다. 아예 근거라고 말할 수도 없을 정도이다.

그렇다고 해서 연민을 불러일으키는 상황에 대한 모든 주장이 오류를 일으킨다고 받아들여서는 안 된다. 예를 들어 굶주린 아이들에게 자선을 베풀자는 주장을 하면서, 그들이 얼마나 비참한 상태에 있는지 기술한다면, 그것은 연민에 호소하는 오류를 범하는 것이 아니다. 그것은 인간애에 호소해서 어려움에 처한 사람들을 돕자는 것으로서, 관련된 근거를 제시하는 것이다.

(3) 군중에 호소하는 오류(fallacy of appeal to the people)

사람들은 보통 다른 사람들로부터 인정받고 싶어할 뿐 아니라 존경도 받고 싶어한다. 또한 어떤 면에서는 보통 사람과는 다른 유별난 사람이 되기보다는, 대다수 사람들과 같은 부류에 속하기를 원한다. 군중에 호소하는 논증은 바로 이런 군중 심리를 이용해서 자신의 결론을 받아들이도록 만드는 경우이다.

논증자는 군중 심리에 직접 혹은 간접적으로 호소할 수 있다. 직접적인 경우는 연설을 하거나 글을 써서 군중들의 감정을 흥분시키는 것이다. 이렇게 해서 논증자는 사람들을 군중 심리에 휩쓸리게 만들어 자신의 주장을 정당화한다. 이것은 거의 모든 선전, 선동가가 사용하는 수법이다. 이런 수법의 대표적인 예는 전체주의 국가의 정치 행사에서 확인할 수 있다. 이들은 군중의 감정을 고조시키기 위해 취주 악단, 깃발, 피켓, 박수 등 가능한 모든 수단을 동원한다.

대중에 직접적으로 호소하는 논증의 경우, 군중 심리에 호소하는 것은 그 개인들 각각으로 하여금 군중에 속하고자 하는 직접적인 감정을 드러내게 만든다. 그렇게 해서 사람들은 다른 사람들과 일치감 또는 동질감을 느끼게 되고, 그러한 느낌은 힘과 안정감을 느끼게 한다. 이런 상황에서 일부 사람들이 군중들의 생각에 자연스럽게 동화하지 못할 경우, 그 사람들은 소외될 것이고 또 어떤 사태에 처할지 알 수 없게 된다. 또한 다른 사람들에게 인정을 받을 수 없지 않을까 걱정하게 된다. 이것이 사람들이 결국 군중에 호소하는 논증에 빠져드는 요인이다.

대중에 대한 간접적인 논증은 군중들을 한꺼번에 상대하는 것이 아니라, 개인들을 상대하는 것이다. 많은 사람이 논증자의 주장을 받아들이고 있다는 말로 개인이 가진 군중 심리에 호소하여 자신의 결론을 수락하도록 유도한다. 이 경우 유행을 좇는 군중들의 심리를 이용할 수도 있고, 또 인간의 허영 심리를 이용할 수도 있다. 심지어는 인간의 속물근성을 이용하기도 한다. 이것을 종합해 보면, 직접적으로든 간접적으로든 군중에 호소하는 오류에는

당신은 군중들에 의해 인정받고, 그 속에 포함되고, 그들에게 사랑받거나 높이 평가받기를 원한다. 만약 당신이 내 주장 X를 받아들이면 그렇게 된다. 그러니 X를 참으로 받아들여야 한다.

는 내용이 들어 있다. 이 상황은 다음의 그림과 같다.

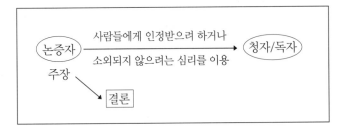

다음의 논증들은 군중에 호소하는 오류를 범하고 있다.

대부분의 사람이 초자연적인 존재가 있다고 믿는다. 따라서 초자연적인 것이 존재한다는 주장은 참이다.

또는

탁월한 선택을 하셨습니다. 탁월한 자만이 선택하는 프라다 자동차.

위의 주장들은 단지 '대부분의 사람'이 어떤 주장을 믿는다는 이유만을 내세워서 또는 '탁월한 자만의 선택'으로 사람들의 허영 심리를 자극해서 그 말이 참이라고 주장한다. 그렇다면 이것은 군중에 호소하는 오류에 빠진 것이다. 이와 유사한 형태를 우리는 이미 일상생활이나 주변의 광고 문구에서 쉽게 찾아볼 수 있다.

(4) 잘못된 권위에의 논증
(fallacy of appeal to unqualified authority)

우리는 매일 주변에서 의식하거나 않거나 간에 수많은 광고를 듣고 본다. 그러나 따져보면 대부분의 광고에서는 상품이 실제로 어떤 면에서 우수한지에 관해 정확한 정보를 주는 것이 아니다. 그러기보다는 많은 돈을 들여 유명하거나 인기 있는 사람을 등장시킨다. 상품이 잘 팔리도록 하는 데 유명인들의 인기를 이용하는 것이다.

상품 구매뿐 아니라 어떤 주장을 할 때도 그 분야 전문가가 아닌 사람의 적합하지 않은 권위를 강조해서 그 주장을 하는 경우가 있다. 즉 부적절한 권위에 의존해서 그 주장을 뒷받침하게 되면, 이는 잘못된 권위에 의한 오류에 빠지는 경우에 해당한다. 어떤 주장을 뒷받침하기 위해 해당 분야 전문가의 권위에 의존하는 것은 오류가 아니다. 어떤 주장에 대한 판단을 하기 너무 어려운 경우에 우리는 권위자의 의견에 의존하게 된다. 이때 적합한 권위에 호소하기 위해서는, 그 권위자가 다음의 몇 가지 조건을 충족하는지를 충분히 고려해야 한다.

① 전문 지식 면에서 자격이 있고 신뢰할 만한 사람이다.
② 고려되는 현안 문제가 그 사람의 전문 지식 분야에 속한다.
③ 판단 결과와는 특별히 이해관계가 없다.
④ 판단 과정에서 이해 당사자 또는 관련자로부터 영향을 받지 않는다.
⑤ 그 분야의 권위자들이 현안 문제에 대해 일반적으로 그 사람과 의견이 일치한다.

이와 같은 사항이 충족된다면 충분히 받아들일 수 있다.

우리는 어떤 주장을 보증하기 위하여 증인이나 전문가의 의견에 호소할 수 있다. 그렇게 해서 그 주장을 신뢰할 만한 것으로 만든다. 일반적으로 권위에 의한 논증이란 이와 같은 것이다. 제대로 된 권위자에 의존한다면, 권위에 의한 논증 그 자체는 오류가 아니다. 그러나 잘못된 권위에 호소하는 것은 결코 좋은 논증이 될 수 없다. 즉 여러분이 의존하는 권위자가 위의 조건들을 제대로 만족시키지 못한다면, 그런 권위자에 의존하는 논증은 오류이다. 이 오류는 다음의 도식으로 그릴 수 있다.

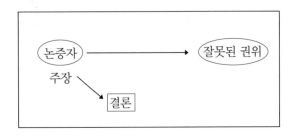

결론을 옹호하기 위해 신뢰할 수 없는 증인의 의견에 호소하는 것은 분명 잘못된 권위에 의존하는 것이다. 다음의 예가 여기에 해당한다.

(어린이 유괴 사건이 일어난 사고 현장에서)

기자 : 여기 그 사고 현장에 있던 사람의 말을 들어봅시다.

목격자 : 제가 어제 오후 4시에 검은색 승용차가 어린아이를 데리고 가는 것을 보았어요. 그런데 저는 천사가 나타나서 아이들을 데리고 가는 것도 자주 본답니다.

또한 전문가의 의견에 호소함으로써 어떤 주장의 근거를 제시한다 해도, 그 내용이 전문가가 담당하는 분야가 아니라면, 마찬가지로 잘못된 권위에 호소하는 것이다.

피카소에 비해 세잔의 그림들은 과소평가되었다고 저명한 물리학자인 김 교수께서 말씀하셨어. 그분의 말이 맞아. 그는 지난해 우수과학자상을 받으셨거든.

이 예는 지명도가 높거나 특정 분야 전문가이긴 하지만 해당 분야 전문가가 아닌 사람의 견해에 의지해서 어떤 주장을 지지하고자 하는 오류를 범하고 있다. 물론 저명한 물리학자가 특별히 예술에 대해 깊이 연구한 사람일 수 있다. 그러나 이 논증의 내용에서 알 수 있는 것은 그가 단지 물리학 전문가라는 사실뿐이다. 그러므로 이 논증에서 미술에 대한 그의 판단이 신뢰할 만한 것이라고 간주할 수는 없다.

(5) 사람에 대한 오류(fallacy of *argumentum ad hominem*)

사람에 대한 논증에는 항상 두 논증자가 등장한다. 그 가운데에서 한 논증자는 자신의 주장을 내세운다. (물론 그 주장에 대한 근거가 종종 명시적으로 드러나지 않기도 한다.) 또 다른 논증자는 앞의 논증자가 내세운 주장을 반박한다. 그런데 그 주장이 근거로 삼은 전제가 거짓이라거나 그 주장에 대한 근거가 될 수 없다는 식으로 반박하지 않고, 그 주장을 편 사람과 관련된 여러 사실을 문제 삼는다. 즉 주장 자체가 아니라 주장자와 관련된 여러 사실 때문에 그 주장이 정당하지 못하다고 지적하는 것이다. 이런 오류는 다음의 도식으로 나타낼 수 있다.

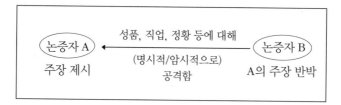

여기서 중요한 것은 이런 오류는 상대방 논증의 결론(혹은 어떤 주장)을 거부할 때, 즉 논박할 때 일어난다는 점이다.

사람에 대한 오류는 다시 세 가지로 구분할 수 있다.

1) 인신공격의 오류(fallacy of abusive)

우리는 간혹 상대방의 주장을 반박한다고 하면서, 그 주장이 아니라 상대방의 약점을 지적하는 경우를 볼 수 있다. 즉 그 사람의 성품이나 일에 대해 문제점을 지적하거나 모욕적인 발언을 해서, 그 사람의 주장이 받아들일 만하지 못하다는 것을 보여주려는 경우이다. 이것이 바로 인신공격에 의한 논증으로, 잘못된 논증이다. 상대방의 주장을 반박할 때는 상대방이 내세우는 주장의 문제점을 지적해야 한다. 그럼에도 불구하고 이 논증은 권위, 인격, 정실관계, 재산, 사상, 행실, 평판 등 상대방의 부정적 측면을 부각해서 상대방의 주장을 잘못된 것으로 몰아간다. 즉 부정적 측면을 이용해서 상대방의 주장을 정당하지 못한 것으로 증명하려는 논증이다.

다음은 우리가 흔하게 경험할 수 있는 예로, 인신공격에 의존한 잘못된 논증을 잘 보여준다.

사회의 양극화 현상이 10년 전보다 더 심각하다는 네 말은 받아들일 수 없어. 왜냐하면 너는 원래부터 현 사회에 대해서 부정적이었잖아. 그런 사람의 말을 어떻게 믿겠어.

이 예에서 논증자는 사회의 양극화 현상이 10년 전보다 더 심각하다는 주장이 왜 잘못인지에 대해 적절한 근거를 제시하지 않고 있다. 단지 그것과 관련 없는 사실을 거론해서, 그 주장이 잘못이라고 논증하고 있다. 즉 양극화 현상이 10년 전보다 더 심각하지 않다는 것을 보여주는 자료를 제시하는 대신, 그런 주장을 한 사람의 성격이나 성향을 지적한 것이다.

또는 다음의 예를 보자.

우리는 다른 행성에도 생명이 존재한다는 김 박사의 말을 거부해야 해. 너, 그 사람이 어떤 사람인지 알아? 알코올 의존증 환자야, 알코올 의존증 환자. 그런 사람 말은 아예 들을 필요도 없어.

위의 예는 다른 행성에 생명이 존재할 수 없다는 증거를 대는 것이 아니라 김 박사 개인의 문제점을 제시해서, 그 사람이 펼치는 주장을 부정하도록 유도한다. 이처럼 다른 사람이 하는 논증 자체의 문제점을 지적하는 대신, 논증자의 성격, 직업, 성향, 취미 등의 부정적인 측면에 호소하려는 경우, 사람에 의한 논증의 오류를 범하게 된다. 사람에 대한 오류를 더 세분해서, 이런 유형을 인신공격의 오류라고 한다.

단순히 다른 사람을 공격하는 발언은 인신공격에 해당하지, 인신공격의 오류를 범하는 것은 아니다. 인신공격과 인신공격의 오류는 분명히 구분해야 한다. 인신공격의 오류는 인신공격을 이용해서 전개하는 잘못된 논증이다.

2) 정황적 오류(fallacy of circumstantial)

이 오류는 어떤 주장을 하는 상대방의 특별한 상황을 우선 거론한다. 바로 그 특수한 상황 때문에, 그가 당연히 그렇게 주장할 수밖에 없다는 것을 보여주려는 것이다. 이를 통해서 상대방의 주장이 정당하지 못하다거나, 아니면 적어도 심각하게 고려될 만한 가치가 없음을 증명하려고 한다. 즉 특별한 상황 때문에 하는 주장이니 구태여 귀담아들을 필요도 없다는 것이다. 이 오류는 상대방이 아니라 상대방이 처한 상황을 비난하는 것이라는 점에서 인신공격의 오류와 분명히 구분된다.

다음의 예는 이와 관련된 논의를 잘 보여준다.

그는 흡연자의 권리를 보호하는 입법 제정이 시급하다고 주장하지만 그것은 받아들이기 어렵다. 그가 바로 담배 판매업자 아닌가?

위의 예에서 논증자는 담배 판매업자가 금연 운동 확산에 따라 침해받고 있는 흡연권 보호를 위해 논증을 펼치는 데 대해 담배 판매업자가 자신의 이익을 보장받으려고 입법 주장을 하기 때문에 문제라고 지적하고 있다. 그렇지만 논증자는 이런 이유를 댈 게 아니라, 입법 주장자가 내세우는 주장의 문제점을 지적하면서 논박해야 한다.

정황적 오류는 대체로 다음과 같이 정리할 수 있다. 즉 "X가 이런 식으로 주장하는 것은 당연하다. 왜냐하면 그가 처한 C라는 상황이 그로 하여금 그렇게밖에 주장할 수 없게 만들 것이기 때문이다." 그 상황에서 만약 그런 주장이 받아들여진다면, 그것은 주장자에게 이익이 되므로 그의 주장은 정당하지 못하거나 적어도 심각하게 고려할 만한 가치가 없다는 것이다.

3) 피장파장의 오류(fallacy of *tu quo que*)

이 오류는 상대방의 주장이 정당하지 못하다고 반박할 때 일어난다. 상대방의 주장을 반박할 만한 관련 근거를 제시하는 대신, 상대방의 행위를 문제 삼는다. 상대방 생활이나 행동의 어떤 특징이 상대방의 주장과 모순이 된다는 점을 지적함으로써 상대방의 주장을 논박하려는 게 흔한 예다. 말하자면, "당신 자신이 X라는 행위를 하면서 어떻게 X를 하지 않아야 한다고 주장하는가?"는 식으로 반박하면서 상대방의 주장을 공격하는 것이다. 그렇지만 상대방이 어떤 행동을 한다는 사실을 지적하는 것이 그렇게 행동하지 말아야 한다는 그의 주장에 어떤 문제가 있다는 주장을 지지하지는 못한다.

다음의 예를 보자.

(아버지와 고등학생인 아들의 대화)

아버지 : 학교 다닐 때 성실하게 생활해야 한다.

아들 : 아버지는 학생 때 술, 담배도 하셨고 맨날 놀러나 다녔다면서요.

(6) 우연의 오류(fallacy of accident)

우연의 오류는 일반적인 경우에 적용되는 원리나 규칙을 특수한 경우에 잘못 적용해서 저지르는 오류이다. 이때 특수한 경우란 해당 원리나 규칙이 적용되지 않는 경우를 말한다. 이 오류는 우선 전제에서 일반적으로 적용되는 원리나 규칙을 제시한다. 그리고 결론에서 그 원리나 규칙을 특수한 경우에 잘못 적용한다. 이런 이유에서 우연의 오류는 원칙 오용의 오류라고도 부른다. 이 상황은 다음과 같은 도식으로 그릴 수 있다.

일반적 원리/규칙
‖
(잘못 적용)
⇓
특수한 경우

다음의 예를 보자.

어린이는 부모님의 말씀을 잘 따라야 한다. 따라서 부모님이 남의 물건을 가져오라고 시키시더라도 잘 따라야 한다.

또는

사람은 무엇이든 열심히 해야 한다. 그러므로 너는 필요하다면 다른 사람을 괴롭히는 일도 열심히 해야 한다.

두 예는 첫 문장에서 '부모님의 말씀에 잘 따라야 한다' 또는 '열심히 해야 한다'는 일반적인 사실을 들어, 두 번째 문장의 내용을 받아들이기를 요구하고 있다. 남의 물건을 가져오라거나 열심히 다른 사람

을 괴롭히라는 지시는 첫 문장이 제시하는 일반적인 원칙과는 별개
의 것이다. 그렇기 때문에 위의 두 논증은 잘못된 것이다. 그렇지만
이와 같은 잘못된 논증에 대해 왜 '우연의 오류'라는 이름을 붙였는
지 잘 납득되지 않을 것이다.

'우연의 오류'는 'fallacy of accident'를 번역한 것이다. 'accident'
라는 단어에는 '우연'이라는 뜻도 있지만, 어떤 사물에 귀속되는 '속
성'이라는 뜻도 있다. 일찍이 아리스토텔레스는 '실체(substance)'와
대비하여 그것에 부속되는 '속성(attribute)'이 본질적이라기보다는 부
수적이거나 우연적이라고 생각했다. 그래서 'accident'라는 말에는
'사고'라는 의미 외에 '부수적', '우연적', 나아가 '속성'이라는 의미도
있다. 결론에 나오는 특수한 경우는 전제에 나오는 일반 원리나 법칙
에 포섭되지 않도록 만드는 어떤 속성(accident)을 가지는 것이다.

따라서 위의 예에서 남의 물건을 훔쳐오라는 부모님의 말에 따르
는 일은 부모님의 말에 따라야 한다는 일반적인 가르침에 포섭되지
않는 속성을 가진다. 또한 다른 사람을 열심히 괴롭히라는 말에 따르
는 일은 사람은 무엇이든 열심히 해야 한다는 가르침에 포섭되지 않
는다. 그런데 위의 논증에서는 그 특수한 경우가 가진 속성을 무시하
고 그것을 일반적인 원리에 포섭시켰으므로 잘못을 저지른 것이다.

(7) 성급한 일반화의 오류(fallacy of hasty generalization) 또는 역우연의 오류(fallacy of converse accident)

성급한 일반화의 오류는 우연의 오류와 정반대 방향으로 진행된
다. 그래서 역(逆)우연의 오류라고도 부른다. 우연의 오류는 전제에

서 제시한 일반적 원리나 법칙에 포섭되지 않는 사례를 결론에서 그 원리에 적용하기 때문에 발생한다. 반면에 성급한 일반화의 오류는 사례들에서 일반적인 사실을 도출하는 잘못된 귀납적 일반화이다.

귀납적 일반화란 전체 집단에서 선택된 표본들이 지닌 정보들에서 그 표본들이 속한 집단 전체의 구성원에 관한 특정 정보를 이끌어내는 논증이다. 이때 무작위로 표본을 선택하는 것이 전체 집단을 대표하는 한 가지 방법이다. 바로 이러한 귀납적 일반화의 과정에서 표본이 그 집단을 대표하지 못할 가능성이 많을 때, 성급한 일반화의 오류가 일어난다. 또는 표본을 선택할 때, 결론을 보증하기 위해 추출한 표본의 수가 너무 적어도 이런 오류가 발생한다. 즉 이런 오류는 아래의 도식으로 그려볼 수 있다.

```
┌─────────────────────────────────────┐
│                                       │
│   특수한 경우들(대표적이지 않음)          │
│       ⇓ ─────── 일반화                 │
│   일반적 규칙                           │
│                                       │
└─────────────────────────────────────┘
```

다음의 예들을 보자.

미국에서 흑인들의 경제적 지위가 낮다는 것은 잘못된 생각이다. 빌 코스비나 오프라 윈프리를 보라.

너는 한국 사람들이 영어를 중시해서 대체로 영어를 잘할 거라고 했지. 그런데 그게 아니었어. 한국에 가서 거리에서 만난 한 사람에게 영어로 말을 걸어봤는데, 잘 통하지 않던데.

진보당과 가까운 내 주변 사람들에게 물어보았더니, 다음 대통령 선거에서 진보당 후보가 이길 거라고 하던데. 아마도 다음 대통령은 진보당 후보가 되려나 봐.

첫 번째 예는 흑인 전체를 대표한다고 할 수 없는 예외적인 한두 사람의 경우를 전체 흑인에게 일반화하고 있으므로 잘못이다. 또 두 번째 예는 거리에서 만난 한 사람과의 대화로 결론을 내리고 있는데, 결론을 말하기에는 그 표본 수가 너무 적다. 그리고 세 번째 예는 첫 번째와 마찬가지로 표본이 전체를 대표하지 못하고 편향되어 있다.

(8) 결합의 오류(fallacy of composition)

결합의 오류는 어떤 것을 이루는 각 부분, 혹은 구성 요소 각각의 특성들을 그 부분들이 결합해서 나타난 전체의 속성으로 받아들이면서 나타난다. 즉 전체를 이루는 부분들이 각각 어떤 속성을 가지므로 그것들로 이루어진 전체 역시 그러한 속성을 가진다고 간주하면서, 결합의 오류가 발생한다. 이것은 다음의 도식으로 나타낼 수 있다.

부분들

⇓ —— 부분에 적용되는 속성을 전체에 잘못 전이함

전체

이런 경우는 우리 주변에서 쉽게 찾을 수 있다. 좋은 것만 추구하는 사람들의 바람 또는 욕심이 대표적인 예다.

이런 예를 생각해 보자. 요즘 우리 사회에서는 성형수술이 대유행이다. 외모에 관심 많은 한 아가씨가 강남의 유명한 성형외과 의사에게 자신의 희망을 말했다. "탤런트 A양의 예쁜 눈, B양의 오똑한 코, C양의 도톰한 입술이면 좋겠어요." 이 말대로 의사는 이 아가씨의 사진에 탤런트 A, B, C양의 눈, 코, 입 사진을 합성했다. 어떤 모습으로 나타났을지 몹시 궁금하다. A, B, C양의 눈, 코, 입은 각각 A, B, C양의 얼굴에서 예쁜 것이지, 그것들을 한꺼번에 모아놓는다고 해서 그 전체가 예쁘게 나타나리라 기대하기는 어렵다. 결합의 오류는 이와 마찬가지이다.

다음의 예가 이 오류에 해당한다.

이 축구팀의 선수들은 모두 기량이 뛰어나다. 따라서 그 축구팀은 기량이 뛰어나다.

개별적으로 기량이 뛰어난 선수들로 한 팀을 이루었을 때, 그들이 훌륭하게 팀워크를 이뤄 뛰어난 팀이 될 수 있을지는 알 수 없다. 각 선수들이 우수하다고 해서 우수한 팀이 반드시 보장되지는 않기 때문이다.

그렇다고 해서 모든 경우가 그런 것은 아니다. 즉 부분들이 전체와 동일한 속성을 가지는 경우도 있다. 물론 이런 경우에는 부분의 속성을 전체로 전이하여 결론을 내리는 것이 잘못은 아니다. 경우에 따라 부분의 속성이 전체로 전이될 수도 있는 것이다. 다음과 같은 경우를 보자.

이 책상의 각 부분은 나무로 되어 있다. 따라서 이 책상은 나무로 되어 있다.

아주 단순해 보이는 이 논증에는 아무런 오류가 없다. 나무로 된 각 부분이 결합하면서 만들어진 책상은 당연히 나무로 만들어진 책상이기 때문이다. 따라서 각 부분의 특성을 그 결합체인 책상도 그대로 가진다.

결합의 오류는 성급한 일반화의 오류와 뚜렷이 구별된다. 즉 성급한 일반화의 오류는 전체를 대표하지 못하는 일부의 특별한 사례들이 가진 성질을 성급하게 일반화하면서 발생한다. 이와 달리 결합의 오류는 전체나 집합을 구성하는 어떤 부분이나 일부 구성원이 어떤 성질을 가진다는 사실에 근거해서, 그 전체나 집합 자체가 그러한 성질을 가진다고 추리하는 데에서 발생하는 잘못이다.

(9) 분해의 오류(fallacy of division)

분해의 오류는 결합의 오류와 정반대이다. 즉 결합의 오류는 부분들의 속성을 전체의 속성으로 잘못 전이하는 데서 일어나지만, 이와 반대로 분해의 오류는 전체의 속성을 부분들의 속성으로 잘못 전이하면서 일어나는 오류이다. 전체에 관해서만 참인 것을 그것을 구성하는 특정 부분에 관해서도 참이라고 주장하는 경우가 여기에 해당한다. 또한 어떤 집합이 갖는 속성을 그 집합에 속하는 개별적인 구성원들에게까지 잘못 적용하려는 경우에 분해의 오류를 저지르게 된다. 이 오류는 다음의 도식으로 나타낼 수 있다.

전체

⇓ —— 전체에 적용되는 속성을 부분들에 잘못 전이함

부분들

앞서 보았듯이 "이 축구팀의 선수들은 기량이 뛰어나다. 따라서 그 축구팀은 기량이 뛰어나다."는 결합의 오류였다. 그렇다면 다음의 예는 분해의 오류를 저지르고 있다.

이 축구팀은 기량이 뛰어나다. 따라서 그 축구팀의 선수들 각각은 기량이 뛰어나다.

위의 예를 보면 축구팀의 기량이 뛰어나니, 그 축구팀 소속의 선수들도 기량이 뛰어나다고 말한다. 과연 그렇게 말할 수 있는가? 물론 일부 선수들의 경우는 충분히 그럴 수도 있다. 그렇지만 선수 개개인은 뛰어나지 않은데도, 그런 선수로 구성된 팀이 피눈물 나는 훈련을 거치면서 최고의 팀으로 평가받는 경우를 볼 수 있다. 팀의 기량과 팀원의 기량은 다를 수 있다.

또 다른 예를 들어보자.

이 책상은 파란색이다. 이 책상은 원자로 구성되어 있다. 따라서 각각의 원자는 파란색이다.

또는

이 기계는 무겁다. 따라서 그 부속품들은 무거울 것이다.

위의 예에서 파란 책상은 파란 원자들로 이루어졌기 때문에 파란 것은 아니다. 또한 무거운 기계라고 해서 그 기계의 부속품이 다 무거운 것은 아니다.

그렇지만 결합의 오류에서와 마찬가지로 전체나 집합의 속성을 부분이나 구성 요소들의 성질에 정당하게 적용할 수 있는 경우가 있기도 하다.

다음은 분해의 오류에 빠진 논증이 아니다.

이 책상은 질량을 가진다. 이 책상은 평평한 상판과 다리, 그리고 그것을 연결하는 부속들로 이루어진다. 따라서 각 부품은 질량을 가지고 있다.

책상의 질량은 책상을 구성하는 모든 부품의 무게를 합친 것이다. 전체와 부분의 관계에서 분해의 오류가 적용되는 경우도 있고, 그렇지 않은 경우도 있을 수 있다. 따라서 논증의 내용을 꼼꼼히 따져서 파악해야 한다. 분해의 오류를 포함하는 비형식적 오류란 주로 논증의 내용과 관련된다.

결합의 오류를 성급한 일반화의 오류와 구별해야 하듯이, 분해의 오류는 우연의 오류와 구별해서 보아야 한다. 우연의 오류는 예외가 있을 수 있는 일반적인 경우에 참인 것을 예외에 속하는 경우까지 적용하면서 저지르게 된다. 이와 달리 분해의 오류는 어떤 집합이나 전체 자체가 가진 성질을 보고 그 구성원들도 그러한 성질을 가지고 있다고 잘못 추리하면서 저지르게 된다.

(10) 무지에 호소하는 오류(fallacy of appeal to ignorance)

이 논증은 어떤 현상이나 사건에 관해 지금까지 어떤 방식으로든 어떤 것도 증명되지 않았다는 사실을 전제로 해서 어떤 결론을 내린다. 즉 어떤 사안에 대해 충분히 알지 못한다는 전제를 근거로 그 사안에 대한 단정적인 주장을 결론에서 도출한다.

이런 논증의 예를 들어보자.

> 아무도 귀신이 존재한다는 것을 증명하지 못했다. 따라서 귀신은 존재하지 않는다.

또는

> 아무도 귀신이 없다는 것을 증명하지 못했다. 따라서 귀신은 있다.

이 논증이 제대로 된 논증이 되려면, 전제는 결론에 대한 적극적인 증거들을 제공해야 한다. 위의 논증에서 전제는 귀신의 존재(또는 부재)에 관해서는 아무것도 알려주지 않는다. 다만 불특정한 어떤 사람들이 그것을 증명하려고 노력했음에도 실패했다는 사실만 제시하고 있을 뿐이다. 물론 이러한 사실은 부분적으로나마 우리가 그 결론을 받아들일 만한 이유를 제공한다고 볼 수 있다. 그렇지만 그 정도의 이유만으로 그런 결론을 충분히 받아들일 수는 없다. 즉 이런 전제를 가지고 이끌어낼 수 있는 결론에서는 일반적으로 어떤 것을 입증하거나 반증할 아무런 방도가 없다. 따라서 이런 논증은 무지에 의존하는 오류를 저지르고 있다. 그러나 이 논증과 관련하여 우리가 고려해야 할 것들이 있다. 경우에 따라서는 이와 유사한 형태의 논증이 의미 있게 받아들여질 수도 있기 때문이다.

우선 이런 경우는 실제로 과학의 영역에서 나타난다. 어떤 과학적 주장에 대한 증명이나 반증을 위한 구체적 탐구가 해당 분야의 전문가들에 의해 체계적으로 이루어졌지만, 그 주장에 대한 증명이나 반증이 불가능한 경우들이 있다. 그런데 그런 과학적 논의에 근거한 결론은 비록 연역적으로는 부당하다고 할지라도, 귀납적으로는 상당히 강한 논증으로 받아들여질 수 있다.

다음의 예가 바로 이런 경우에 해당한다.

여러 분야의 과학자들로 구성된 연구팀은 체계적이고 지속적인 연구에도 불구하고, 빛을 내는 에테르를 발견하는 데 실패했다. 그러므로 빛을 내는 에테르는 존재하지 않는다고 보아야 한다.

위의 예에서 보자면 빛을 내는 에테르를 발견하는 데에 실패했다는 전제가 빛을 내는 에테르가 없다는 결론을 완전히 보증해 준다고 볼 수는 없다. 그 결론을 받아들일 수 있을 정도로 충분한 증거를 제시하고 있는 것은 아니기 때문이다. 그러나 그 결론은 우리가 쉽게 받아들일 수 있다. 만약 빛을 내는 에테르가 실제로 존재한다면, 과학자들이 체계적인 탐구를 통해 그 존재를 밝혔을 가능성이 높기 때문이다.

또 한 가지 우리가 고려해야 할 특수한 경우가 있다. 법정에서는 피고 측이 무지에 호소하는 오류에 따른 결론을 제시하면, 그것을 받아들인다는 점이다. 다음과 같은 경우를 보자.

(살인 사건에 대한 변론에서)
지금껏 검사는 피고에 관한 이러저러한 사실들을 제시했습니다만, 그는 결코 피고가 살인을 했다는 사실을 증명하는 결정적인 증거를 제시하거나 증인을 내세우지도 못했습니다. 이런 상황에서 볼 때, 검사는 짜 맞추기 식으로 피고를 범인으로 몰아가고 있을 뿐입니다. 그러므로 피고는 무죄로 판결되어야 합니다.

변호사는 변론에서 검사가 피고의 유죄를 증명할 수 없으므로, 피고가 무죄라고 주장한다. 즉 피고가 유죄라는 그의 주장은 정당하지 못하며, 따라서 피고는 무죄라는 것이다.

이에 대해 검사는 똑같은 방식으로 반론을 펼 수 있다.

(변호사의 변론에 대한 검사의 반론에서)
그렇다면 마찬가지로 변호사는 그가 살인을 하지 않았다는 것을 증명해야 하지만, 결코 그렇지 못합니다. 따라서 피고가 무죄라는 변호사의 주장은 정당하지 못하며, 당연히 피고는 유죄임이 확실합니다.

검사는 이와 같은 논증으로 충분히 피고 측에 맞설 수도 있다. 이러한 경우 물론 변호사의 변론과 검사의 반론에서 사용된 두 논증은 모두 무지에 호소하는 오류를 범하고 있다. 그러나 법정에서는 피고 측 변호사가 제시하는 무지에 호소하는 오류의 결론만을 받아들인다. 이것은 무죄 추정의 원리에 따른 것이다. 이 원리를 받아들이는 데에는 이유가 있다. 이는 무고한 사람을 죄인으로 모는 것을 피하려는 것으로, 법체계에서는 이처럼 인권 보호라는 더욱 근본적인 원리와 관련된 것을 우선시한다.

무지에 호소하는 잘못된 논증은 다음의 도식으로 요약할 수 있다.

전제 : 이제까지 누구도 A가 사실임을 증명하지 못했다.

⇓

결론 : A는 거짓이다.

---

(11) 은폐된 증거의 오류(fallacy of suppressed evidence)

은폐된 증거의 오류는 결론의 참, 거짓에 영향을 미칠 수 있는 전제를 무시할 때 생겨난다. 이 오류 역시 전제와 결론 사이에 관련이 있지만, 전제가 결론을 약하게 지지하기 때문에 발생한다. 그리고 실제로는 경합하는 잘못된 논증을 좋은 논증으로 보이게 만들면서 성립한다. 다음의 도식은 바로 이 상황을 보여준다.

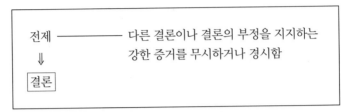

위의 도식은 귀납 논증의 한 가지 특징을 잘 보여준다. 주어진 논증의 전제에 다른 전제를 덧붙이면 강한 논증이 약해지기도 하고, 또 반대로 약한 논증이 강해지기도 하는 것이 바로 그 특징이다. 다시 말해 의도적이건 그렇지 않건 간에 어떤 전제를 고려하지 않을 경우에는 논증이 강했지만, 새로운 사실이 발견되어 그 논증의 결론을 부인하게 되면 그 논증이 약해진다. 따라서 의도적이건 비의도적이건 고려해야 마땅한 어떤 전제를 무시하거나 경시한다면, 그것은 오류를 범하는 것이다.

다음의 예는 은폐된 증거의 오류를 보여준다.

(골프장이 생태계에 미칠 심각한 문제점을 덮어둔 채)
이 지역에 골프장을 만들면 관광 사업이 활성화되어 우리 고장의 수입이 훨씬 더 증가할 것입니다. 따라서 우리는 이 지역에 골프장을 유치해야 합니다.

골프장이 생태계에 심각한 문제를 일으킨다는 것은 아주 잘 알려진 사실이다. 그럼에도 불구하고 오직 골프장의 유치로 얻을 수 있는 경

비판적 사고

제적 측면만을 고려한다면, 이것은 심각한 문제점을 무시하거나 경시하는 것이다. 즉 전제로 고려해야 할 중요한 관련 증거를 무시하거나 경시하는 것이다. 따라서 은폐된 증거의 오류는 관련 증거를 무시하거나 경시하는 오류라고도 부른다.

(12) 허수아비 논증의 오류(fallacy of straw man)

이 오류는 상대방의 논증을 공격하고자 할 때, 그 논증을 의도적으로 바꾸어서 바로 그 변형된 논증을 공격하는 것이다. 즉 공격하기 쉽도록 상대방의 논증을 단순화하거나 왜곡한 다음, 그것을 간단히 또는 쉽게 허물어뜨리는 것이다. 그러나 이런 방식으로는 상대방의 논증을 제대로 무너뜨렸다고 할 수 없다. 따라서 이런 오류에 빠진 사람은 진정한 논의를 하려는 것이 아니라, 스스로 만들어낸 허수아비를 상대하는 것에 지나지 않는다. 허수아비를 무너뜨리고 나서는 상대방의 주장을 부정해 버리고 싶은 것이다. 이 상황은 아래의 도식으로 요약할 수 있다.

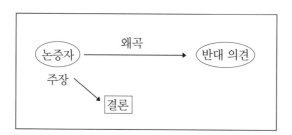

다음과 같은 예를 살펴보자.

어떤 사람들은 논리가 삶에서 가장 중요한 것은 아니라고 주장한다. 이는 명백히 합리성 대신에 비합리성을 주장하는 것이다. 인간이 긴 역사를 통해서 이루어낸 성과를 부정하고 있다. 이건 말도 안 된다.

위의 예에서 논리가 삶에서 가장 중요한 것이 아니라는 주장은 비합리성을 주장하려는 것이 아니다. 논리적이거나 합리적인 것 말고도 중요한 것이 더 있다는 것이다. 그렇지만 원래 주장과는 다르게 논증자의 주장을 비합리성을 옹호하는 것으로 왜곡한 다음, 그것을 공격한다. 이것이 바로 허수아비 논증의 오류이다.

(13) 거짓 원인의 오류(fallacy of false cause)

거짓 원인의 오류는 실제로는 있지도 않은 인과 관계를 설정하고, 이 관계에서 내세운 전제에서 결론을 이끌어내면서 일어난다. 즉 이것은 인과 관계가 성립하지 않는데도 불구하고, 마치 두 사건 사이에 어떤 인과 관계가 있는 것처럼 잘못 추측하면서 나타난다. 이 오류는 다음의 도식으로 그릴 수 있다.

전제
⇓ ——————— 실제로 있지 않은 인과 관계에 의존함
결론

이러한 오류의 유형은 다음 세 가지다.

1) 선후인과의 오류(fallacy of *post hoc ergo propter hoc*)

선후인과의 오류는 말 그대로 단순히 원인과 결과의 순서만을 따지면서 일어난다. 어떤 사건이 다른 사건보다 단지 먼저 일어났다는 사실만 가지고, 앞선 사건을 뒤따르는 사건의 원인으로 간주할 수 없다. 다음 예를 보자.

> 이 주전자는 물이 끓기 전에 항상 '삐……' 하고 소리를 내거든. 아마 이 소리가 물을 끓게 하는가 봐.

위의 예에서 원인은 분명히 시간적으로 결과에 앞선다. 그렇지만 어떤 사건이 시간적으로 앞선다고 해서 그것이 반드시 나중 사건의 원인이 되는 것은 아니다.

두 유형의 사건이나 현상들에 시간적 선후 관계가 있다는 것은 그것들 간에 인과 관계가 있을 필요조건이기는 하지만, 충분조건은 아니다. 따라서 위의 예는 시간상 앞서 나타난 '삐…… 소리를 낸다'라는 적절하지 않은 근거를 들어서 결론을 억지로 이끌어낸 것에 지나지 않는다.

2) 진정한 원인으로 잘못 추측하는 오류
(fallacy of *non causa pro causa*)

이 오류는 어떤 사건이 다른 사건의 진정한 원인이 아님에도 불구하고, 이를 진정한 원인으로 잘못 추측하면서 일어나는 오류이다. 이런 오류는 우리 주변의 일상생활에서 흔하게 볼 수 있다.

너 감기 걸렸구나. 뜨거운 콩나물국에 고춧가루를 넣어서 먹은 뒤 한숨 푹 자고 나면, 한결 좋아질 거야.

너 어제 과음했다니 힘들겠구나. 이따가 해장술 하면 바로 나아질 거야.

위의 두 예에서는 실제로 고춧가루를 넣은 뜨거운 콩나물국을 먹고 푹 자거나 해장술을 하면 감기가 떨어지거나 숙취로 인한 고통이 줄어든다는 인과 관계를 말하고 있다. 그렇지만 두 예에서 실제로 그것들이 인과적으로 관계 있는지를 말하기란 쉽지 않다.

3) 원인과 결과를 혼동하는 오류

또 다른 한 가지는 원인과 결과를 혼동하는 경우이다. 즉 결과는 결코 원인에 앞설 수 없음에도 불구하고, 흔하게 나타나는 두 유형의 관계를 잘못 파악하면서 나타난다. 우리 주위에서 볼 수 있는 다음과 같은 예를 보자.

부자들은 다 고급 차를 타잖아. 너도 고급 차를 타야 해. 그래야 부자가 돼.

우리 주변에서 보자면 부유한 사람들은 대체로 고급 차를 타는 경향이 있다. 이런 경향에 따라 일부 사람들은 부유하게 되려고 또는 부유해 보이려고 고급 차를 타고자 한다. 이것은 고급 차를 타는 것이 부유한 사람이 되는 것이거나 그렇게 보이는 것이라고 잘못 생각하는 것이다. 만약 이 두 가지에서 나름의 인과 관계가 성립하려면, 사람들이 고급 차를 타기 전에 이미 부자이어야 한다. 다시 말해 부자가 되면서, 그 사람들은 대체로 고급 차를 탄다. 그러나 원인과 결과를 혼동하는 오류를 범하는 경우, 아직 부자가 아니면서 먼저 고급 차부터 타고 보는 것이다.

(14) 애매어의 오류(fallacy of equivocation)

애매어의 오류는 하나의 단어나 구가 그 논증의 전제와 결론에서 두 가지의 상이한 의미로 사용되었을 때 일어난다. 이러한 오류는 동일한 단어에 여러 가지 의미가 있어서 문맥에 따라 그 의미가 다르게 사용될 수 있음에도 불구하고, 이를 혼동하면서 저지르는 오류이다.

다음의 예를 보자.

(함께 담배를 피우면서)
철수 : 나는 이제 이 담배를 끊기로 결심했어.
민정 : 여기 이 담배들은 그대로 있네. 어디 끊어봐.

여기서 '끊다'라는 단어에는 두 가지 뜻이 있다. "가위나 칼 같은 도구로 자르다"는 뜻과 "무엇을 그만두다"라는 뜻이다. 위의 예는 '끊다'라는 단어를 전제와 결론에서 각각 다른 의미로 사용해서 추론함으로써 애매어의 오류가 일어난 것이다. '끊기로'라는 애매한 단어를 애매하지 않은 동의어인 '그만두기로'라는 단어로 바꾸면, 위의 예에서 애매어의 오류가 발생하지 않게 된다.

이런 오류가 벌어지는 상황은 다음의 도식으로 그려볼 수 있다.

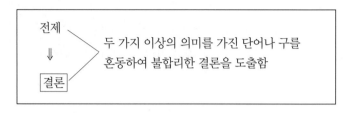

(15) 애매한 문장의 오류(fallacy of amphiboly)

애매한 문장의 오류는 어떤 문장의 구조적 결함 때문에 혹은 분명하지 못한 문법적 구조 때문에, 두 가지 이상으로 해석할 수 있는 전제들을 잘못 해석하여 거기서 잘못된 결론을 도출할 때 저지르게 된다. 즉 애매한 문장의 오류란 어떤 문장이 애매한 단어를 포함하고 있지 않음에도 불구하고, 그 문장의 문법적 구조가 애매하기 때문에 발생한다.

예를 들어 다음의 논증을 보자.

철수: 나는 작은 카센터에서 일하고 있어.
미진: 아, 거기서는 큰 차를 수리하지는 못하겠구나.

여기서 애매한 단어는 없다. 그러나 첫 번째 문장은 두 가지로 해석할 수 있다. 하나는 철수가 일하는 자동차 수리 센터의 규모가 작다는 것이다. 다른 하나는 철수가 일하는 카센터는 작은 자동차만 수리한다는 것이다. '작은'을 '카센터'를 수식하는 것으로, 혹은 '차'를 수식하는 것으로 해석할 수 있는 말이다. 물론 철수가 그런 말을 했을 때는 대체로 사람들이 많이 하는 첫 번째 해석을 의도했을 것이다. 그러나 미진이는 일반적이지는 않지만 두 번째 해석을 받아들여 엉뚱한 결론을 내리고 있다.

이와 같은 오류는 다음의 도식으로 그릴 수 있다.

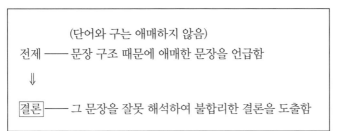

이런 경우 오류를 피하기 위해서는 단어의 위치를 옮기거나 구두점을 적당히 사용해서 두 가지로 해석되는 상황을 막아야 한다.

3. 아직 참으로 증명되지 않은 전제를 참으로 가정하는 오류

가정의 오류는 말 그대로 전제가 증명하고자 하는 것을 전제 자신이 이미 가정하고 있기 때문에 일어난다. 가정의 오류에는 선결문제 요구의 오류, 복합질문의 오류, 잘못된 이분법 등이 있다.

(1) 선결문제 요구의 오류(fallacy of *petitio principii*)

선결문제 요구의 오류는 증명하려는 주장의 참을 전제에서 이미 전제하고 있기 때문에 일어난다. 이 오류는 대체로 다음의 세 가지 형태로 나타난다. 첫째는 참인지 아닌지 문제가 되는 핵심 전제를 생략하는 경우이다. 둘째는 전제와 결론의 내용이 단어를 바꾼 것에 불과할 정도로 동일한 내용으로 되어 있는 경우다. 셋째는 전제가 결론을 지지하지만, 그 전제는 결론의 지지를 받아야 하는 순환 논증의 형태를 띠는 경우이다. 이와 같은 세 가지 오류는 순서대로 다음의 도식으로 요약할 수 있다.

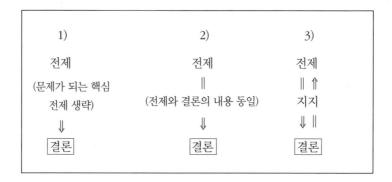

1) 참인지 거짓인지 문제가 되는 전제를 생략하는 경우

좋은 논증은 주어진 전제에서 결론을 아무런 문제 없이 이끌어낼 수 있어야 한다. 물론 경우에 따라서 전제를 생략할 수도 있으나, 이는 생략된 전제를 어느 누구라도 이의 없이 당연하게 받아들일 수 있는 경우이다. 그러나 참인지 거짓인지 문제가 되는 전제를 생략하면 오류가 발생한다. 참인지 거짓인지 문제가 되는 전제는 심각하게 따져야 할 전제에 해당하기 때문이다.

그럼 다음의 예를 따져보자.

태아는 인간의 권리를 가지지 못하므로, 낙태를 금지하지 않아야 한다.

위의 논증은 "태아는 인간이 아니다."라는 가정을 숨기고 있다. 그런데 이 숨겨진 가정에는 논쟁의 여지가 있다. 여기서 논증자는 이 가정을 생략하고(또는 숨기고) 있다. 즉 생략한 그 전제를 이미 당연히 참이라고 간주하고 있는 셈이다. (물론 경우에 따라서는 어떤 목적을 가지고 의도적으로 숨길 수도 있다.) 그러나 실제로 이 전제가 참인지는 심각한 논란거리이다. 그런데도 논증자는 낙태 금지를 결론으로 이끌어냈다. 이 논증에서 낙태를 금지해야 하는지 말아야 하는지 결론을 내리기 위해서는, 당연히 태아가 인간인지 아닌지를 먼저 증명해야 한다. 그럼에도 불구하고 이 논증은 앞서 증명해야 할 사항을 이미 참이라고 전제하고 있다. 그러므로 이 논증은 잘못된 것이다.

2) 결론의 내용을 전제에서 단어를 바꾸어 미리 보여주는 경우

이런 오류에서는 전제와 결론이 사실상 동일한 내용을 보여준다. 다음의 예를 보자.

요즘 물방울 무늬의 넥타이가 대유행이다. 거의 모든 사람이 그걸 매고 다니니까.

또는

조인성은 총각이야. 아직 결혼 안했잖아.

이 논증은 전제와 결론이 사실상 같은 내용이다. "거의 모든 사람이 매고 다닌다."는 '유행'을 의미한다. 또한 결혼을 하지 않은 남자는 '총각'을 의미한다. 따라서 위의 예는 결론을 지지하기 위해 결론의 내용을 전제로 하고 있다.

3) 결론을 지지하지만, 전제가 결론의 지지를 받아야 하는 경우

선결문제 요구의 오류의 또 다른 형태는 순환 논증이다. 순환 논증은 결론이 전제들 가운데 한 가지를 지지하도록 되어 있는 논증을 가리킨다.

다음과 같은 예를 살펴보자.

> 신은 존재한다. 왜냐하면 성경이 그렇게 말하고 있고, 성경은 신의 말씀이기 때문이다.

위의 논증에서 결론은 "신이 존재한다."이다. 이 결론은 "성경은 신의 말씀이다."라는 전제를 지지하도록 짜여 있다. 이 전제가 참이라는 것을 정당화하기 위해서는 우선 신이 존재한다는 것이 참임을 가정해야 한다. 위의 논증은 증명해야 하는 것(즉 결론)을 이미 참인 것으로 전제하고 있으면서 그것을 바탕으로 다른 전제를 정당화한다. 그런 다음 바로 그 전제를 근거로 삼아 결론을 정당화하고자 한다. 그렇기 때문에 순환적이다.

(2) 복합질문의 오류(fallacy of complex question)

복합질문은 질문에 숨겨진 가정이 당연히 참이라고 여기도록 응답

자를 속인다. 다시 말해 복합질문의 오류는 실제로는 두 개 이상의 물음을 함께 던지면서, 단 하나의 답변만을 요구하는 것이다. 따라서 한 가지 답변으로 두 가지 이상의 질문에 한꺼번에 대답한 것으로 간주할 때, 이 오류가 발생한다.

모든 복합질문은 어떤 조건을 가정하고 있다. 즉 상대편의 대답이 복합질문에 적용될 때, 가정된 조건을 받아들이는 것으로 간주하면서 오류가 발생한다. 이와 같이 복합질문 자체는 논증이 아니다. 그렇지만 이것은 암암리에 논증을 포함하고 있다. 이 논증은 대개 복합질문의 답변자로 하여금, 인정하기를 원치 않았을지도 모르는 어떤 것을 인정하도록 만든다.

"너는 최근에 담배를 끊었니?"라는 질문을 받았다고 해보자. 그 질문에는 내가 담배를 얼마 전까지 담배를 피우고 있었다는 것을 가정하고 있다. 그런데 나는 여태껏 담배를 피운 적이 없었다고 해보자. 보통 나의 대답은 "아니, 난 담배 피운 적도 없는데."일 것이다. 이런 경우라면 큰 문제 없이 지나칠 수 있다. 그러나 무심결에 "아니." 라고만 대답했다면, 자칫 내가 여전히 담배를 피우고 있는 것처럼 받아들여질 수도 있다.

다음의 경우는 이와 사뭇 다르다.

(우연히 만난 친구와의 대화)

A: "너, 요즘 여친(또는 남친)과 헤어졌다며?"

B: "아니! 무슨 말이야, 그런 적 없어."

A: "아직 잘 지내고 있구나."

위의 대화만 보자면, A는 B가 여전히 B의 여친(또는 남친)과 잘 지내고 있다고 짐작한다. 그러나 B의 입장에서는 아주 당황스러울 수 있다. 왜냐하면 B는 아직 여친(또는 남친)이 아예 없기 때문이다. A는 다른 C와 혼동해서, B가 여친(또는 남친)이 있었다고 착각한 것이다. 이 상황에서 A는 B가 이미 여친(또는 남친)이 있다고 믿으면서, 잘 지내고 있는지를 물었다. A가 던진 물음은 한 가지이지만, 실제로는 두 가지를 물은 것이다.

만약 질문이 복합질문이라는 것을 모른다면, 질문을 받은 사람은 단순하게 생각하고 대답할 수 있다. 그렇게 된다면 자신이 생각지도 않은 진술을 암암리에 인정하게 되거나, 자신에게 불리한 결론을 보증하는 증거를 스스로가 제공하는 셈이 된다. 복합질문의 오류는 바로 이것을 노리는 것이다. 이런 덫에 걸리지 않는 방법은 복합질문을 받았을 경우, 그것이 하나 이상의 질문임을 말한 다음 각 질문에 따로 따로 답하는 것이다. 이 상황은 다음과 같이 그림으로 나타낼 수 있다.

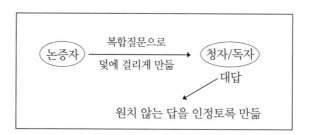

(3) 잘못된 이분법(false dichotomy)

잘못된 이분법은 우리 주변에서, 또 일상생활에서 자주 볼 수 있는 경우이다. 어떤 상황에서 우리는 원치 않는 선택을 강요받는다. 즉 다른 가능성을 생각할 수 있는데도 주어진 선택지에서만 고를 것을 요구받는 경우도 있다.

우선 아래의 예에 함축된 논증을 찾아서 따져보자.

(가까운 두 친구 사이의 대화)
네가 나를 도와주든지 아니면 나하고 절교하는거야.

위의 예는 친구들끼리 흔히 하는 얘기이다. 이럴 때 우리는 아주 난처할 수도 있지만, 대개는 마지못해 친구의 말에 따르기도 한다. 위의 예를 논증으로 재구성하면 다음과 같다.

전제 1: 너는 나를 도와주든지 아니면 절교해야 한다.
전제 2: 너는 나와 절교하는 것을 원치 않을 것이다.
결론: 너는 나를 도와주어야 한다.

위의 논증은 무엇이 잘못인가? 좋은 논증이란 전제가 결론을 잘 받쳐주어야 할 뿐 아니라, 주어진 전제가 참이어야 한다. 위의 논증에서 전제 1이 과연 참이라고 할 수 있을까? 아무리 가까운 친구 사이지만, 도와주지 않으면 관계를 끊어야 한다는 것은 지나치다. 따라서 친구들끼리 흔히 하는 이런 얘기가 실제로는 억지일 뿐이다. 엄격하게 말하자면, 위 대화의 이 논증은 잘못된 이분법의 오류를 저지르고 있다.

잘못된 이분법은 고려해야 할 가능성이 여러 가지인데도, 다른 것을 무시하고 오직 두 가지 선택지만 있는 것으로 가정하는 점에서 잘못된 논증이다. 이 오류는 흑백 사고의 오류라고도 하고, 또 잘못된 대안의 오류라고도 부른다. 이 오류가 흔히 중간 선택지를 무시하고, 양 극단의 두 입장만을 가능한 선택지로 가정하기 때문이다.

타당한 논증들 가운데 전제에 선택을 요구하는 내용을 포함하는 논증 형태는 두 가지이다. 선언적 삼단논법과 구성적 양도논법이 그것이다. 잘못된 이분법은 이런 유형의 논증에서 잘 나타난다.

먼저 선언적 삼단논법은 다음의 형식으로 이루어진다.

A이거나 B이다.
B가 아니다.
따라서 A이다.

위의 선언적 삼단논법에서 잘못된 이분법의 오류를 범하고 있는 예를 살펴보자.

나는 새로운 CD를 사기 위해 돈을 빌리든지 아니면 음악 듣기를 포기해야 한다.
음악 듣기를 포기할 수 없다.
따라서 나는 새로운 CD을 사기 위해 돈을 빌려야 한다.

위의 논증은 형식적으로는 타당하다. 그러나 꼼꼼하게 따져보면 첫 번째 전제의 참이 보증되지 않기 때문에, 이 논증은 오류를 범하고 있다. 왜냐하면 CD를 사지 않고 친구에게 빌릴 수도 있고, 인터넷 사이트에서 다운받아 들을 수도 있으며, 라디오에서 나오는 것을 녹음해 들을 수도 있기 때문이다.

또 다른 형태의 논증으로 구성적 양도논법을 살펴보자. 구성적 양도논법은 다음과 같은 형식으로 이루어진다.

> 만약 A라면 C이다.
> 만약 B라면 D이다.
> A이거나 B이다.
> 따라서 C이거나 D이다.

구성적 양도논법의 형식으로 되어 있는 아래의 예를 살펴보자.

> 만약 여러분이 논리를 완전히 알고 있으면 그것을 공부할 필요가 없을 것이다. 만약 여러분이 논리를 전혀 모르고 있으면 그것을 공부할 수 없을 것이다. 여러분은 논리를 완전히 알고 있거나 혹은 전혀 모르고 있다. 따라서 여러분은 논리를 공부할 필요가 없거나 공부할 수 없을 것이다.

위의 논증에는 선언적인 가정이 들어 있다. 그런데 그 가정은 참인가? 그렇지 않다. 여기서 사용된 선언적 가정은 '완전히 논리적이지는 않지만 논리를 더 공부할 수 있을 정도로 약간은 논리적이다'라는 가능성을 배제하고 있다. 위의 논증도 형식적으로는 타당하지만, 잘못된 전제 때문에 건전한 논증이 못 된다. 잘못된 이분법의 오류를 범하고 있는 것이다.

잘못된 이분법에 의한 오류는 완전하지 않은 두 개의 선택지를 주고, 그 가운데에서 하나를 선택하라고 요구하면서 발생한다. 전제는 두 개의 선택지를 가진 선언 명제로 되어 있다. 그리고 그 두 개의 선택지가 완전한 것처럼, 그 밖의 다른 선택지는 없는 것처럼 보이게 한다. 이 경우 두 선택지 중 하나는 보통 논증을 제시한 사람에게 유리한 것이다. 그래서 원하지 않는 선택지를 제거하고 나면, 논증을 제시한 사람에게 유리한 선택지만 결론으로 남는다. 이러한 논증은 분명히 형식적으로는 타당하다. 그러나 선언 명제인 전제가 완벽한 선택지들이며, 따라서 필연적으로 참이라고 생각하도록 현혹한다. 만약 제시된 두 개의 선택지가 서로 배타적이며 또 모든 가능한 경우를 망라한 것이라면, 이 논증은 오류를 범하지 않았다고 할 수 있다.

요 약

* 비형식적 오류: 주로 귀납 논증에서 나타나는 오류이며, 드물게는 연역 논증에서 나타나기도 한다. 내용상의 문제 때문에 일어난다. 귀납 논증의 경우, 설득력 없거나 약한 논증이다. 연역 논증의 경우, 형식적으로는 타당한 논증에서도 나타날 수 있다.

* 비형식적 오류의 두 가지 유형
    (1) 전제가 결론을 제대로 지지하지 않는 데서 발생하는 오류
        1) 힘에 호소하는 오류
        2) 연민에 호소하는 오류
        3) 군중에 호소하는 오류
        4) 잘못된 권위에의 논증
        5) 사람에 대한 오류(①인신공격의 오류, ②정황적 오류, ③피장파장의 오류)

6) 우연의 오류

7) 성급한 일반화의 오류

8) 결합의 오류

9) 분해의 오류

10) 무지에 호소하는 오류

11) 은폐된 증거의 오류

12) 허수아비 논증의 오류

13) 거짓 원인의 오류(①선후인과의 오류, ②진정한 원인으로 잘못 추측하는 오류, ③원인과 결과를 혼동하는 오류)

14) 애매어의 오류

15) 애매한 문장의 오류

(2) 참이라는 것이 아직 증명되지 않은 전제를 참으로 가정하는 오류

1) 선결문제 요구의 오류

2) 복합질문의 오류

3) 잘못된 이분법

연습문제

I. 다음 논증이 어떤 종류의 오류를 범하고 있는지 보기에서 골라보시오.

─────〈보기〉─────

(1) 힘에 호소하는 오류   (2) 연민에 호소하는 오류

(3) 군중에 호소하는 오류   (4) 잘못된 권위에의 논증

(5) 사람에 대한 오류

  (1)인신공격의 오류, 2)정황적 오류, 3)피장파장의 오류)

(6) 우연의 오류   (7) 성급한 일반화의 오류

(8) 결합의 오류   (9) 분해의 오류

(10) 무지에 호소하는 오류   (11) 은폐된 증거의 오류

(12) 허수아비 논증의 오류

(13) 거짓 원인의 오류(1)선후인과의 오류, 2)진정한 원인으로 잘못 추측하
는 오류, 3)원인과 결과를 혼동하는 오류)

(14) 애매어의 오류   (15) 애매한 문장의 오류

(16) 선결문제 요구의 오류   (17) 복합질문의 오류

(18) 잘못된 이분법

1. "진수야 너 여전히 아르바이트 하고 있니?"라는 친구의 질문에 (이제까
지 한 번도 아르바이트 한 적이 없는) 그는 "아니"라고 대답했고, 질문
한 친구는 "응, 지금은 아르바이트 하지 않는구나."라고 결론을 내린다.

2. 영혼은 불멸이다. 왜냐하면 그것은 영원히 사는 것이니까.

3. 마약을 합법화하거나 아니면 마약 복용자를 수감할 감옥을 새로 더 짓
도록 하자.

4. 나는 도박을 합법화하는 것에 찬성한다. 도박에 반대하는 사람들은 무
엇이든 재미를 추구하는 것은 죄라고 간주한다.

5. 나와 함께 가지 않는다면 네가 얼마나 타격을 많이 받을지 단지 네가
잊지 않도록 지금 말하는 거야. 안 가면 어떻게 될지 네가 더 잘 알걸.
오늘까지 확답을 안한다면 어떻게 되는지 알지?

6. (6천만 원 하는 수입 자동차를 보면서)
철수: 이 수입 차 아주 근사해 보이는데요. 가격이 얼마지요?
차 판매원: 얼마 안 됩니다. 한 달에 40만 원씩 내면 됩니다.

비판적 사고

7. 어제 네가 밤하늘에서 본 그 빛은 UFO이거나 아니면 헛것일 거야. UFO가 존재한다고 보기는 어렵지. 그러니 너는 헛것을 본 거야.

8. 이 사전을 사주셔야 합니다. 저는 오늘 가가호호 방문했으나 문전에서 쫓겨나기 일쑤였고 협박까지 당했습니다. 저의 아이가 수술을 받아야 하는 처지니 제발 한 권 사십시오.

9. 지난 100년 동안 시계 수리공은 돈을 많이 벌었다. 따라서 향후 100년 간 그들은 돈을 많이 벌 것이다.

10. 힘은 그것을 가진 자를 부패하게 만든다. 지식은 힘이다. 따라서 지식은 그것을 가진 자를 부패하게 만든다.

11. 각자의 행복은 각 개인에게 좋은 것이다. 따라서 그것의 총체인 전체적인 행복은 모든 사람에게 좋은 것이다.

12. 사람들이 해외여행을 많이 하는 것과 함께 우리나라의 국민소득이 늘었다. 해외여행이 국민소득을 증가하게 만드나 보다.

13. 사장님, 제 월급을 조금 올려주셔야 합니다. 저의 어머니가 입원을 하셔서 집안 살림이 말이 아닙니다. 입원비를 감당하기 어렵습니다.

14. 경찰: 과속입니다. 면허증 제시하기 바랍니다.
   운전자: 저는 그저 앞차를 따라갔을 뿐인데요. 앞차가 문제이지 저는 문제가 없지 않습니까?

15. 낙태를 찬성하는 자들은 태아 살해범들이야. 그러니 낙태에 찬성할 수 없어. 그들이 자기 의견을 활발히 제시하게 되면 큰일이야.

16. 진화론은 하나의 이론이야. 그러니 그것을 받아들일 수 없어.

17. 인간의 몸을 구성하는 원자는 눈에 보이지 않는다. 따라서 인간의 몸은 보이지 않는다.

18. (숭배할 만한 장점이라고는 전혀 없는 친구에게) 그가 너의 숭배자라고? 너를 숭배하는 사람이 있다니 놀라운 일이야.

19. 콜레스테롤이 많이 든 음식을 섭취하는 것은 좋지 않다. 따라서 영양실조에 걸린 사람조차도 콜레스테롤이 든 음식을 절대 섭취하지 말아야 한다.

20. 너 아직도 그 친구와 사귀고 있니?

21. 마거릿 미첼의 『바람과 함께 사라지다』는 아주 감동적인 소설이었다. 그녀의 다음 작품도 아마 그럴 것이다. 빨리 그걸 구해다 보아야지.

22. 불에 올려놓은 주전자를 쳐다보면 그것은 더디게 끓는다. 그러니 너는 주전자를 쳐다보아서는 안 된다.

23. 그 봉사 모임은 아주 활발하게 운영되고 있어. 철수는 그 모임의 회원이니 아주 활발하게 활동하고 있을 거야.

24. 교장 선생님은 금요일마다 있는 점심 예배를 폐지해야 한다고 주장하셨대. 그런데 그건 문제야. 교장 선생님은 교인이 아니시잖아.

25. 여러분의 품격을 높여주는 차. 누구라도 탈 수 있는 차가 아닙니다.

26. 캘리포니아 있는 샌디에이고는 여름에 날씨가 아주 온화하다. 애리조나에 있는 유마는 샌디에이고와 비슷한 위도에 있다. 유마의 여름 날씨도 아주 온화할 것이다.

27. 그 국회의원은 분명히 거짓말을 하고 있다. 여론 조사 결과 국민 90%가 그런 의견을 보였다.

28. 진수는 터키에서 가장 높은 산에 올라갔다고 말했다. 그는 거짓말을 하고 있는 게 틀림없어. 가장 높은 산은 터키가 아니라 네팔에 있잖아?

29. 번개가 칠 때마다 천둥이 울린다. 따라서 번개가 천둥을 일으킨다.

30. 사람들 대부분은 사후 세계가 있다고 믿는다. 그러므로 사후 세계가 있을 것이다.

31. 신은 존재한다. 왜냐하면 어느 누구도 신이 존재하지 않는다는 것을 증명하지 못했기 때문이다.

32. 여러분은 이라크에 우리 군대를 파견하는 데 동의하든지 아니면 매국노가 되어야 한다. 여러분은 군대 파견에 동의하지 않으니 매국노가 되고 싶다는 것인가?

33. 프랑스 사람들은 아주 불친절하다. 어제 프랑스 대사관에 갔는데 거기 근무하는 사람이 아주 불친절했다.

34. 그 의원은 의료보험 제도를 개혁해야 한다고 주장하는데 그 말은 들을 필요가 없다. 그 사람이 얼마나 술고래인데.

35. 물론 신은 존재한다. 모든 문화권에서 신의 존재를 믿고 있다.

36. 저명한 성의학자인 파커 교수는 만 9세부터 성교육을 실시해야 한다고 주장한다. 그의 주장은 말이 안 된다. 왜냐하면 그가 원하는 것은 9세 전후에 성생활을 해야 한다는 것이니까.

37. 우리나라 국민의 평균 소득이 5년 전보다 증가했다. 따라서 우리 각자의 소득도 5년 전보다 증가했을 것이다.

38. 이 숲에 고라니가 살고 있는지에 대해 이제까지 알려진 바가 없다. 그러니 이 숲에는 고라니가 없어.

39. Jim : I shot the elephant in my pajamas.
    Marry : How can you shot the picture!

40. The only proof capable of being given that an object is visible, is that people actually see it. The only proof that a sound is audible, is that people actually hear it and so of the other sources of our experience. In like manner, I apprehend, the sole evidence it is possible to produce that anything is desirable, is that people actually

desire it. What is desirable is what is good." (존 스튜어트 밀)

41. 그 야구팀은 이번 시즌에 최고의 경기를 펼쳤다. 따라서 각 포지션의 선수들 모두 이번 시즌에 최고의 경기를 펼쳤다.

42. 지난번 《가장 빨라》 신문이 조작된 기사를 보도했다. 이제 그 신문의 기사는 모두 믿을 수 없다.

43. 그 약을 복용한 사람들이 모두 그 약이 효과가 좋았다고 말했다. 그 약이 좋은가 보다. (그런데 그 약을 복용한 사람들은 모두 그것을 만든 제약 회사에서 돈을 받았다.)

44. 학생들은 학교 측이 저녁에 일정한 시간 동안만 맥주를 파는 카페를 교내에 내주기를 희망한다. 그러나 그것은 허용될 수 없다. 학교를 술집으로 만들려는 주장을 어떻게 용납할 것인가?

45. 미주는 휴지로 코를 닦고 나서 그것을 휴지통에 버렸다고 했다. 그 아이는 아주 흉측한 꼴을 하고 있을 거야.

46. 고통받는 환자는 의사의 도움을 받아 생을 마감할 수 있게 해야 한다. 왜냐하면 많은 환자들은 자살하는 것이 어렵기 때문이다.

II. 주어진 명제를 결론으로 삼아 괄호 안에 있는 오류가 일어나도록 전제를 만드시오.

1. 「매트릭스」는 정말 훌륭한 영화야. (군중에 호소하는 오류)

2. 뱀파이어는 존재해. (무지에 의한 오류)

3. 미국은 이란을 공격해야 돼. (잘못된 이분법)

4. 우리는 동성애자들에게 이성애자들과 동등한 권리를 주어야 한다. (선
   결문제 요구의 오류)

5. 너는 이번 일이 민정이 잘못이라고 하지만 네 말은 들어보나 마나야.
   (사람에 대한 오류)

CRITICAL THINKING

제3부에서 우리는 근거에서 주장을 이끌어내는 논증을 공부했다. 그리고 그 논리 유형인 연역 논증과 귀납 논증을 각각 제4부와 제5부에서 공부했다. 이어서 제6부에서는 잘못된 논증, 즉 오류에 대해 살펴보았다.

지금까지 살펴본 것은 근거에서 주장을, 또는 전제에서 결론을 이끌어내는 과정에서 나타나는 잘된 논증과 잘못된 논증이 어떤 것인가 하는 것, 즉 논증의 형태에서 논증의 구성 요소로 나타난 것이었다. 그렇지만 우리 주변에서 볼 수 있는 주장 중에는 논증과는 관계 없이 또는 일방적으로 제시되는 것들이 있다. 그런 것들이 경우에 따라서는 무엇에 관한 주장일 수도 있고 정보일 수도 있다. 요즘처럼 주장이 넘쳐나는 시기에 그 가운데에는 선별적으로 살펴봐야 할 것들이 있게 마련이다. 제7부에서는 주장과 정보에 관해서 살펴보자.

주장이나 정보가 논증의 일부분이 아니라, 단편적으로 제시되어 있는 경우도 있다. 요즘같이 극단적인 주장이 난무하고 다양한 정보가 넘쳐나는 때에 우리는 제대로 된 주장과 정보를 판단할 수 있어야 한다. 특히 과격하고 과도한 주장은 우리 사회를 황폐하게 만들지만, 정보의 과잉 상태는 우리를 혼란스럽게 만든다. 어떤 주장이나 정보가 신뢰받거나 의미 있기 위해서는 충분한 근거와 정확한 출처가 제시되어야 한다. 하지만 별다른 근거나 출처 없이 주어지는 주장이나 정보라 하더라도, 우리는 어떤 것에 근거해서 그런 주장이나 정보를 제대로 판단할 수 있어야 한다. 이제 신뢰할 만한 주장과 유익한 정보를 어떤 기준을 가지고 선택할 수 있는지 차분히 살펴보자.

1장
주장에 대한 판단

요즘 우리 사회에는 극단적인 주장이 다양하게 제기되고 있다. 심지어 어떤 사안을 놓고 상반된 주장이 팽팽하게 대립하기도 한다. 이런 주장들이 근거와 함께 제시되지 않을 때는 어떻게 해야 하는가? 그 주장들이 근거와 더불어 제시되지 않았다고 해서 무조건 무시해서는 안 된다. 예를 들어 특정 사안에 대해 반대하면서 따로 근거를 제시하지 않는다고 무시한다면, 더 큰 문제를 일으킬 수 있기 때문이다. 그리고 특정 사안을 성사시키려면 근거 없이 제시된 주장이라고 하더라도 신중하게 판단해야 하는 경우도 있기 마련이다. 그렇다면 근거 없이 제시된 주장들을 어떤 기준으로 판단해야 하는지 알아보자.

1. 주장의 신뢰성 판단 기준

어떤 야구 감독이 SD사의 신형 자동차가 좋다고 말할 때, 사람들은 이 말을 받아들이기가 쉽지 않다. 마찬가지로 사건 현장에서 질서 유지를 맡던 교통경찰이 살인 사건 피해자의 사인을 발표했다면, 그 발표를 신뢰할 수 있겠는가? 아니면 담당 형사가 살인 사건 피해자의 사인을 발표했다면, 그 발표를 신뢰할 수 있겠는가? 각 상황에서 사람들은 누구의 말을 받아들일 수 있는가?

다른 사람들의 주장을 받아들여야 하는지 받아들이지 말아야 하는지를 판단해야만 하는 일이 점점 늘어나고 있다. 때로는 다른 사람의 말이 어떤 문제에 대해서 우리가 알고 있는 모든 것이 될 수도 있다. 신문, 잡지, 교과서 등의 다양한 매체들은 우리에게 많은 주장을 제공하고 있다. 심지어 요즘에는 인터넷을 통해서 무수히 많은 주장이 걸러지지도 않은 채 무작위로 쏟아지고 있다. 그것들 가운데에서 어떤 것을 받아들여야 하는가? 여기서 우리가 살펴보는 것은 어떤 사람의 말이 참인가 거짓인가가 아니다. 말한 사람이 그 주제에 대해 신뢰를 줄 만한가 하는 것이다. 물론 때로는 어떤 사람의 말을 받아들이지 않지만, 그 사람의 말이 참일 때도 있다. 이와 반대로 믿을 만한 출처에서 나온 말이 거짓일 수도 있다.

우리는 어떤 사람이 말하는 것이 참인지 거짓인지를 알 수 있는 다른 방법이 없는데도 그것을 판정해야만 한다고 가정해 보자. 그 경우 출처의 신뢰성을 따져보는 것은 매우 중요하다. 어떤 사람의 말이 우리가 알 수 있는 모든 것일 때, 우리는 그 사람을 얼마나 신뢰할 수 있는가에 주목한다. 그러나 출처의 신뢰성이 거기서 나온 말의 참을 절대적으로 보장하는 것은 아니기 때문에, 그 말에 대해 우리는 열린 마음을 가져야 한다. 보통 신뢰할 만한 출처에서 나온 말을 우리는 마치 참인 것처럼 취급하지만, 그 말을 절대적으로 확신하는 것은 아니다. 다른 사람의 주장을 어떻게 받아들여야 하는지 결정할 때 생각해 보아야 할 점들을 살펴보자.

(1) 경험과 배경 지식

우선 어떤 주장을 하는 사람이 과연 그 주제에 대해 충분한 경험이나 지식이 있는지 살펴보아야 한다. 경우에 따라서는 신뢰할 만한 주장을 하는 사람으로 인정하기 위해 그 사람에게 공식적인 훈련을 요구할 수도 있다. 즉 어떤 주장을 하는 사람이 그 문제와 관련된 분야의 전문가인지 살펴보아야 한다. 어떤 사람이 전문가인가? 앞서 보았듯이 SD사의 신형 자동차에 대한 야구 감독의 주장을 사람들 대다수는 진지하게 받아들이지 않을 것이다. 적어도 그 야구 감독이 자동차 전문가라고 생각할 특별한 이유가 없기 때문이다. 그러나 살인 사건에 대해서는 교통경찰보다는 담당 형사의 발표가 훨씬 더 신뢰할 만하다. 경찰에 소속된 형사가 조사를 했을 것이며, 그 형사는 오랜 수사 경험이 있을 것이기 때문이다. 만약 담당 형사 대신에 경찰서 소속의 교통경찰이 조사를 했다면 그렇지 못할 것이다. 따라서 해당 분야의 전문가인지 아닌지는 출발점에서 아주 중요하다. 그렇더라도 여전히 문제는 있다. 배경 경험이나 선행 지식을 충분히 갖고 있다고 해서, 그 사람이 틀림없이 올바른 이야기를 하리라 보장할 수는 없기 때문이다.

(2) 권위

관련된 분야에서 권위 있는 사람이 주장한 말은 분명히 신뢰할 만하다. 어떤 사람의 말이 신뢰받기 위해서는 그 사람이 일반적으로 참인 말을 할 뿐 아니라 해당 분야에서도 그런 권위를 가지고 있어야 한다.

예를 들어 자동차에 문제가 생겨서 자동차 정비소에 갔다고 하자. 자동차의 상태에 대해서 정비 수련생과 고참 정비사 중 누구의 말이 더 신뢰할 만하겠는가? 두 사람 모두 나보다는 더 전문적인 지식을 가진 사람들임에 틀림없다. 그렇다고 하더라도 누구든지 고참 정비사의 말을 더욱 믿을 것이다. 또 앞서 이야기한 야구 감독이 야구에 대한 어떤 주장을 했다면, 그 주장은 그의 권위에 비추어 충분히 신뢰할 수 있다. 그러나 그는 자동차에 대해 정확하고 전문적인 판단을 할 수 있는 권위를 가지고 있지 못하기 때문에, 자동차에 대한 그의 말은 아무런 권위를 가지지 못한다. 물론 그가 자동차에 대해서 옳은 말을 했다고 치더라도 마찬가지이다.

전문가들은 자신이 전문가 역할을 계속하려면 스스로 권위를 지켜야 한다는 것을 잘 알고 있다. 그래서 그들은 정확한 사실을 말하려고 애쓴다. 보통 전문가들은 자신의 말이 틀렸다는 것이 밝혀질 때, 그 권위에 흠집이 나는 것을 알기 때문에 말하는 것에 더욱 주의한다.

(3) 이유를 제공할 수 있는 능력

어떤 사람이 자신의 주장이나 말에 대해서 이유를 충분히 제시할 수 있다면, 우리는 그 주장이나 말을 받아들여야 한다. 자신의 말이 신뢰를 받도록 하기 위해서 이유를 충분히 제시할 수 있다는 사실은 그런 주장을 위한 배경 지식 및 관련된 기본 능력이 그 사람에게 있음을 의미하기 때문이다.

예를 들어 최근의 경제 상황에서 나타나는 유동성 위기의 원인을 제시하도록 요구받으면, 그 배경 및 이유에 대해서 상대방이 납득할 수 있게끔 조리 있게 전달할 수 있어야 한다. 말하는 사람은 그렇게 하는 것이 바람직하다. 배경 지식 등을 충분히 갖추었다 하더라도 상대방을 제대로 납득시키지 못한다면, 기본적인 능력이 부족하다고 말할 수 있다.

2. 주장의 대립 양상과 그 해결책

(1) 두 주장 간에 대립이 일어나는 양상

우리는 사소하든지 또는 중대하든지 간에 어떤 일에 대해서 친구들끼리 얘기하는 경우가 있다. 그런 경우 자신의 생각이나 의견을 내놓는다. 이런 생각이나 의견은 바로 주장으로 바꿔 불러도 괜찮다.

이제 다음과 같이 의견이 서로 갈려 있다고 하자.

〔주장 1〕 영미는 집 앞에 주차된 자동차 아래 고양이 한 마리가 있다고 한다.

〔주장 2〕 혜정이는 집 앞에 주차된 자동차 아래 고양이 한 마리가 있지 않다고 말한다.

분명히 위의 경우에서 두 주장은 서로 대립된다. 그리고 그 둘 모두

가 참이 될 수 없으며, 적어도 그 가운데 하나는 거짓이다.

　이런 상황에서 과연 두 주장 가운데 어떤 것을 받아들여야 하는 가? 또 어떻게 결정을 내려야 하는가? 만약 대립되는 두 주장이 위와 같이 단순하게 개인적인 관찰을 보고한 것이라면, 어느 쪽이 옳은지 는 관찰만 하면 간단히 제대로 결정할 수 있다. 즉 누구의 주장을 받 아들여야 할지 판단하기 위해서, 주차된 자동차 아래를 들여다보기 만 하면 된다. 그러나 문제는 대립되는 두 주장 가운데 어느 것을 받 아들여야 하는가가 단순한 관찰로 해결되지 않는 경우도 많다는 것 이다. 그렇다면 우리는 그런 대립되는 주장들에 대해서 어떤 태도를 취해야 하겠는가?

　우선 주장들이 대립되는 몇 가지 경우를 살펴보자. 주장이 대립되 는 경우가 왜, 어떤 식으로 일어나는지를 충분히 이해한다면, 그것을 해결하는 방법을 찾을 수 있기 때문이다.

1) 사실적 대립

　해결될 수 있는 가장 단순한 경우는 구체적 사실과 관련된 문제가 서로 대립하는 것이다. 사실들 간의 대립이란 어떤 것이 사실인가 아 닌가를 놓고 의견이 엇갈리는 것을 말한다. 앞서 든 예처럼 집 앞에 주차된 자동차 아래 고양이가 있는가 없는가는 사실을 직접 관찰하 면 쉽게 해결될 수 있다. 그런데 때로는 나의 주장이 사실이라는 것 을 증명하기 위해서 직접적인 관찰이 아니라, 권위 있는 자료나 전문 가로부터 결정적인 증거를 가져와 제시해야 할 때도 있다.

　예를 들어 어떤 사람은 한국전쟁이 1950년에 일어났다고 주장하고 다른 사람은 1949년에 일어났다고 주장한다고 하자. 이런 대립을 해결하기 위해서는 무엇이 필요한가? 이런 종류의 문제는 비교적 간단하다. 교과서나 백과사전 등 해당 사실을 가려줄 결정적인 자료를 이용해서 그 대립을 해결하면 된다. 백과사전을 뒤져보면 한국전쟁이 1950년에 일어났다는 것을 쉽게 확인할 수 있다.

그러나 이런 경우처럼 사실들 간의 대립이 모두 간단명료하게 해결되는 것은 아니다. 왜냐하면 사실이 잘 정립되어 있지 않을 때도 있기 때문이다. 어떤 것이 사실인지를 놓고 전문가들끼리 의견이 엇갈리고 합의가 이루어지지 않을 수 있다.

예를 들면 지구 온난화의 원인에 대한 주장이 그렇다. 어떤 과학자들은 이산화탄소, 메탄가스, 질소가스, 그리고 그 밖의 온실 가스가 대기권을 둘러싸고 있어서 지구의 온도가 점차 상승한다고 주장한다. 따라서 그들은 이런 가스의 배출을 줄이지 않는다면, 우리 기후에 커다란 변화가 닥칠 것이라고 경고한다. 다른 과학자들은 그런 결론을 도출할 수 있을 만큼 충분히 긴 시간 동안 날씨에 대해 기록을 한 것이 아니라고 주장한다. 그래서 그들은 최근의 높은 기온은 단지 미약한 변동에 불과한 것으로서, 태양을 공전하는 지구 궤도의 변화에 의한 것이라고 본다. 이런 경우 우리는 어떻게 판단해야 하는가? (물론 최근의 증거들은 온실 가스가 원인이라는 쪽을 더 잘 지지하고 있는 실정이다.)

2) 언어적 대립

사실들 간의 대립과 달리 언어적 대립은 핵심적인 단어의 의미에 대해 다른 견해를 가지는 데에서 발생한다. 이런 경우 대립을 해결하기 위해서는 대립을 일으키는 단어를 분명하게 정의해야 한다. 언어적 대립은 구체적 사실과 관계 있는 것이 아니라, 해당 단어의 의미와 관계 있는 문제이다. 어떤 단어는 그 의미가 애매하거나 모호하기 때문에 사람들은 같은 단어를 다르게 사용할 수 있다.

소득 수준과 자산 수준이 동일한 두 가장에게 자신이 중산층에 속하는지 물었다고 해보자. 이때 한 가장은 그렇다고 대답했지만, 다른 가장은 그렇지 않다고 대답했다. 소득과 자산 수준이 동일한데도 이러한 대립이 나타나는 것은 '중산층'이라는 단어가 적용되는 경계가 분명하지 않기 때문이다. 우리는 때때로 이런 차이를 의식하지 못해서 오해를 일으키고 불필요한 충돌을 경험하기도 한다. 또한 어떤 단어에 대한 개인의 독특한 이해나 사용 방식 때문에 언어적 대립이 일어나기도 한다.

그 원인이 무엇이건 간에 언어적 대립은 동일한 단어에 다른 의미를 부여함으로써 발생한다. 그러므로 우리가 이런 사실을 깨닫게 되면 언어적 대립은 해결하기 수월하다.

3) 해석에 따른 대립

또 다른 종류의 대립으로는 해석에 따른 대립이 있다. 이 대립은 어떤 사건이나 행위 등을 이해하는 방식에 따른 대립이다. 개인적인 믿음이나 개인이 처한 상황이 다르기 때문에, 같은 사건이나 행위를 두고도 다르게 이해할 수 있다. 동일한 사건이나 행위라도 사람들은 각자 자신의 관점에서 보려고 하기 때문이다. 더구나 그것이 이해관계와 얽힌 문제라면, 사정은 훨씬 더 복잡하다. 이런 성격의 대립은 앞에서 소개한 사실적 대립이나 언어적 대립보다 해결하기 어렵다.

나와 내 친구가 같이 있을 때, 같은 과에 있는 근영이가 "안녕!" 하며 인사를 하고 지나갔다고 하자. 이에 대해서 나와 내 친구는 각각 다르게 해석할 수 있다. 나는 근영이가 의례적으로 인사한 것이라고 주장하는 데 반해, 내 옆에 있던 친구는 특별한 호감에서 인사를 했다고 주장할 수 있다. 이와 같이 동일한 사건을 상이하게 해석하게 되는 이유는 다른 배경과 가정을 가지고 있기 때문이다. 나는 근영이와 개인적으로 별다른 관계가 없기 때문에, 근영이가 인사하는 것을 그저 의례적인 인사로 받아들인 것이다. 반면에 옆에 있던 내 친구는 어제 근영이와 만났을 뿐 아니라 어제의 만남으로 둘 사이의 관계가 더 친밀해진 것이다. 따라서 내 친구는 근영이가 한 인사를 나와는 전혀 다르게 해석한 것이다.

4) 가치평가에 따른 대립

가치평가에 따른 대립은 앞의 여러 가지 대립보다 해결하기 더 어렵다. 어떤 주제에 대해 한쪽에서는 좋다고 하고, 다른 쪽에서는 좋지 않다고 주장하는 것이기 때문이다.

요즘 우리 주변에서 자주 볼 수 있는 환경보호론자와 개발론자의 갈등이 대표적 예이다. 환경보호론은 자연과 환경 보호를 통해서 삶의 질을 높이려는 것이고, 개발론은 삶의 풍요와 편의를 도모하려는 것이다. 이 두 입장은 모두 기본적으로 인간에게 아주 중요한 바람직한 삶을 위한 것임에도 불구하고, 서로 상반되게 나타난다. 어느 입장을 택하든지, 결국 그 선택은 각자가 추구하는 가치에 따른 것이다. 이런 상황에서 내가 추구하는 가치가 다른 사람이 추구하는 가치보다 낮다고 말할 수는 없다. 따라서 가치관의 차이에 따른 대립은 해결하기 어렵다.

(2) 주장과 배경 지식의 대립

주장을 하거나, 어떤 주장에 대해 판단하는 데는 배경 지식이 중요하다. 심지어 동일한 배경 지식을 가지고 있다고 하더라도, 해석이나 가치관의 차이로 주장이 얼마든지 달라질 수 있다. 그렇지만 모두가 동일한 배경 지식을 가지고 있는 것은 아니다. 어떤 주장에 대해서 사람들은 자신의 배경 지식을 이용해서 판단한다. 그런데 이때 어떤 주장이 이미 자신이 가지고 있는 배경 지식과 대립된다면 어떤 태도를 취해야 하는가? 그 주장을 받아들여야 하는가, 아니면 거부해야 하는가? 이런 상황에서 상대방의 주장을 제대로 따져보지 않고 무비판적으로 받아들이는 것도 바람직하지 않지만, 무조건 거부하는 것도 결코 합리적이지 않다.

그러면 어떤 주장이 우리가 가지고 있는 배경 지식과 대립되는 경우를 생각해 보자. 배경 지식이란 우리가 가지고 있는 믿음들의 총체이다. 즉 일상생활에서 얻은 사실이나, 우리의 관찰이나 권위자로부터 나온 지식이나 정보 같은 다양한 증거에 입각한 믿음들이다. 어떤 주장을 우리의 상식으로는 받아들일 수 없다고 한다면, 그 경우에 우리의 배경 지식에 어긋나는 어떤 주장이 참이거나 아니면 우리의 배경 지식 중 어떤 것이 거짓일 수 있다. 아니면 반대로 우리의 배경 지식에 어긋나는 어떤 주장이 거짓이거나 아니면 우리의 배경 지식 중 어떤 것이 참일 수 있다. 그러므로 우리는 배경 지식과 대립되는 주장을 면밀하게 검토해 보아야 한다.

만약 우리의 배경 지식에 어긋나는 어떤 주장이 받아들일 만하고 거기에 충분한 이유가 있다면, 우리는 배경 지식을 수정해야 한다. 배경 지식에 대한 믿음이든 어떤 주장에 대한 믿음이든, 그 믿음에 대한 증거에 비례해서 받아들여야 한다. 즉 어떤 믿음에 대한 증거가 더 강하게 작용할수록, 우리는 그 믿음을 더 신뢰해야 한다. 달리 말한다면 어떤 주장이든 그것이 참이라는 것을 지지하는 근거가 없다면, 받아들이지 않는 것이 바람직하다. 어떤 주장을 둘러싸고 일어나는 갈등이란 대체로 자신이 가진 믿음을 완강하게 지키려고 하거나 어떤 방식으로든지 정당화하려는 자세에서 비롯한다.

(3) 전문가 주장 간의 대립

전문가가 내놓은 주장이라면, 대체로 우리는 그것을 받아들인다. 전문가는 어떤 분야에서 사실로 정립된 것을 잘 알고 있으며, 또한 그 분야에 대한 주장을 적절하게 평가할 수 있는 사람이기 때문이다. 이처럼 현대 사회에서 우리는 모든 분야의 지식을 가질 수 없으므로 전문가에게 의존해야 한다. 그러나 어떤 주장이 해당 분야의 전문가들 사이에서도 대립된다면, 우리는 당연히 그 주장을 의심해야 한다. 심각한 문제는 비전문가인 우리가 이런 상황에서 과연 어떻게 해야 하는가이다.

이런 예를 들어보자. 어떤 의사들은 비타민 C가 암을 예방하므로 비타민 C의 복용을 대폭 늘려야 한다고 주장한다. 그러나 이와 달리 또 다른 어떤 의사들은 비타민 C의 과잉 섭취가 오히려 암 발생을 촉진하므로 비타민 C의 과다 복용을 금지해야 한다고 주장한다.

전문가들에 의해서 제기되는 이런 상반된 주장에 대해서 비전문가들인 우리는 어떤 판단을 내릴 수가 없다. 더구나 우리 자신의 건강에 심각한 결과를 초래할 수 있는 문제인데도 그러하다. 비전문가들은 어느 한 주장을 받아들이거나 거부할 충분한 이유가 없기 때문에, 전문가들 사이의 대립이 해결할 때까지 양쪽 주장 모두에 대해 유보적인 입장을 취하는 것이 합당하다.

3. 개인적인 경험에서 나온 주장에 대한 판단

우리는 어떤 주장이 그 누군가의 경험에서 나온 것이기 때문에 받아들이는 경우가 있다. 개인의 경험에서 나온 주장이란 누군가의 관찰이나 기억에서 나온 것을 말한다. 사람들은 개인의 경험에서 나온 주장이 언제나 꼭 옳지는 않지만 대체로 옳다고 생각하는 경향이 있다. 특히 직접 경험을 했을 때 그러하다. 또한 일반적으로 어떤 사람의 감각과 기억 능력이 적절하게 작용하고 특정한 부분에서 치우치지 않았을 때, 그 사람의 개인적 경험은 믿을 만하다. 그러나 유의해야 할 점은 개인적인 경험이 틀린 것일 수 있다는 점이다. 따라서 개인적인 경험에서 나온 주장을 판단할 때는 적어도 다음의 두 가지 사항을 고려해야 한다.

우선 공정함을 들 수 있다. 어떤 문제를 다루면서, 우리의 지각 능력이 떨어진다고 생각해 보자. 또 어느 한편에 치우쳐서 생각한다고 가정해 보자. 그 결과로 나온 주장에 자신도 만족할 수 있겠는가? 자신에게도 만족스럽지 못하다면, 대체로 그 주장은 충분히 의심할 만하다.

어떤 것을 지각해야 하는 상황에서 간혹 우리의 감각이 적절하게 작용하지 않는 경우가 있다. 예를 들어 몸이 아프다거나, 피곤하다거나, 주변의 환경 때문에 너무 어둡다거나, 너무 밝다거나, 너무 시끄럽다거나 하는 여러 가지 이유로 우리는 잘못된 지각을 할 수 있다. 우리의 기억도 마찬가지다. 이런 상황에서 영향을 받는다.

어떤 연구에 의하면 우리의 지각과 기억 장치는 정확한 복사 체계가 아니라 구성적인 것이라고 한다. 우리의 지각과 기억 장치는 우리의 정신에 의해 어느 정도 만들어지는 것이라는 말이다. 따라서 특정한 판단을 해야만 하는 상황에서는 심리적·정서적으로 안정되어야 공정함을 유지할 수 있다.

다음으로는 기대(expectation)를 들 수 있다. 기대란 우리가 어떤 일이나 사태를 지각하면서, 그 무엇을 바라는 것 또는 어떻게 이루어지도록 바라는 것이다. 이때 기대 때문에 우리가 간혹 왜곡된 지각을 하는 일이 일어난다. 과학적인 연구에 따르면, 기대는 사람들이 생각하는 것보다 훨씬 강하게 우리의 지각에 영향을 미친다.

예를 들어 여러 실험에서 피험자들은 어떤 불빛의 반짝임, 어떤 냄새, 어떤 느낌 등을 기대했을 때, 분명하지도 않은 그런 것들을 실제로 경험한다. 심지어 실제로 그런 자극이 없을 경우에도 마찬가지라고 한다. 어떤 현상을 관찰하기를 강하게 기대하고 있을 때, 우리는 자신의 경험을 한 번 더 냉정하게 확인해야 한다. 그래야 판단 과정에서 지나친 기대에 따른 잘못을 줄일 수 있다.

요약

* 주장의 신뢰성을 판단하는 기준
    (1) 경험과 배경 지식
    (2) 권위
    (3) 이유를 제공할 수 있는 능력

* 주장의 대립 양상과 그 해결책
    (1) 두 주장들 간에 대립이 일어나는 양상
        1) 사실적 대립
        2) 언어적 대립
        3) 해석에 따른 대립
        4) 가치평가에 따른 대립
    (2) 주장과 배경 지식의 대립
    (3) 전문가 주장 간의 대립

* 개인적인 경험에서 나온 주장을 판단할 때 고려할 사항: 공정성과 기대

연습문제

I. 다음 진술에 대해 참, 거짓으로 답하시오.

1. 전문가만이 어떤 주장에 대한 배경 지식을 가질 수 있다.

2. 주장의 신뢰성을 판단하는 기준은 어떤 주장이 정확한가보다 그 주장

을 받아들일 것인가를 판단하는 데에 더 많이 적용된다.

3. 신뢰할 만한 진술을 하는 사람은 일반적으로 그 진술을 지지하는 이해 가능한 이유를 제시할 수 있다.

4. 어떤 진술이 모호할수록 그것이 거짓임을 단정하기 어렵기 때문에 그 신뢰성을 의심할 수 없다.

5. 어떤 주장을 하는 자가 그 주장이 자신의 명성에 누를 끼칠 수 있다는 것을 잘 알고 그 주장을 한다면 그렇지 못할 때보다 더 신뢰할 만하다.

6. 만약 어떤 주장이 우리가 받아들일 충분한 이유가 있는 다른 주장과 대립된다면 그 주장을 의심할 근거가 있다.

7. 만약 어떤 주장이 우리의 배경 지식과 대립된다면 그 주장을 의심할 이유가 있다.

8. 만약 어떤 주장이 전문가들의 주장과 대립된다면 그 주장을 의심할 이유가 있다.

9. 만약 두 전문가들 사이에 의견이 일치하지 않는다면 그 두 측의 주장을 모두 의심할 이유가 있다.

10. 증거가 제시되지 않더라도 어떤 주장을 믿는 것은 좋은 태도이다.

II. 다음의 주장을 여러분의 배경 지식에 비추어 받아들일 수 있는지 없는지

판단하고, 그 이유를 간단히 제시하시오.

1. 세계적으로 잘 알려진 이스라엘의 심령술사인 유리 겔러는 그의 정신력으로 숟가락을 휘게 할 수 있다.

2. 러시아에서 어떤 사람들은 150세까지 산다.

3. 미국에서 매년 300명 이상의 사람들이 한센병으로 숨진다.

4. 모든 사람은 제대로 훈련을 받으면 다른 사람의 마음을 읽을 수 있는 능력을 타고난다.

5. 중부 고속도로에서 허용된 자동차의 최고 시속은 110km이다.

6. 핸드폰에 남겨진 메시지 : "제주도 여행을 공짜로 제공할 것입니다."

7. 짠 음식을 먹는 것은 고혈압 환자에게 특히 해롭다.

8. 어떤 종류의 암은 예방하는 백신이 있다.

9. 사람들이 육류 소비를 많이 할수록 지구의 환경이 나빠진다.

10. 아주 어릴 때부터 훈련을 받은 어떤 사람은 목을 360도 회전시킬 수 있다.

III. 다음의 주장에 대해 여러분은 동의하는가, 동의하지 않는가? 여러분의 입

장에 반대하는 사람들을 설득하기 위해 어떤 증거를 제시할 수 있는가?

1. 지구가 존재한 것은 1만 년 전부터이다.

2. 화성에 생명체가 있다.

3. 모든 백조는 희다.

4. 2100년 우리나라의 인구는 지금보다 적을 것이다.

5. 스트레스 받는 것을 명상과 복식 호흡법으로 줄일 수 있다.

IV. 다음의 진술들에서 주장되는 내용이 사실적인지, 언어적인지, 해석적인지, 가치평가적인지 분류하시오.

1. 사람을 이해하는 방식 중 하나는 비록 사람이 자신의 행위를 이타적인 것으로 가장하려고 하지만 항상 이기심에서 행동한다는 것이다.

2. 콘스탄티노플은 1000년 동안 로마제국의 수도였다.

3. 기업이 법적인 목적에서 인간으로 기능을 한다는 뜻에서 우리는 기업을 법인이라고 부른다.

4. 여성에게서 낙태의 권리를 박탈하는 것도, 원하지 않은 어린아이가 태어나게 하는 것도 잘못이다.

5. 안락사라는 말을 나는 편안한 죽음이라는 문자 그대로의 의미로 사용한다.

6. 유아들은 아래로 떨어진다는 것을 느낄 때 팔과 다리를 쭉 편다. 이것
   은 과거에 인류가 나무에서 떨어지는 것을 막는 데 필요했던 동작으로
   조상으로부터 전수된 것이다.

7. 천문학자들은 우리 은하계에는 생명을 지탱할 수 있는 행성과 더불어
   수많은 별이 있다고 주장한다.

8. 유대인이건 크로아티아인이건, 코끼리이건 고래이건 간에 종족을 학
   살하는 일은 잘못된 것이다.

9. 찰스 디킨스는 1849년에 『데이비드 코퍼필드』를, 1859년에 『두 도시
   이야기』를 썼다.

10. 학생들은 1980년대에 정부의 부정과 폭력에 항거하는 운동을 벌였다.

11. 건축과 내부 장식 면에서 로코코 양식은 루이 14세 시기의 프랑스에
    서 시작되었다. 그 양식은 조개, 나뭇잎, 소용돌이, 꽃무늬 등을 자주
    사용했다.

12. 케이프타운은 테이블 만에 있는 남아프리카공화국의 아름다운 해안
    도시이다.

13. 여성주의 운동에 대한 적절한 해석은 억압받는 여성들이 사회의 모든
    분야에서 평등을 요구하는 것이다.

14. 뭉크의 그림 「절규」는 개인과 현대 사회의 조건에 대한 하나의 진술이다.

15. 소설가 헤밍웨이의 생애는 그의 소설보다 더 흥미롭다.

16. 형태, 선, 색채에 대한 관심을 고려할 때 20세기 추상미술은 훌륭한 예술이다.

17. 성경에 따르면 동성애가 죄악이라고 하지만, 동성애자들은 결혼을 통해 자신들의 관계를 확인할 수 있도록 허용받아야 한다.

18. 우리가 인종 차별주의는 그릇된 것이라고 말하기 때문에 그것이 그릇
   ・ 된 것이 아니라, 그것이 그릇된 것이기 때문에 우리는 그렇게 말한다.

19. 셰익스피어는 '오셀로'와 '샤일록'을 묘사할 때 인종주의적이고 종교적인 편견을 보이고 있다.

20. 발칸반도에 있는 나라에서 생산되는 무색의 자두 브랜디를 '스리보비치'라고 부른다.

V. 어떤 사람들은 전문가들에 대해 부정적인 입장을 나타낸다. 그들은 교육받지 못했지만 진리를 추구하는 단순한 사람들이 진정으로 현명하다고 생각한다. 그런 사람들의 생각은 현실과 동떨어진 이론적인 작업이나 상아탑의 교육에 오염되지 않았기 때문이라는 게 그 이유다. 그래서 그들은 전문가보다 비전문가의 지혜를 더 높이 평가한다. 이런 입장에 대한 여러분의 생각은 어떤 것인지 토론해 보고 자신의 생각을 정리하여 글로 써보자.

2장
정보에 대한 판단

21세기를 정보화 시대라고 한다. 우리는 정보의 홍수 속에서 살고 있다. 신문, 잡지, 라디오, TV, 케이블 방송, 인터넷 등의 다양한 매체를 통해서 우리는 여러 종류의 다양한 정보를 손쉽게 얻을 수 있다. 다양한 정보를 쉽게 얻을 수 있어서 좋기도 하지만, 지나치게 많은 정보는 오히려 사람들을 혼란스럽게 만들기도 한다. 이런 상황에서 중요한 것은 유용하고 올바른 정보를 제대로 받아들일 수 있는 능력이다. 이를 위해서도 비판적 사고는 아주 중요하다. 비판적 사고는 수많은 정보 속에서 쓸모 있는 정보를 가려내고 찾아내는 데에 아주 유용하기 때문이다.

대체로 정보는 단편적인 지식으로 주어지기도 하지만, 일련의 주장으로 나타나기도 한다. 또한 정보가 반드시 참이지도 않지만, 그렇다고 많은 사람들에게 꼭 유용한 것도 아니다. 그 어느 때보다도 오늘날에는 뉴스 정보와 인터넷 정보가 꼼꼼히 따져볼 틈도 없이 무작위로 쏟아지고 있다. 그렇다고 해서 무작정 받아들이는 것은 아주 위험하다. 따라서 그것을 과연 받아들일지 말지를 제대로 판단해야 한다.

1. 뉴스 정보에 대한 판단

뉴스를 전달하는 매체는 다양하다. 전통적인 매체로는 신문과 잡지가 있으며, 이어서 방송도 나타났다. 또한 최근 들어서 급속하게 확산되고 있는 케이블 방송과, 거의 모든 영역에서 획기적인 변화를 일으키고 있는 인터넷 웹사이트 등도 있다.

전통적으로 뉴스 제공자는 특정 전문 분야의 종사자였으나, 지금은 지나치게 다양해서 그들이 제공하는 뉴스 정보의 가치를 제대로 판단하기가 어려울 정도이다. 우선 뉴스 매체가 어떻게 작동하는지, 즉 뉴스 매체가 어떻게, 왜 그런 주장을 유포하는지 알아보자.

뉴스 전달은 많은 요인에 의존하고 있지만, 그 가운데에서 중요한 것은 경제적인 요인이다. 오늘날 뉴스를 다루고 유포하는 일은 여전히 공공성을 강조하고는 있지만, 일종의 영리 사업이다. 즉 뉴스를 제공하는 다양한 성격의 기관들은 광고 수입에 의존해서 유지되고 있다. 따라서 의도적으로든 무의식적으로든 편집자와 기자는 광고주, 시청자, 독자, 주주를 어떤 식으로든 공격하지 않도록 조심한다. 또한 기자들은 뉴스를 위한 1차 정보를 취재 기관에 속한 국가 공무원이나 기업체 직원 등에게서 얻는다. 따라서 이런 정보 제공자들의 입장을 고려할 수밖에 없는 상황이 벌어지기도 한다.

만약 정보 제공자에게 불리한 뉴스를 발표한다면, 추후 정보 제공자에게서 불이익을 받을 수도 있기 때문이다. 따라서 뉴스 정보에서 왜곡이 일어날 수 있는 경우를 따져보고, 또 뉴스 정보를 받아들일 때 고려할 사항들을 알아보아야 한다.

(1) 뉴스 정보에서 왜곡이 일어나는 경우

편집자와 기자는 어떤 뉴스가 가치가 있으며, 또 어떤 것은 그렇지 못한가를 선택하고 결정하는 위치에 있다. 그들의 선택과 결정에 따라 우리는 직접 경험하지 못한 세상에 대한 정보를 얻을 수도 있고, 직접 경험했더라도 다른 관점에서 잘못 알고 있던 정보를 바로잡을 수도 있다. 또는 정반대로 왜곡된 정보를 가질 수도 있다. 흔히 정보의 공공성을 거론하는 이유가 바로 이 때문이다. 그럼 어떤 측면에서 왜곡이 일어날 수 있는지 살펴보자.

첫째, 겉으로 나타난 정보만을 이용해서 이른바 수동적인 보고를 하는 경우에 흔히 왜곡이 일어날 수 있다. 왜냐하면 기자의 뉴스 작성을 위한 1차 정보는 관련 기관의 입장에서 작성된 것을 기초로 하기 때문이다. 그런 경우 기자는 의도적으로 제시되는 공식적인 입장만 확인할 수 있을 뿐이다.

둘째, 편집자나 기자는 여러 가지 이유로 어떤 정보의 특정 부분이나 측면을 다루지 않기로 결정할 수 있다. 너무나 많은 일이 일어나기 때문에 선택하는 것은 필요하고 또 불가피하지만, 그 선택은 객관적으로 공정하게 이루어져야 한다.

셋째, 편집자와 기자는 편집을 통해 뉴스 정보에 대한 여러 가지

인식을 만들어낼 수 있다. 뉴스 정보를 얼마나 강조하는가, 또 어떤 방식으로 제공하는가에 따라 대중의 인식은 크게 달라진다.

현대 사회에서 뉴스 정보의 왜곡은 심각한 문제를 가져온다. 현대 사회에서는 다양한 의견이 인정되고 또 이에 따른 이해관계가 뒤엉켜 있기 때문이다. 따라서 뉴스 정보 제공자는 왜곡을 피하기 위해서 최대한 노력해야 한다.

(2) 뉴스 정보를 받아들일 때 유의할 점

뉴스는 현대인으로 하여금 사회의 일원이라는 사실을 확인하게끔 한다. 그렇지만 과도하게 제공되는 뉴스 정보는 오히려 현대인이 사회에 대해 무감각해지고 무관심하게 되도록 하기도 한다. 따라서 정보 제공도 적절하게 이루어져야 하지만, 이와 동시에 정보 수용도 조심스럽게 이루어져야 한다. 특히 뉴스 정보 제공에 대해서 각 개인은 어떤 역할을 할 수 없기 때문에, 정보 수용은 특히 중요한 문제라고 할 수 있다.

첫째, 뉴스 정보가 과연 믿을 만한지를 잘 따져보아야 한다. 믿을 만한 정보는 대체로 일방적으로 제시되기보다는 납득할 만한 근거에 따라서 제시된다. 따라서 정보뿐 아니라 그 정보의 근거를 잘 따져보아야 한다.

또한 뉴스 정보의 내용이 공인된 다른 사실들과 충돌하는지 확인해 보아야 한다. 즉 뉴스 정보가 사실이라고 신뢰할 만한 이유가 있는지, 전문가의 견해와 충돌하는지 알아보아야 한다. 만약 신뢰성이 미흡하거나 다른 견해와 충돌을 일으키는 뉴스 정보라면, 의심해 볼 여지가 있다. 이런 상황의 정보라면, 겉으로만 그럴듯해 보이기 십상이기 때문이다.

둘째, 뉴스 정보가 왜곡된 것인지 살펴보라. 다시 말해서 어떤 입장에 치우친 언어를 사용하는지, 합당하지 않은 논증이나 충분히 지지되지 않은 의견이 제시되어 있는지, 부적절한 권위나 인기에 의존하고 있는지, 또는 한쪽으로 치우치거나 주관적인 어조를 사용하고 있는지 살펴보아야 한다.

셋째, 뉴스 정보의 1차 자료는 다양한 방식으로 나타나므로, 1차 정보의 제공자나 제공 기관을 과연 신뢰할 수 있는지를 고려해야 한다. 그 정보가 사실을 직접 드러내고 있는가, 그 정보의 출처가 어딘가를 잘 살펴야 한다. 또한 정보의 정확성을 확인할 수 있어야 한다.

넷째, 아무리 신뢰할 만한 정보라도, 빠진 내용이 없는지를 잘 살펴보아야 한다. 뉴스 정보에서 꼭 있어야 할 사실이 나타나 있는지를 따져보아야 한다.

다섯째, 지나치게 강조된 것이 없는지 살펴보아야 한다. 제목의 설정 및 크기 등에 따라서 뉴스 정보는 다르게 받아들여질 수 있다. 그렇게 강조될 만한가, 정보 작성자가 생각하는 만큼 중요한가도 따져야 할 요건이다.

여섯째, 뉴스 정보의 정확성을 위해서 다른 종류, 다른 형태의 다양한 뉴스 정보를 살펴본다. 즉 다양한 신문, 잡지, 칼럼, 웹사이트 등을 살펴보아야 한다. 왜냐하면 1차 정보의 수집 및 뉴스 정보의 작성 과정에서 누구나가 작성자의 관점을 고수하려는 태도를 취하기 때문이다. 이를 통해서 작성 시에 나타날 수 있는 편향된 시각을 수

정할 수 있다.

2. 인터넷 웹정보에 대한 판단

요즘 들어 컴퓨터 및 인터넷은 일상적으로 사용되고 있다. 특히 인터넷을 이용한 정보 검색은 모든 종류의 일에서 또 어디서든 수시로 이루어지고 있다. 또한 인터넷 상의 정보들은 누구나가 올릴 수 있으며, 누구나가 검색해서 사용할 수 있다. 이른바 정보 사회에서 아주 자연스러운 현상이다.

그렇지만 이런 정보들의 신뢰성 확인은 오늘날 심각한 문제가 되고 있다. 심지어 초등학생이나 중고등학생들이 올린 정보를 변형해 전문가가 제공한 정보인 것처럼 만든 것도 있을 정도이다. 따라서 웹상의 정보가 신뢰할 만한 것인지 충분히 확인하는 것이 꼭 필요하다.

(1) 웹정보의 권위

첫째, 누가 그 문서를 작성했는가를 파악해야 한다. 이를 위해서 작성자의 이름을 살펴보아야 한다. 이는 누구나가 정보를 올리고 또 올릴 수 있기 때문이다. 그러나 문서 작성자가 관련 분야의 전문가라면, 우선 신뢰할 수 있다. 만약 본인이 스스로 해당 분야의 종사자가 아니거나 관련 분야에 관한 정보가 없다면, 정보 작성자가 해당 분야의 전문가인지 아닌지를 알 수가 없다. 그렇다면 인터넷을 이용해서라도 확인할 수 있어야 한다.

둘째, 정보 작성자의 신상 정보를 파악해야 한다. 정보 작성자에 대한 정확한 파악은 정보의 질을 판단하는 데에 중요하다. 정보에 대한 기본적인 입장이나 방향 등을 알 수 있기 때문이다.

셋째, 정보 작성자의 이메일 주소나 연락처 등이 있는지 살펴보아야 한다. 책임 있는 작성자는 자신의 연락처를 표시해 둔다. 이는 정보 검색 과정에서 검색 정보를 신뢰할 수 있게 해준다.

넷째, 그 웹사이트가 누구의 것인가, 어떤 단체가 이 웹 페이지를 지원하고 있는가를 살펴보는 것도 한 가지 방법이다.

(2) 웹정보 작성의 목적

웹정보는 여러 가지 목적에서 작성된다. 따라서 웹 페이지의 목적이 무엇인지, 작성자가 왜 그것을 만들었는지 확인해야 한다. 그것을 광고나 선전, 오락을 위해 만들었을 수도 있기 때문이다.

(3) 웹정보의 작성 시기

요즘은 어떤 종류의 논의라도 빠른 속도로 진행되고 있다. 따라서 새로운 정보에 대한 접근이 아주 용이한 편이다. 따라서 웹정보가 얼마나 빠르게 개선되는가가 중요하다.

웹 페이지의 상단이나 하단 어느 곳에 수정 보완을 한 가장 최근 날짜가 있는가? 물론 최근 날짜가 기재되어 있다고 해서 그 정보가 최근의 것임을 보장하지는 않는다.

정보가 최신의 것인가를 판단하는 데에는 시간이 걸린다. 다른 사이트의 정보와 비교해 보는 것도 한 가지 판단 방법이다. 그러나 학문의 성격상 일반적으로 과학, 기술, 경제에 대한 정보는 아주 빠르게, 인문학과 사회과학은 비교적 천천히 변한다는 것을 유념해야 한다. 물론 오래된 정보라고 하여 항상 잘못된 것은 아니다.

(4) 웹정보의 편향 여부

정보 작성자가 편향된 관점을 가지고 있는지, 객관적인지 따져보아야 한다. 이를 위해서 우선 살펴볼 수 있는 한 가지 사항은 작성자가 제공하고 있는 정보에서 인용이나 인용 자료가 정확한가 하는 것이다. 인용된 자료가 다양하다면 여러 가지 관점을 받아들인 것으로 볼 수 있다. 물론 편향된 정보가 반드시 나쁜 것이라고 할 수는 없지만, 그 정보를 사용하면 한쪽으로 치우칠 수 있음을 충분히 고려해야 한다.

(5) 웹 사이트의 지지 정도

웹 사이트의 개설 시기가 오래되었다고 꼭 좋은 것은 아니다. 그러나 개설 시기가 최근이 아니고 또 계속해서 수정 보완되고 있다면, 대체로 좋은 사이트로 평가할 수 있다. 특히 웹정보가 좋다면, 많은 사람들에게 지지받는 사이트로 간주할 수 있다.

정보 작성자는 자신이 사용할 정보에 대한 근거를 제시하기 위해서 링크된 페이지나 인용된 사이트의 상황을 살펴본다. 만약 웹 사이트에 그런 형태의 근거가 제시되어 있지 않다면, 그 정보는 의심해볼 필요가 있다.

만약 근거로 제시된 것이 있다면, 그것이 과연 권위가 있는지를 따져보아야 하고 또 정보를 잘 지지하고 있는지 검토해야 한다.

요 약

* 뉴스 정보에 대한 판단
    (1) 뉴스 정보에서 왜곡이 일어나는 경우
        1) 수동적인 보고를 할 때
        2) 편집자나 기자가 정보의 특정 부분이나 측면을 다루지 않기로 결정할 때
        3) 편집자나 기자가 편집을 통해 뉴스에서 강조의 비중을 달리 할 때
    (2) 뉴스 정보를 받아들일 때 유의할 점
        1) 기사가 여러분이 믿을 만한 것이라고 알고 있는 사실과 충돌하는지 고려하라.
        2) 기사가 왜곡된 것인지 살펴보라.
        3) 정보원을 살펴보라.
        4) 빠진 정보가 없는지 살펴보라.
        5) 지나치게 강조된 것이 없는지 살펴보라.
        6) 대안적인 뉴스 정보원을 살펴보라.

* 인터넷 웹정보에 대한 판단
    (1) 웹정보의 권위
    (2) 웹정보 작성의 목적
    (3) 웹정보의 작성 시기
    (4) 웹정보의 편향 여부
    (5) 웹 사이트의 지지 정도

연습문제

I. 뉴스의 정보를 선택하여 그 정보를 가지고 다음의 항목에 답하시오.

1. 기사가 여러분이 믿을 만한 것이라고 알고 있는 사실과 대립하는가?

2. 기사가 왜곡된 것인가?

3. 정보원은 무엇인가?

4. 빠진 정보가 없는가?

5. 지나치게 강조된 것이 없는가?

6. 대안적인 뉴스 정보원은 무엇인가?

II. 인터넷 웹 사이트에서 제공하고 있는 정보를 선택하여 그 정보를 가지고 다음의 항목에 답하시오.

1. 누가 작성했는가?

2. 어떤 목적으로 작성했는가?

3. 최근의 것인가?

4. 편향된 것인가?

5. 그 정보를 신뢰할 만하게 지지하는 근거가 있는가?

6. 여러분은 그 정보가 신뢰할 만하다고 생각하는가? 그 이유는 무엇인가?

설명과 과학적 가설

CRITICAL THINKING

1장
설명

1. 설명이란 무엇인가?

설명은 '피설명항(*explanadum*)'과 '설명항(*explanans*)'의 두 가지 요소로 이루어져 있다. 피설명항은 설명되어야 할 사건 혹은 현상을 서술한 부분이다. 그리고 설명항은 설명을 제공하는 부분으로, '왜냐 하면'으로 시작한다. 앞서 이야기한 바와 같이 설명은 논증에서도 사용하는 '왜냐하면', '… 때문에' 등의 전제 지시어를 사용하기 때문에, 논증과 혼동되기 쉽다.

아래의 예를 살펴보자.

나는 어제 동문회에 갔는데, 그 친구는 거기에 오지 않았어. 왜냐하면 그는 아버지 병간호를 해야 했거든.

이 예는 친구가 동문회 모임에 참석하지 못한 사실을 증명하는 것이 아니다. 불참한 사실에 대해서, 왜 그랬는지를 설명하고 있다. 우리는 '왜냐하면'이란 전제 지시어가 있다는 이유로 이 예를 논증으로 보기 쉽지만, 논증이 아니다. 구조적으로 유사하기는 하지만, 동문회에 불참한 것을 이 맥락에서 증명할 필요는 없다.

설명에서 설명항은 어떤 것(즉 피설명항)이 그렇게 되는 이유가 무엇인가를 보여주고자 한다. 반면에 논증에서 전제는 어떤 것이 그런 경우가 된다는 사실을 증명하고자 한다. 위의 예에서 "그는 아버지 병간호를 해야 했다."는 명제(또는 진술)는 친구가 왜 어제 동문회에 참석하지 않았는지를 설명하는 것이다.

다음의 표를 보면 양자 사이의 차이점이 더욱 분명해질 것이다.

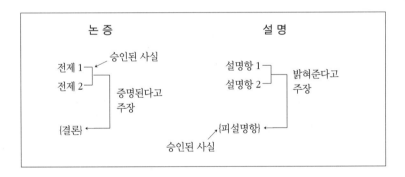

위의 표에서 보듯이 논증은 전제의 승인된 사실을 이용해서 결론을 증명하는 반면, 설명은 피설명항의 승인된 사실이 왜 일어났는지를 밝혀내기 위한 것이다. 그래서 아무런 맥락 없이 제시된 글은 경우에 따라서 논증으로 해석될 수도 있고, 설명으로 해석될 수도 있다. 글의 맥락에 따라 두 가지로 해석될 수도 있는 것이다.

비판적 사고

그럼 다음 문장들을 읽고 그것이 설명인지 아니면 논증인지 살펴보자.

우리는 아침 식사를 제대로 해야 한다. 왜냐하면 아침 식사는 우리에게 필요한 탄수화물을 제때 공급해서 두뇌가 활발하게 움직이게 해주기 때문이다.

위의 글은 "우리는 아침 식사를 제대로 해야 한다."는 것을 설명하는 것일 수도 있고, 증명하는 것일 수도 있다. 어떤 일련의 명제들이 설명인지 논증인지는 문제가 되는 주장의 참이 이미 승인된 것인가 아닌가에 따라 결정된다. 그렇다면 이 글은 과연 설명인가 논증인가? 이에 대한 판정은 이런 주장들이 사용되는 실제 글의 맥락에 달려 있다.

우선 이 글은 다음과 같은 설명 도식으로 해석될 수 있다.

설명항: 아침 식사는 우리에게 필요한 탄수화물을 제때 공급해서 두뇌가 활발하게 움직이게 해준다.
피설명항: 우리는 아침 식사를 제대로 해야 한다.

위의 도식은 설명항에서 피설명항을 이끌어낼 수 있다는 것을 보여준다. 즉 설명항의 내용을 이미 받아들이고 있는 사람들에게 왜 그래야 하는지를 밝혀주기 위해서 말하는 것이다.

그렇지만 바로 이 설명 도식은 다음의 논증으로 다시 표현할 수 있다.

전제 : 아침 식사는 우리에게 필요한 탄수화물을 제때 공급해서 두뇌가
　　　　활발하게 움직이게 해준다.
결론 : 우리는 아침 식사를 제대로 해야 한다.

논증의 경우, 결론을 아직 받아들이지 못하는 사람들에게는 전제의
참을 이용해서 증명을 해보이는데, 이 논증에서 결론의 참은 전제에
의해 제대로 증명된다.

　같은 글을 놓고도 이처럼 어떤 경우에는 설명으로, 또 다른 경우에
는 논증으로 볼 수 있는 상황은 자칫 혼란을 불러일으킬 수 있다. 위의
예를 가지고 말하자면, 우리가 피설명항이나 결론에 있는 "우리는 아
침 식사를 해야 한다."를 인정하거나 받아들이는 경우에는 그것을 설
명하는 것으로 충분하다. 그러나 "우리는 아침 식사를 해야 한다."를
인정하거나 받아들이지 않는 경우에는, 그것을 증명해 주어야 한다.

　이제 설명의 여러 종류에 대해 알아보자. 다음의 여러 가지 설명들
중 유사한 것은 어떤 것인가? 이 설명들은 또 어떤 면에서 차이가 나
는가?

　(A) 왜 너는 외출 준비를 하니? 왜냐하면 친구를 만나기로 했기 때문이야.

　(B) 어떤 별은 왜 어두워질까? 왜냐하면 별의 핵반응에 공급되는 수소
　　　가 다 타버렸기 때문이야.

　(C) 내가 왜 검은 백조를 보지 못할까? 왜냐하면 모든 백조는 희기 때
　　　문이야.

　(D) 왜 이 창문에는 이런 장치가 붙어 있어? 왜냐하면 화재 경보가 울렸

을 때 창문이 열리도록 설계되어 있기 때문이야. 경보기가 경보 시스템에 연결되어 있어서 경보가 울릴 때에 창문이 열리게 되어 있어.

(E) 왜 창문이 열려 있어? 왜냐하면 경보가 울리면 창문이 열리는 자동 시스템 장치가 가동되는데, 화재 경보가 울렸거든.

(A)~(E)는 어떤 공통점을 가지고 있다. 이것들은 모두 왜 어떤 사건(또는 현상)이 일어나거나 일어나지 않는지를 제시하고 있다.

이 설명들을 좀 더 상세히 살펴보자. 우선 (A)와 (D)는 어떤 일의 목적을 알려준다. 즉 어떤 목적을 실현하는 계획이 어떻게 잘 들어맞는지에 대해 말해 준다. 그러나 (B)와 (E)는 어떤 사건의 원인을 밝히고 있다. 이와 달리 (C)는 더욱더 일반적인 사실에 부합하는 것을 밝혀준다.

대부분의 경우 설명은 목적이나 원인, 일반적인 사실 등 우리가 직접 관찰할 수 없는 것을 이용해서 우리가 관찰한 것을 설명한다. 이런 것들은 "왜 그런가?" 또는 "왜 그렇게 되는가?"라는 질문에 대한 답이다. 이런 물음은 설명을 필요로 하는 질문의 일반적인 형태이다. 그렇다고 해서 모든 설명이 "왜?"라는 질문에 대답하는 것은 아니다. "어떻게?"라는 질문에 대답하는 것도 설명이다. 그런데 "어떻게?"라는 질문에 답하는 것은 경우가 조금 다르다.

"어떻게?"라는 질문에 대답하는 설명을 살펴보자.

(F) A: 이 김치찌개 맛있는데, 어떻게 끓인 거니?

　　B: 김치에 마늘 다진 걸 넣고 볶다가 육수를 부은 거야.

(G) A: 행성이 어떻게 타원형 궤도를 유지하지?

B: 직진할 행로를 태양의 인력이 변형시키기 때문이야.

위의 둘은 모두 "어떻게?"라고 묻고 거기에 답한 것이지만, 둘 사이에는 분명한 차이가 있다. 우선 (F)는 어떤 경위에서 그런 사태가 발생했는지(혹은 다른 경우이지만 어떤 물건이 어떻게 해서 작동하게 되는지) 질문한다. 즉 이 질문은 어떤 일이 일어나는(또는 일어난) 과정을 해명해 주기를 요구한다.

그러나 (G)는 이와 다르다. 어떤 일(또는 사태, 사실)이 어떻게 일어나는지(혹은 어떤 물건이 어떻게 작동하는지)를 질문한다. 어떤 일이 일어나는 원인을 밝혀주기를 요구하는 것이다. (G)에서 '어떻게'라는 말은 '왜'라는 말로 바꿀 수 있다. "그 행성들은 왜 타원형 궤도를 유지하는가?"라고 해도 무방한 것이다. 그리고 이 질문에 대한 답은 인과적인 설명을 요구한다는 것을 우리는 쉽게 알아챌 수 있다. 이 질문에 대한 답은 인력의 일반적인 원리에 따르는 인과적인 설명을 제공하고 있다. 보통 '어떻게'와 '왜'는 완전히 다른 물음 형태라고 생각하지만, 실제로 이 상황에서는 꼭 그렇지 않다. 이 경우에 "어떻게?"가 일반적인 인과 원리를 포함하는 대답을 요구한다면, 그것은 "왜?"라는 말과 동등한 것이다. 따라서 (G)에 대한 답은 앞서 본 (B)나 (E)의 대답과 동일한 형태이다.

때때로 우리는 명시적으로 질문을 하지 않더라도, 어떤 문제에 대해 설명을 하는 경우가 있다. 이때 우리는 "왜?"나 "어떻게?"라는 질문이 없어도, '(왜냐하면) …이니까', '…해(라)서', '… 때문에' 등을 이용해서 설명을 한다. 예를 들어 다음과 같은 것이 그런 경우이다.

(H) 한수는 추웠지만 겉옷을 여자 친구에게 벗어주었다. 왜냐하면 그
　　는 남자다움을 보여주고 싶었기 때문이다.

(I) 연료가 떨어져서 차가 멈추었다.

(J) 민지는 홍역에 걸렸기 때문에, 얼굴에 붉은 반점이 생겼다.

2. 설명의 종류

앞서 보았듯이 설명을 자주 사용하면서도 우리는 대체로 혼란스
러워한다. 설명이 논증과 유사한 구조를 가지고 있기 때문이기도 하
지만, 그 형태가 여럿 있기 때문이기도 하다. 이런 혼란을 피하기 위
해서 설명을 다섯 가지 유형으로 나누어서, 그 특징을 살펴보자.

(1) 인과적 설명

인과적 설명은 설명 가운데서도 가장 많이 알려진 유형이다. 이것
은 인과 논증과 혼동하기 쉽다. 우선 다음의 설명을 살펴보자.

　　저 선인장은 물을 너무 많이 주어 뿌리가 썩었다.

　　돌이 날아와서 유리창이 깨졌다.

　　대기 중 이산화탄소 배출이 증가해서 지구가 온난화되고 있다.

　　민정이가 내 번호로 전화해서 내 전화벨이 울린다.

위의 설명들은 모두 어떤 사건이 다른 사건을 일으키는 원인이 되었
다는 점을 밝히고 있다. 즉 어떤 사건이 원인이 되어 어떤 결과가 일

어났다는 인과 관계를 알려주고 있다. 인과 관계를 밝혀주는 설명은 종종 필요조건이나 충분조건이라는 개념을 표현한다.

아래의 예문들을 보자.

(A) 예진이는 홍역 바이러스에 노출되어서 홍역 백신을 맞았다.

(B) 몇 주 동안 물을 주지 않아서 키우던 화초가 죽었다.

(A)와 (B)는 모두 **인과적 설명**에 해당한다. 우선 (A)를 살펴보자. 홍역 바이러스에 노출되지 않으면 홍역 백신을 맞을 필요가 없다. 그러나 바이러스에 노출된다는 것은 홍역에 걸리는 필요조건이다. 다시 말해서 바이러스가 없다면 홍역에 걸리지 않는다. 그러나 바이러스가 있다는 것이 홍역에 걸리는 충분조건은 아니다. 왜냐하면 면역체가 홍역이 진행되는 것을 막을 수 있기 때문이다. 다음으로 (B)를 살펴보자. 화초에 물을 주지 않는 것은 화초가 죽기 위한 충분조건이다. 그러나 그것은 화초가 죽기 위한 필요조건은 아니다. 이와 같이 원인은 충분조건으로서의 원인과 필요조건으로서의 원인을 모두 포괄한다.

사람들은 보통 우리에게 중요한 요소를 원인으로 간주한다. 만약 내가 연필을 떨어뜨렸을 때, 누군가가 "연필이 왜 떨어졌어?"라고 물으면 대개 "내가 떨어뜨렸어."라고 대답한다. 그러나 '교양 물리학' 또는 '물리학 입문' 시간에 교수님이 연필이 왜 떨어졌는지 묻는다면, 그 물음은 분명 다르다고 생각할 것이다. 아마도 교수님은 중력과 연필이 가진 질량 때문이라는 대답을 기대하신다고 생각하는 것이다. 연필을 떨어뜨림, 중력, 연필의 질량은 연필이 떨어지는 것을 보장해 주는 실제적인 조건들에 필요한 요소들이다. 그 조건들 중 우리가 어떤 것에 관심이 있는가 하는 것은 맥락에 따라 달라진다.

화재가 발생했을 때 우리는 화재의 원인을 조사한다. 그런데 경찰이 화재의 원인이 건물 근처에 있던 산소라고 말한다면, 우리는 황당해할 것이다. 산소는 화재가 일어나게 하는 조건들 가운데 하나이지만, 화재 발생에 대해서 말할 때 우리가 일상적으로 고려하는 조건이 아니다. 우리는 그 화재가 일어나게 한 구체적 사건을 찾고 있는 것이지, 화재가 일어나는 데 필요한 통상적인 조건을 찾고 있는 것이 아니다. 예를 들어 우리는 화재가 방화에 의한 것인지, 아니면 누전에 의한 것인지 등의 원인을 찾고 있는 것이다.

(2) 목적론적 설명

우리는 '목적론(teleology, 목표나 목적을 뜻하는 희랍어 '*telos*'에서 유래)' 또는 '목적론적'이라는 용어를 간혹 부정적인 의미로 사용한다. 정해 놓은 목표나 목적에 모든 것을 맞추려는 경향을 떠올리기 때문이다. 그러나 목적론적 설명은 단순히 설명의 한 형태로, 설정된 목표나 목적을 이루는 데 어떤 일이 어떻게 기여하는가를 알려주려고 할 때 쓰인다. 그 일을 왜 해야 하는지를 목적론적 설명을 통해서 이해시키는 것이다.

다음의 설명을 살펴보자.

저 벽을 따라 전화선이 설치되어 있다. 왜냐하면 벽을 지나 있는 저 방에서 전화를 사용하기 위해서이다.

위의 설명은 우리에게 전선을 설치한 목적을 해명해 준다. 앞서 설명
과 논증은 같은 구조라고 말했는데, 이 예를 보고 논증이라고 생각하
는 사람은 없을 것이다. 분명히 이 예는 저 벽을 따라 전화선이 설치
되어 있는데, 왜 그런지 또는 왜 그렇게 되어 있는지를 상대방에게
밝히려고 한다. 이는 다음과 같은 구조로 된 설명이다.

> 피설명항: (저) 벽을 따라 전화선이 설치되어 있다.
> 설명항: (이) 벽을 지나 있는 저 방에서 전화를 사용하기 위해서이다.

다음의 예를 살펴보자.

> 진이는 전화선을 샀다. 왜냐하면 자기 방에 전화를 놓을 계획이기 때문
이다.

이 예는 다음과 같은 구조의 설명이다.

> 피설명항: 진이는 전화선을 샀다.
> 설명항: 자기 방에 전화를 놓을 계획이다.

또 다른 예를 보자.

벽에 전기선이 설치되어 있다. 그 전기선은 전화를 할 수 있도록 만들어진 것이다.

이는 다음의 구조로 이루어진 설명이다.

피설명항: 벽에 전기선이 설치되어 있다.
설명항: 그 전기선은 전화를 연결할 수 있도록 만들어진 것이다.

이런 설명을 **목적론적 설명**이라고 한다. 이것은 어떤 것이 어떤 목표를 달성하는지 혹은 어떤 계획에 부합하는지를 밝혀준다.

우리는 종종 어떤 활동과 사건이 목표 달성에 어떻게 기여하는가를 보면서, 그 활동과 사건을 이해한다. 어떤 목표를 달성하는 계획에서 어떤 일이 어떤 역할을 할 때, 우리는 그것의 기능에 대해 이야기하는 것이다. 예를 들어, 우리는 전화선 장치가 전화를 통하게 하는 기능을 한다고 말할 수 있다. 이런 기능적인 설명도 목적론적인 설명이다. 왜냐하면 그것은 어떤 것이 목표 달성에서 어떤 기능을 하는가를 밝혀주기 때문이다.

앞서의 인과적 설명이 논증과 혼동될 수 있다고 강조했는데, 목적론적 설명은 또 다른 이유에서 인과적 설명과 헷갈릴 여지가 있다. '왜'라는 질문에는 인과적 설명으로도, 목적론적 설명으로도 대답할 수 있기 때문이다. 그렇다고 해서 이 두 가지 설명이 서로 충돌하는 것은 아니다. 단지 사건이 이해되는 다른 방식을 제공하는 것일 뿐이다. 우선 우리 주변에서 볼 수 있는 간단한 경우를 보자.

그 벨이 왜 울렸니?

목적론적 설명 : 전화가 온 것을 알리기 위해서.
인과적 설명 : 인숙이가 다이얼을 돌렸으니까.

위의 예에서 보듯이 우리는 전화벨이 울린 것을 일반적인 기능이나 원인에 의해 설명할 수 있다. 이 예는 일상 주변에서 찾을 수 있는 경우로 쉽게 이해가 된다.

이번에는 조금 더 전문적인 성격의 예인 혈액 순환설을 보자. 목적론적 설명은 생물학과 관련된 논의에서 많이 찾아볼 수 있다. 우리는 포유동물이 혈액 순환을 통해서 체온을 유지한다는 사실을 잘 안다. 이에 대해서는 목적론적 설명과 인과적 설명 모두가 가능하다.

우선 목적론적 설명을 보자. 유기체에서 항상성을 유지시키기 위해서 자기 조절 메커니즘을 보여주는 생물학적 기능(자동 조절 장치 모델)에 관한 논의이다.

피설명항 : 포유동물의 경우 혈액 순환을 한다.
설명항 : 포유동물은 신체의 항상성을 유지하고자 한다.

다음은 인과적 설명으로, 유기체에서 심장이 뛰게 하는 기관의 물리적 메커니즘에 대한 것이다. 다시 말해 인과 관계를 기초로 해서, 유기체의 구조적인 측면(어뢰 모델)에 초점을 맞춘 논의이다.

> 피설명항 : 포유동물은 혈액 순환을 한다.
> 설명항 : 포유동물의 심장 박동이 혈액 순환을 일으킨다.

이처럼 동일한 사실, 심지어 동일한 과학적 사실에 대해서도 목적론적 설명과 인과적 설명을 함께 제공할 수 있다.

(3) 일반적 사실에 부합시키는 설명

일반적 사실에 부합시키는 설명은 우리 주변에서 가장 흔하게 사용하는 설명 방식이다. 다음의 설명을 살펴보자.

> 그 피스톤은 상하로 움직이고 있다. 왜냐하면 엔진이 정상적으로 작동할 때 피스톤은 그렇게 움직이며, 이 엔진은 정상적으로 작동하고 있기 때문이다.

여기서 우리는 이 엔진의 피스톤이 왜 움직이는가 하는 구체적인 사실을 일반적인 사실로 설명하고 있다. 이는 다음의 구조로 정리할 수 있다.

> 피설명항 : 이 엔진의 피스톤은 상하로 움직인다.
> 설명항 1(일반적인 사실) : 정상적으로 작동하는 엔진의 피스톤은 상하로 움직인다.
> 설명항 2(구체적인 사실) : 이 엔진은 정상적으로 작동하고 있다.

(4) 어떤 일이 일어나는 과정(절차)을 알려주는 설명

결과는 어떤 일이 일어나는 과정(절차)에 따라 나타난다. 김치찌개를 어떻게 끓이는가라는 앞에서 말한 질문이 이런 경우의 예다. 이 질문은 김치찌개를 끓이는 과정(절차)에 대해 설명하기를 요구하는 것이지, 인과 관계에 따른 논증은 아니다. 즉 이것은 요리를 하는 방법이나 기계를 다루는 방법 등을 알려줄 때 하는 설명이다. 기계를 사면 그 기계에 대한 사용 설명서가 들어 있는데, 그 기계를 어떻게 작동시키는지, 그리고 그 기계가 가진 여러 기능들을 어떻게 활용하는지 안내하는 내용이 그 안에 서술되어 있다.

(5) 단어나 사태의 의미를 해석하는 설명

우리 주변에서 흔하게 나타날 수 있는 경우의 설명으로, 어떤 단어나 사태의 의미를 해석하는 경우에 해당한다. 예를 들어, 승강기 안에서 만난 사람이 나를 보고 웃었다. 옆에 같이 있던 친구는 왜 그 사람이 나를 보고 웃었는지 물었다. 이에 대해서 나는 그 사람의 웃음은 이웃에 대한 호감을 표시하는 것이라고 설명한다. 이러한 설명을 논증이나 다른 것으로 말할 사람은 없을 것이다. 이것이 바로 어떤 사태에 대해서 내놓게 되는 단순히 해석적인 설명이다.

또한 간혹 일상생활에서 어떤 단어에 대해서 말해 줄 경우가 있다. 예를 들어서 "'affect'는 '영향을 미친다는 거야.'"라거나 "'아지랑이'는 봄에 들판에서 볼 수 있는 아른아른대는 거야."라고 말하는 것은 어떤 단어의 의미에 대해 해석적인 설명을 하는 것이다.

* 설명의 구성 요소

　　피설명항 : 설명되는 현상을 서술한 단어나 문장

　　설명항 : 설명을 제공하는 문장

　　　수혜는 다리를 다쳤다. (피설명항)

　　　(왜냐하면) 스키를 타다 넘어졌기 때문이다. (설명항)

* 설명의 종류

　　(1) 인과적 설명

　　(2) 목적론적 설명

　　(3) 일반적인 사실에 부합시키는 설명

　　(4) 어떤 일이 일어나는 과정(절차)을 알려주는 설명

　　(5) 단어나 사태의 의미를 해석하는 설명

연습문제

I. 아래 설명의 피설명항과 설명항을 구분하고 〈보기〉의 다섯 가지 유형 중 어느 것에 해당하는지 살펴보자.

――――――――― 〈보기〉 ―――――――――

(가) 일반적인 원리에 부합시키는 설명　　　(나) 목적론적 설명

(다) 인과적 설명　　　(라) 어떤 일이 일어나는 과정(절차)을 알려주는 설명

(마) 단어나 일의 의미를 해석하는 설명

　1. 강아지가 훈련에 잘 따라주었기 때문에 소시지를 던져주었다.

　　피설명항 :

　　설명항 :

　　유형 :

2. 우리 강아지의 코는 차다. 왜냐하면 건강한 강아지들의 코는 찬데, 우리 강아지는 건강하기 때문이다.

   피설명항:

   설명항: ·

   유형:

3. 대부분의 학생들이 그 수업에서 존다. 왜냐하면 그 교수님의 목소리는 잘 안 들리기 때문이다.

   피설명항:

   설명항:

   유형:

4. 퓨마는 날카로운 이빨이 있다. 그 이유는 육식을 하기 때문이다.

   피설명항:

   설명항:

   유형:

5. 경적 소리가 나서 깜짝 놀랐다.

   피설명항:

   설명항:

   유형:

6. 어떤 새는 작은 돌멩이를 먹는다. 그 이유는 작은 돌이 위에서 먹이가 소화되는 것을 돕기 때문이다.

   피설명항:

   설명항:

유형 :

7. 진경이가 수업 시간에 얼굴을 찌푸린다는 것은 내용을 이해하지 못했다는 것을 의미한다.

   피설명항 :

   설명항 :

   유형 :

8. 마라톤 대회가 있는 날, 테러 협박을 두려워하여 많은 사람들이 긴장했다.

   피설명항 :

   설명항 :

   유형 :

9. 세금을 인터넷으로 어떻게 납부하지요? 해당 사이트에 들어가서 회원 가입을 하고 로그인한 후 단계별로 제시된 안내문을 따라 하면 됩니다.

   피설명항 :

   설명항 :

   유형 :

10. 전등불을 누워서도 끌 수 있게 방바닥에도 전원 스위치가 있어.

    피설명항 :

    설명항 :

    유형 :

11. 그가 어떻게 집에 들어왔느냐 하면, 문을 발로 세게 차고 문고리를 마

구 흔들어서 부순 뒤 신발을 신고 들어왔어.

피설명항:

설명항:

유형:

12. 윤리학이 뭐냐 하면, 도덕에 대해 비판적으로 연구하는 학문이지.

피설명항:

설명항:

유형:

13. 나는 액운을 물리치기 위해 이 목걸이를 부적처럼 지니고 다닌다.

피설명항:

설명항:

유형:

14. 네가 스스로 네 몸을 잘 보살피지 않으니까 항상 감기에 걸리는 거야.

피설명항:

설명항:

유형:

15. 네가 자꾸 깜빡깜빡 잘 잊어먹는다고? 그것은 네가 치매에 걸렸다는
    것을 뜻하지.

피설명항:

설명항:

유형:

II. 아래의 설명들을 하나씩 읽고 〈보기〉의 질문들에 답하시오.

─── 〈보기〉 ───

(가) 피설명항과 설명항은 무엇인가?

(나) 대안적인 설명은 무엇인가?

(다) 문제에서 주어진 설명과 대안적인 설명, 그 두 설명 중 어느 것이 올바른지 결정하는 데 도움이 될 부가적인 정보는 어떤 것인가? 그 정보를 어떻게 얻을 수 있는가?

1. 이번 국회의원 보궐 선거는 아주 낮은 투표율을 보이고 있다. 국민들은 한국의 장래에 무관심하다.

2. 아기가 태어났을 때 엉덩이를 때리면 아기는 "응애!" 하고 운다. 아기가 전생에 우는 법을 배우지 않았다면, 어떻게 울음을 터뜨릴 수 있는가? 어떻게 아기가 고통에 반응할 줄 알겠는가? 내가 생각하기에 그것은 우리에게 전생이 있다는 증거인 것 같다.

3. 기숙사 옆 방 친구가 내 책을 모두 자기 방으로 옮기는 것을 보았다. 그는 내 책을 모두 훔쳐 가려는 것이 틀림없어.

4. 내가 그 가게에 갈 때마다 할인하는 물건들은 모두 팔리고 없다. 그 가게는 광고하는 것과 달리, 할인하는 물건을 매장에 준비해 두지 않는 게 분명해.

5. 민정이는 1년 동안 비타민 C를 매일 복용했다. 그동안 민정이는 감기에 걸리지 않았다. 비타민 C를 복용하면 감기가 예방된다.

2장
과학적 가설

　우리는 일상생활에서 나타나는 여러 가지 현상에 대해 설명을 한다. 그런데 일상적인 설명에는 과학적인 설명이 전제되어 있는 경우도 있고, 또 일상적인 설명들은 궁극적으로 과학적인 설명에 의해 더욱더 체계적으로 해명되기도 한다. 따라서 설명의 가장 체계적인 형태를 제공하는 과학에 대해 살펴볼 필요가 있다. 여기서는 과학은 어떤 활동을 하는지, 어떤 방법론을 사용하는지, 또 과학의 방법론과 설명은 어떻게 관련되어 있는지 알아보자.

1. 과학이란 무엇인가?

(1) 과학, 기술, 이데올로기

　과학은 인간의 행위들 가운데 가장 합리적인 것이라고 평가받는다. 심지어 '과학적'이라는 용어가 일상에서는 긍정적인 의미로 또 믿을 만하다는 의미로 쓰일 수 있을 정도이다. 그러나 정반대로 과학에 대해서 부정적으로 말하는 경우도 있다. 특히 과학이 발전하면서 여러 가지 부정적 폐해를 가져왔다고 주장하기도 한다. 그런 만큼 과학이 무엇인지에 대해서는 여러 가지로 그리고 여러 방식으로 말할 수 있다. 과학이 무엇인지부터 간단히 살펴보자.

첫째, 과학은 기술과 다르다. 과학은 진리를 찾는 방법이자 그와 관련한 논의이다. 이와 달리 기술은 과학을 이용해서 경험 세계에 어떤 변형을 주고자 한다. 물론 기술은 과학적 방법으로 획득한 지식을 실제적인 문제에 적용한다. 그래서 어떤 구체적인 결과물을 낼 수도 있고 또 실제로 자연의 변형을 이끌어내기도 한다. 그런데 과학은 이런 실제적인 문제에는 관심이 없다. 과학은 어떤 현상을 설명하고 예측하여 일반적인 원리를 확립하는 방식을 이용해, 세계가 어떻게 작동하는지 이해하고자 한다. 따라서 과학에 대한 부정적 평가는 대개 과학보다는 기술에 의해서 나타난 현상에 대한 것이다.

물론 과학이 궁극적으로는 기술에 어떤 영향을 주기는 한다. 그 점에서 과학은 과학에 대한 부정적 시각으로부터 완전히 자유로울 수가 없다. 또한 예전과 달리 최근의 과학과 기술은 아주 밀접하다. 그렇다고 하더라도 과학과 기술이 다르다는 점은 지적해야 한다.

둘째, 과학은 이데올로기가 아니다. 어떤 사람의 견해에 따르면, 과학은 단순히 세계가 어떻게 작동하는지 발견하는 방법에서 그치는 것이 아니라, 세계가 어떠한가에 대한 견해, 즉 세계관을 제시한다. 이런 과학적인 세계관에 의하면 세계는 이미 결정된 방식으로 운동으로 하는 커다란 기계 이상이 아니다. 인간도 마찬가지이다. 이런 견해는 인간의 노력을 낮춰 보는 것이라고 해석할 수도 있다. 그러나 과학과 과학적 세계관은 다른 것이다. 어떤 과학 공동체에서 특정한 과학적 세계관이 지배적일 수 있다. 또한 동일한 과학적 지식을 바탕으로 상이한 과학적 세계관을 가질 수도 있다. 이렇게 몇 세기를 지나는 동안 과학적 세계관은 과학자들 사이에서 변화해 왔다.

(2) 과학의 방법론: 가설 추리

앞서 보았듯이 과학은 경험 세계를 연구 대상으로 한다. 그리고 과학자들은 자신의 능력과 경험을 최대한 이용해서 엄밀한 연구를 한다. 그렇지만 '경험을 최대한 이용'한다는 점에서, 이미 과학도 한계를 인정하고 있는 것으로 보인다. 그럼에도 불구하고 다른 어떤 분야보다도 과학이 더욱 잘 발전할 수 있었던 것은 바로 과학적 방법 때문이라고 한다. 이런 이유에서 자연과학 외의 다른 분야도 자연과학특히 물리학에서 주로 사용해 온 과학적 방법을 받아들여 엄밀한 논의를 추구했다.

과학적 방법은 적어도 세계에 대한 지식을 얻는 데 가장 바람직한 방법으로 간주되었다. 과학적 연구는 그 구체적인 분야에 관계없이 대체로 다음과 같은 과정으로 이루어진다.

① 문제를 제기하거나 확인한다.
② 문제가 되는 사건이나 현상을 설명하는 가설을 고안한다.
③ 그 가설이 함축하거나 예측하는 내용을 검사(또는 시험)한다.
④ 가설을 평가하여 수용하거나 거부한다.

즉 과학적 방법은 문제 제기에서 시작해서 가설의 수용 여부를 검사하면서 끝난다. 그러면 과학적 연구가 이루어지는 과정을 하나씩 살펴보자.

1) 문제의 제기

과학적 탐구는 문제를 제기하는 것으로 시작한다. 예를 들어 과학자들은 "무엇이 전 지구적 기후 변화의 원인인가?", "지구 온난화는 왜 일어나는가?", "아스피린은 심장병을 예방하는가?" 등의 문제를 제기한다. 과학자들은 이런 문제의 답을 구하고자 한다. 즉 그들은 어떤 현상이나 사건에 주목하고 그것이 발생하는 원인을 설명하고자 한다.

과학자들이 하고자 하는 설명은 전형적으로 인과적 설명이다. 그러나 생물학이나 고고학, 인류학 등에서는 인과적 설명 외에 목적론적 설명을 제공하기도 한다. 물론 목적론적 설명이 과연 과학적 설명인가를 놓고는 학자들 사이에 의견이 분분하다.

2) 가설의 고안

'가설(hypotheses)'은 애매한 용어이다. 그것은 일상에서는 추측이나 추정과 동의어로 이해되기도 하고, 또 제대로 정립되지 않은 믿음이나 주장을 의미하기도 한다. 그러나 여기서 논의하는 '가설'은 어떤 현상에 대해 설명하는 명제로서, 거기서 도출되는 어떤 예측은 시험할 수 있는 것이어야 한다.

예를 들어 형광등을 작동시키는 스위치를 켰는데 불이 켜지지 않았다. 여태껏 경험한 사실들에 입각해서 이 현상에 대해 "아마도 형광등의 수명이 다 되어서 그런가 보다."라고 설명할 수 있다. 그리고 이 설명을 가지고 "아마 형광등을 갈아 끼운다면, 불이 들어올 것이다."라고 예측할 수 있다. 그리고 실제로 이것을 시험할 수 있다. "형광등의 수명이 다 되어서 형광등에 불이 켜지지 않는다."는 설명은, 거기서 도출되는 주장이 있고 그 주장은 시험할 수 있으므로 가설로 간주되는 것이다.

그렇다면 어떤 현상을 설명하는 가설을 어떻게 고안하는가? 한 가지 방식은 가설을 귀납에 의해 일반화하는 것이다. 즉 개별적인 자료들을 모아서 그것들로부터 일반화를 도출한다. 그러나 이런 기계적인 방식은 가설을 고안하는 유일한 방식도 아니고 일반적인 방식도 아니다. 가설을 고안하는 여러 가지 방식은 마치 예술가가 예술 작품을 제작하는 방식만큼이나 정형화하기 어렵다.

3) 가설의 시험

가설을 시험한다는 것은 가설로부터 도출할 수 있는 어떤 내용이 참인지 아닌지를 관찰을 통해 확인한다는 것이다. 과학자들은, "만약 그 가설이 맞다면 그것은 무엇을 함축하는가? 어떤 현상이나 사건이 관찰될 것인가?"를 생각한다.

시험되는 가설을 'H', 거기서 도출되는 결과나 예측을 'C'라고 할 때, 과학적 가설의 시험은 다음과 같은 구조를 가지고 있다.

만약 H가 맞다면, C를 도출하게 된다.

C가 아니다.

따라서 H가 아니다.

이것은 타당한 논증 형식을 가지고 있다. 반면에 예측 C가 실제로 관찰된 경우를 생각해 보자.

만약 H가 맞다면, C이다.

C이다.

따라서 H이다.

그러나 위의 논증은 부당한 논증 형식을 가지고 있다.

예측된 내용이 확인되었다 하더라도, 이것은 H가 맞다는 것을 증명해 줄 수가 없다. 예측된 내용이 확인된다면, 그 가설은 확증되었다고 말할 수 있다. 그러나 이때 확증이란 그 가설이 참이라는 것이 절대적으로(또는 필연적으로) 보장되었다는 의미가 아니다. 단지 그 가설이 참이라는 것을 보여주는 어떤 증거가 있다는 것을 의미할 뿐이다. 만약 그 가설에 대한 다른 예측들이 시험되고 그 모든 예측들이 확인된다면, 그 가설은 참이 될 수 있는 증거를 더 많이 확보하는 것이다. 이런 증거가 더 많아질수록, 그 가설이 참이 될 개연성은 더 높아진다.

4) 가설의 확증과 반박

스위치를 눌러도 형광등에 불이 들어오지 않아 새 형광등을 갈아 끼운 다음, 스위치를 눌렀을 때 그 형광등에 불이 들어왔다고 하자. 그렇다고 해서 "아마도 사용하던 형광등은 수명이 다 되었다."는 가설이 반드시 참이라는 게 입증될 수 있겠는가? 그렇지 않다. 예를 들어 쓰던 형광등을 켰을 때에 우연히도 스위치가 잘못 눌러져서 접속 불량으로 켜지지 않았다가, 형광등을 바꿔서 다시 켰을 때는 스위치가 제대로 눌러져서 새 형광등이 켜졌을 수도 있다.

이번에는 조금 다르게 생각해서, 지금 바로 예측한 명제가 거짓이라고 하자. 즉 새 형광등에도 불이 들어오지 않았다고 해보자. 그렇다면 "아마도 사용하던 형광등의 수명이 다 되었다."는 가설이 절대적으로 거짓으로 입증되지 않는가? 그것 역시 그렇지 않을 수 있다. 예를 들어 우연히도 새로 끼운 형광등이 불량품이라든가 하는 문제가 있을 수 있다. 그래서 예측에 대한 시험은 가설을 귀납적으로 지지하거나 반박할 수 있을 뿐이다.

어떤 가설도 결정적으로 확증될 수 없다. 어떤 가설이 입증되었다 하더라도 우리가 지금까지 가지고 있는 증거들과 충돌하는 증거를 발견할 가능성이 항상 있기 때문이다. 마찬가지로 어떤 가설도 결정적으로 반박되지 않는다. 입증되지 않은 가설들도 다른 새로운 발견들과 결합하면 입증될 수도 있기 때문이다. 그렇다면 어떤 기준에 의해 과학자들은 가설을 수용하는가? 이 문제에 대해서는 다음 절에서 살펴보자.

2. 과학적 추리의 복잡성

(1) 가설-연역적 방법

과학적인 가설의 참, 거짓을 시험하는 방법을 흔히 '가설-연역적 방법(hypothetico-deductive method)'이라고 한다. 이는 어떤 과학적 가설이 참인지 아닌지 알기 위해 우선 그 가설로부터 어떤 예측을 도출하는데, 만약 그 예측이 관찰이나 실험에 의해 참이라고 밝혀지면 그 가설은 입증되고, 그렇지 않으면 그 가설은 입증되지 않는다. 그러나 과학자들은 이런 가설-연역적 방법에 따라 가설 수용 여부를 결정하지 않는다. 이것은 실제 과학에서 사용하는 추리를 지나치게 단순화한 것이다.

실제 과학에서는 어떤 식으로 가설 추리가 진행되는지 예를 들어 보자. 이와 관련해서 자주 거론되는 대표적인 경우는 바로 갈릴레오(Galileo Galilei, 1564~1642)가 지구와 다른 행성들이 태양 주위를 돈다는 가설에서 도출한 어떤 예측을 망원경으로 입증한 것이다.

갈릴레오가 살았던 16세기에는 고대 그리스의 천문학자 프톨레마이오스(Ptolemaeos, 89?~165?)가 제시한 천동설이 천체에 관한 지배적 이론이었다. 천동설에 의하면 지구는 움직이지 않고 태양을 포함한 다른 행성들이 지구를 중심으로 공전한다. 이런 지구 중심 체계 내에서는 행성들의 궤도를 계산해 내는 것이 아주 복잡했지만 당시 천문학자들이 별과 행성들의 위치를 예측할 수는 있었다. 그러나 1543년 코페르니쿠스(N. Copernicus, 1473~1543)는 지구와 다른 행성들이 태양 주위를 돈다는 지동설을 주장했다. 이 태양 중심 체계에서는 천체들의 운항 경로를 계산하는 방법이 지구 중심 체계보다 더 단순했다. 이로부터 50여 년이 지나서 덴마크의 천문학자인 튀코 브라헤(Tycho Brahe, 1546~1601)는 지구 중심도 아니고 태양 중심도 아닌 천체에 대한 제3의 가설을 제시했다. 이 견해는 태양과 달은 지구를 중심으로 회전하고, 나머지 다른 행성들은 태양을 중심으로 회전한다는 것이었다. 즉 부분적으로는 프톨레마이오스를 따르고, 또 부분적으로는 코페르니쿠스를 따르는 체계였다. 그러나 이 체계는 행성의 궤도를 계산하는 방법이 프톨레마이오스의 체계보다 단순해서 코페르니쿠스의 체계에 필적하는 것이었다.

1609년 망원경이 발견되었다. 그리고 갈릴레오는 천문 관측을 위해 처음으로 망원경을 사용했다. 갈릴레오의 제자 중 한 사람이 만약 코페르니쿠스의 체계가 옳다면 금성도 달과 같이 차고 기울 것이라고 예측했다. 1613년 갈릴레오는 금성의 움직임을 망원경으로 관찰했고, 그리하여 이 관찰을 코페르니쿠스의 체계를 입증하는 증거로 간주했다.

갈릴레오의 주장은 다음과 같은 가설 추론에 의존하고 있다.

가설: 코페르니쿠스의 체계가 올바르다.

거기서 도출되는 관찰할 수 있는 예측: 금성은 차고 기운다.

이것을 하나의 논증으로 재구성해 보자.

만약 코페르니쿠스의 체계가 올바르다면, 금성은 차고 기운다.

금성은 차고 기운다는 것이 관찰되었다.

그러므로 코페르니쿠스의 체계는 올바르다.

위의 가설을 입증하는 절차를 일반적인 형태로 나타내면 다음과 같다.

(A) 만약 가설이 참이라면, 그것으로부터 연역된 어떤 예측은 참이다.

그 예측은 참인 것으로 관찰되었다.

그러므로 가설은 참이다.

이 논증을 더 단순하게 정식화하면,

(A)′ 만약 H라면, P이다.

P이다.

그러므로 H이다.

위의 논증은 연역적인 관점에서 보자면 부당한 논증이다. 후건 긍정의 오류를 범하고 있는 것이다.(즉 위의 논증은 "p ⊃ q, q, 그러므로 p"의 형식이다.)

앞에서 지적했듯이 가설 추리는 연역적으로 정당화되지 않고 귀납적으로 정당화된다. 가설로부터 연역된 예측이 참이라면, 그 가설은 입증된 것이다. 여기서 가설이 입증된다는 것은 가설의 참이 절대적으로 보증된다는 게 아니라, 단지 그럴듯하게 지지된다는 뜻이다.

가설-연역적 방법이라는 용어를 보고 가설이 입증되는 방법이 연역적인 것이라고 오해할 수도 있다. 여기서 '연역적'이라는 말은 그 가설이 연역적으로 정당화된다는 뜻이 아니다. 가설에서 그것을 시험할 예측을 도출하는 방식이 연역적이라는 뜻이다.

(2) 보조 가설과 대안적 가설에 대한 고려

위에서 제시한 가설-연역적 방법은 너무 단순해서, 실제 과학에서 가설을 입증하는 절차를 설명하지는 못한다. 실제 과학에서 가설의 참, 거짓을 판별하는 데는 그것으로부터 연역된 예측에 대한 관찰이나 실험을 하는 것만으로 충분하지 않다. 그것 외에 보조 가설이나 대안적인 가설도 고려해야 하기 때문이다.

1) 보조 가설(auxiliary hypotheses)

위의 갈릴레오의 예로 다시 돌아가 보자. 갈릴레오가 코페르니쿠스의 가설을 시험하기 위해 그 가설로부터 관찰이나 실험 가능한 예측을 연역했을 때, 그는 다른 가정들을 전제로 삼고 있었다. 이런 가정들을 보조 가설이라고 한다. 물론 그 가설들은 대개 명시적으로 진술되지 않을 수도 있다. 왜냐하면 이런 가설들은 관찰이나 실험 조건의 배경이나 표준적인 주장들로서, 일반적으로 받아들여지는 것들이기 때문이다. 이런 보조 가설들은 시험을 하는 맥락에서 당연히 참이라고 전제되는 것이다. 물론 필요하다면 다른 맥락에서는 이 보조 가설 자체도 시험할 수 있다. 갈릴레오의 예에서 그가 전제로 하고 있던 보조 가설은 "망원경은 천체를 관찰하는 데 신뢰할 만한 도구이다."라는 것과 "금성은 지구와 태양 사이에 있다."는 것이었다.

위의 두 보조 가설은 보조 가설의 두 가지 중요한 유형을 보여준다. 첫 번째 보조 가설은 예측을 시험하는 적절한 조건에 관한 것이다. 즉 이런 유형의 보조 가설은 어떤 가설에서 연역된 예측을 시험하는 데 어떤 장치나 방식이 적절한가에 관한 것이다. 그런데 우리는 이 보조 가설의 참, 거짓에 의문을 제기할 수 있다. 망원경이 역사상 처음으로 사용되었을 때, 그것이 과연 아주 멀리 있는 천체들을 있는 그대로 보여줄 것인가는 충분히 의심할 만했다.

두 번째 보조 가설은 이론적인 배경 지식이 되는 가설이다. 모든 가설은 그것이 배경으로 삼고 있는 어떤 지식을 가정하고 있다. 갈릴레오의 경우 망원경과 관련된 광학 이론이 그 이론적인 배경 지식이다. 어떤 이론적 지식 자체도 하나의 가설로서 시험을 거쳐야 하지만, 다른 가설을 시험하는 맥락에서 그것은 참이라고 가정된다.

이제 그의 논증을 이 보조 가설들과 함께 다시 구성해 보자.

만약 코페르니쿠스의 체계가 옳다면, 그리고 만약 망원경이 신뢰할 만한 관찰 도구이고, 또 만약 금성이 지구와 태양 사이에 있다면, 금성은 차고 기우는 현상을 보인다.

금성은 차고 기운다는 것이 관찰되었다.

그러므로 코페르니쿠스의 체계는 올바르고, 망원경은 신뢰할 만한 관찰 도구이고, 또 금성이 지구와 태양 사이에 있다.

이것으로부터 가설을 입증하는 절차를 정식화해 볼 수 있다.

(B) 만약 가설과 그것에 대한 보조 가설들이 참이라면, 그것들로부터 연역적으로 도출되는 예측은 참이다.

그 예측은 참인 것으로 관찰되었다.

그러므로 가설과 그것에 대한 보조 가설들은 참이다.

(B)′ 만약 H이고 또 $(A_1, A_2, \cdots, A_n)$이라면, P이다.

P이다.

그러므로 H이고 또 $(A_1, A_2, \cdots, A_n)$이다.

어떤 가설이 거짓이라고 반증하는 경우에도 그 가설이 절대적으로 거짓이라는 게 정립되는 것은 아니다. 그런데 포퍼(Karl R. Popper, 1902~1994)는 가설이 입증되는 것은 귀납적인 절차에 따라 이루어지나, 그것이 반박되는 것은 연역적인 절차에 따라 이루어진다고 주장했다. 이런 입장은 소박한 반증주의라고 불린다. 그것을 간단히 정식화하면 다음과 같다.

(C) 만약 어떤 가설이 참이라면 그것으로부터 연역되는 어떤 예측은 참이다.

그런데 그 예측은 거짓인 것으로 관찰되었다.

그러므로 그 가설은 거짓이다.

이 논증을 더 단순화하면,

(C)′ 만약 H이고 또 (A₁, A₂, ···, Aₙ)이라면, P이다.

~P이다.

그러므로 ~{H이고 또 (A₁, A₂, ···, Aₙ)}이다.

이 논증은 타당한 논증이다. 이 논증은 후건 부정식의 타당한 형식으로 이루어져 있다. 즉 "p ⊃ q, ~q, 그러므로 ~p"의 형식이다.

문제는 실제 과학에서 가설의 참을 시험할 때, 암묵리에 가정하고 있는 보조 가설을 고려해야 한다는 것이다. 그래서 가설 추론을 반증하는 절차를 다시 써보면 다음과 같다.

(D) 만약 가설과 그것에 대한 보조 가설들이 참이라면, 그것들에서 연역적으로 도출되는 예측은 참이다.

그 예측은 거짓인 것으로 관찰되었다.

그러므로 가설이나 그것에 대한 보조 가설들은 거짓이다.

위의 논증을 단순하게 나타내면 다음과 같다.

(D)′ 만약 H이고 또 (A₁, A₂, ···, Aₙ)이라면, P이다.

P가 아니다.

그러므로 H가 거짓이거나 또는 (A₁, A₂, ···, Aₙ)은 거짓이다.

위의 결론을 달리 표현하면, H가 거짓이거나 아니면 그 보조 가설들 가운데 어느 것 혹은 모든 것이 거짓일 수 있다는 것이다. 그러므로 위의 전제를 가지고 그 가설이 거짓이라고 단정할 수 없다.

2) 대안적 가설(alternative hypotheses)

가설이 참인지 거짓인지 시험할 때에 보조 가설이라는 항목 외에 고려해야 할 또 다른 항목이 있다. 어떤 현상을 설명하기 위해 제시할 수 있는 여러 대안적인 가설이 바로 그것이다. 대안적 가설이란 보조 가설들과 함께 관찰이나 실험을 통해 시험할 수 있는 동일한 예측을 도출하는 가설을 말한다.

앞에서 예로 든 천체의 체계에 대한 경쟁하는 세 가설을 다시 살펴보자. 적어도 튀코 브라헤의 가설은 코페르니쿠스의 가설과 동일한 예측 내용을 가지고 있었다. 즉 금성이 차고 기운다는 그 동일한 예측은 망원경의 관찰로 인해 참으로 판명되었다. 이럴 경우 어떤 가설을 채택해야 하는가? 위의 가설—연역적 방법은 여기에 별로 도움이 되지 않는다.

이것을 결정해 줄 다른 원리가 있어야 할 것이다. 그 원리란 가설들로부터 공통적으로 도출된 동일한 예측을 시험을 하기 전의 상태와 비교해서, 가능한 여러 가설들 중 더 그럴듯한 가설을 채택한다는 것이다. 이것을 더 전문적인 용어로 말하자면 선행 확률(prior probability)이 높은 가설을 그 예측이 참임을 입증하는 것으로 선택하는 것이 된다. 한 가설의 선행 확률이란 그 가설로부터 도출되는 예측에 대한 특수한 시험을 하기 전에 그 가설이 참이 될 확률을 말한다. 만약 어떤 가설의 선행 확률이 너무 낮다면, 과학자들은 그 가설을 시험하려고 하지 않을 것이다. 그런데 만약 어떤 가설의 선행 확률이

비판적 사고

아주 높다면, 과학자들은 설사 그 가설이 반증된다 해도 그 가설을 포기하지 않고 오히려 관찰이나 실험이라는 시험 자체를 의심해 볼 것이다. 아니면 보조 가설이 참인지를 의심해 볼 것이다.

태양 중심 체계와 지구 중심 체계라는 대안적인 가설은 코페르니쿠스의 지동설이 발표된 후 100여 년 동안이나 서로 경쟁해 왔다. 그런데 마침내 태양 중심 체계가 지구 중심 체계의 가설보다 선행 확률이 더 높다는 것이 밝혀졌다. 그것은 뉴턴(Issac Newton, 1642~1727)의 중력의 법칙과 운동법칙에 의해서였다. 이런 법칙들은 지구 중심 체계의 가설이 불가능한 운동을 요구한다는 것을 보여주었는데, 거의 모든 과학자들이 그것을 인정했다. 잘 정립된 기존의 과학 이론과 양립 가능한 가설이 그렇지 않은 가설보다 선행 확률이 높은 것이다.

간혹 익숙한 설명이 더 이상 일관된 이해를 제공하지 못하는 경우가 있다. 이런 경우 새로운 이론을 정당화하기 위해서는 새로운 발견과 새로운 시도가 필요하다. 자신이 만든 망원경으로 목성의 위성을 처음으로 관찰했을 때, 갈릴레오는 다음과 같이 생각했다.

나는 빛나는 점들의 특수한 패턴을 망원경으로 관찰하고 있다.
이 패턴은 목성 주위를 공전하는 위성에서 나온 것이다.

이것은 인과적 설명이다. 이 설명은 당시 기존의 천문학 이론과 충돌하는 새로운 이론의 일부로 확립되었다. 그렇지만 당시 지배적이던 천문학 이론은 아리스토텔레스의 천동설이었다. 그것에 의하면, 지구는 천구의 중심이다. 천동설, 즉 지구 중심 이론은 우주 속에서의 인간의 위치와 천체 운행의 본성을 이해하기 위해 개발된 것이었다. 당시 사람들은 천체 운동에 관한 갈릴레오의 설명을 받아들이려고 하지 않았다. 갈릴레오 이전에 있던 아리스토텔레스의 생각은 관찰에 맞추어 조정된 것이었기 때문이다.

그러나 갈릴레오의 생각을 받아들이는 것은 훨씬 더 근본적인 변화를 일으키는 것이었다. 왜냐하면 그것은 기존의 이론을 포기하는 것이었으며, 동시에 기존의 이론이 제공한다고 여기던 우주에 대한 이해의 포기를 의미했기 때문이다. 그럼에도 불구하고 갈릴레오가 한 대로 새로운 망원경으로 보면 지구 주위가 아니라 목성 주위를 공전하는 천체가 있는 것으로 보인다. 따라서 천체 운동의 중심이 하나 이상인 것으로 보았다. 갈릴레오가 관찰한 것은 기존 이론과 충돌하는 것으로 보인 것이다. 그렇다면 적어도 두 이론 가운데 한 가지 이론은 잘못인 듯했다.

지구 중심의 이론이 상당한 설명적 가치를 가지고 있었기 때문에, 사람들은 망원경에 나타난 점을 근거로 제시된 갈릴레오의 이론을 받아들이기를 꺼렸다. 그 점은 반사된 것, 혹은 렌즈의 왜곡된 물체 혹은 멀리 있는 별일 수도 있다고 생각했다. 그러나 이 경우에는 지배적인 천체 이론을 포기하는 것이 필요하다. 다시 말해서 지구가 모든 것의 중심이라는 생각을 받아들이기를 포기해야 하는 것이다. 그러면 동시에 행성에 대해 그리고 우주 속에서의 인간의 지위에 대해 새롭게 이해하게 된다.

목성이 위성을 가진다는 갈릴레오의 주장은 이제 행성 운행에 대해 더 광범위한 설명을 제공하는 견해로 간주되면서 널리 수용될 수

있었다. 그것은 모든 운동과 중력에 대한 더 깊은 이해를 제공할 수
있는 더욱더 일반적인 이론과 결합하면서 더 확고하게 정립되었다.
사람들이 관찰된 것에 대한 더 나은 설명을 하기 위해 기존의 설명을
바꿀 필요를 느낄 때, 믿음에 대한 그처럼 혁명적인 변화가 일어난다.

(3) 가설의 수용 절차

가설의 참, 거짓을 결정하는 데 관련된 복잡한 구조를 염두에 두고,
그 수용 절차를 정리해 보자. 그것은 다음과 같이 정식화할 수 있다.

① 가설은 현재의 시험을 하기 전 그럴듯한 것으로 간주된다. 즉
   상당 정도의 선행 확률값을 가지고 있다.
② 만약 그 가설과 보조 가설이 참이라면, 그것들로부터 연역적으
   로 도출된 관찰 가능한 어떤 예측은 참이다.
③ 그 예측은 참이라고 관찰된다.
④ 지금 시험되고 있는 가설 이상으로 선행 확률값을 가진 다른 대
   안적 가설이 없다.
⑤ 따라서 그 가설은 참이다.

이 논증은 귀납 논증이다. 가설에 대한 입증이나 반증은 귀납적인 추
론이 개입하는 것이므로, 그것의 참·거짓에 대해 결정적으로 말할
수 없다. 그래서 비록 이 논증의 결론은 "그 가설이 참이다."이지만,
그 결론은 거짓이 될 가능성이 충분히 있다는 것이다. 즉 그 결론은
전제들로부터 절대적으로 지지되는 것이 아니라, 귀납적으로 상대적

으로 강하게 지지될 뿐이다. 만약 그 가설이 대안적인 가설들보다 선행 확률값이 조금 더 높다면, 그 가설은 대안적인 가설보다 조금 더 그럴듯한 것에 지나지 않는다.

위의 변형된 가설-연역적 방법을 적용하는 데에는 여전히 의문점이 있다. 정식화한 논증의 ①번 전제를 보자. 어떤 가설이 처음에 그럴듯하다고 받아들여지는 것은 어떤 기준이나 원리에 의한 것인가? 즉 "어떤 가설이 상당한 정도의 선행 확률을 가진다는 것은 어떻게 알 수 있는가?"라는 질문을 할 수 있다. 그리고 ④번 전제를 보자. 경쟁하고 있는 대안적인 가설들이 다른 것만큼 혹은 그것보다 더 큰 선행 확률을 가지고 있다는 것의 기준은 어떤 것인가? 이런 문제에 대해서 여기서는 더 이상 논의하지 않겠다. 이처럼 더 깊이 있는 질문에 대해서는 과학과 관련한 더욱 심화된 비판적 사고 강의나 전공 강의를 통해 계속 논의할 수 있을 것이다.

요약

* 가설(hypotheses): 어떤 현상을 설명하는 명제로서, 그 명제로부터 어떤 예측을 도출할 수 있는데 그 예측은 관찰이나 실험을 통해 시험될 수 있다.

* 입증과 입증되지 않음
  (1) 입증(confirm): 가설로부터 도출된 예측을 시험했을 때, 그 예측이 참으로 관찰되는 것을 말한다.
  (2) 입증되지 않음(disconfirm): 가설로부터 도출된 예측을 시험했을 때, 그 예측이 관찰되지 않거나 거짓으로 관찰되는 것이다.

* 가설-연역적 방법(hypothetico-deductive method): 가설의 참, 거짓을 입증하기 위

해 또는 반증하기 위해 그것으로부터 연역적으로 도출된 예측을 시험한다. 그 예측이 참임을 보여주면 그 가설은 입증된 것이고, 거짓임을 보여주면 그 가설은 입증되지 않은 것이거나 반증된 것이다.

* 가설의 입증

　　만약 가설이 참이라면, 그것으로부터 연역된 어떤 예측은 참이다.
　　그 예측은 참인 것으로 관찰되었다.
　　그러므로 가설은 참이다.

* 가설의 반증

　　만약 가설이 참이라면, 그것으로부터 연역된 어떤 예측은 참이다.
　　그 예측은 거짓인 것으로 관찰되었다.
　　그러므로 가설은 거짓이다.

* 가설의 수용 절차

　　(1) 가설은 현재의 시험을 하기 전 그럴듯한 것으로 간주된다. 즉 상당 정도의 선행
　　　　확률값을 가지고 있다.
　　(2) 만약 그 가설과 보조 가설이 참이라면, 그것들로부터 연역적으로 도출된 관찰 가
　　　　능한 어떤 예측은 참이다.
　　(3) 그 예측은 참이라고 관찰된다.
　　(4) 지금 시험되고 있는 가설 이상으로 선행 확률값을 가진 다른 대안적 가설이 없다.
　　(5) 따라서 그 가설은 수용된다.

연습문제

I. 다음 진술에 대해 참, 거짓으로 답하시오.

　1. 어떤 가설이 입증되었다면, 그것으로부터 도출된 다른 예측들이 관찰
　　　되지 않거나 확인되지 않을 수 없다.

2. 어떤 가설이 입증되었다면, 그 가설은 참이라는 것이 결정적으로 증명된 것이다.

3. 어떤 가설이 입증되지 않았다면, 그 가설이 거짓이라는 것이 결정적으로 증명된 것이다.

4. 어떤 가설을 세울 때에는 반드시 귀납적 일반화에 의해서 해야 한다.

5. 어떤 가설이 입증되지 않았다는 것은 그 가설로부터 도출할 수 있는 예측이 거짓이라는 것이 관찰되지 않았다는 것이다.

6. 가설-연역적 방법은 과학적 가설의 참, 거짓을 테스트하는 연역적인 절차로서 관찰과 무관하다.

7. 소박한 반증주의에 의하면, 가설이 참이라는 것을 입증하는 절차는 귀납적으로 이루어진다.

8. 소박한 반증주의에 의하면, 가설이 반증되는 절차는 연역적으로 이루어진다.

9. 가설-연역적 방법에서 '연역적'이라는 말은 가설로부터 예측 내용을 연역적으로 도출한다는 뜻에서 붙여진 것이다.

10. 연역적인 관점에서 평가하자면, 가설이 입증되는 과정은 부당한 논증의 형식을 가지고 있다.

II. ( ) 안에 들어갈 적절한 단어를 〈보기〉에서 찾아 넣으시오.

─────── 〈보기〉 ───────

연역, 귀납, 보조 가설, 대안적 가설, 전건 긍정식, 후건 부정식

1. 소박한 반증주의에 의하면 가설이 반증되는 것은 ( )적 절차에 의해서이다.

2. 소박한 반증주의에 의하면 가설이 입증되는 것은 ( )적 절차에 의해서이다.

3. 소박한 반증주의에 의하면, 가설이 반증되는 것은 타당한 논증 형식 중 ( )에 의해 정당화된다.

4. 어떤 가설에는 보조 가설과 ( )이 관련되어 있는 것으로 보아, 입증 절차는 귀납적이다.

5. 어떤 가설로부터 도출된 예측이 거짓인 것으로 관찰되면 그 가설과 더불어 가정하고 있는 ( )이 거짓일 수 있다.

도덕적 논증

CRITICAL THINKING

1장
도덕적 추리의 가능성

살아가면서 우리는 늘 도덕(또는 윤리)과 관련된 문제에 부닥친다. 실제로 신문, 라디오나 TV의 뉴스, 또 최근 인터넷에서 실시간으로 알려주는 뉴스거리에는 다양한 종류의 도덕적·윤리적 문제들이 넘쳐난다. 당연하다고 여기던 도덕적 문제가 이런 매체들을 통해서 어느 순간 불거지면서 논란을 불러오기도 한다. 어제까지 아무런 문제가 없던 것들이 갑자기 심각하게 따져야 할 도덕적·윤리적 문제로 떠오른다. 이런 경우 과연 도덕적 가치에 대해 논의하는 것이 가능한가? 만약 가능하다면, 도덕적 가치에 대해 어떤 주장을 할 수 있는가? 또 어떤 근거로 그 주장을 지지할 수 있는가?

일반적인 추리와 달리 도덕적 추리는 도덕적·윤리적 문제와 관련된 추리이다. 그렇다고 여기서 철학의 한 분야인 도덕철학이나 윤리학을 전문적으로 다루려는 것은 아니다. 그렇지만 윤리학(또는 도덕철학)을 알고 있으면 도덕이나 윤리와 관련된 문제를 다루는 데 매우 유리할 것이고, 도덕(또는 윤리)에 관한 기본적인 논의를 알면 도덕적 추리를 이해하고 평가하는 데 도움이 될 것이다. 이제 도덕적 주장, 도덕적 추리와 관련된 윤리학(또는 도덕철학)에 관한 논의들을 간단히 살펴보자.

1. 도덕적 추리에 대해 회의적인 주장들

우선 도덕에 관해서 논의할 수 없다는 회의적인 주장들이 있다. 사람이 살아가는 데에 가장 기본적인 것이 도덕과 윤리인데, 그처럼 가장 기본적인 도덕·윤리에 대해서 따지는 것이 어떻게 가능하겠는가라는 생각이다. 그렇지만 우리의 막연한 생각과는 달리, 실제로는 일상생활에서 다양한 방식으로 이에 대한 논의가 이루어지고 있다. 따라서 이런 주장들에 대해서 좀 더 자세히 살펴보는 것이 필요하다.

(1) 도덕에 대한 논쟁은 해결될 수 없다.

우선 두 사람이 어떤 문제에 대해 의견을 달리 한다고 가정하자. 그리고 이때 그것을 해결할 수 있는 합리적인 방법이 없다면, 우리는 그 문제를 해결할 수 없다. 오늘날 낙태, 안락사, 환경 문제 등의 여러 가지 주제에 대해 의견이 일치하지 않는 경우가 흔하다. 또한 그 해결이 결코 쉽지 않다는 것을 우리는 잘 알고 있다.

예를 들어 낙태에 찬성하는 사람은 여성이 자신의 삶을 지배할 수 있는 권리가 있으며 원하지 않는 아이는 낳지 않아야 한다고 믿는다. 반면에 낙태에 반대하는 사람은 그것이 인간을 살해하는 것이므로 결단코 금지되어야 한다고 주장한다. 실제로 이런 문제는 아주 첨예한 논쟁을 불러일으킨다. 심지어 이런 상반된 주장으로 인해 도덕적 논쟁은 결코 해결될 수 없다는 생각에 도달하게 된다.

대체로 사람들은 자신들이 살아가면서 기본적으로 도덕적·윤리적 원칙에 따른다고 생각한다. 따라서 특히 도덕이나 윤리와 관련된 어떤 심각한 문제에서는 그 논쟁에 참여하는 양측이 의견의 일치를 보기가 어렵다. 자신의 입장을 포기하거나 양보하는 것을 곧 자신의 도덕적·윤리적 원칙에 어긋나는 것으로 간주하기 때문이다. 즉 흔히 말하듯이 자신의 '양심에 따라' 생각한 입장을 포기하거나 양보하는 것이 곧바로 '비양심적인 것으로' 비칠 것을 우려하기 때문이다. 그러나 이것은 꼭 도덕적·윤리적 문제와 관련된 논쟁이 다른 논쟁과 성격이 전혀 다르다는 것을 보여주는 게 아니다. 실제로 사실에 대한 논쟁 중에도 해결되기 극히 어려운 것이 많다. 어떤 성격의 논쟁이라고 하더라도 때때로 논쟁자들이 합의에 도달하지 못하는 것은 어느 쪽의 고집 때문이라고 할 수 있다. 또한 어떤 경우에는 서로의 이해관계가 첨예하게 대립되기 때문이기도 하다. 어떤 사람은 자신의 입장을 무조건 고수하면서, 다른 사람의 이야기에 전혀 귀를 기울이지 않으려고 한다. 이처럼 도덕적·윤리적 문제에 대한 의견이 불일치하는 데서 생기는 도덕적 논쟁은 본질적으로 해결될 수 없는 것이라고 간주할 필요가 없다.

역사적으로 보면 실제로 아주 심각한 도덕적 논쟁이 해결된 적도 있다. 가장 대표적인 것 가운데 하나가 미국에서 있었던 노예 제도이다. 1800년대 중반 노예 제도를 도덕적으로 허용할 수 있는가에 대해 논쟁한 적이 있었다. 물론 표결로 결정나기는 했지만, 표결 전에 벌어진 도덕적 · 윤리적인 논쟁은 표결에 결정적인 영향을 미쳤다. 이 과정을 통해서 노예 제도를 둘러싼 논쟁이 결과적으로는 해결되었다. 이처럼 우리는 중대한 문제에서, 또한 일상생활에서 일어나는 사소한 도덕적인 문제에서도 논증을 통해 도덕적인 논쟁을 해결한다. 그리고 해결할 수 있어야 한다.

(2) 도덕적 주장은 맥락과 상황에 따라 상대적이다.

사회는 다양한 사람들로 이루어진다. 그리고 그 사람들 모두가 자신만의 고유한 행동을 하면서, 어떤 형태로든 갈등을 겪을 수밖에 없다. 따라서 이런 갈등을 피하고자 각 사회는 사람들의 행동 방식을 통제하는 규칙을 정하고 있다. 이런 규칙이 바로 그 사회의 도덕적 규약이다. 그리고 이런 도덕적 규약을 담은 글을 도덕적 문장이라고 한다. 이런 규약의 어떤 측면은 그 사회의 법적 체계에 반영되어 있기 마련이다. 그렇지만 도덕적 규약은 사회마다 다르다. 이런 사실 때문에 어떤 사람들은 도덕적 문장의 진리값을 상대적이라고 결론을 내린다. 심지어 "도덕적 규약은 사회마다 다르므로, 도덕적 문장은 진리값이 없다."고 생각하는 사람도 있다.

다음과 같은 도덕적 문장을 보자.

(A) 남녀가 처음 만나 인사할 때 악수를 하는 것은 잘못이다.

위의 문장은 요즘과 같은 우리나라 사회에서는 거짓이다. 그렇지만 조선 시대 사회에서는 참이다. 따라서 어떤 사람은 이런 문장의 진리값이 상대적이어서 그 값을 정할 수 없으므로 진리값이 없다고 주장한다. 그렇지만 이런 문장의 진리값이 상대적이라 하더라도, 이를 기준으로 도덕적 문장 전체의 진리값을 정할 수는 없다. 따라서 진리값이 없다는 결론이 따라 나오지 않는다. 즉 진리값이 상대적이라는 말이 진리값이 없다는 것을 의미하지는 않는다. 위와 같은 문장의 진리값을 정할 수 없는 이유는 그것이 불완전하기 때문이다.

그렇다면 이런 사항을 고려해서 위의 문장을 완전하게 표현해 보자.

(B) 현대 한국 사회에서 남녀가 처음 만나 인사할 때 악수를 하는 것은 잘못이다.

(C) 조선 시대에 남녀가 처음 만나 인사할 때 악수를 하는 것은 잘못이다.

(B)와 (C)에서, (B)는 거짓이고 (C)는 참이다. 위의 (A), (B), (C)를 비교해 보면 (A)와 달리 (B)와 (C)의 진리값을 분명하게 말할 수 있다. 이것은 (A)에서 나타날 수 있는 문제점을 없애버렸기 때문이다.

위의 논의가 보여주는 것은 때로는 도덕적 문장이 적용되는 맥락과 상황을 구체화할 필요가 있다는 것이다. 이러한 구체화 작업을 통해서 상대적인 성격의 도덕적 문장도 명확하게 만들 수 있다. 도덕적 판단이 때로는 구체적인 맥락과 상황에 의존한다고 해서, 도덕적 문장을 꼭 불분명한 것으로 간주해서는 안 된다. 즉 맥락이나 상황에 의존하는 도덕적 문장이 있다 하더라도 그 진리값을 정할 수 없는 것은 아니다.

(3) 도덕은 사회적 관례의 문제이다.

앞에서 본 (A)와 같은 도덕적 문장의 진리값을 판단한다고 해보자. (A)를 보면서 우리는 어떻게 생각하는가? 우선 우리는 (A)의 참, 거짓을 판단하기 위해 사회에서 지배적으로 통용되는 사회적 관례를 고려할 것이다. 만약 (A)문장이 어떤 사회에서 거짓이라고 간주된다면, 그 이유는 분명 남녀가 악수하는 행위를 사람들이 용납하기 때문일 것이다. 이런 점으로 추측해 보면 어떤 사람은 분명히 도덕성이 단순히 사회의 관습, 관례, 태도의 문제에 지나지 않을 것이라고 생각할 것이다. 그러나 모든 도덕적인 문장이 모두 이와 같지는 않다.

곰곰이 생각해 보면 우리가 도덕적인 판단을 할 때, 경우에 따라서는 지배적인 사회적 관례를 전혀 고려하지 않기도 한다. 한때 노예제도는 전 세계에 있던 사회제도였다. 당시 노예이던 사람이나 노예를 부리던 사람 중 어느 누구도 그 제도가 나쁘거나 잘못된 것이라고 생각하지 않았을 것이다. 그저 당연한 것으로 또 타고난 운명으로 간주했을 것이다. 그러나 지금은 도덕적으로 좋은 것이라고 결코 생각하지 않는다. 심지어 지금 우리는 어떤 사회에서나 노예를 소유하는 것은 도덕적으로 잘못된 것이라고 생각하고, 노예 제도에 관한 그들의 도덕적 판단이 그르다고 간주하기까지 한다.

우리는 모든 상황, 모든 사회에 공통적으로 적용되는 일반 원리를 발견하는 경우가 있다. 즉 사회와 시대를 초월하여 우리가 받아들이는 몇 가지 일반적인 원리가 있다. 분명히 도덕이 각 사회에서 통용되는 관례의 문제일 뿐이라면, 이와 같은 공통된 원리를 어떻게 이해할 수 있는지 의문이다. 따라서 도덕의 근본적인 원리는 상대적이지 않다고 생각할 수 있다.

　도덕적인 판단을 할 때 우리는 단순히 우리가 사는 사회의 관례만을 기술하는 게 아니다. 예를 들어 "사형 제도는 도덕적으로 그른 것이다.", "우리는 사형 제도를 폐지해야 한다." 등의 도덕적인 주장을 생각해 보자. 이런 주장을 통해서 우리는 어떤 행위가 비도덕적이라거나 금지되어야 한다고 말하고 있다. 물론 한편에서는 사형 제도가 사회를 유지하기 위한 한 가지 방편으로 여겨지고, 또 그런 이유에서 시행되고 있다. 그렇지만 사형 제도에 관한 도덕적 주장들은 지금 우리 사회에서 관습으로 받아들여지고 있는 것을 기술하는 것이 아니다. 더 나아가 비도덕적이라는 딱지를 붙여서 사형 제도를 금지시키기를 주장하고 있을 정도이다. 이런 도덕적 주장들은 무엇이 어떠한지를 말하고 있는 것이 아니라, 무엇이 어떠해야 하는지를 말하고 있는 것이다. 즉 도덕적 주장들은 사실의 문제가 아니라 당위의 문제이다.

(4) 도덕적 주장은 개인의 의견일 뿐이다.

　도덕적 판단에 대해 흔히 제기되는 주장은 그것이 개인의 의견이나 태도에 불과하다는 것이다. 어떤 것이 개인의 의견일 뿐이라고 말하는 것은 한마디로 그것이 별 볼일 없는 주장, 즉 증거에 의해 제대로 지지된 믿음이 아니라는 것을 의미한다. 예를 들어 어떤 사람이 지난해 대학교의 합격률에 대한 정보도 별로 없는 상태에서 다음과 같이 말했다고 하자. "내 의견입니다만, 지원자의 5분의 1 정도가 합격하지 않았나 생각합니다. 그렇지만 정확한 것을 모르겠습니다." 이와 같이 우리는 확실하지 않은 어떤 정보를 근거로 삼아 이야기할 때, 자신의 의견일 뿐이라고 말한다.

만약 어떤 사람이 도덕적 주장은 개인의 의견일 뿐이라고 말한다면, 그 사람은 분명 그 주장이 진리값을 갖지만 그 진리값에 대한 제대로 된 근거를 가지지 못하다는 것을 말하는 것이다. 우리는 일상적으로 이런 식의 주장을 흔히 하지만, 도덕적 주장에 대해 근거를 제시할 수 없다는 것은 잘못이다.

가령 어린아이를 심하게 때리고 있는 장면을 본다면, 일반적으로 사람들은 분명 "어린아이를 때리는 것은 잘못이다."라고 말할 것이다. 그리고 그 주장에 대해 다음과 같은 근거를 제시할 수 있다.

어린아이를 심하게 때리면, 그 아이는 고통스러울 것이다. 어린아이는 힘이 없어 그런 매질에 저항할 수 없다. 인간을 고통스럽게 하는 것은 잘못이다.

따라서 도덕적인 주장이 단순히 근거 없는 또는 약한 근거에 따른 개인의 의견일 뿐이므로 도덕적 주장에 대해 추리할 수 없다는 입장은 잘못이다.

2. 도덕적 문장의 본성

앞에서 우리는 도덕적 추리에 대해 회의적인 보통 사람들의 몇 가지 주장을 비판적으로 살펴보았다. 이런 논의를 전문적으로 연구하는 사람들은 철학자들 가운데서도 도덕철학자나 윤리학자들이다. 이제 그들이 도덕적 문장에 대해 어떤 주장을 하고 있는가를 비판적으로 살펴보자.

앞서 우리는 도덕적 추리에 대해서 회의적인 일상 차원의 논의를 살펴보았다. 그런 논의들 가운데 하나가 도덕적 문제에 대해서는 추리가 가능하지 않고, 도덕적이지 않은 문제에 대해서는 추리가 가능하다는 것이었다. 이런 견해에는 도덕적 문장과 비도덕적 문장 사이에는 커다란 차이가 있다는 생각이 깔려 있다. 그렇다면 이제 과연 도덕적 문장은 도덕과 무관한 문장과 다를 것이 없는가, 아니면 아주 다른가를 살펴보자.

다음은 도덕적 문장의 본성에 대해서 철학자들이 내세우는 여러 가지 입장이다.

(1) 도덕적 문장은 진리값을 갖지 않는다.

도덕적 문장은 진리값을 갖지 않기 때문에, 도덕적인 논증을 하는 것이 가능하지 않다고 주장하는 철학자들이 있다. 그들은 흔히 생각하듯이 상대주의자가 아니라, 정서주의자나 규제주의자라 할 수 있다. 상대주의에 대해서는 앞 절에서 간단히 살펴보았으니, 이제 정서주의와 규제주의가 무엇인지 살펴볼 차례이다.

1) 정서주의(emotivism)

정서주의에 의하면, 도덕적 문장은 어떤 것을 서술하는 것이 아니라 감정을 표현하는 기능을 한다. 예를 들어 "자선은 선한 행동이다."라는 문장은 "자선, 그래 그거야!" 또는 "자선, 그거 좋은 거지!"

와 같이 단지 자선에 대해 긍정적인 감정을 표현하는 문장이라는 것이다. 따라서 그 문장은 어떤 사태를 서술하지 않으므로 참도 거짓도 아니라는 것이다.

이미 앞에서 참도 거짓도 아닌 문장이 있다는 것을 보았다. 감탄문이 그 가운데 한 가지이다. 정서주의자들에 따르면, 도덕적 문장은 겉으로 보기에는 어떤 사태를 서술하는 것처럼 보이지만, 실제로는 말하는 사람의 느낌을 표현하는 감탄문 같은 것이다. 따라서 이들은 도덕적 논증을 개진하는 것이 불가능하다는 입장을 취한다.

2) 규제주의(prescriptivism)

규제주의는 도덕적 문장의 역할이 어떤 사태를 서술하는 것이 아니라고 본다는 점에서 정서주의와 동일하다. 그러나 규제주의자들에 의하면 도덕적 문장의 역할은 명령을 하는 것이다. 예를 들어 "자선을 베풀어야 한다."라는 문장은 어떤 사태를 서술하는 것이 아니라, "자선을 베푸시오."라는 명령문의 역할을 한다는 것이다. 감탄문과 마찬가지로 이런 문장들은 진리값이 없으므로, 논증을 구성하지 못한다. 따라서 이들의 입장을 그대로 따른다면, 우리는 합당한 근거에 따라 도덕에 대해 판단할 수 없다.

많은 도덕철학자들은 이와 같이 극단적인 형태의 정서주의나 규제주의를 비판한다. 이 입장들은 우리의 일상적인 도덕적 경험과 동떨어지지 때문이다. 일상생활에서 나타나는 도덕적인 경험을 살펴보면, 어떤 도덕적 문제에 관한 판단에서 다른 사람과 의견이 일치하지 않을 때 우리는 합리적인 근거를 서로 제시하면서 논쟁을 벌인다. 일상적으로 경험하는 실제의 도덕적인 삶 속에서 도덕적 판단을 필요로 하는 문장은 우리의 감정을 표현하거나(정서주의) 명령을 하는 것(규제주의) 이상의 역할을 하는 것이다.

(2) 도덕적 문장은 진리값을 가진다.

정서주의나 규제주의의 경우와 달리, 도덕적 문장은 진리값을 가진다고 주장하는 도덕철학자들이 있다. 이들은 도덕적 문장의 진리값을 결정하는 것이 주관적 사태라고 보는지 아니면 그것과 독립적인 객관적인 사태라고 보는지에 따라 다르게 나타난다. 그리고 이것을 각각 주관주의, 객관주의라 부르는데, 객관주의는 다시 자연주의, 비자연주의 두 가지로 나뉜다.

자연주의는 도덕적인 문장을 참 또는 거짓으로 만드는 것이 자연적 사태인 경우를 말한다. 이와 달리 자연적인 것과는 종류가 다르고 그래서 그것으로 환원할 수 없는 독자적인 도덕의 영역에 관한 것인 경우가 비자연주의이다.

1) 주관주의

주관주의, 즉 주관적 기술주의에 의하면, 도덕적 문장의 진리값을 결정하는 것은 그 문장을 진술하는 사람의 심리 상태이다. 도덕적 문장은 단지 그 문장을 진술하는 사람의 긍정적이거나 부정적인 심리 상태를 서술한 것이라는 말이다. 예를 들어 "자선을 베푸는 것은 선한 일이다."라고 내가 말한다면, 그 문장의 의미는 "나는 자선을 베푸는 일에 대해 긍정적인 심리 상태에 있다."는 것이다. 어떤 행위에 대해 긍정적인 심리 상태에 있다는 것은 그 행위를 선호하거나 좋은 것으로 여기는 상태에 있다는 것이다. 또한 만약 내가 "낙태는 나쁘다."라고 말한다면, 그 말의 의미는 "나는 낙태에 대해서 부정적인 심리 상태에 있다."는 것이다. 즉 "나는 낙태를 꺼리거나 싫어하는 상태에 있다."는 뜻이다.

자선에 대해 내가 정말로 긍정적인 심리 상태에 있으면서 "자선을 베푸는 것은 선한 일이다."라고 말한다면, 그 문장은 참이다. 그러나 내가 긍정적인 심리 상태에 있지 않은데도 그렇게 말한다면, 그 문장은 거짓이다.

이제 주관주의, 즉 주관적 기술주의에 대해서 비판적으로 생각해 보자. 주관적 기술주의에 대해서는 물론 여러 가지 비판이 있다. 궁극적으로 이에 관한 깊은 논의가 도움이야 되겠지만, 도덕적 추리를 위해서 한 가지만 살펴보자.

"사람을 해치는 것은 나쁘다."라는 데에는 누구나 동의한다. 그러나 어떤 이상성격자는 사람을 해치는 것에 대해 긍정적인 심리 상태를 가진다. 분명 특수한 경우이기는 하지만, 바로 그 사람이 거짓말을 하지 않는다면 "사람을 해치는 것은 좋다."라고 말할 것이다. 그렇다면 이 문장은 그 사람의 심리 상태를 있는 그대로 기술했기 때문에 참이라고 해야 할 것이다.

2) 객관주의

객관주의의 두 형태인 객관적 자연주의와 객관적 비자연주의는 도덕적 문장의 진리값을 결정하는 것이 객관적인 어떤 것이라는 점에서 일치한다. 그렇지만 둘은 객관적인 어떤 것을 규정하는 방식이 서로 다르다.

객관적 자연주의자들은 도덕적 속성이 자연적 속성이라고 주장한다. 즉 '좋다' 또는 '나쁘다'는 일상적 관찰이나 과학적 방법을 동원해서 파악할 수 있는 속성으로서 분석되거나 설명될 수 있다는 것이다. 따라서 객관적 자연주의에 입각해 도덕적인 속성을 이해할 때는 자연적 속성 외에 도덕적 속성이 적용되는 다른 차원의 영역을 설정할 필요가 없다. 그러나 객관적 비자연주의자는 이와 다르다.

객관적 비자연주의에 따르면, 도덕적인 문장을 참이나 거짓으로 만드는 것은 그 문장을 진술하는 사람의 상태와 무관하다. 도덕적인 문장의 참이나 거짓은 어떤 문제에 대한 그 사람의 긍정적인 심리 상태가 아니라, 객관적인 어떤 것이 결정한다는 말이다. 그리고 이때 도덕적인 용어들은 자연적 속성이 아니라 비자연적 속성을 지시한다.

도덕적 용어가 가리키는 비자연적 속성이란 '좋다', '나쁘다' 등과 같은 것들인데, 이들은 '둥글다', '빨강색이다', '10kg의 무게를 가지고 있다' 등의 자연적 속성과는 분명히 다르다. 따라서 비자연적 속성이란 자연적 속성으로서 설명되거나 분석될 수 없는 고유한 속성이라는 게 객관적 비자연주의의 입장이다.

간단히 말해서 객관적 비자연주의자들이 보기에 자연적 속성은 일상적인 관찰이나 과학적인 방법을 통해 지각할 수 있는 속성이다. 반면에 도덕적인 속성은 일상적인 관찰 능력이나 과학적인 방법, 도구가 아니라 도덕적인 차원을 파악할 수 있는 도덕적 직관 같은 능력에 의해 파악되는 속성이다.

* 도덕적 추리에 대해 회의적인 주장들
    (1) 도덕에 대한 논쟁은 해결될 수 없다.
    (2) 도덕적 주장은 맥락과 상황에 따라 상대적이다.
    (3) 도덕은 사회적 관례의 문제이다.
    (4) 도덕적 주장은 개인의 의견일 뿐이다.

* 도덕적 문장의 본성
    (1) 도덕적 문장은 진리값을 갖지 않는다.
        1) 정서주의(emotivism)
        2) 규제주의(prescriptivism)
    (2) 도덕적 문장은 진리값을 가진다.
        1) 주관주의(즉 주관적 기술주의 또는 자연주의)
        2) 객관주의(객관적 자연주의와 객관적 비자연주의)

연습문제

I. 여러분은 도덕적 추리에 대해 어떻게 생각하는가? 여기서 제시되지 않은 생각을 하고 있는가? 그렇게 생각하는 이유는 무엇인가? 그것을 이제는 바꾸었는가? 바꾸었다면 그 이유는 무엇인가? 바꾸지 않았다면 그 이유는 무엇인가?

II. 다음과 같은 주장을 하는 입장(들)을 〈보기〉에서 찾으시오.

〈보기〉
(A) 정서주의   (B) 규제주의   (C) 주관적 기술주의

(D) 객관적 자연주의   (E) 객관적 비자연주의
---

1. 도덕적 문장은 진리값이 없다.

2. 도덕적 문장의 역할은 정서를 표현하는 것이다.

3. 도덕적 문장의 역할은 명령하는 것이다.

4. 도덕적 문장은 진리값이 있다.

5. 도덕적 문장의 참을 결정하는 객관적인 어떤 것은 자연적인 속성으로서 설명하거나 분석, 환원할 수 있는 것이다.

6. 도덕적 문장은 그 문장을 언표하는 사람의 심리 상태를 기술한다.

7. 도덕적 문장의 참을 결정하는 것은 주관적인 어떤 것이 아니라 객관적인 어떤 것이다.

8. 도덕적 문장의 참을 결정하는 객관적인 어떤 것은 자연적인 속성으로서 설명하거나 분석, 환원할 수 없는 독특한 것이다.

9. 도덕적인 논증은 가능하다.

10. 도덕적인 논증은 불가능하다.

2장
도덕적 논증의 분석과 평가

1. 도덕적 논증의 분석

(1) 도덕적 주장과 비도덕적 주장(도덕과 무관한 주장)의 구별

도덕적인 논증도 다른 논증과 마찬가지로 전제와 결론으로 구성되어 있다. 도덕적인 논증이 다른 논증과 다른 점은 결론이 도덕적인 주장을 포함하고 있다는 것이다. 도덕적인 주장이란 어떤 행위가 옳은가 그른가, 어떤 행위가 좋은가 나쁜가(또는 어떤 행위를 해야 하는가 하지 않아야 하는가), 어떤 사람이 선한가 악한가 등을 말하는 주장이고, 이와 같은 주장을 이끌어내기 위한 논증을 도덕적 논증이라고 부른다.

우선 다음과 같은 것이 도덕적 주장의 예이다.

네 친구는 선하다.

동물을 학대하는 것은 그릇된 일이다.

낙태는 나쁘다.

저 친구는 훌륭한 사람이다.

너는 친구와 한 약속을 지켜야 한다.

위의 예에서 보듯이 도덕적인 주장은 '선하다', '악하다', '옳다', '그르다' 등의 가치를 나타내는 용어를 포함한다. 또한 '해야 한다', '하지 않아야 한다' 등의 권고를 나타내는 표현을 포함한다.

이와 달리 비도덕적 주장, 즉 도덕과 무관한 주장은 이런 용어를 포함하지 않는다. 다음의 예들은 도덕과 무관한 주장이다.

너는 친구와 한 약속을 지키지 않았다.

사람들이 동물을 학대하고 있다.

어떤 사람은 낙태가 비도덕적이라고 생각한다.

저 친구는 훌륭한 사람이 되려고 노력한다.

1) 사실과 가치의 구별

사람들은 다양한 방식으로 세계에 대해 진술한다. 이때 단순히 사실에 관한 것을 진술(사실 진술)하기도 하고, 또 특정 사실에 대해서 어떤 방식으로든지 평가하기 위한 진술(가치 진술)을 하기도 한다. 즉 세계에서 일어나는 어떤 사태를 기술하는 것을 사실 진술이라 하고, 후자와 같이 나타나는 사태에 대해서 평가하는 것을 가치 진술이라고 한다. 이런 구분은 바로 사실과 가치의 구분과 마찬가지이다.

다음의 예들을 살펴보자.

(A) 진수가 폭력을 사용한 것은 잘못이다.

(B) 네가 바쁜 시간을 쪼개 다른 사람을 도운 것은 잘한 일이다.

(C) 물리학자들은 핵무기 제조에 협조하는 것을 거부했어야 한다.

(D) 비민주적인 국가에 민주주의를 뿌리내리게 하는 것은 올바르다.

(E) 진수는 친구를 때렸다.

(F) 오늘날 셰익스피어보다 애거사 크리스티의 작품이 더 많이 읽힌다.

(G) 많은 물리학자들이 핵무기 제조에 협조했다.

(H) 민주주의 국가들은 비민주적인 국가에 민주주의가 뿌리내리도록
    노력하지 않았다.

위의 예에서 (A)~(D)까지는 가치 진술이고, (E)~(H)까지는 사실 진술
이다. 가치 진술은 '올바른', '그른', '좋은', '나쁜' 같은 단어를 사용
한다. 그러나 (C)는 조금 달라 보인다. 그렇지만 '…해야 한다', '…하
는 것이 의무이다.'와 같은 표현을 포함하는 진술이 '올바른', '그른',
'좋은', '나쁜' 등의 단어를 포함하는 가치 진술을 함축한다면, 그것
도 가치 진술이라고 할 수 있다. 따라서 (C)는 다음과 같은 가치 진술
을 함축한다. "물리학자들이 핵무기를 제조하는 데 협조하지 않는 것
이 좋았다."

  .실제로 사실 진술과 가치 진술을 구별하는 것이 필요하기는 하지
만, 그 둘이 분명히 구분되지는 않다. 또한 사실 진술과 가치 진술을
결합한 진술도 있다. 예를 들어 "그 행사는 비열한 회사가 주도했
다."라는 진술은 양 요소를 다 가지고 있다. 비열한 회사가 행사를 주

도했는지는 대체로 사실과 관련된 문제이다. 그러나 어떤 문제에서 그 회사의 처사가 비열하다고 판단할 수 있는지는 가치의 문제이다. 물론 모든 사실 진술이 가치에 의존하고 있다고 주장하는 경우가 있기도 하다. 또 모든 가치 진술은 사실 진술이라고 주장하는 철학자들도 있다. 비록 가치 진술과 사실 진술의 구별은 모든 목적에 맞게 모든 맥락에서 분명한 것은 아니지만, 실제 상황에 적용되는 비판적 사고에서는 그것을 구별하는 것이 아주 유용하다. 추리나 논증에서 사실 진술과 가치 진술의 구분이 필요 없는 경우도 있지만, 대체로 그 구분이 아주 도움이 되기 때문이다.

가치 진술은 관찰하여 직접 얻을 수 있는 것이 아니다. 또한 가치 진술은 관찰의 직접적인 결과가 아니므로, 그 특성상 기술적인 사실을 인과적으로 설명하는 가설로는 사용될 수 없다. 그래서 그것은 최선의 설명에 의한 추론의 직접적인 결과가 될 수도 없다.

또 한 가지 생각해야 할 점은 가치 평가가 모두 도덕적 평가는 아니라는 것이다. 도덕적 평가 외에 미적인 가치 평가도 있다. 예를 들어 "어떤 경치가 아름답다.", "어떤 음악이 우아하다.", "어떤 그림이 근사하다."는 미적인 가치 평가를 포함한 문장이다.

2) 도덕적 권고와 도덕과 무관한 권고

앞에서 권고의 표현을 포함한 주장이 도덕적인 주장이라고 했다. 그렇지만 사실은 모든 권고가 도덕적인 것이라고 할 수는 없다. 이제 도덕적 권고와 도덕과 무관한 권고를 구별해 보자. 대개는 도덕과 무관한 권고를 실용적인 권고 또는 타산적인(prudential) 권고라고 부른다. 다음의 예를 보자.

(A) 너는 장수하기를 원한다. 그러니 운동을 해야 한다.

(B) 너는 이번 시험에서 좋은 평점 받기를 원한다. 그러니 너는 결석하지 않아야 한다.

(C) 너는 벌점을 받지 않기를 원한다. 그러니 과속 운전을 하면 안 된다.

(D) 어머니가 편찮으실 때 어머니를 간호해야 한다.

(E) 누구도 음주 운전을 해서는 안 된다.

(F) 자녀를 때려서는 안 된다.

　도덕적 권고와 도덕과 무관한 권고의 차이는 진술의 주제가 아니라, 그 형태에서 찾을 수 있다.

　위의 예에서 (A), (B), (C)는 "너는 …하기를 원한다. 따라서 …해야 (혹은 하지 않아야) 한다."라는 형태의 문장이다. 이것들은 도덕과 무관한 실용적 권고이다. 이것들은 네가 특수한 관심이나 목표를 가지고 있을 때, 그것을 달성하기 위해 무엇을 해야 하는가를 말하고 있다. 이와 달리 (D), (E), (F)는 도덕적 권고의 예이다. 도덕적인 권고는 "너는 …을 해야 한다."는 형태이다. 이것은 달성해야 하는 목표를 구체적으로 거론하지 않는다. 단지 너의 목적이나 관심이 무엇이건 관계없이, 어떤 일을 해야 한다는 것을 말하고 있을 뿐이다.

(2) 표준적인 도덕적 논증

도덕적인 논증은 도덕적 주장을 포함한 논증을 말한다. 물론 도덕적인 주장만이 아니라 그렇지 않은 주장도 포함한다. 표준적인 도덕적 논증이라는 것은 전제 가운데 적어도 하나는 도덕적인 일반 원리를 말하는 주장이고, 나머지의 다른 전제는 도덕과 무관한 주장이며, 결론은 특수한 경우에 해당하는 도덕적 주장인 논증을 말한다.

다음의 예를 살펴보자.

> (A) 전제 1: 어린아이에게 불필요한 고통을 주는 것은 나쁘다.
>
> 전제 2: 엉덩이를 때리는 것은 불필요한 고통을 어린아이에게 주는 것이다.
>
> 결론: 따라서 어린아이의 엉덩이를 때리는 것은 나쁘다.

위의 논증에서 전제 1은 도덕적인 일반 원리를 진술하는 주장이고, 전제 2는 도덕과 무관한 구체적인 행위의 본성을 기술하는 주장이다. 그리고 결론은 (A)논증에서 참임을 지지하려고 하는 도덕적인 주장으로, 구체적인 행위에 관한 것이다.

도덕적 논증에서 모든 전제가 도덕과 무관한 것이라면, 그 논증의 결론으로 도덕적 주장을 이끌어낼 수 없다. 존재에 대한 주장으로부터 당위에 대한 주장을 이끌어낼 수 없다는 말이다.

그럼 다음의 논증을 보자.

> (A)′ 엉덩이를 때리는 것은 불필요한 고통을 어린아이에게 주는 것이다.

따라서 어린아이의 엉덩이를 때리는 것은 나쁘다.

위의 (A)′ 논증은 언뜻 보면 아무 문제가 없다고 여기기 쉽다. 그리고 실제로 주변에서 경우에 따라 이런 형태의 논증을 사용하고 있다. 그러나 따져보면 실제로는 문제가 있다.

위의 논증에서 전제는 옳고 그름에 대해 이야기하고 있지 않다. 단지 어떤 사태를 서술하고 있을 뿐이다. 그러나 결론은 좋고 나쁨에 대해 이야기하고 있다. 따라서 (A)′ 논증의 결론은 결코 전제의 지지를 받을 수 없다. 가치 문장은 사실 문장으로부터 도출될 수 없기 때문이다.

그럼 또 다른 예를 살펴보자.

  (B) 전쟁 포로를 고문하는 것은 인간을 고의적으로 학대하는 경우이다.
      따라서 전쟁 포로를 고문하지 않아야 한다.

이 논증도 도덕과 무관한 전제로부터 도덕적인 결론을 도출한다. 이 자체로는 결코 좋은 논증이 될 수 없다. 그렇다면 이 논증을 제대로 만들기 위해서는 전제와 결론을 연결해 주는 도덕적인 전제가 있어야 한다. 그러면 도덕적 주장인 전제를 보충해서 (B)논증을 다시 써보자.

  (B)′ 전쟁 포로를 고문하는 것은 인간을 고의적으로 학대하는 경우이다.
      〔전쟁 포로를 고의적으로 학대하지 않아야 한다.〕 ← 보충 전제
      따라서 전쟁 포로를 고문하지 않아야 한다.

새로 쓴 (B)′ 논증은 이제 좋은 논증이라고 할 수 있다.

표준적인 도덕적 논증에서 결론은 구체적인 행위에 대한 도덕적 주장이다. 그리고 전제 가운데 하나는 결론의 구체적 행위를 포괄하는 행위에 대한 일반적인 도덕적 원리를 표현하는 주장이어야 한다. 또한 더 포괄적인 전제로부터 더 협소하고 구체적인 결론을 도출하려면 이 두 주장을 연결할 수 있는 장치가 필요하다. 그것이 두 주장을 연결하는 도덕과 무관한 또 다른 전제이다. 즉 도덕과 무관한 전제는 전제와 결론의 도덕적 주장을 연결하는 고리 역할을 하는 셈이다.

흔히 도덕적 논증에서 도덕적인 일반 원리를 암시하면서 대체로 생략하는 경향이 있다. 도덕적인 일반 원리가 너무나 당연하다고 생각하기 때문이다. 물론 이런 사실을 미리 알아챈다면 아무런 문제가 없다. 그렇지만 도덕적 논증을 진지하게 다루어야 하는 상황이라면, 사정은 다르다. 경우에 따라서 그 논증을 성공적인 것으로 만들려면 생략된 전제를 보충할 수 있어야 한다. 암시되어 있거나 생략된 전제인 일반 원리 또는 포괄적인 원리를 찾는 최선의 방법은 이 논증을 연역적으로, 연역 논증의 형태로 간주해서 그 타당성을 따져보는 것이다. 그리고 그 논증을 타당하게 만들 수 있도록 적절한 전제를 찾아 보충하면 된다.

다음의 예를 살펴보자.

(C) 인간을 복제하는 것은 자연스럽지 않은 일이다.
   따라서 인간 복제는 도덕적으로 그르다.

위의 논증 (C)는 도덕적인 일반 원리를 생략하고 있다. 이 논증을 제대로 만들기 위해서 생략된 전제를 보충하면 다음과 같다.

(C)′ [자연스럽지 않은 일은 도덕적으로 그르다.] ← 보충 전제

인간을 복제하는 것은 자연스럽지 않은 일이다.

따라서 인간 복제는 도덕적으로 그르다.

위의 (C)논증과 달리, 보충 전제가 덧붙으면서 (C)′ 논증은 제대로 된 논증으로 바뀌었다고 할 수 있다. 이와 같이 도덕적인 논증을 연역 논증으로 간주해 보면 분석하기가 훨씬 수월해진다.

2. 도덕적 논증의 평가

도덕적 논증이라고 해서 평가 방법이 다른 것은 아니다. 도덕적 논증을 평가하는 방법은 일반 논증을 평가하는 방법과 동일하다. 즉 논증에서 전제가 결론을 지지한다고 주장하는 대로, 전제가 결론을 지지하는가를 살펴보아야 한다. 또한 전제가 실제로 참인지 따져보아야 한다. 이 두 가지 평가 기준에 대해 조금 더 자세히 알아보자.

(1) 전제가 결론을 의도한 대로 지지하는가?

이제 도덕적 논증을 어떻게 평가할지 살펴보자. 표준적인 도덕적 논증인 다음의 논증을 보라.

비판적 사고

ⓐ 자연적이지 않은 모든 행위를 금지해야 한다.

ⓑ 인간을 복제하는 것은 인간이 개입하지 않으면 일어날 수 없는 일을 일으키는 것이기 때문에 자연적이지 않은 일이다.

ⓒ 따라서 인간 복제를 금지해야 한다.

이 논증은 결론의 참을 지지하는 데 성공하고 있는가?

위 논증의 형태는 연역 논증으로, 전제가 참이라면 결론의 참을 절대적으로 지지한다. 그리고 위의 논증은 연역적으로 타당하다.

(2) 전제가 참인가?

위의 논증은 타당한 연역 논증이다. 그러므로 전제가 참이라면 결론의 참이 보장된다. 그렇다면 전제가 참인지를 살펴보아야 할 것이다. 우선 전제 ⓐ는 도덕적인 일반 원리이다. 그렇다면 그것이 참인지 살펴보아야 한다.

도덕적 논증의 일반 원리를 어떻게 평가할 것인가? 보편적인 일반화 문장이 참인지 평가하려면 반례가 없는지 살펴보아야 한다. 그러기 위해서 우선 '자연적이지 않다'는 것이 과연 어떤 의미인지를 명료하게 해야 한다. 여기서 자연적이지 않은 일이란 인간이 개입한 것이라는 말이다.

그렇다면 이제 일반 원리의 반례를 제시할 수 있다. 우선 우리는 그것이 참이라는 것을 의심해 보아야 한다. 예를 들어 우리는 병균에 감염되는 것을 막기 위해 항생제를 사용한다. 바로 이것을 반례로 제시할 수 있다. 즉 병균에 감염되는 것을 막기 위해서 항생제를 사용하는 것은 위의 논증에서 정의된 대로 자연적이지 않은 일이다. 그렇지만 우리는 그것을 사용하는 것이 도덕적으로 용납된다고 생각한다. 또 이 밖에도 우리가 도덕적으로 문제가 없다고 생각하지만, 자연적이지 않은 행위의 예를 들 수 있다. 즉 인간이 옷을 입고 사는 것, 자동차를 타고 다니는 것 등은 자연적이지 않은 예이다. 이런 반례에도 불구하고 여전히 위의 일반 원리를 옹호하고자 한다면, '자연적이지 않다'는 말의 정의를 더 정교하게 바꾸어야만 한다.

전제 ⓑ는 도덕과 무관한 주장이다. 위의 논증에서 ⓑ는 참이다. 도덕과 무관한 전제의 참, 거짓을 평가할 때, 우리는 그 주제에 대한 정확한 지식을 가지고 있어야 한다. 도덕적 주장뿐 아니라 사실적 주장에서 생긴 이견 때문에, 도덕적 논증의 결론을 받아들이는 데 이견이 생길 수 있기 때문이다.

다음의 예를 보자.

   ⓐ 살인을 금해야 한다.
   ⓑ 낙태는 살인이다.
   ⓒ 따라서 낙태를 금해야 한다.

위의 논증에서 일반 원리에 해당하는 전제 ⓐ에 대해서 사람들의 의견은 일치할 것이다. 그러나 이 논증의 결론 ⓒ가 참인지 아닌지에 대해 분명 논란이 있을 수 있다. 이것은 바로 두 번째 전제 ⓑ가 도덕과 무관한 주장이기 때문이다. 낙태가 살인인가 아닌가 하는 문제, 그것은 궁극적으로 태아가 인간인가 아닌가 하는 문제로 귀결된다.

태아가 인간인가 아닌가 하는 문제는 인간의 정의에 관한 문제로 아주 심각한 논란거리이다. 이것은 도덕적 판단이 아니라, 도덕과 무관한 판단인데도 그렇다.

(3) 일반 원리

사람들 사이에서는 도덕적인 문제를 둘러싸고 대개 의견이 갈리지만, 서로 합치하는 부분도 있다. 이처럼 일치하는 부분은 누구나가 받아들일 수 있는 것으로, 일반 원리라고 부른다. 이런 것들은 도덕적 논증에서 결론의 주장을 포괄할 수 있는 전제로 사용되는데, 다음과 같은 것이 그 예다.

> 자선의 원리: 곤경에 처한 사람들을 도와라.
> 해악의 원리: 다른 사람에게 해악을 끼치지 말라.
> 정직의 원리: 다른 사람을 속이지 말라.
> 적법성의 원리: 법을 어기지 말라.
> 자율성의 원리: 사람의 행위나 신체보다 자유의 우선성을 인정하라.
> 정의의 원리: 정당한 과정, 해악에 대한 공정한 보상, 이익의 공정한
> 　　　　　　분배를 인정하라.
> 권리 보장의 원리: 한 인간의 생명권, 정보를 알 권리, 사생활 보호의
> 　　　　　　　　권리, 표현의 자유, 안전의 권리를 보장하라.

여기서 예로 든 일반 원리들은 아주 오래전부터 비교적 최근까지 인간 사회에서 자연스럽게 받아들여져 온 것들이다. 또한 사회를 유

지시키는 데에 가장 기본적인 것으로 간주된다. 누구나가 인정하는 이와 같은 일반 원리는 도덕적 논증을 성립시키는 중요한 요소라고 할 수 있다.

(4) 도덕 이론

도덕적 논증을 평가할 때, 또는 도덕성에 대해 비판적으로 생각할 때, 우리는 구체적인 행위에 대한 도덕적 판단을 평가한다. 그리고 이를 위해서 도덕의 일반 원리, 더 나아가 도덕 이론도 검토하게 된다. 구체적인 행위에 대한 도덕적 판단은 앞서 본 표준적인 도덕적 논증의 결론이다. 그 판단은 대개 도덕적인 일반 원리에 의거해서 정당화된다. 따라서 도덕적 논증에서 도덕적인 일반 원리는 핵심적인 전제라고 할 수 있다. 그렇다면 과연 이런 일반 원리는 어디에서 나오는가? 그것은 도덕 이론에서 나온다.

도덕철학자나 윤리학자들은 일반 원리가 도출되는 포괄적인 도덕 이론을 고안하고자 한다. 도덕 이론은 무엇이 어떤 행위를 옳게 만드는지에 대해서 근거를 제시하려는 것으로서, 또 무엇을 보고 어떤 사람이 좋다고 할 수 있는지를 설명하기 위한 것이다. 즉 그 이론들은 모든 옳은 행위와 모든 좋은 것의 공통적인 근거를 밝히려고 한다. 따라서 도덕 이론은 우리의 도덕적인 결정을 궁극적으로 정당화한다.

그것을 명시적으로 나타내든 않든, 어떤 행위를 올바른 것으로 또는 어떤 사람을 선한 사람으로 만드는 것이 무엇인가에 대해 우리는 나름의 견해를 가지고 있다. 심지어 옳고 그름이 없다고 하는 것도 하나의 도덕 이론이다. 그 밖에 도덕 이론이 무용지물이라거나 의미

없다는 도덕 이론도 있다. 또한 도덕 이론이 주관적(혹은 객관적이거
나 상대적)이라는 도덕 이론도 있다. 문제는 도덕 이론을 가지고 있는
가 아닌가가 아니라, 과연 합당한 도덕 이론을 가지고 있는가 아닌가
이다.

사람들은 어린 시절 배운 도덕 이론을 가지고 살아가기도 한다. 또
어떤 사람들은 과거 위대한 사상가들의 도덕 이론을 받아들이기도
한다. 대체로 많은 사람들이 받아들이는 도덕 이론 중 하나는 도덕이
십계명과 같이 신이나 절대자의 명령이라는 것이다. 이런 종류의 이
론을 받아들이는 사람들은 도덕을 신이나 절대자의 명령이 구현된
것으로 생각한다. 만약 어떤 행위가 십계명을 어기지 않았다면, 그
행위는 옳은 것이라고 정당화하는 식이다.

도덕 이론의 또 다른 예로 행위 공리주의를 들 수 있다. 그것에 의
하면 어떤 행위를 올바르게 만드는 것은 모든 사람을 고려해서 전체
의 유용성을 최대화하는 것이다. 다시 말해서 가능한 모든 행위 중에
서 만약 어떤 행위가 유용성을 가장 많이 가져올 수 있다면, 그 행위
가 옳다는 것이다. 이처럼 도덕 이론은 다양하다. 그렇다고 단순히
도덕적 논증을 위해서 다양한 도덕 이론을 일일이 알아보는 것도 그
리 수월한 일은 아니다. 여기서는 가장 일반적인 이론을 살펴보는 것
으로 만족하자. 경우에 따라서 필요하다면, 더 전문적인 논의가 도움
이 될 것이다.

1) 최선의 도덕 이론을 찾는 기준

다양한 도덕 이론 가운데에서 과연 어떤 도덕 이론이 옳은가? 그

리고 어떤 이론이 옳은지 어떻게 판단할 수 있는가? 최선의 도덕 이론을 찾으려면 경쟁하는 이론들을 적합한 기준에 따라 비교해서 판단해야 한다. 도덕 이론을 평가하는 기준은 과학 이론을 평가하는 기준과 유사하다. 논의 주제가 다를 뿐, 이론을 평가한다는 점에서 도덕 이론에 대한 평가가 과학 이론에 대한 평가와 다를 이유는 없다.

먼저 과학 이론과 도덕 이론을 비교해 보자. 과학 이론은 사건의 원인을 설명하고자 하는 것이다. 그에 비해서 도덕 이론은 어떤 행위를 올바르게 만드는 것, 혹은 어떤 사람을 좋게 만드는 것이 무엇인지 설명하고자 한다.

어떤 사건의 원인을 잘 설명하는 과학 이론이라면, 관련된 모든 자료와 정합적이어야 한다. 예를 들어 치명적인 병의 원인을 제대로 설명하는 이론에 관련된 자료는 환자의 징후, 의학적인 검사 결과, 병력, 환경적 요인 등에 대한 사실이 될 것이다. 이와 마찬가지로 합당한 도덕 이론도 거기에 관련된 자료들과 정합적이어야 한다. 도덕 이론과 거기에 관련된 자료는 우리의 신중한 도덕적 판단을 위한 것이므로, 좋은 도덕 이론은 우리의 신중한 도덕적 판단과 정합적이어야한다는 말이다. 바로 이것이 좋은 도덕 이론을 찾아내는 첫 번째 기준이다.

어떤 과학 이론이 좋은 과학 이론이 되기 위한 두 번째 기준은 그것이 믿을 만한 배경 지식과 정합적이어야 한다는 것이다. 도덕 이론도 이와 마찬가지이다. 즉 좋은 도덕 이론이 되기 위한 두 번째 조건은 그것이 도덕적 배경 지식, 즉 우리의 도덕적 삶의 경험과 정합적이어야 한다는 것이다. 예를 들어 도덕적 삶과 관련된 우리의 경험에

의하면, 우리는 도덕적 판단을 내리고, 도덕적 의견에서 불일치를 보이기도 하며, 더 나아가 때로는 부도덕한 행위를 한다. 만약 어떤 도덕 이론이 이런 도덕적 경험에 대해 다르게 말한다면, 우리는 그 이론을 충분히 의심할 수 있다.

좋은 과학 이론이 되기 위한 세 번째 기준은 그것의 문제 해결 능력이다. 좋은 도덕 이론 역시 도덕적인 문제를 해결하는 데 도움을 주어야 한다. 즉 우리가 도덕적인 결정을 내려야 할 때, 특히 딜레마의 상황에 처했을 때 도움을 줄 수 있어야 한다.

2) 몇 가지 도덕 이론

가. 행위 공리주의

행위 공리주의는 벤담(Jeremy Bentham, 1748~1832)이 제시하고, 나중에 밀(John Stuart Mill, 1806~1873)이 세련되게 확립한 이론이다. 벤담의 입장에 따르면, 옳은 행위란 최대 다수에 최대 행복을 줄 수 있는 행위이다. 밀로 대표되는 행위 공리주의에 의하면, 어떤 행위를 옳게 만드는 것은 모든 사람을 고려해서 유용성을 최대화하는 것이다. 밀의 경우 그 유용성은 바로 행복이다. 그래서 그의 공리주의를 쾌락주의적 공리주의라고도 한다.

행위 공리주의에 따르면 어떤 상황에서 가능한 행위가 어떤 것인지를 따져서 각각의 행위가 산출하는 행복을 계산해야 한다. 그리고 이어서 그중 최대의 행복을 가져올 수 있는 행위를 그 상황에서 해야 할 옳은 행위로 선택해야 한다. 여기서 중요한 것은 한 행위로 인해서 나타나는 결과이다. 만약 어떤 행위가 최대의 행복을 가져올 수 있다면, 그 행위는 다른 어떤 종류의 문제가 있다고 하더라도 도덕적으로 옳다고 간주된다. 이런 의미에서 행위 공리주의에서는 행복 산출이라는 목적이 수단을 정당화한다.

이제 앞에서 거론한 도덕 이론의 평가 기준을 적용해 보자. 행위 공리주의를 비판하는 사람들은 우선 그 이론이 두 번째 기준, 즉 도덕적 삶의 경험과 정합적이어야 한다는 것을 만족시키기 어렵다고 지적한다. 우리의 경험에 따르면 행복의 양을 계산하는 것이 극도로 어렵거나 불가능하다는 것이다. 그렇기 때문에 행위 공리주의라는 도덕 이론은 도덕적 문제를 해결하는 데 실제로는 별 도움을 주지 못한다고 본다.

우선 한 행위의 결과에 따른 행복의 양을 계산할 때, 우리는 어디까지를 결과로 보아야 하는가? 결과를 어디로 잡는가에 따라 행복의 양도 다르게 계산될 수 있다. 실제로 우리의 경험에 따르면 어떤 행위는 바로 행복을 주는 게 아니라, 지금 당장에는 고통스럽지만 몇 년 또는 십 년쯤 지난 다음에 행복을 주는 경우도 얼마든지 있다. 또 동일한 행위에 따라 산출되는 행복의 정도도 사람들마다 전부 다르기 때문에, 행복의 양도 천차만별로 나타날 수밖에 없다는 점을 지적할 수 있다.

이것보다도 더 큰 문제는 그 행위가 우리의 도덕 경험과 일치하지 않는다는 점이다. 어떤 행위가 비록 최대의 유용성을 산출한다고 할지라도, 그것이 결코 올바르지 않을 수도 있다. 예를 들어서 만약 한 사람을 희생시켜 그 사람의 장기(臟器)를 특정 장기를 필요로 하는 여러 환자에게 이식한다고 가정해 보자. 이렇게 한다면 단 한 사람의 희생으로 다수의 환자들이 훨씬 행복한 삶을 누릴 수 있다. 이런 일이 일어나기 전에 비해 훨씬 더 많은 사람들이 행복해져서 전체적으로는 더 많은 행복을 산출하는 셈이다. 역설적이지만 이는 아주 분명하다. 그러나 이런 상황에는 아주 심각한 문제가 있다. 우리가 이런 상황을 결코 좋다고 생각하지는 않는다는 것이다. 심지어 이것을 잘못된 것으로 간주할 수도 있다. 또한 도덕적 삶의 경험은 전체적으로 행복을 주는가에 상관없이, 약속을 했다면 약속을 지키는 것이 올바르다고 판단하도록 한다. 그러나 행위 공리주의자는 그런 의무를 인식하지 못한다. 오직 최대 다수의 최대 행복만을 생각할 뿐이다.

이와 같은 여러 가지 문제점 때문에, 많은 비판자들은 행위 공리주의가 우리의 도덕 경험과 정합적이지 않다고 지적한다. 그러나 비판자들에 따르면 행위 공리주의자들도 도덕 이론의 본질적인 부분을 파악하고 있다. 또한 거의 모든 사람은 도덕적인 결정을 해야 할 상황에서 어떤 행위의 결과가 중요하다는 것을 인정한다. 따라서 행위 공리주의자들도 자신들의 입장을 더욱 그럴듯하게 만들기 위해 원래 이론을 수정하고 있다.

나. 상대주의

어떤 종류의 이론이라고 하더라도 대체로 어떤 이론이 다른 이론보다 나을 수도 있다. 그러나 어떤 도덕 이론이 다른 것보다 더 낫다는 견해에 동의하지 않는 입장이 있다. 이런 것들 가운데에서 가장 대표적인 것은 상대주의이다. 상대주의는 몇 가지로 나누어볼 수 있다. 여기서는 가장 특징적인 주관적 상대주의와 문화 상대주의를 살펴보자.

먼저 주관적 상대주의에 의하면, 어떤 행위가 옳다 그르다는 판정은 그 행위자의 동의 여부에 따라 결정된다. 즉 도덕적 판단은 각 개인이 믿는 바에 따라 상대적이라는 것이다. 만약 남의 돈을 훔치는 것이 나쁘다는 것에 동의한다면, 그것은 동의한 사람에게 나쁜 것이다. 그러나 만약 남의 돈을 훔치는 것이 올바르다는 것에 동의한다면, 그 행위가 그 사람에게는 옳다는 것이다. 이런 입장에 대해서 도덕철학자들은 부정적이다. 이런 입장에는 문제가 있기 때문이다. 그입장을 받아들이는 사람들이 기본적으로 자신의 주장이 잘못될 수 없다는 것을 함축하고 있다는 것이 바로 그 문제다.

만약 사람들이 어떤 행위에 진정으로 동의한다면, 그 행위는 바로 그 사람들에게는 옳은 것이 되고 또 그런 판단은 잘못될 수 없다는 것이다. 이런 입장은 어떤 판단을 내리더라도 아무런 문제를 일으키지 않는다. 어떤 판단을 내리든지 그 판단은 다 옳기 때문이다. 만약 내가 보기에 다른 사람들이 잘못되었다고 생각한다면, 그것은 나와 다른 사람이 도덕적으로 일치하지 않는 것일 뿐이다. 그래서 비판자들은 이 주관적 상대주의를 받아들이기 어렵다고 생각한다.

문화 상대주의도 기본 입장은 주관적 상대주의와 유사하다. 그러나 문화 상대주의는 도덕적 행위에 대한 판단에 문화적인 요인을 적용한다. 즉 문화 상대주의에 의하면, 어떤 행위를 도덕적으로 옳게 만드는 것은 어떤 문화가 그것을 승인하는가에 달려 있다. 한마디로 말해서 도덕적 참은 문화에 따라 상대적이라는 것이다. 그러나 이 입장은 주관적 상대주의와 유사한 점에서 비판받는다. 어떤 문화가 어떤 행위를 올바르다고 승인하는 데에는 잘못이 있을 수 없다는 점이 문제가 된다. 예를 들어 2차 대전 중 나치주의자들이 유대인 말살에 동의했다면, 홀로코스트는 나치주의자들에게 올바르다는 것이다. 그러나 어느 누구도 그 행위를 올바르다고 말하기는 어려울 것이다.

또 다른 문제점을 지적할 수 있다. 예를 들어 특정 문화에서 일반적으로 승인하는 행위가 잘못이라고 판단한다고 가정해 보자. 이때 경우에 따라서는 같은 문화권에서라도 이와 같은 일반적인 판단을 개선하거나 개혁하려는 사람이 있을 수 있다. 그런데 문화 상대주의에서는 어떤 문화에서 승인하는 행위가 잘못된 것일 수 있다는 점을 전혀 고려하지 않는다. 따라서 개선하거나 개혁을 하는 일 자체가 언제나 잘못된 것으로 간주될 뿐이다. 이런 이유에서 문화 상대주의는 도덕 이론으로서 선호되기 힘들다.

다. 윤리적 이기주의

윤리적 이기주의에 의하면, 어떤 행위를 올바르게 만드는 것은 그 행위자의 최대 이익을 증진하는 것이다. 즉 이익을 증대할 수 있으면, 그것은 올바른 것이다. 그렇다고 자신이 원하는 것이면 무엇이든 하라는 것은 아니다. 왜냐하면 그것이 장기적으로 사람들에게 결코 이익이 될 수 없는 경우도 있기 때문이다. 또한 윤리적 이기주의는 이타주의와도 양립할 수 있다. 다른 사람들에게 잘하는 것이 궁극적으로는 자신에게 최대의 이익을 가져다주는 행위가 될 수도 있기 때문이다.

이런 입장을 비판하는 사람들에 따르면, 윤리적 이기주의는 비정상적인 행위를 용인하기 때문에 결국 합당하지 않다. 예를 들어 다른 사람에게서 물건을 훔치는 것이 자신에게 최대의 이익을 가져다주는 일이라고 한다면, 사람들은 그 일을 저지르고 나서 괴로워할 필요가 없다는 것이다. 그렇지만 이런 비판은 우리의 도덕적인 삶의 경험과는 정합적이지 않다.

요 약

* 도덕적 논증의 분석
    (전제 1) 도덕적인 일반 원리
    (전제 2) 도덕과 무관한 주장
    (결론) 구체적인 도덕적 주장

* 도덕적 논증의 평가
    (1) 전제가 결론을 기대대로 지지하는가?
    (2) 전제가 참인가?

* 최선의 도덕 이론을 찾는 기준
    (1) 도덕 이론에 관련된 자료인 우리의 신중한 도덕적 판단과 정합적인가?
    (2) 도덕 이론의 배경 지식이 되는 우리의 도덕적 삶의 경험과 정합적인가?
    (3) 실제 상황에서 도덕적인 문제를 해결하는 데 도움이 되는가?

연습문제

I. 다음의 주장이 도덕적 가치의 진술인지 아닌지 구별하시오.

1. 대한민국은 이라크에 군대를 파병했다.

2. 대한민국은 이라크에 파병한 군대를 철수시켜야 했다.

3. 다른 사람이 너에게 해주었으면 하는 대로 다른 사람을 대해야 한다.

4. 이 작품은 아직 한 번도 본 적이 없는 미적인 작품이다.

5. 네가 건강하기를 원한다면 소식(小食)을 해야 한다.

6. 다른 사람을 돕는 것은 좋은 일이다.

7. 인간을 수단으로만 취급해서는 안 된다.

8. 베토벤의 음악은 숭고하면서도 전율을 일으킬 정도로 감동적이다.

9. 화재가 난 현장에서 많은 사람들이 약탈을 하고 있었다.

10. 네가 다른 사람에게서 피해를 입고 싶지 않다면 너도 다른 사람에게 피해를 주지 않아야 한다.

II. 다음의 예가 도덕적 논증인지 아닌지를 판단하고, 도덕적 논증일 경우 그 결론을 명시하라.

1. 여우 사냥과 낚시는 어떤 점에서 유사하다. 그 행위들은 모두 여가를 잘 보내기 위한 것이다. 그리고 그 행위들은 동물을 학대하는 것이다.

2. 도덕적인 문제를 놓고 사람들의 의견이 불일치하는 것은 도덕에 대해

합리적인 논의를 할 수 없다고 믿을 만한 이유가 못 된다. 과학자들은 종종 과학적 주제에 대해 의견을 달리 한다. 그렇다고 해서 우리가 과학자들끼리 합리적인 논의를 할 수 없다고 생각하지 않는 것과 마찬가지이다.

3. 쥐는 인간이 아니다. 따라서 사람들에 관한 무엇을 알아내기 위해 쥐로 실험을 하는 것은 과학적으로 도움이 되지 않는 일이다.

4. 지나치게 몸이 마른 패션모델은 청소년들에게 인간의 몸에 대한 잘못된 이미지를 심어준다고 한다. 따라서 그 모델들을 제재해야 한다.

5. 너는 건강을 유지하기 위해서 적당히 운동을 해야 한다. 그렇지 않으면 시간이 흐를수록 몸의 균형을 잃어버리고 자주 피곤을 느끼게 될 것이다.

6. 때로는 전쟁을 하는 것이 옳다고 하는 사람들은 살인이 나쁘다는 것을 진정으로 믿지 않는 사람들이다. 왜냐하면 전쟁은 불가피하게 살인을 허용하기 때문이다.

7. 꾸준히 공부하지 않는 학생은 기말시험에서 중간시험보다 더 나아지지 못할 것이다. 철수는 꾸준히 공부하지 않았다. 따라서 그는 기말시험에서 중간시험보다 더 나아지지 않을 것이다.

8. 담배 광고는 청소년이 담배를 배우도록 유도하기 때문에 금지되어야 한다. 비록 청소년에게 주는 영향이 미미하다고 하더라도 그 광고는 금지되어야 한다. 왜냐하면 담배를 피우는 것이 사회적으로 용인된 습

관이라는 인상을 흡연자들에게 심어주기 때문이다.

9. 어떤 정보를 제공하지 않고 가지고만 있는 것은 거짓말을 하는 것이나 마찬가지이다. 거짓말을 하는 것은 올바르지 않다. 그러니 그 정보를 제공하지 않고 가만히 있는 것은 잘못이다.

10. 과속으로 운전하는 것의 위험을 아는 것만으로는 과속 운전을 막지 못한다. 많은 운전자들이 과속이 위험하다는 것을 알고 있지만, 그것은 하나의 습관이 되어버렸다. 습관은 무의식중에 나타나는 것이다.

III. 다음의 도덕적 논증에 암시된 도덕의 원리를 보충하시오.

1. 너는 미진이를 서울역까지 데려다주기로 약속했다. 그러니 너는 여기 차를 잠시 세워야 한다.

2. 인도 정부는 파키스탄을 핵무기로 위협했다. 따라서 파키스탄 사람들이 인도에 저항하는 것은 정당화된다.

3. 네가 한 짓은 잘못이다. 너는 수많은 사람의 개인 정보를 해킹하여 그들의 사생활을 침해했다.

4. 그 사람은 자신의 주변 사람들을 항상 이용하기만 한다. 그것은 명백히 잘못된 일이다.

5. 물론 우리는 어려움에 처한 이웃을 도왔어야 한다. 그들은 위험에 처한 상태였고 우리에게 도움을 요청했다.

IV. 다음 도덕 원리의 반례를 제시해 보시오.

1. 거짓말을 하는 것은 어떤 상황에서든 잘못이다.

2. 어떤 사람의 최대 행복을 만족하는 모든 행위는 도덕적으로 허용될 수 있다.

3. 어떤 사회가 용인하는 행위는 도덕적으로 올바른 것이다.

4. 약속은 반드시 지켜야 한다.

5. 도덕적으로 올바른 행위는 모든 사람에게 최대의 행복을 산출하는 것이다.

V. 다음의 도덕적 논증을 분석하고 평가하시오.

1. 신념을 가진 사람을 공격하는 표현은 허용하지 말아야 한다. 《시사 거꾸로 보기》는 사이비 정보를 유포하려는 신념을 가진 잡지이다. 그 잡지를 공격하는 표현을 허용하지 말아야 한다.

2. 모든 사형 집행은 의도적으로 다른 사람을 죽이는 행위다. 다른 사람을 의도적으로 죽이는 모든 행위는 금지해야 한다. 따라서 모든 사형 집행은 금지해야 한다.

3. 길에서 담배를 피우는 것은 지나가는 사람에게 해를 입힌다. 다른 사람에게 해를 입히는 일은 금지해야 한다. 따라서 길에서 담배를 피우

는 것을 금지해야 한다.

4. 어린아이를 괴롭히는 것은 금지해야 한다. 어린아이는 약자이다. 약자
를 괴롭히는 것은 금지해야 한다.

5. 너의 강아지를 때려서는 안 된다. 그것은 동물을 학대하는 행위이고
동물을 학대하는 행위는 금지해야 한다.

VI. 다음은 어떤 도덕 이론의 입장을 서술한 것인지 〈보기〉에서 찾으시오.

〈보기〉
(A) 행위 공리주의 　　(B) 주관적 상대주의
(C) 문화적 상대주의 　　(D) 윤리적 이기주의

1. 어떤 행위를 올바르게 만드는 것은 그 행위자의 최대 유용성을 증진하
느냐에 달려 있다.

2. 어떤 행위를 도덕적으로 옳게 만드는 것은 어떤 문화가 그것을 승인하
느냐에 달려 있다.

3. 옳은 행위는 사람들에게 유용성을 산출하는 행위이다.

4. 어떤 행위를 어떤 사람에 대해서 옳게 만드는 것은 그 행위를 하는 자
가 동의하느냐에 달려 있다.

5. 어떤 행위를 옳게 만드는 것은 모든 사람을 고려한 전체적인 유용성을
최대화하는 데 달려 있다.

Ⅶ. 상대주의와 윤리적 이기주의는 좋은 도덕 이론이 되기 위한 기준 중 어떤 것을 만족시키지 못하는지 비판적으로 논의해 보자.

Ⅷ. 책에 제시된 도덕 원리 외에 다른 도덕 원리가 있는지 조사해 보고(과제) 그 원리에 대해 비판적으로 논의해 보자.

가설(hypotheses) : 어떤 문제를 해결하기 위해 제안된 설명. 과학적 가설이라면 그것에서 도출된 예측이 관찰이나 실험으로 시험될 수 있음. ☞ 대안적 가설, 보조 가설

가설 연역적 방법(hypothetico-deductive method) : 가설의 참 여부를 시험하는 방법으로, 가설에서 연역적으로 도출되는 예측이 참으로 관찰되면 그 가설은 입증되고, 그렇지 않으면 그 가설은 입증되지 않는다는 절차를 말함.

가설 추리(hypothetical reasoning) : 가설을 내놓기 위해 사용하는 사고 과정.

간접 증명법(indirect proof) : 이끌어내려는 결론을 부정해서 결론의 모순을 이끌어내면, 원래 논증의 결론은 참으로 증명된 것이다. 수학이나 철학에서 잘 쓰이는 귀류법(*reductio ad absurdum*)도 그 가운데 한 가지임.

강한 논증(strong argument) : 전제의 참이 결론의 참을 아주 그럴듯하게/개연적으로 보장해 주는 귀납 논증. ☞ 귀납 논증, 약한 논증

건전한 논증(sound argument) : 타당하면서 전제가 참인 연역 논증.

건전하지 않은 논증(unsound argument) : 부당한 논증, 또 형식적으로 타당한 논증이라고 하더라도 적어도 하나의 전제가 실제적으로 거짓인 연역 논증.

결론(conclusion) : 논증에서 전제에 의해서 정당화되는 명제. ☞ 전제

결론 지시어(conclusion indicator) : 논증에서 결론을 가리키는 전형적인 표현. '그러므로', '따라서', '결국', '…결과로', '그런 이유로' 등.

계사(copula) : 주어 집합과 술어 집합을 연결하는 부분. 표준형식의 정언 명제에서 '이다' 혹은 '아니다'를 가리킴.

귀납 논증(inductive argument) : 전제의 참이 결론의 참을 개연적으로/그럴 듯하게 보장해 준다고 주장되는 논증. ☞ 강한 논증, 약한 논증, 설득력 없는 논증, 설득력 있는 논증

귀납적 일반화(inductive generalization) : 특수한 사례에서 일반적 사례를 이 끌어내는 논증으로, 귀납 논증의 한 유형. 다음의 두 가지 유형이 있다.

　보편적 귀납적 일반화(universal inductive generalization) : 결론이 주어 집합 의 모든 원소에 대해 논의하는 귀납적 일반화.

　통계적 귀납적 일반화(statistical inductive generalization) : 결론이 주어 집합 의 일부에 대해 논의하는 귀납적 일반화.

규제적 문장(prescriptive sentence) : 가치를 표현하는 단어가 들어 있는 문 장. ☞ 기술적 문장

기술적 문장(descriptive sentence) : 어떤 사태를 기술하는 문장. ☞ 규제적 문장

기호 논리학(symbolic logic) : 일종의 인공 언어 체계로 기호를 사용함. ☞ 명 제 논리

내포(intension, connotation) : 단어가 적용되는 사물/대상의 모든 속성들. ☞ 외연

논리 연결사(logical connectives) : 단순 명제들을 연결해 주는 역할을 하며, '∼', '·', '∨', '⊃', '≡'의 다섯 가지가 있음.

논리적 동치관계(logical equivalent) : 동일한 진리값을 갖는 명제들의 관계.

논리적으로 거짓인 명제(logically false proposition) : 자기 모순적 명제.

논리적으로 참인 명제(logically true proposition) : 동어 반복의 명제 (tautology).

논의(또는 논변, argumentation) : 정당하고 설득력 있는 주장을 위한 과정이 언어로 표현된 것으로, 논증을 포함해서 설명, 예시, 비유 등의 기법이 사용됨. ☞ 추리

논증(argument) : 전제와 결론이라는 명제들의 집합으로, 어떤 명제가 참이

라는 것을 정당화하기 위해 근거(전제)와 함께 결론을 주장하는 것. ☞ 귀납 논증, 연역 논증, 추론

논증 형식(argument form) : 논증이 가진 구조를 보여주는 형식(영어 소문자 'p, q, r' 등을 사용해서 나타냄).

논증 형식의 대입례(substitution instantiation) : p, q, r 대신에 구체적인 명제를 일관되게 대치해서 얻게 되는 논증.

단순 명제(simple proposition) : 명제 논리의 가장 기본적인 단위로, 논리 연결사를 포함하지 않은 명제. A, B, C, …, Z의 영어 대문자로 표시하며, 긍정 단순 문장의 주장 내용. ☞ 명제, 복합 명제

대개념(major term) : 표준형식의 정언 삼단논법에서 결론의 술어로, 보통 'P'로 줄여 사용함.

대당사각형(square of opposition) : 표준형식의 정언 명제인 A, E, I, O 간에 성립하는 논리적 관계를 나타낸 사각형으로, 두 가지 해석이 가능함.

 전통적 관점의 대당사각형(traditional square of opposition) : 위의 관계 이외에, A와 E 사이에 반대 관계, A와 I 사이에 대소 관계, E와 I 사이에 대소 관계, I와 O 사이에 소반대 관계가 성립함.

 현대적 관점의 대당사각형(modern square of opposition) : A와 O, E와 I 사이에 모순 관계 성립.

대안적 가설(alternative hypotheses) : 관찰과 실험을 통해서 시험할 수 있는 동일한 예측을 도출할 수 있는 가설. ☞ 가설, 보조 가설

대전제(major premise) : 표준형식의 정언 삼단 논법에서 결론의 술어를 포함한 전제. ☞ 전제

도덕적 논증 : 도덕적 · 윤리적 주장을 포함한 논증.

도덕적 추리 : 도덕적 · 윤리적 문제와 관련된 추리.

매개념(middle term) : 표준형식의 정언적 삼단논법에서 전제에서만 쓰인 개념으로 보통 'M'으로 줄여 사용함.

명제(proposition) : 문장의 주장 내용. 참이거나 거짓인 문장. ☞ 문장, 진술

명제 논리(propositional logic) : 일종의 인공 언어 체계로, 명제를 기본 단위로 간주한다. 명제 논리의 구성 요소는 단순 명제, 논리 연결사, 괄호임. (괄호는 수학에서의 사용법과 같다.) ☞ 기호 논리학

명제 형식(propositional form) : 명제가 가진 구조를 보여주는 형식. (영어 소문자 'p, q, r' 등을 사용.)

명제 형식의 대입례(substitution instance) : p, q, r 대신 구체적인 명제를 일관되게 대치해서 얻는 명제.

모순 관계(contradictory) : 두 명제가 서로 상반된 진리값을 가짐.

모호함(vagueness) : 단어가 적용되는 영역의 경계가 흐린 경우. ☞ 애매함

문장(sentence) : 진술될 수 있도록, 언어의 규칙에 맞게 낱말을 나열한 것.

밀의 방법(Mill's method) : 인과 관계를 찾아내는 다음과 같은 5가지 방법. 이 방법은 밀의 의도와는 달리 분명한 한계를 보여주며, 관련된 논의를 위해서 다양한 배경 지식과 충분한 전제가 필요함.

일치법(the Method of Agreement) : 어떤 결과가 발생한 여러 경우들에 공통적으로 선행하는 요인을 찾아 그것을 원인으로 간주하는 방법.

차이법(the Method of Difference) : 어떤 결과가 발생하는 데 선행하는 요인과 그 결과가 발생하지 않을 때 결여된 요인을 찾아 그것을 원인으로 간주하는 방법.

일치 차이 병용법(the Joint Method of Agreement and Difference) : 일치법과 차이법을 결합하여 원인을 확인하는 방법.

공변법(the Method of Concomitant Variation) : 두 사건들 간의 변이에 따라 원인을 확인하는 방법.

잉여법(the Method of Residue) : 어떤 복합적인 요인들이 복합적인 결과를 낳을 때 기존에 알고 있는 인과 관계를 추출하고 남은 것으로부터 원인을 확인하는 방법.

반대 관계(contrary) : 두 명제가 동시에 참일 수 없는 관계.

벤 다이어그램(Venn's Diagramm) : 표준형식의 정언 명제의 내용을 그림으로 도식화한 것. 19세기 영국의 수학자 벤(John Venn, 1834~1923)이 고안해 냄.

보조 가설(auxiliary hypotheses) : 시험하는 맥락에서 당연히 참으로 전제되는 것으로, 예측을 시험하는 적절한 조건에 관한 것과 이론적 배경 지식이 되는 것 두 가지가 있음. ☞ 가설, 대안적 가설

복합 명제(compound proposition) : 적어도 하나의 단순 명제와 하나의 논리 연결사를 포함하는 명제로, 주 논리 연결사가 어떤 것인가에 따라 복합 명제의 종류가 결정됨. ☞ 단순 명제, 명제

부당한 논증(invalid argument) : 전제의 참이 결론의 참을 필연적으로 보장해 준다고 주장되나 실제로 그렇지 못한 연역 논증. ☞ 연역 논증, 타당한 논증

부정문(negation) : 논리 연결사 '∼'가 전체를 지배하는 명제.

비판적 사고(critical thinking) : 어떤 주장을 적극적으로 더욱 깊고 폭넓게 이해하려는 것. 추리(하는 사고), 즉 이유에 근거를 둔 합당한 사고(reasonable thought). 어떤 주제나 주장에 대해 능동적으로 분석하고 종합하며 평가하기 위한 사고로, 의식적이고 반성적인 사고. ☞ 추론, 추리

비판적 사고의 구성 요소 10가지 : 목적, 현안 문제, 개념, 가정, 정보, 추론을 통해 도달한 결론, 관점, 결론이 함축하는 귀결, 맥락, 대안.

비판적 사고의 평가 기준 10가지 : 분명함, 정확성, 명료성, 적절성, 중요성, 깊이, 폭넓음, 논리성, 공정성, 충분성.

비판적으로 사고하는 방법 : 비판적 사고는 원리에 따라 일률적으로 어떤 것을 도출해 내는 기계적인 사고가 아니라, 각 주제에 따라 위의 10가지 구성 요소와 10가지 평가 기준을 적절히 결합시켜 사고함.

비형식적 오류(informal fallacy) : 논증의 잘못된 내용에서 기인하며, 주로 귀납 논증에서 나타남. 그러나 내용상의 문제 때문에 연역 논증에서도 나타남(예 : 선결 문제 요구의 오류 등). ☞ 오류, 형식적 오류

전제가 결론을 강하게 지지하지 못하는 오류 : 힘에 호소하는 오류, 연민에 호
소하는 오류, 군중에 호소하는 오류, 잘못된 권위에의 논증, 사람에
대한 오류(인신공격의 오류, 정황적 오류, 피장파장의 오류), 우연의
오류, 성급한 일반화의 오류, 결합의 오류, 분해의 오류, 무지에 호소
하는 오류, 은폐된 증거의 오류, 허수아비 논증의 오류, 거짓 원인의
오류(선후인과의 오류, 진정한 원인으로 잘못 추측하는 오류, 원인과
결과를 혼동하는 오류), 애매어의 오류, 애매한 문장의 오류
.아직 참으로 증명되지 않은 전제를 참이라고 가정하는 오류 : 선결 문제 요구의
오류, 복합 질문의 오류, 잘못된 이분법

삼단논법(syllogism) : 두 개의 전제와 결론으로 구성된 논증.

선언지(disjunct) : 선언문의 양쪽 구성 요소를 말함.

선언문(disjunction) : 논리 연결사 '혹은(∨)'으로 연결되는 복합 명제.

설득력 있는 논증(cogent argument) : 강한 귀납 논증으로 전제가 참인 논증.
☞ 강한 논증, 귀납 논증

설득력 없는 논증(uncogent argument) : 약한 논증, 또한 강한 논증이긴 하지
만 적어도 하나의 전제가 실제적으로 거짓인 논증. ☞ 귀납 논증, 약한
논증

설명(explanation) : 어떤 사건이나 현상에 대해 해명해 주는 명제(들).

설명항(explanans) : 어떤 사건이나 현상에 대해 해명하는 내용을 서술한
명제.

피설명항(explnandum) : 설명되어야 하는 사건이나 현상을 서술하는 명제.

설명의 종류(유형) : 인과적 설명, 목적론적 설명, 일반적 사실에 부합시키는
설명, 어떤 일이 일어나는 과정을 알려주는 설명, 단어나 일의 의미에
대해 해석하는 설명.

소개념(minor term) : 표준형식의 정언 삼단논법에서 결론의 술어로 'S'로 줄
여 사용함.

소반대 관계(subcontrary) : 두 명제가 동시에 거짓일 수 없는 관계. ☞ 반대

관계

소전제(minor premise) : 표준형식의 정언적 삼단논법에서 결론의 주어를 포함한 전제. ☞ 전제

쌍조건문(bi-conditional propostion) : '만약 …라면 그리고 오직 그런 경우에만 …'으로 표현되는 명제. 논리 연결사 '≡'가 진체를 지배하는 복합 명제.

애매함(ambiguity) : 한 단어의 뜻이 2가지 이상 있음. ☞ 모호함

약한 논증(weak argument) : 전제의 참이 결론의 참을 개연적으로/그럴 듯하게 보장해 준다고 주장되나, 실제로 그렇지 못한 귀납 논증. ☞ 강한 논증, 귀납 논증

언어(language) : 의사소통(communication)을 가능하게 하는 도구.

 언어의 사용(use) : 언어가 어떤 대상을 가리키기 위해 일상적 의미로 사용되는 경우. 예: 대한민국은 동아시아에 있다. (대한민국이 어떤 대상, 즉 국가를 지시함.)

 언어의 언급(mention) : 언어가 그 표현 자체를 가리키기 위해 사용되는 경우. 예: '대한민국'은 네 음절을 가진다. (어떤 대상, 즉 국가가 아니라 '대한민국'이라는 말을 지시함.)

연언지(conjunct) : 연언문의 양쪽 구성 요소.

연언문(conjunction) : 논리 연결사 '그리고(•)'로 연결된 복합 명제.

연역 논증(deductive argument) : 전제의 참이 결론의 참을 필연적으로 보장해 준다고 주장하는 논증. ☞ 건전하지 않은 논증, 건전한 논증, 논증, 부당한 논증, 타당한 논증

오류(fallacy) : 잘못된 논증으로, 논증의 형식적 측면이나 내용적 측면에서 일어나는 잘못이나 결함. 형식적 오류와 비형식적 오류가 있음. ☞ 비형식적 오류, 형식적 오류

외연(extension, denotation) : 내포가 적용되는 대상들의 집합. ☞ 내포

유비(analogy) : 대상의 유사성을 이용해서 비교하는 것.

유비 논증(argument by analogy) : 유비 추론(혹은 유비 추리, 줄여서 유추라고도 부름)을 언어로 표현한 것. 즉 유비를 이용해서 어떤 주장을 지지하는 논증. ☞ 유비

이환(contraposition) : 명제의 주어와 술어를 각각 부정하고 그 위치를 바꾸는 것으로, A와 O의 경우, 원래의 명제와 이환문은 논리적으로 동치임.

인과 논증(causal argument) : 전제와 결론 사이의 인과 관계를 주장하는 논증.

인과적 오류(causal fallacy) : 잘못된 인과 논증. 우연적 관계와 인관 관계의 혼동, 공통 원인의 무시, 원인과 결과의 혼동이 있음. ☞ 오류

입증(confirm) : 가설로부터 도출된 예측을 시험했을 때, 그 예측이 참으로 관찰되는 것.

자비의 원리(principle of charity) : 주어진 글을 치밀한 논증이 되도록 재구성할 때, 글쓴이의 의도를 최대한 유리하게 파악해야 한다는 원리.

전건(antecedent) : 조건문에서 조건 기호의 왼쪽 부분. ☞ 조건문, 후건

전제(premise) : 결론에 대한 근거로, 증거(혹은 이유)를 제시하는 명제. ☞ 결론

전제 지시어(premise indicator) : 전제를 가리키는 전형적인 표현(예 : '왜냐하면', '…이므로', '…이기 때문에', '…을 고려한다면' 등).

전칭 명제(universal proposition) : 한 집합의 모든 원소에 대해 언급하는 명제. ☞ 명제, 특칭 명제

제대로 된 정식화(well-formed formulas : WFFs) : 명제 논리에서 구성 요소가 문법에 맞게 배열된 기호.

정언 명제(categorical proposition) : 두 집합(개념, 범주)을 관련시키는 명제로, 두 가지의 해석이 있음.

 전통적 해석(traditional interpretation) : 전칭 명제의 경우 주어 집합 S의 원소가 존재한다고 가정하는 해석.

 현대적 해석(modern interpretation) : 전칭 명제의 경우 주어 집합 S의 원소

가 존재하는지에 대해 중립적임.

정언적 삼단논법(categorical syllogism) : 두 개의 전제로 이루어진 논증으로, 세 명제가 모두 정언 명제인 논증. ☞ 삼단논법

정의(definition) : 단어에 의미를 부여하는 것으로, 정의항(*definiens*, 정의하는 말)은 피정의항(*definiendum*, 정의되는 말)에서 의미 부여됨.

　직시적 정의(ostensive df.) : 단어가 지시하는 대상을 손으로 가리키면서 의미를 부여하는 것.

　열거적 정의(enumerative df.) : 단어가 지시하는 집합의 원소 이름을 나열함으로써 단어의 의미를 부여하는 것.

　내포적 정의(intensive df.) : 단어에 적용되는 성질이나 속성을 지시함으로써 단어의 의미를 부여하는 것으로, 다음의 5가지가 있음.

　　① 사전적 정의(lexical df.) : 어떤 언어 내에서 실제 사용되는 방식으로 단어의 의미를 부여하는 것.

　　② 약정적 정의(stipulative df.) : 어떤 새로운 단어에 처음으로 의미를 부여하는 것.

　　③ 명료화 정의(precising df.) : 단어의 모호함을 줄여주는 식으로, 즉 단어가 적용되는 범위를 확정해 주는 식으로 의미를 부여하는 것.

　　④ 이론적 정의(theoretical df.) : 단어의 의미를 어떤 이론에 근거를 두어 부여하는 것.

　　⑤ 설득적 정의(persuasice df.) : 정의되는 단어가 의미하는 바에 대해 선호하거나 아니면 꺼리도록 하는 감정이나 태도를 유발하는 식으로 단어에 의미를 부여하는 것.

　맥락적 정의(contextual df.) : 어떤 단어가 사용되는 맥락을 제시함으로써 단어의 의미를 부여하는 것.

　조작적 정의(operational df.) : 어떤 단어가 적용되는 경우를 결정하기 위한 실험적인 절차를 상술함으로써 단어에 의미를 부여하는 것.

조건 명제 : 수학에서 "x가 4의 약수이다."처럼 x의 값이 확정되지 않은 경우를 가리킴.

조건문(conditional proposition) : '만약 …라면'으로 시작하는 명제. 논리 연결사 'ɔ'가 전체를 지배하는 명제.

주 논리 연결사(main logical connectives) : 복합 명제 전체를 지배하는 논리 연결사.

진리값(truth value) : 명제에 귀속되는 성질로서 참이거나 거짓을 말함.

진리표(truth table) : 복합 명제의 가능한 진리값을 요소 명제가 가지는 진리값의 조합에 의해 보여주는 표.

진리 함수적 복합명제(truth-functional compound proposition) : 구성 요소가 되는 단순 명제의 진리값에 의해 복합 명제의 진리값이 전적으로 결정되는 복합 명제.

진술(statement) : 논리학에서는 문장을 구체적인 상황에서 말이나 글로 나타내 사용하는 것. ☞ 문장

최선의 설명에 의한 논증(argument by the best explanation) : 어떤 현상을 설명해 주는 가설이 있는데, 그 가설은 다른 대안들과 비교해서 최선의 것이다. 그럴 경우 그 가설이 참이라고 주장하는 귀납 논증의 일종임.

추론(inference) : 참인 결론을 정당화시키기 위해서 전제와 결론에 이르는 사고 과정. ☞ 논증, 추리

추리(reasoning) : 어떤 구체적인 맥락에서 자신의 생각이나 주장을 정당화하기 위해 자신의 생각을 완결된 형태로 합당하게 선택하고 조직하는 사고 활동. ☞ 논의, 추론

충분조건(sufficient condition) : 'A가 B이기 위한 충분조건이라는 것'은 A가 발생할 때마다 B가 발생한다는 의미. ☞ 필요조건

타당한 논증(valid argument) : 전제의 참이 결론의 참을 필연적으로 보장해 주는 논증. ☞ 부당한 논증, 연역 논증

통계적 삼단논법(statistical syllogism) : 일반적인 사례에 대한 명제(통계적 일반화의 명제)로부터 개별적인 사례에 대한 명제를 도출하는 전제가 둘

인 논증으로, 전제에 통계 명제를 포함한다.

특칭 명제(particular proposition) : 어떤 집합의 일부 원소에 대해 논의하는 명제.

필요조건(necessary condition) : 'A가 B이기 위한 필요조건이라는 것'은 A의 발생 없이 B가 발생하지 않는다는 의미. ☞ 충분조건
필요충분조건(necessary and sufficient condition) : 'A가 B이기 위한 필요충분조건이라는 것'은 A의 발생 없이 B가 발생하지 않으며, A가 발생할 때마다 B가 발생한다는 의미.

함축 관계 : 전칭 명제와 특칭 명제 사이에 성립하는 관계로, 전칭 명제의 참(거짓)은 특칭 명제의 참(거짓)을 함축함.
형식적 오류(formal fallacy) : 논증이 타당하지 않은 형식을 가짐으로써 잘못되는 것. ☞ 비형식적 오류, 오류
환위(conversion) : 명제의 주어와 술어의 자리를 바꾸는 것으로, E와 I의 경우 원래의 명제와 환위문은 논리적 동치임.
환질(obversion) : 명제의 질만을 변화시킨 다음, 술어를 부정하는 것으로, A, E, I, O의 경우, 원래의 명제와 환질문은 논리적 동치임.
후건(consequent) : 조건문의 조건 기호 오른쪽 부분. ☞ 전건, 조건문

비판적 사고

1판 1쇄 펴냄 2008년 2월 25일
1판 13쇄 펴냄 2023년 2월 3일

지은이 | 박은진, 김희정
펴낸이 | 김정호
펴낸곳 | 아카넷

출판등록 2000년 1월 24일(제406-2000-000012호)
10881 경기도 파주시 회동길 445-3
대표전화 031-955-9511(편집) · 031-955-9514(주문) | 팩시밀리 031-955-9519
www.acanet.co.kr

Printed in Paju, Korea.

ISBN 978-89-5733-109-5 03170